中国精算师资格考试用书

员工福利计划

Employee Benefit Planning

主编　王晓军
主审　杨智呈

中国财政经济出版社

图书在版编目（CIP）数据

员工福利计划/王晓军主编．—北京：中国财政经济出版社，2011．5
中国精算师资格考试用书
ISBN 978－7－5095－2858－7

Ⅰ．①员…　Ⅱ．①王…　Ⅲ．①企业管理－职工福利－资格考试－自学参考资料
Ⅳ．①F272．92

中国版本图书馆CIP数据核字（2011）第073593号

责任编辑：郑保华　　　　责任校对：李　丽
封面设计：耕者设计　　　　版式设计：兰　波

中国财政经济出版社出版

URL：http：//www．cfeph．cn
E－mail：cfeph＠cfeph．cn

社址：北京市海淀区阜成路甲28号　邮政编码：100142
发行处电话：88190406　财经书店电话：64033436
涿州市新华印刷有限公司印刷　各地新华书店经销
787×1092毫米　16开　21．25印张　509 000字
2011年6月第1版　2011年6月涿州第1次印刷
定价：75．00元
ISBN 978－7－5095－2858－7/F·2421
（图书出现印装问题，本社负责调换）
本社质量投诉电话：010－88190744

编审委员会

总　序

ZONGXU

精算起源于保险业，是保险公司经营不可或缺的核心技术之一。保险公司只有运用精算技术进行保险产品定价、准备金评估、风险管理等，才能在科学基础上实现保险业务的稳健经营，有效防范风险。

我们常说的精算，包括三个方面，即：精算理论技术、精算规则和精算师资格认证。

精算理论是对保险业务经营中各种不确定因素和风险规律的认识，精算技术以精算理论为指导，是精算工作中对各种不确定因素和风险进行识别、评估、定价、处置等所采用的方法、技术，包括所使用的数学模型、数学工具等。随着保险业经营实践的发展和人们认识的深化，精算理论技术也在不断发展。精算理论技术属于学术研究的范畴，可以存在不同的观点和流派，各种不同观点和流派之间的讨论、交流，可以促进精算理论技术的发展。

精算规则，是保险监管机关制定或认可的关于精算工作应当遵循、遵守或采用的原则、方法、标准、制度等规范。制定精算规则，以精算理论技术为基础，又要综合考虑一定时期的经济环境、保险业发展状况和风险特征、精算技术力量、监管政策的要求等多种因素。

精算工作需要专业人员从事，精算师就是具备精算的知识、技能，从事精算工作的专业技术人员。虽然精算师的从业范围不限于保险业，但主要还是在保险及相关行业就职（如对保险公司的精算报告进行审核的会计师事务所，为保险公司服务的精算咨询公司等）。在保险公司中，精算师责任重大。因此，必须经过资格认证，才能担任精算师（如同律师、注册会计师需要资格认证）。在国外，精算师资格的取得一般有两种方式：一种是通过专业资格考试取得，另一种是经过学历教育后取得，但主流是通过考试取得。在发达国家，精算师有自己的专业团体——精算师协会，一般由精算师协会组织资格考试，对通过考试的人授予精算师资格。

精算理论技术、精算规则、精算师资格认证三者相互联系，密不可分：精算理论技术是基础，制定精算规则、考试认证精算师，均以精算理论技术为基础，精算规则是精算师从事精算实务的直接依据。

我国自1980年恢复办理国内保险业务之后，曾长期缺乏精算专业人才，既没有制定精算规则，也没有建立自己的精算师资格考试认证制度。1988年南开大学在北美精算协会的支持下开办精算专业教育，此后国内又有多所大学开办精算专业教育，培养了一批精算人才。由于当时中国没有精算师资格认证制度，这些国内学习精算的人员主要是考取北美和英国等国外的精算师资格。1992年，国内的保险市场对外开放，外资保险公司进入国内市场，一些具有国外资格的精算师到国内工作。

1995年颁布并施行的《中华人民共和国保险法》中，要求寿险公司必须聘用经金融监管部门认可的精算专业人员，建立精算报告制度。《保险法》首先要求寿险公司聘用精算师、建立精算报告制度，是因为：第一，精算起源于寿险业务经营，精算技术在寿险业的应用较为成熟；第二，寿险业务期限长，风险更具隐蔽性，对精算技术的运用更为迫切和重要；第三，在精算专业人员严重不足、精算规则空白的条件下，同时要求寿险业和非寿险业聘用精算专业人员、建立精算报告制度，难以实现。

为此，当时的保险监管部门——中国人民银行保险司于1997年10月启动了“中国精算制度建设”研究项目，决定建立中国的精算师资格考试认证制度，并逐步制定精算规则。中国的精算师资格考试认证制度，主要借鉴北美精算协会的考试体系，把精算师资格分为准精算师和精算师两个阶段，分别设立考试课程，通过准精算师考试课程的，授予准精算师资格，在获得准精算师资格基础上，再通过精算师资格考试的课程，授予精算师资格。在课程设置、考试内容、难度等方面，均力求达到与发达国家的精算师考试相当的水平。在制度设计、拟定考试大纲、教材编写过程中，得到国际精算团体的大力支持和帮助。1998年11月，中国保监会成立之后，继续推进精算制度建设。2000年，中国精算师资格考试开考，与此配套的教材也陆续出版发行。中国保监会1999年发布了关于寿险公司的精算规定，建立了寿险公司精算规则体系的基本框架。

2002年10月《保险法》进行了第一次修改，于2003年1月1日起施行。修改后的《保险法》把聘用经金融监管部门认可的精算专业人员，建立精算报告制度的要求扩大到非寿险公司。因此，经过论证、筹备后，自2004年开始进行非寿险精算师的资格考试认证，称为中国精算师（非寿险方向），与此相适应，以前的精算师则称为中国精算师（寿险方向）。同时关于非寿险精算的规则也由中国保监会陆续制定发布。

2007年，中国精算师协会成立，组织精算师资格考试是协会的重要职能之一。协会设立了考试教育委员会，负责精算师资格考试和后续教育事宜（此前是由中国保险行业协会的精算工作委员会负责精算师资格考试）。

中国精算师资格考试施行10年来，通过考试认证了一批中国精算师和中国准精算师，取得了一定成绩，积累了一定经验。目前已在北京、上海、天津、广州等15个城市设立了考试中心，并在香港、加拿大滑铁卢大学设立了2个海外考试中心，每年春秋两季举办考试。

随着国内保险市场的发育、精算技术的发展及国际精算界的变革，原有的考试体系已不完全适应。为此，中国精算师协会于2009年决定对中国精算师资格考试认证体系进行调整，并于2011年实施。调整的基本内容是：精算师资格考试仍分为准精算师和精算师两个阶段；在准精算师阶段，不再区分方向，对原寿险和非寿险两个方向的考试课程进行整合，考生通过8门必考的准精算师考试课程，并经过职业道德培训后，可获得中国准精算师资格；精算师则继续分为寿险和非寿险两个方向，有3年以上工作经历的准精算师，通过5门精算师考试课程，并经过职业道德培训后，可获得中国精算师（寿险方向）或中国精算师（非寿险方向）的资格，5门精算师考试课程，既有必考的，也有选考的，具体科目，因寿险和非寿险方向有所不同。

对于在旧考试体系下已经通过的考试科目，如何转换为新考试体系的相应科目，也进行了研究，制定了转换规则。

为编写新考试体系的教材，中国精算师协会成立了教材编审委员会。教材编写力图贯彻国际性、先进性和实用性三个原则。国际性是指，鉴于中国精算师协会已正式申请加入国际精算师协会，因此精算师资格考试必须符合国际精算师协会的要求，达到国际精算师协会的标准。所以，在课程设置、课程内容、必考科目等方面，均以国际精算师协会的要求为标准。先进性是指，尽可能把精算理论技术的最新成果包括在这套教材之中。实用性是指，教材内容紧密联系国内保险业的实际，考虑国内精算人员需要掌握的知识和技能。

教材的具体编写实行主编负责制。教材编审委员会研究、协调、决定教材编写中的重大事项，确定各门课程的主编和主审人员，指定协调人对若干相关课程的内容调整、取舍和进度进行协调。教材初稿完成后，不仅由主审进行审阅，而且组织保险公司的相关人员进行试读，提出修改意见。教材的主编、主审、试读人员，都是在保险业、精算界具有业务专长、经验较为丰富、具有一定影响力的人员。可以说，这套教材的编写，是集中了行业的智慧和力量，凝结着组织协调人员、编审人员、试读人员的心血。

尽管如此，我们仍不认为这套教材已经尽善尽美。由于经验不足、认识水平有限，也由于时间仓促，教材在某些方面还显粗糙，还存在许多可改进、待完善之处。我们希望在教材投入使用之后，听取专家、考生和社会各界人士的意见，将来做进一步修订。

回顾中国精算师资格考试10年来的历程，是在保险监管机关的领导下，在保险业、有关高等院校及社会各界的积极参与下，在国际精算组织的支持下，不断发展、完善，取得进步的。在此，我谨代表中国精算师协会，对多年来关心、支持、参与、帮助中国精算事业发展的有关领导、专家和广大的精算专业人员表示真诚的敬意和感谢！

中国精算师协会　会长

2010 年 11 月 15 日

编写说明

BIAN XIE SHUO MING

员工福利计划是由政府、雇主或工会为员工提供的各种保障计划的总称，其中，以保险形式组织的福利计划包括社会保险、职业养老金计划和团体保险，这些保险计划构成员工福利计划的主体，它们需要运用精算技术实现风险管理。与社会保险、职业养老金计划和团体保险相关的精算管理理论与实务构成本书的主要框架和核心内容。

本书包括员工福利计划基础、社会保险精算管理、养老金计划精算管理、团体保险等四部分内容，各部分内容在员工福利的整体框架下相对独立，类似北美精算师协会退休福利精算师方向（FSA Retirement Benefits Track）所包含的内容。其具体内容概述如下：

第一部分：员工福利计划基础，包括第 1 ~ 2 章，概要介绍员工福利计划的内涵、类型、发展趋势以及与此相关的社会、经济、人口和法律背景。

第二部分：社会保险精算管理，包括第 3 ~ 5 章，概要介绍社会保险发展及其社会经济背景，重点讲述社会保险精算管理的基本原理和实务、社会保险现金流的预测和偿付能力评估方法与应用。

第三部分：养老金计划精算管理，包括第 6 ~ 11 章，概要介绍养老金计划的产生与发展、类型与特点，重点讲述不同类型养老金计划的设计、成本与债务评估、资产管理以及我国的企业年金管理。

第四部分：团体保险，包括第 12 ~ 15 章，概要介绍团体保险的基本原理，重点讲述团体保险的产品、经营、定价与评估的方法。

本书的目的是帮助读者全面了解员工福利计划的内容及与此相关的社会、经济、法律背景；帮助读者了解员工福利计划、社会保险、养老金计划、团体保险的主要内容和发展状况；通过学习社会保险、养老金计划和团体保险的基本理论、基本模型和基本方法，使读者具备这些领域精算管理的基本知识和基本技能；通过学习养老金计划和团体保险的原理和设计，使读者具备养老金计划和团体保险产品设计的基本能力。

本书由王晓军主编，杨智呈主审。其中，第 11 章由乔杨撰写，其他章节由王晓军撰写，中国人民大学博士生关博、黄顺林参与了第 1、2、9、10

章资料的搜集与部分初稿的撰写，中国人民大学风险管理与精算专业的硕士生刘忆波、刘秋艳、陶然参与了第12～15章资料的搜集和部分初稿的撰写。太平养老保险股份有限公司的谭伟民和胡敏先生组织了对全书的试读工作，给出了详细的修改意见；平安养老保险股份有限公司的罗永涛、刘悦、洪娟等提供了团体保险的相关保单条款资料，并给出一个核保案例。在此，对为本书的编写付出努力和辛苦的各位专家、学者、同学表示衷心的感谢。

需要说明的是，员工福利计划涵盖内容广泛，本书中包含的社会保险、养老金计划、团体保险可以是体系完整的三门独立的精算师考试高级课程。在本书的编写中，因篇幅和时间限制，加上作者能力有限，不少内容难以深入展开。如果将来扩展篇幅，重新修订，希望本书涉及的内容能够得到充实和发展。

王晓军

2011年4月

目 录

第一部分　员工福利计划基础

第二部分　社会保险精算管理

第三部分 养老金计划精算管理

第一部分　员工福利计划基础

第1章　员工福利计划概述

员工福利计划是由政府、雇主或工会为员工提供的各种保障计划的总称，其中以保险形式组织的福利计划包括社会保险、职业养老金计划和团体保险，这些保险计划构成了员工福利计划的主体，它们需要运用精算技术实现风险管理。与社会保险、职业养老金计划和团体保险相关的精算管理理论与实务构成了本书的主要框架和核心内容。在本章中，首先概要介绍什么是员工福利计划，有哪些不同类型的员工福利计划，再从员工面临的风险的角度，介绍对员工风险的管理方法，以及社会保险、职业养老金计划和团体保险在员工风险管理中的作用。

主要内容有：

□ 员工福利计划的基本概念和主要分类

□ 员工面临的风险

□ 员工风险的管理方法

§1.1　员工福利计划的概念与分类

1.1.1　员工福利计划的基本概念

员工福利计划是以劳动雇佣关系为基础，以企业的雇佣劳动者为保障对象，以分散和抵御员工可能遇到的劳动风险、保护员工的劳动能力和提高员工的工作积极性等为目的，由国家社会保障机关依法强制举办，或者由用人单位或工会依据有关法律，组织实施的各种保障制度的统称。员工福利在性质上是企业劳动力成本的组成部分，但形式上不表现为员工的工资薪金。

员工福利计划一般有广义和狭义之分。广义的员工福利计划是指员工货币工资外的所有津贴。美国商会将员工福利计划定义为直接工资以外的任何津贴形态，这里所说的直接工资是指员工的货币工资（文献【4】）。根据这个定义，员工福利计划具体包括：雇主承担的法律规定的货币工资之外的其他报酬；雇主承担的法定退休金和雇主养老金储蓄计划的缴费；

雇主承担的人寿保险缴费及死亡抚恤金；雇主承担的医疗保险缴费及相关的津贴；非工作给付，如各种带薪休假工资等；各种混合的福利金，包括员工津贴、工龄补贴、教育开支、子女抚养费等。可以看出，这一员工福利的概念，不仅包括由政府举办的并由企业承担供款责任的各种社会保障项目，也包括企业向雇员提供的养老医疗保障计划和各种生活补贴，是一个非常宽泛的概念。

狭义的员工福利计划是指“任何由雇主和员工单方或双方共同发起或承担，旨在提供因雇佣关系而出现的福利，但它不是由政府承保和直接支付的”（文献【4】）。在这个定义下，员工福利计划只限于由雇佣关系而产生，由雇主、工会或双方协商举办，为雇员年老、疾病、失业、死亡、意外等提供经济保障的项目。广义和狭义的员工福利计划，主要区别在于是否将法定的强制社会福利项目作为员工福利计划的内容（见图1－1）。

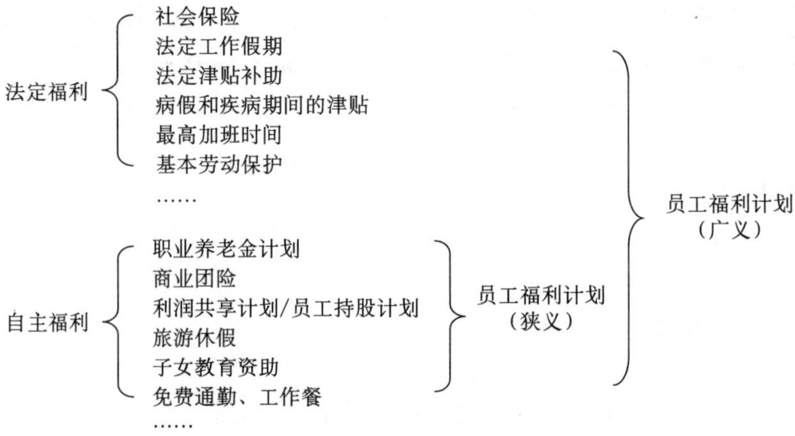

图1－1　广义员工福利计划与狭义员工福利计划的关系

1.1.2　员工福利计划的分类

员工福利计划可以按不同的标准进行分类。例如，按计划是否有强制性，分为法定强制福利和企业自主福利；按员工是否可以选择福利项目，分为固定福利和弹性福利；按是否通过保险方式组织实施，分为保险福利和非保险福利；按福利项目的功能，分为风险管理型福利、生活保障型福利、工作激励型福利和发展型福利等；按获取待遇的时间，分为当期福利和延期福利等。

1. 法定强制福利和企业自主福利

依据福利项目在实施时是否具有强制性，可以分为法定强制福利和企业自主福利。法定福利是依据国家法律或有关法规，直接由政府出面举办或者强制要求企业举办的福利项目。社会保险制度和法定带薪休假是法定强制福利的典型代表。法定福利是强制开展的，任何企业单位不能豁免，因而可以覆盖几乎全体工薪劳动者，具有普遍性。也正因为法定福利的无差别覆盖，不考虑企业间的财务能力差异，这类福利的保障水平一般不高，往往只是为员工提供最基本的劳动保护和收入支持。国家之所以强制推行一些基本的福利制度，一方面是为了缓和劳资矛盾，保护劳动者的基本权益，维护社会稳定；另一方面是面对市场失灵的存在，政府希望利用再分配手段，实现对经济弱势群体的转移支付和对高收入者的收入抑制。

企业自主福利是指企业根据自身的财务状况和人力资源管理需要，在国家的法律法规框架内，在承担了法定福利责任之外，主动为员工开展的福利项目。由企业提供的职业养老金计划，各种商业团险，股权、期权分享计划，教育培训以及免费班车等形式的其他福利项目都属于企业自主福利。企业之所以会在法定福利的基础上主动提供自主福利，一般基于以下两点考虑：一是法定福利提供的只是基本保障，随着经济发展和生活水平的提高，法定福利已经不能满足雇佣劳动者管理风险和保障生活的需求。然而，在现代市场经济下，国家所承担的福利责任是有限的，超出政府行为边界的福利需求，要由企业通过市场手段来满足，以迎合雇佣劳动者的需要。二是现代社会企业之间竞争日趋激烈，企业将员工福利制度作为一种人力资源管理的工具，通过提高员工的福利保障水平，激发员工工作积极性，提高其工作满意度，最终实现组织绩效的增加。同时，企业利用高福利吸引并留住人才，以求在市场竞争中处于优势地位。

2. 固定福利和弹性福利

根据员工对所享受福利的选择权大小，可以分为固定福利计划和弹性福利计划。固定福利计划是指所有员工享受同样内容的福利项目，可能会因为员工的职级不同，在福利的待遇水平上有所差别，但他们所享受的项目种类是一致的。固定福利计划的优点很明显，统一的福利安排体现了员工之间的公平性，有助于维持组织内和谐的人际关系。同时，安排什么样的福利项目，每个项目提供多少数量，完全由企业进行决策，企业可以根据自身的财务能力和组织战略及人力资源管理的需要统一确定并集中采购，福利计划制定成本和实施成本相对较低。但固定型福利计划的缺点也很明显，在福利计划的制定和实施过程中，缺乏员工的参与，员工的需求信息无法有效地反映在福利计划中，忽视了员工需求的不同偏好性，从而导致企业所提供的统一福利计划不能满足部分员工的真正需求，这样没有针对性的福利安排不仅不能激励员工、提高绩效，反而可能导致员工对企业管理产生消极抵触心理，影响工作的积极性，与员工福利计划的设计初衷相背离。

20世纪70年代，弹性福利计划在美国出现，并且一直保持着快速增长的趋势。弹性福利计划在操作中是由企业提供一揽子可以选择的福利项目“菜单”，员工根据自己的需求和偏好，选择希望享受的福利项目。因为员工在众多的备选项目中各取所需，自由组合，每个员工都有自己专属的福利套餐，类似于在吃自助餐，因此弹性福利计划又被称为“自助餐福利计划”。当然，自由选择也会受到相关限制。首先会受到企业设定的备选项目的限制，同时，备选项目的多少、福利项目的质量也受企业财务能力的限制；其次，员工的选择范围会因职级、资历和绩效的不同而有所调整。

弹性福利计划将固定福利计划中完全由企业主导、忽视员工差别化需求的不足作了改进，将部分福利选择权交还给员工本人，尊重员工的个人偏好和实际需要，使福利计划更有针对性，保障效率更高。同时，有的放矢的福利供给，更好地实现了员工的福利改进，对于员工的激励作用会更加显著。但是，弹性福利计划在实际操作中行政流程复杂，成本较高；另外，员工也可能因为缺乏相关知识或者存在短视、侥幸心理，作出缺乏理性的选择，导致福利计划的风险保障功能下降。如果国家的法定福利项目过多，企业又要控制总的劳动成本，所能提供的备选福利项目就会很少，这时，弹性福利计划的实际价值就会大打折扣。

3. 保险型福利和非保险型福利

根据福利计划的组织方式，可以分为保险型福利和非保险型福利两类。保险型福利，是按照保险的方式组织的员工福利项目，是依据大数法则和风险分摊原理，由企业和员工供款形成专项基金，对遭遇劳动风险和经济损失的员工进行补偿的风险管理制度。由国家依法强制举办的各类社会保险，企业和工会举办的职业养老金计划或者购买的商业团体年金都属于保险型福利。保险型福利制度通过保险方式为员工及其家庭提供风险保障，使他们在遭遇风险损失时能够获得相应的补偿，避免了由风险损失导致的生活困境，从而帮助员工解除后顾之忧，使员工能够将更多的精力放到工作上，提高劳动生产效率。非保险型福利是指对员工的现金补贴、工作餐、免费班车、员工旅游休假等福利安排。

4. 不同功能的福利计划

按照福利项目的功能差异，可以将员工福利计划分为风险管理型福利、生活保障型福利、工作激励型福利和发展型福利等几种。

风险管理型福利是指为员工可能遭受的各种风险损失提供补偿的福利。这种风险补偿可能通过保险方式，即保险福利方式，也可能通过其他风险管理方式，如为发生意外、年老或疾病的员工及其家庭提供的各类抚恤金、医疗和伤残补助金、其他现金、实物或服务等。

生活保障型福利是指企业为保证员工一定的生活水平，在工资之外向员工提供的福利项目。生活保障型福利一般以实物或者集体服务的形式供给，包括向员工免费或者以成本价提供的工作餐，免费幼儿照顾服务，通勤班车，工作场所的浴室、休息室、体育设施等。这些以实物或者服务提供的福利待遇不会受通货膨胀的影响。企业所提供的各种服务和物品，可以满足员工某些方面的生活需要，一方面体现了企业对员工的关怀和尊重，有利于增强员工的组织忠诚度；另一方面也极大地降低了员工的生活成本，相当于提高了他们的收入。然而，企业直接或间接提供的这些福利，员工本来是可以从市场上买到的。如果员工自愿购买，他们会根据自己的偏好在众多产品和服务项目中作出最合意的选择，实现个人效用最大化。而由企业按统一标准提供的生活保障福利就会忽视不同员工的效用函数差别，从而不能在既定的预算约束下实现员工的最大利益。另外，一般企业不具备提供相应产品和服务的专业化规模优势，这可能会增加提供生活保障福利的成本。

工作激励型福利是指为吸引、保留和激励员工而设立的福利计划，比较典型的例子是员工持股计划。在这一计划下，通过让员工持有公司的股票，使员工享有当前的剩余索取权，并分享企业未来发展的收益。员工持股后，成为企业的股东，他们所持股票的价值和股息取决于公司未来的发展，这会激励员工更加努力的工作。在员工持股计划的具体操作上，一般由企业每年根据员工工薪总额，按固定比例向一个信托基金拨付资金，由基金在市场上购买公司的股票，再将股票根据员工的职别资历分配到每个人的个人账户上。个人账户上的股票归员工个人所有，在离职和退休时可以带走，如果员工在职期间希望兑现股权，企业一般具有优先承购权。除了员工持股计划这类长期激励项目，对绩效优异的员工和部门进行奖励也是一种激励型福利。比如企业组织业绩好的部门或员工旅游，或者增加他们的带薪休假天数等。

发展型福利是指为开发员工的潜在能力而设立的福利项目，一般指由企业出资为员工举办的各类在职或脱产学习的学历学位教育、技能培训、业务进修、专业指导等。根据现代人力资本理论，劳动者不单作为劳动要素，同时也是一种资本。这种人力资本的价值量由劳动者的知识程度、技术水平、工作能力和健康状况决定。研究表明，人力资本投资与其他投资品一样可以获得很高的收益。因此，从提高经济效益出发，企业需要对员工开展教育培训，从而完善其知识结构、提高其技术水平、更新其思想观念、开发其创新能力、增加其生产效率。对于员工个人而言，发展型福利增加了他们的人力资本附加值，对他们今后的职业发展有积极的作用。

5. 当期福利和延期福利

根据获得福利待遇的时间不同，员工福利计划可以分为当期福利和延期福利。前者是指员工在职期间即可享受的福利项目，员工福利计划的绝大部分项目属于此类。延期福利是指员工在离职或者退休后才可以获益的福利项目，包括养老金、老年健康保险、期权激励计划等。养老金和老年健康保险可以使员工在年老没有工薪收入时获得基本的经济支持和健康保护。期权计划将员工的福利待遇与公司的长期利益联系起来，鼓励他们为公司的长远发展努力工作。无论当期福利还是延期福利，都是企业劳动成本的一部分。出于风险保障和长期激励的考虑，企业会将一部分福利报酬在员工的生命周期内进行平滑，成为延期福利。

§1.2 员工面临的风险与风险管理

德国社会学家卢曼曾说，我们生活在一个“除了冒险别无选择的社会”。人们在日常生活中总会受到来自自然和社会的不确定因素的影响，从而使个人和家庭遭受损失。这种损失发生的不确定性就是风险。个人和家庭面临的风险包括疾病、收入减少、失能、失业、老年、死亡等。

1.2.1 员工面临的风险

在现代社会，雇佣劳动者面临很多风险。工业化生产不仅催生了工伤、失业等风险，而且放大了雇佣劳动者原来就需要面对的老年风险和疾病风险。根据国际劳动组织在 1952 年通过的《社会保障最低标准公约》（102号），劳动者面临的风险包括老年、健康、失业、职业伤害、生育和家庭困难等六类。

1. 老年经济风险

劳动者步入老年后，可能会面临双重风险。一方面，随着年龄的增长，劳动者的身体机能逐渐衰退，脑力和体力也会下降。劳动者的劳动能力下降，他为企业创造的价值就会减少，在市场经济下，这意味着劳动者的工资收入会随之下降，而且在达到一定年龄后，劳动者会因年老退出劳动市场，失去劳动收入。但人们在一般支出方面却存在着“棘轮效应”，即当期支出是前一期支出的函数，支出不会随着收入的变化而立即调整，这会使人们因年老而入不敷出，最终陷入窘困状态。另一方面，劳动者预期到老年收入会下降，可能会在工作期间进行储蓄积累，使劳动收入在整个生命周期内平滑，以保证老年经济安全。莫迪利埃尼（Franco Modigliani）、布伦格（R. Brumberg）和安东（Alberto Ando）提出的生命周期假说，就揭示了一个理性经济人为了追求一生效用的最大化，将自己的收入在退休后的余年中按平均速度进行消费，由此会使他的储蓄呈现“驼形”分布（见图 1 -2），并且在死亡发生时恰好消费掉一生的全部收入。生命周期假说在理论上很完美，但却忽视了现实中的不确定性。首先，没有人能够准确预期自己的生命周期，包括寿命、工作周期和收入波动等，因而无法对一生的收支预先作出完全匹配的合理安排。其次，由于个人的短视效应，人们很难在年轻时认识到养老储蓄的重要性，一般人会随着老年期的临近，开始为养老作准备，但往往已没有足够的时间为养老作充足的储蓄。这两点都导致人们在老年出现经济不足的风险，并产生心理上的不安全感。此外，随着社会经济的发展和医疗卫生的进步，人口寿命逐步延长，即使有一定的养老金储备，也会出现储备不足的情况。

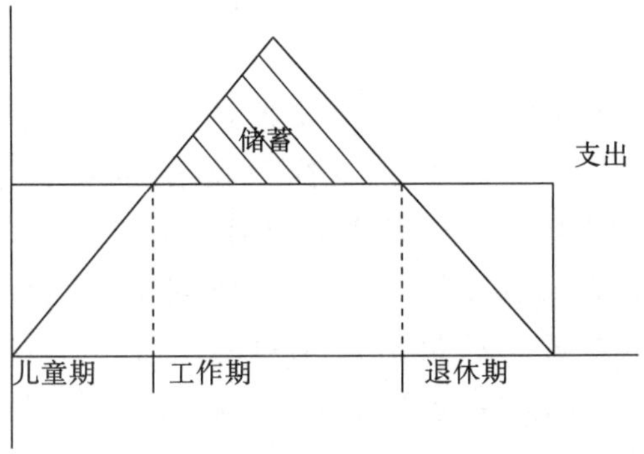

图1-2　生命周期模型

2. 健康风险

健康风险是因疾病和意外伤害引起健康受损，从而发生医疗费用的支出或者收入损失的不确定性。健康风险可能源于外部的、非本意的意外伤害，也可能源于当事人自身的心理或生理的病变。在短期内，健康受损需要治疗和康复训练，由此会产生医药和康复费用，也会因接受治疗使正常收入受损。在长期内，可能使劳动者的劳动能力下降，从而使劳动收入减少。

3. 失业风险

失业风险是指由于经济波动、企业经营调整或者劳动者自身不适应岗位需要导致的非自愿离职，并由此带来丧失稳定收入来源的不确定性。失业风险既可能是个体风险，也可能是系统风险。前者是指因劳动者或劳动者所在企业的原因引发的失业。例如，劳动者个人能力下降或不适应岗位要求，或者劳动者所在企业经营状况不佳等。个体失业风险可以通过风险聚合得以分散。系统失业风险是指因经济的周期性波动，市场陷入萧条状态而引发的大规模失业。系统失业风险是经济运行的客观规律，单个劳动者或企业无法控制，是不可分散的风险。

4. 职业伤害风险

职业伤害是指因劳动就业场所的建筑物、设备、原料、化学物品、气体、蒸汽、粉尘等，或者其他职业上的原因引起的劳动者疾病、丧失劳动能力乃至死亡。职业伤害风险是指因职业伤害导致的医疗康复费用和收入下降的可能性。在工业化的早期，因为劳动生产率低下，企业工作场所狭小，通风条件差，有毒物质和粉尘弥漫，劳动者缺乏基本的劳动保护措施，“血汗工厂”非常普遍，职业伤害风险成为劳动者经济安全的主要威胁。随着工人运动的发展，劳动者不再无条件地容忍恶劣的工作环境。各国政府在劳工运动的压力之下，也纷纷出台劳动保护法律，对劳动者的最低工作条件作出了强制性的规范。企业出于保护人力资源、激励员工工作的考虑，也努力使劳动者的工作场所更加安全，这使当前职业伤害风险的威胁性显著下降。

当前，职业病风险呈现出新的变动趋势。一方面，风险高发人群由一般体力劳动者向脑力劳动者转移。随着产业结构的升级，在发达国家和一些快速发展的发展中国家，劳动者主体已经由蓝领工人变成了办公室白领，一些“办公室病”成为诱发职业风险的主要因素，白领发生职业病风险的人数快速上升。另一方面，职业伤害风险隐形化。对于产业工人而言，由工作事故或职业病导致的健康损害显而易见，也很容易建立起职业伤害和所从事工作之间的逻辑关系。而办公室白领会因为长期的工作透支、压力过大而产生焦虑和抑郁等亚健康状态，这些因工作压力产生的“紧张”、“应激”等损害更多地体现在当事劳动者的主诉上，现有医疗技术很难作出明确的病理诊断，也很难明确“白领病”与所从事职业之间存在确定的因果关系。

5. 生育风险

在人类社会发展中，女性既是人口再生产的载体，又是物质财富的创造者。女性在孕育子女期间可能面临母婴死亡风险、医疗费用支出风险、因暂时中断工作使收入减少的风险等，这些风险都属于生育风险。对绝大多数女性来说，在一生中生育是确定的，从怀孕到婴儿出生的时间长度大多是确定的，生育后休产假的时间长度也基本是确定的，因此因生育所需的医疗费用支出和收入损失是可以预先估计的。相对于劳动者面临的其他风险，生育风险更容易通过预先的财务安排进行管理。

6. 家庭困难风险

家庭是最小的风险分散单位。当某人出险时，最先得到的帮助往往来自家庭内其他成员。反之，任何家庭成员发生风险损失，都可能导致其他成员的经济受损。因此，家庭困难风险可以被定义为因劳动者家庭成员出险而导致的整个家庭生活陷入困境的可能性。

1.2.2 员工风险管理

风险管理是指通过识别风险来源、估计风险概率和损失分布，设计并执行相应的经济安全方案，以实现规避、控制和转移风险的过程。员工面临的风险一般可以采取风险规避、损失控制、风险自留、家庭保障、商业保险、职业养老金计划、社会保障等方式进行管理。其中，商业保险、职业养老金计划和社会保障是保险型员工福利计划的主要类型，通过风险转移方式实现对员工面临的死亡、疾病、职业伤害、年老、失业、生育等风险的管理。员工福利计划是员工风险管理的重要手段，这种借助不同的保险方式来帮助员工降低风险带来的损失程度在现代社会已经普遍得到认可，也具有较广阔的发展空间。

1. 风险规避

风险规避是指放弃原先承担风险的行动方案，使风险事件不发生，或者降低风险事件发生的概率。由于风险无时不有、无处不在，很难在总体上规避风险，或者规避了某些风险，又会面临另一些风险。因此，只有当风险事件被限制在一个比较小的范围内，规避措施才具有可行性。例如，劳动者拒绝高薪诱惑，不去没有生产安全许可的企业工作，可以减少不必要的职业伤害，避免由此产生的经济损失。但彻底避免职业伤害风险是很难实现的，除非不去工作，但如果不去工作，又会面临收入减少等其他风险。

2. 损失控制

损失控制是预先采取措施降低风险发生的概率，或者降低损失程度的风险管理方法，一般分为损失预防和损失抑制两种。损失预防是事先采取措施降低损失发生的可能性。例如，强化安全观念、制定严格的劳动安全纪律、配备必须的劳动保护措施等，可以降低员工发生职业伤害的概率。风险抑制是风险事件发生后，积极采取补救措施，以降低风险造成的损失。例如，在建筑物上安装火灾警报器和自动喷淋器系统，可减轻火灾带来的损失程度。再如，发生员工职业伤害事件后，尽快采取积极的治疗措施，使员工早日康复，而不会因拖延治疗造成更大的损失。从经济角度考虑，如果采取损失控制的成本高于发生风险的实际损失，这样的损失控制方案是不经济的，这时需要转而采用其他的风险管理方法。

3. 风险自留

风险自留指由遭受风险损失的个人自行承担风险损失。风险自留一般有三种类型，第一种是风险造成的损失较小，个人完全有能力承担，不需要采用其他风险管理手段；或者缺乏其他更经济的风险管理手段，必须由个人承担。第二种是风险造成的损失巨大，超出了一般专业风险管理机构愿意和能够承担的范围；或者不存在其他更经济的风险管理手段，这时一部分风险被迫自留。例如，为了控制医疗成本，医疗保险一般设有最高补偿封顶线，高于医疗费用封顶线的部分，需要由患者自行支付。第三种是由于风险不可分散，也不存在其他更经济的风险管理手段，只能自留风险。例如，系统性的失业风险源于经济的周期性波动，很难通过商业保险实现风险的转移，因此在政府强制将失业保险纳入社会保险前，失业风险只能由员工自己承担。

4. 家庭保障

家庭保障是指通过家庭成员之间的风险共担、经济补偿、精神支持等方式，对家庭成员中个体的风险损失进行平滑。家庭是劳动者天然的风险分散单位。在工业革命前，员工个人的风险损失一般在家庭成员间分散，家庭内部转移支付成为劳动者弥补风险损失的主要来源。与此同时，农业社会中传统的大家庭结构也为这种风险分散手段提供了强有力的保证。随着工业化的发展、城镇化的加速、人口文化习俗的演变、劳动力流动性的加大，家庭的风险保障功能开始弱化，家庭结构逐渐由扩展家庭和主干家庭向核心家庭转化，这使以家庭成员间相互帮助为核心的传统经济保障方式丧失了原有的功效。由雇主和政府建立的员工福利计划以及市场提供的商业保险，已成为员工风险管理的主要手段。

5. 社会保险

社会保险是政府以社会契约的方式，强制把规定范围内的所有工薪劳动者组织起来，征收社会保险税或费，对于因发生风险造成经济损失的劳动者，提供经济补偿的经济保障制度。与商业保险相比，社会保险具有三个特性：一是强制性，即规定范围内的所有劳动者都必须参加。强制性可以避免商业保险的市场失灵，通过建立一个更大的风险池来实现更有效率的风险管理。二是公共性，政府举办社会保险不以营利为目的，具有公共品属性。三是公平性，社会保险在制度设计上一般倾向于经济弱势群体，存在着富人向穷人的转移支付，体现了社会公平。由于社会保险由政府主办，不以营利为目的，政府法令强制要求规定范围内的企业和员工参加，政府对社会保险基金的财务安全和待遇支付负有最终责任，这使其可承保的风险范围和覆盖范围更为宽泛，成为分散员工风险最基本的途径。

6. 职业养老金计划

职业养老金计划又称为职业年金，是由单个雇主或联合雇主发起，通过建立专门的养老基金，并委托专门机构或者由企业建立专门机构进行市场化运营管理，为员工提供一定收入替代水平的老年收入保障计划。职业养老金计划一般要求采取基金积累的管理模式、养老金计划资产要与企业资产严格分离、计划积累的资产要与积累的负债对应、个人积累的养老金权益要与未来的养老金领取对应等，以实现保护员工养老权益的目的。

职业养老金计划是养老金体系的重要支柱。在大多数国家，养老金体系包括社会养老保险、职业养老金计划和商业个人年金等三个支柱。其中，社会养老保险和职业养老金计划是最基本和主要的养老支柱，商业个人年金是必要的补充。社会养老保险以防止老年贫困和提供最低老年收入保障为目的，所能提供的待遇有限。职业养老金计划采取基金积累和市场化的运营模式，能够为员工提供一定水平的收入替代。

7. 团体保险

商业保险一般以风险为经营对象，以获利为经营目的。通过购买商业保险，投保人将风险发生造成的损失转移给保险人，保险人承保风险，并在获取保费收入的同时将损失分散出去。团体保险是以团体为保险对象，以集体名义投保并由保险人签发一份总的保险合同，保险人按合同规定向其团体中的成员提供保障的保险。团体商业保险通过承保员工的死亡、疾病、意外伤害、老年等风险，为员工提供各种风险保障。团体保险的特点是保险费率低，采用经验费率或者针对团体设定的保险费率，单个被保险人不需要体检，这些都节约了大量的费用，而危险选择的对象基于团体，使保险的受众范围扩大。因此，不论对于企业还是员工，团体保险都是比较好的一种员工福利计划方式。

参考文献

【1】 Jerry S. Rosenbloom et al, *Employee Benefit Planning*, Prentice Hall, Englewood cliffs New Jersey, 1991.

【2】 北京金融培训中心：《个人风险管理与保险规划》，中信出版社 2009 年版，第 105～126 页。

【3】 郭志辉："员工福利的形成及其作用机理"，《经济研究导刊》，2009 年第 4 期，第 126～127 页。

【4】 罗森布鲁姆著，杨燕绥译：《员工福利手册》，清华大学出版社 2007 年版。

【5】 李杜环："企业员工福利与保险业的机缘分析"，《中国保险管理干部学院学报》，2004 年第 1 期，第 5～7 页。

【6】 刘钧：《员工福利与退休计划》，清华大学出版社 2009 年版，第 1～5 页。

【7】 仇雨临、唐昭：《员工福利管理》，复旦大学出版社 2003 年版，第 4～25 页。

【8】 仇雨临：《员工福利概论》，中国人民大学出版社 2007 年版，第 3～17 页。

【9】 石凤玉："我国民众个人风险管理状况探索"，《中央财经大学学报》，2006 年第 10 期，第 77～80 页。

【10】 特瑞斯等著，孙祁祥等译：《风险管理与保险》，中国社会科学出版社1998年版，第1~55页。

【11】 王虎峰：《员工福利计划：原理、设计与管理》，广州信平市场策划顾问有限公司，2006年，第1~15页。

【12】 杨燕绥等：《员工福利与退休计划》，中信出版社2009年版，第70~161页。

【13】 卓志：《风险管理理论研究》，中国金融出版社2006年版，第71~77页。

第2章　员工福利制度的建立与发展

员工福利制度是社会经济发展到一定阶段的必然产物。由于社会经济发展水平和政治制度的差异，不同国家的员工福利制度具有不同的发展轨迹，并呈现出不同的特点。本章将概要介绍国际上员工福利计划产生和发展的重要历程，分析社会经济发展及政府政策对员工福利计划产生与发展的推动作用，并以美国、英国、日本和韩国为例，概要介绍国外员工福利制度的发展路径、发展现状和面临的挑战，最后介绍中国员工福利制度的发展历程和发展现状。

主要内容有：

□ 员工福利制度产生与发展的社会经济背景

□ 员工福利制度的国际经验

□ 中国员工福利制度的现状与发展

§2.1　员工福利制度与社会经济发展

为员工提供良好的福利保护，是国家和企业在社会经济发展到一定阶段的必然选择。国际上，员工福利制度在工业革命前后产生并迅速发展起来，这与当时的经济社会发展密不可分。

2.1.1　员工福利制度的产生与发展

最早的员工福利制度是工业革命时期的劳动保护和职业技能培训。大约在19世纪中期前后，工业化和资本主义的发展带来了社会的空前繁荣，同时也产生了严重的劳资对立问题。由于劳动生产率相对低下，单位生产要素投入所获得的价值增量有限，当劳动要素所获得的边际回报率很低时，工人的工资就会被维持在一个较低的水平，因此，当时工人生活普遍比较困苦。为了弥补生产率的不足，资方要求员工延长工作时间，与此相伴的是恶劣的工作环境，却没有相应的劳动安全保护，劳动者的职业伤害风险较大。另外，在资本相对稀缺的时代，资方对企业利润的分配有更大的权利，为了保证一定的资本回报，绝大部分利润被用于支付股东股息和扩大再生产，没有多少剩余财力来改善员工的工作条件和生活待遇。

工人们为维护自身权利，开始利用各种手段进行抗争。工人运动的兴起和发展，使政府认识到严重的劳资对立局面会导致社会处于割裂状态，并可能威胁政权的安全和资本主义工商业的平稳发展，最终损害统治集团的最高利益，因此政府决定有必要采取措施来保护劳工的基本权益。英国国会在1802年通过了议员罗伯特·皮尔爵士提出的《健康与道德方案》，此后，该方案于1819年、1844年和1847年多次修订。受英国的影响，其他主要工业化国家也紧随其后，颁布了相关法规，规范调整员工与雇主的关系，保护员工的基本权益。比较典型的有法国1804年颁布的《工厂法》、德国1839年颁布的《普鲁士儿童保护法》等。

作为广义员工福利的社会保险可以看做是政府面对市场失灵的公共管理工具。社会保险是随着市场经济的发展而产生和发展起来的。最早的社会保险产生于19世纪80年代的德国，其他国家纷纷效仿，先后建立了社会保险制度。

世界上最早的职业养老金制度是1875年由美国的运通公司建立的，1880年巴尔的摩和俄亥俄州铁路公司紧随其后建立养老金计划，在之后的半个多世纪里，美国出现了大约400多个养老金计划。

保险公司作为经营风险的专门性商业机构，于20世纪初进入员工福利领域，并带来福利项目上的创新。团体保险在诞生之初，就将员工福利计划定位为主要经营方向。1911年英国的公平人寿保险公司（Equitable Life Assurance Society）签发了第一张团体寿险的保单，标志着保险公司开始采用团险的承保方式。之后，这一新兴的承保方式随着员工福利需求的增加被各个保险公司效仿，并迅速成为保险市场的主要承保方式和员工福利的重要工具，其保障范围也从最开始的寿险扩展到对于老年、疾病、伤残等其他可保风险的保护。

第二次世界大战之后，各主要资本主义国家在原有的经济基础之上，利用第三次科技革命的新成果和新的国际贸易体系，使经济快速复苏至战前水平并维持高速增长直到70年代。同一时期，员工福利制度也在主要工业国家得到了全面发展，这表现在员工福利项目的多元化和福利待遇的高水平上。

福利项目多元化是指企业在法律框架允许的范围内，根据自己的财务状况和行业特点，制订内容丰富、形式多样、项目繁多的福利计划，大到住房保障，小到牙医门诊，都有专门的福利项目满足员工的需要。福利项目的激增主要体现在企业提供的自主福利领域。例如，以美国401（K）计划为代表的确定缴费型养老金计划的迅速发展；员工持股计划和利润分享计划的兴起，使员工通过股票拥有剩余索取权的利益分享机制，增强了企业对于员工的凝聚力；20世纪70年代出现的“弹性福利计划”，允许员工在一个福利菜单中选择组建属于自己的福利组合，以满足个体对福利的偏好。

员工福利计划全面发展的另一个表现是企业福利支出的上升。由于福利具有刚性，随着新的福利项目不断增加，员工福利支出的增长成为一种必然趋势。以美国为例，1955—1975年的20年间，员工福利开支的增长速度是员工工资增长的4倍。进入90年代后，员工福利占企业劳动支出的比重逐渐稳定下来。

2.1.2 员工福利制度的产生与社会经济背景

员工福利制度是社会经济发展到一定阶段的产物。工业化和城镇化促使家庭小型化，迫切要求政府和雇主建立相应的雇员保护计划。同时，市场经济的发展，为员工福利计划的发展提供了相应的风险管理工具，为员工福利计划的市场化发展奠定了基础。

1. 工业化削弱了家庭的保障能力

在工业革命前，劳动者的职业伤害以及养老、疾病、生育等风险，一般采用家庭保障的方式进行管理，当风险发生后，大家庭的其他成员会对出险者进行经济支持。但18世纪开始的工业化进程直接冲击了传统的风险管理方式，工业化及由此带来的城市化，促使家庭小型化，削弱了家庭分散风险的能力，从而对雇主和政府提出了相应的风险管理要求。

2. 工会的推动作用

工会是由劳动者组成的群众团体，是劳动者维护和争取自己的政治和经济利益、并与资方斗争的产物。伴随工业化的进程，工人人数快速增长，工会力量空前强大，工会代表在劳资冲突中通过集体谈判方式解决矛盾，从而增强了谈判的话语权和政治影响力。工会积极而强大的力量促使资方更多地考虑工人的要求，在一些福利保障项目上作出让步，通过提供一些福利项目来缓解员工的不满情绪，协调与员工的紧张关系，维持正常的企业经营。不仅如此，工会建立的工人互助组织本身就是一种风险保障机制。员工最早是通过加入工人互助组织，例如基尔特、友爱社等，在入会工人之间进行风险共担。后来，工会会员通过集体购买商业团体保险建立员工福利计划。

3. 政府的立法保护

在工业化早期，各国政府都秉承自由放任思想，认为劳资双方所达成的契约是双方意愿的真实反映，法律不应该对于履行契约的过程和结果进行干预。但是企业的劳动者，尤其是蓝领工人为了争取自身的权益，不断地发动工人运动，以各种合法和非法的手段抗争资方，并开始通过工会等团体向政府施压。各国政府逐渐意识到，如果放任劳资关系激化，继续劳资利益分配失衡，将可能导致社会的对立，影响社会稳定和经济发展。因此，政府开始通过立法的方式，对于员工所能获得的最基本福利进行规范，以缓和劳资对抗，稳定社会情绪。

工业化之后，市场经济取代传统自然经济成为主要的经济体制。由于市场存在自发性和盲目性，所以市场经济的运行存在着周期性的波动、周而复始的由扩张到紧缩的不断循环运动。当经济下行至低谷的时候，社会总需求不足，影响到总产品的供给，企业萧条，工人失业。1929 年的大危机表明，在自由市场的框架下单纯依靠市场调节，很难在短时间内克服经济危机的负面影响，因此政府开始运用各种公共政策工具干预市场。社会保险等法定福利的推行，成为政府干预市场、稳定经济的公共政策工具。

4. 企业的人力资源管理需要

无论科学技术如何进步，人始终是企业生产经营活动的主体，企业的竞争力如何，首先取决于他们的员工知识技能水平如何。随着竞争的加剧，一些企业也逐渐认识到人力资源是企业生存与发展的重要支撑和宝贵资源。由于企业经营理念的转变，人力资源管理内容也相应的发生调整，企业开始重视员工的风险保障需要和其他的福利要求，让出一部分企业的利润来为员工提供完善的福利保障计划。对企业而言，员工福利计划在功能上可以被视为激励机制，建立之后能够凝聚人心，增强员工的归属感和忠诚度，提升员工的工作效率，充分调动他们的积极性和创造性，最终实现企业的战略目标。同时，员工福利计划也是对员工流动的“软性约束”，一些福利待遇并不是当期领取，而是延期支付，这无形中增大了员工离职的机会成本，使员工在作离职决定时会更加慎重，企业则以这种软性的方式“套牢”了员工，有利于维持企业的核心竞争力。

企业社会责任理念被广泛接受，也对员工福利计划的建立产生了促进作用。企业社会责任是指企业在运营时不仅要遵循法律，同时不能逾越道德和公众价值判断的底线，进行商业活动的时候也要考虑对于其他利益相关者所造成的影响。根据企业社会责任理念，当员工发生风险或遇到生活困难时，企业应该提供必要的关怀和保障，并和社会与员工一起分担可能的经济损失。

2.1.3 员工福利制度的发展与外部影响因素

员工福利制度的发展有较强的路径依赖性，而不同的发展路径又受到各种外部因素的制约。这些因素包括政府法律法规、社会经济环境、企业文化价值等。

1. 政府法律法规

政府是法定福利的政策制定者和监督管理者，政府的相关政策直接决定了法定福利的待遇水平、保障项目和运行模式。政府政策具有很强的刚性，任何企业都要严格执行，除非有特殊的豁免条款，否则所有制度要件不能进行任何的调整。政府强制推行法定福利并明确制度要件，能够更好地保护劳动者的基本权益。另外，政府还可以通过财政、税收、投资等相关政策来引导企业决策，从而对福利制度的发展起到间接的影响作用。如在现代福利制度中，政府的税收优惠政策有效地促进了员工福利计划的发展。

2. 社会经济环境

从员工福利制度的发展路径看，制度的变迁与宏观经济形势存在着紧密的联系。在经济高涨时期，企业效益良好，有足够的财力来为员工提供新的福利项目。同时，经济高速增长的时候，企业一般执行扩张战略，雇主们愿意将一部分剩余利润通过各种方式分配给员工，来激励他们提高工作绩效，因此，经济繁荣期也是自主福利发展的黄金时期。在经济陷入衰退时，整个宏观经济形势恶化，企业会采取收缩战略来平衡风险，削减成本开支，不仅不会新增福利项目，原来的项目也可能会根据企业的财务状况作出调整。然而经济萧条的时候也恰恰是员工最需要福利制度保护的时候，因为面临着失业和减薪，如果这时候发生经济风险，他们将没有能力自行化解危机。政府出于保护劳动者、稳定社会和遏制衰退的需要，会增加公共社会保障开支，制定强硬的劳工政策，给予员工更好的法定福利保护，以缓解经济萧条对他们的冲击。而由于福利的棘轮效应，已经实施的法定福利项目不会因为经济的复苏而调整，因此每一次经济危机都是法定福利的一次扩张。

员工是劳动要素的供给方，劳动力市场的供求状况如何决定了员工的薪酬状况和企业愿意为员工支付的总成本。员工福利制度归根结底是员工薪酬的一部分，劳动力市场的供需均衡点决定了企业愿意为员工支付的薪酬水平，进而影响企业愿意支付的员工福利开支。在其他条件不变的情况下，如果劳动力市场上供给大于需求，均衡价格处于一个比较低的水平，企业不用支付很高的成本就可以雇佣到自己满意的员工，这时企业不会调整自主福利，不会愿意支付很高的福利水平，因为此时劳动的供给弹性较小，企业不用担心因为福利水平不高导致员工离职。相反，如果市场上的劳动力供给不足，而企业需求又比较旺盛，那么企业为了维持生产，愿意为员工福利支付较高的成本，这时自主福利的待遇会相应提高。在现实中，资本密集型行业的企业福利发展要领先于劳动密集型行业，这是因为资本密集型企业所要求的高技术、高知识员工在劳动市场上具有一定的稀缺性，企业为了招人留人，就需要支付比较高的劳动成本。

3. 企业文化价值

从企业的角度看，企业对于福利制度态度的变化会影响福利计划的发展。福利制度最初被看做是企业对员工提供的善意赏赐，雇主自认为承担着员工“保护人”的角色，在雇员遇到困难的时候应该给予帮助。在这种认识下，企业提供的福利并没有固定的项目和明确的待遇水平，随意性较大。受外部环境变化的影响和自身生存发展的需要，企业逐渐认识到雇主应该承担起维护雇员经济安全的责任，企业文化价值和管理理念的改变，使企业对福利制度的看法趋向积极。雇主开始推动自主福利的建立，这对于福利制度的发展起到了极大的促进作用。

§2.2 员工福利制度的国际经验

不同国家在传统文化、社会、经济、人口以及政治制度等方面存在差异，使各国的员工福利制度在发展路径、发展现状和面临的挑战等方面也存在一定的差异。本节以美国、英国、日本和韩国为例，介绍员工福利制度的基本国际经验。

2.2.1 美国的员工福利制度

美国的法定福利项目包括老年、残障与遗属保险，失业保险和工伤保险等社会保险，老年和伤残医疗津贴和各种公共福利援助，法定带薪休假和劳动保护政策等。雇主提供的自主福利一般有养老金计划、针对各种劳动风险的员工团体保险、利润分享计划、企业制定的带薪休假以及各种津贴等。

美国的社会保障制度是指老年、残障及遗属保险。它诞生于1935年的《社会保障法》，是世界上最早的社会保障制度之一。美国的社会保障制度采用现收现付制，随着人口老龄化的加剧，特别是第二次世界大战后“婴儿潮”一代将在21世纪初进入退休年龄，社会保障制度面临入不敷出甚至破产的风险。

美国的私人养老金计划自1974年颁布《雇员退休收入保障法案》以来进入法律轨道。该法案要求养老金计划都要采取完全基金制，以保护计划参加人的养老金权益。

在医疗保障方面，美国并没有一个全民性的或者覆盖正规就业部门的公共医疗保障制度，政府提供的公共医疗保障主要服务特定人群，如老年人、残疾人、儿童和部分低收入者。商业医疗保险是美国医疗保障体系的主体，一般情况下，雇主承担大部分医疗保险缴费。可见，医疗保障实际是建立在雇佣关系基础上的雇主保障制度。

值得借鉴的是，美国员工福利的发展体现出立法先行的特征，即先有规范性的法律，相关福利项目才会大规模发展。法定福利主要通过《劳动法》、《住房保障法》和《社会保障法》规范，自主福利涉及的法律比较多，包括《雇员退休收入保障法》、《国内税法》、《保险法》等。这些法律明确了员工的基本福利权利以及他们所享受的法定福利的项目、费用、给付条件、待遇水平和税惠条件等，规定了政府、企业和员工个人在员工福利方面的权利和义务，各方职责清晰明确。因为法律具有强制性，立法先行成为保障福利得以顺利实现的强硬支点。

2.2.2　英国的员工福利制度

英国员工福利制度的核心是法定福利。1942 年，著名的贝弗里奇报告《社会保障及其有关服务的报告》为战后英国福利国家的建设勾勒了蓝图。之后，相继颁布了《家庭补助法》、《国民保险法》、《国民工伤保险法》、《国民保健法》、《国民救济法》等。这五大法律使英国的法定福利建设得以系统化和全面化，从而拥有了当时西方国家最完备的福利制度，为全体公民提供从摇篮到坟墓的福利保障。

英国战后在“福利国家”理念的指导下，几年之内建立起一个全面的福利体系，涉及老年、疾病、残疾、工伤、生育、家庭保障和住房等领域，并且各个保障项目之间相互协调，共同作用，使英国员工能得到“从摇篮到坟墓”的保护，从而为员工提供了全面和充分的福利保障。英国法定福利中的卫生保健服务、教育福利、住房保障和社会服务援助等的经费来源完全依赖国家税收。对于企业补充开展的福利，政府也通过税费减免的方式予以支持。在行政管理层面，福利国家制度完全由政府公共机构运作，在医疗和住房保障方面，政府会直接提供福利物品。英国政府在员工福利方面体现的政府责任是值得借鉴的。

英国当前的法定福利包括就业政策、社会保障、卫生保健服务、教育福利、住房保障和社会服务援助等六个方面。在法定福利之外，规定所有企业必须为员工建立养老金计划，并鼓励企业购买商业团险。此外，员工还能享受带薪休假、免费工作餐、节假日的节日津贴等。

受 20 世纪 70 年代石油危机的影响，英国经济增长迟缓，失业率上升，通货膨胀严重。此后，受思想界和政治环境保守化的影响，以撒切尔政府的改革为标志，英国开始进入了“重构福利国家”的阶段。政府采取降低社会保障既得权益的实际价值、限制各种社会保障给付的指数化调整、削减领取者的人数、简化行政程序、削减福利部门的官员数量等手段试图削减福利开支，强化个人责任。但这种重构福利体系的努力尚未达成目标。另外，英国的国民健康服务体系（National Health Service，NHS）面临医疗服务供给严重短缺的困境。在国民健康服务体系下，绝大部分医院是由政府举办和经营的公立医院，公立医院的医生作为公职人员，领取由财政支付的薪金，他们的收入不与医疗服务的数量和质量挂钩，从而存在效率低下、服务水平不高的问题。再者，由于英国员工福利的主要部分是法定福利，高法定福利导致高额累进税和高水平的社会保障税。高税率使英国国内的投资回报率降低，从而造成大量资本外流，对英国的新增投资和固定资产更新产生了消极影响。另外，高个人所得税和社会保障税降低了员工工作的回报，也降低了他们选择闲暇的机会成本，再加上高福利机制，使员工倾向于增加闲暇、减少工作，从而使经济不能处于充分就业的最优状态。

2.2.3 日本的员工福利制度

与其他多数国家员工福利计划的发展路径不同，日本的员工福利制度最早起源于军队和政府部门。1875—1884 年间，日本相继推出《海军隐退令》、《陆军恩给令》和《官吏恩给令》，这体现了旧日本时期传统的“官贵民贱”的思想。日本企业界则受儒家文化熏陶，表现出雇主对于雇员的父爱主义[①]，在法定福利出现之前，大企业就单独为员工组织保险。1907 年，国铁共济会开始运行，此后日本的大企业普遍建立共济年金制度，在本企业范围内为员工提供保障。受重男轻女的封建思想限制，二战前日本的大部分福利项目只覆盖男性雇员。

第二次世界大战后，日本食物奇缺，物价飞涨，占领军对日本的经济财阀进行了肢解，完全破坏了旧日本体制下的经济格局，整个日本经济濒临崩溃，各项员工福利措施陷入瘫痪。于是，从 1946 年到 1953 年，日本当局开始重建以社会保险为核心的法定福利，以 1956 年的新《国民健康保险法》和 1959 年的《国民养老保险法》为标志，形成了日本二战后的法定福利制度格局。之后，随着日本二战后 20 年的黄金发展，各种社会保障福利全面扩张，同时企业也根据自身情况为员工提供了丰富的福利保障。目前，日本法定福利的主要项目包括健康保险、厚生年金、雇佣（失业）保险、工伤保险和其他的劳动保护项目。法定福利费约占“现金工资”外劳动成本的一半。企业提供的补充福利有团体保险、初级医疗保健服务、生活补助、员工公寓、文娱活动和家庭财产形成等项目。其中的“家庭财产形成”是具有日本特色的员工福利项目，主要为员工购买住房提供资金支持。“家庭财产形成”可以通过两种具体形式开展：一种是企业为员工建立住房公积金保险，每月员工收入的一定比例会自动划入公积金账户，企业承诺较高的担保收益率，同时，公积金收益可以获得税收优惠；另一种形式是“团体贷款定期寿险”，在员工身故之后，其遗属可以向保险公司申请贷款以支持住房和其他财产。

---

① 父爱主义（paternalism）又称“家长主义”，指像父亲那样行为，或对待他人像家长对待孩子一样。

日本员工福利制度自20世纪50年代开始不断的扩充与完善，很大程度上得益于当时高速发展的经济。到20世纪80年代中期之后，日本经济开始进入衰退期，经济呈现出明显的停滞之势，限制了企业自主福利的发展。

2.2.4 韩国的员工福利制度

韩国的员工福利制度诞生较晚。由于受到第二次世界大战和朝鲜战争的影响，独立后的韩国经济一片萧条，社会秩序混乱。直到20世纪60年代，执政的朴正熙军政府把经济建设和福利国家建设作为国政目标，从而在军政府的强力推动下，韩国经济开始进入复苏期，员工福利制度逐渐建立。以1963年颁布的《韩国社会保障法》为开端，在5年之内，韩国颁布了876条与员工福利相关的法案。但是，韩国政府在指导思想上比较保守，认为家庭互助保障比其他任何保障形式都有道德上的优越性，所以，尽管韩国建立了大量的社会保障制度，但保障水平很低，覆盖范围也仅限于政府机构、军队和正规就业部门，并根据行业或地区不同，福利制度封闭运行。政府虽然通过了很多社会保障法案，但由于总体上秉承“经济增长第一，收入分配第二”的理念，付诸实施的并不多，公共政策偏向资方和财阀而不是普通的员工，政府对于工会活动持消极态度。

1988年，韩国的民主化改革成为福利制度发展的催化剂，各种福利措施开始实施，并在短时间内建立并完善了国民养老金、医疗保险、雇佣保险三大社会保险体系。目前，韩国员工能享受到的法定福利包括国民养老金、医疗保险、雇佣保险和其他劳动保护措施，在养老金框架下也提供伤残和遗属补偿。但是，直到本世纪初，韩国没有统一的公共社会保障制度，各种社会保险由雇主、行业工会或者地区非营利性公团发起，政府负责核准发起人资格、制定政策和监管，并对制度的财务赤字进行补贴。这使员工法定福利待遇在不同行业和地区间存在差异。近年来，韩国政府进行了统一社会保障基金的努力，在全国实行统一的社会保障制度，由政府集中举办。在雇主自主福利方面，一些大企业集团，如现代、三星、LG集团的自主福利较高，广大中小企业员工所能享受的福利待遇非常有限。

§2.3 中国的员工福利制度

2.3.1 新中国建立前的员工福利发展

在新中国建立之前，随着近代工业的发展，1923年北洋政府曾经颁布了《暂行工厂通则》，这部通则可以看做是中国第一部现代意义上的劳动法，但实际上并没有得到认真的实施。1927年，南京国民政府为缓和社会矛盾和劳资关系，陆续颁布了《工厂法》、《工厂法实施细则》、《矿厂法》、《工会法》等有关劳工福利的法律法规，但是，当时的法定福利制度很不完善，政府只起到立法的作用，没有承担建设福利的财政责任，既没有从财政拨出经费，也没有建立专门的财务保障机制。

企业自主福利几乎与法定福利同步产生，在市场竞争的压力下，一些有远见的资本家开始仿照在华的外国企业规章制度，结合当时已经传入中国的“科学管理”理论，改革家族企业体制，建立现代管理制度，并引入了西方企业的福利制度。当时企业提供的员工福利包括各种生活和服务设施、职工宿舍、医疗保健服务、教育培训、文娱活动、子弟教育基金、婚丧嫁娶和女工生育补助金等。一些企业开始为员工建立医疗保障计划，向退休职工提供养老津贴。但总体上看，员工福利计划并没有得到全面发展。

2.3.2 计划经济时期的员工福利制度

新中国成立之后，参照苏联福利模式，我国开始在政府的直接规划和指导下建立员工福利制度。新中国成立之初，政务院于1951年2月26日颁布了《中华人民共和国劳动保险条例》，该条例提供的保障包括养老、医疗、工伤和遗属保险，覆盖城镇正式部门的职工，采取现收现付收支模式，个人不需缴费，企业从未分配利润中扣除职工工资总额的3%作为劳动保险基金，这笔基金的70%由本企业自留，用于支付企业职工的养老和医疗开支，其余30%上缴中华全国总工会，作为全国范围内的调剂金。对于养老保险，待遇标准为男性从60岁、女性从50岁开始，工龄满10年，养老金待遇水平相当于退休前标准工资的60%，工龄满15年的替代率为70%，工龄在20年以上的替代率为75%。1953年1月2日，《劳动保险条例》经过修订后重新颁布，到1956年，劳动保险的覆盖面已扩大到当时国营、公私合营和私营企业职工总数的94%。由此，中国真正意义上社会保险制度正式建立。

从1966年开始的“十年动乱”期间，过去建立的劳动保险制度遭到破坏。1969年2月财政部发出的《关于国营企业财务工作中几项制度的改革意见（草案）》规定：国营企业一律停止提取劳动保险金，企业的退休职工、长期病号工资和其他劳保开支，改在营业外列支。这一文件正式宣告了我国的劳动保险制度由全国统筹蜕化为企业保险，由企业自行筹资发放。但在计划经济时代，我国企业并不是财务独立的市场主体，国家对养老金制度承担着无限财务责任，因此在企业改革之前，我国劳动保险制度并没有完全失去社会化的属性。

在企业自主福利方面，1950 年 6 月颁布的《中华人民共和国工会法》中规定，工会有改善工人、职员群众物质生活与文化生活的各种设施的责任，并要求各级政府应该拨给工会必须的房屋与设备作为举办集体福利之用。1953 年修订后的《劳动保险条例实施细则修正案》规定，实行劳动保险的企业应该根据工人、职员的需要及企业的经济状况，单独或联合其他企业设立营养食堂、托幼园所、哺育室等。1957 年 1 月国务院发布了《关于职工生活若干问题的指示》，对于职工住宅问题、疾病和意外期间的生活困难补助问题作了规定。这三部法律法规成为新中国计划经济时期企业福利的法律依据。在这些法律法规的指导下，我国的企业福利制度迅速建立起来并在全国全面铺开。

当时的企业福利保障内容广泛，包括职工住宅、初级医疗卫生保健、子弟学校、幼儿园、员工食堂、文化娱乐等。一些规模较大的企业甚至自己设立服务社提供商品、建立理发室等生活设施，职工的衣食住行完全可以在单位大院里解决。在这样封闭运行的企业福利制度下，每个企业都需要单独提供相关的福利物品和服务，由于生产数量达不到规模经济的要求，制度运行效率低下，这样的福利安排被批评为“企业办社会”，是企业功能上的错位。受经济发展水平的制约，当时的职工福利供给水平并不高。

企业福利能够存在并且运行的经济基础是计划经济体制下的公有制经济，每一个企业都是国家的生产单位，不是独立的利润单元，不必担心企业的财务状况，可以不计成本地供给福利物品。国家则可以利用调拨资源的权力，拉平每个企业的福利待遇。在我国企业开始市场化改革之后，企业福利制度的经济基础瓦解，福利制度开始面临改革。

2.3.3　中国现行的员工福利制度

改革开放以来，伴随经济体制的改革，我国开始对社会保障制度进行全面的改革。在养老保险方面，1993 年党的十四届三中全会《关于建立社会主义市场经济体制若干问题的决定》中，明确提出了养老保险制度改革实行“社会统筹与个人账户相结合”的模式。1997 年 7 月 16 日国务院发布的《关于建立统一的企业职工基本养老保险制度的决定》、2000 年《国务院关于印发完善城镇社会保障体系试点方案的通知》中，将城镇职工养老保险个人账户的缴费比例从过去的 11% 调整到 8%，并且全部由个人缴费。2005 年国务院发布了《关于完善企业职工基本养老保险制度的决定》，强调了社会统筹和个人账户相结合，并开始做实个人账户的试点。

在医疗保险方面，1998 年国务院颁布了《建立城镇职工基本医疗保险制度的决定》，正式明确了我国社会医疗保险的制度框架。医疗保险在资金来源上由个人和企业出资，单位缴费为职工工资总额的 6%，职工缴费为本人工资额的2%。制度实行社会统筹与个人账户相结合，个人缴费和单位缴费中的2%进入个人账户，其他部分进入统筹账户。职工的门诊小病使用个人账户积累，住院大病发生的费用由统筹基金报销。在保障水平上，制度立足于满足职工基本医疗需要，设定了报销起付线、封顶线和基本药品目录，避免像过去一样大包大揽导致制度财务不可持续的结果。

在失业保险方面，1986年7月国务院颁布了《国有企业职工待业保险暂行规定》，为处于待业的国有企业职工提供保障。为了适应改革的变化，1993年国务院又颁布了《国有企业职工待业保险规定》，将更多失去工作的国有企业待业职工纳入覆盖范围。1999年1月20日，国务院颁布了《失业保险条例》，将各种所有制经济下的城镇正式职工纳入了失业保障制度。我国的失业保险基金来源于企业和职工的供款，企业按职工工资总额的2%缴纳，个人按本人工资的1%缴纳。为促进就业，失业保险的给付期限与失业者的缴费年限相挂钩，最长24个月，最短12个月。失业保险金低于当地最低工资，但要高于最低生活保障线。

在工伤保险方面，1996年10月1日劳动部颁布了《企业职工工伤保险实行办法》，尝试建立工伤保险制度。2003年4月27日，国务院颁布实施了《工伤保险条例》，标志着我国工伤保险制度正式确立。2010年12月，《国务院关于修改〈工伤保险条例〉的决定》颁布，对相关条例作出修订。我国工伤保险制度自建立之日起，保障了因为工作遭受事故伤害或者患职业病的职工能够获得医疗救治和经济补偿，促进职业康复和工伤预防，分散了用人单位的工伤风险。

在生育保险方面的制度，包括1988年9月1日起实施的《女职工劳动保护规定》，1995年1月1日起实施的《企业职工生育保险试行办法》和1999年9月28日发布的《关于妥善解决城镇职工计划生育手术费用问题的通知》。我国生育保险费由企业负担，费率由各地方政府自行制定，但不得高于职工工资总额的1%。女职工可以享受产假90天，其中，产前休假15天。产假期间发给生育津贴，津贴标准为本企业上年度职工月平均工资。计划生育手术费用也可由生育保险基金支付。

在企业补充医疗保险方面，劳动和社会保障部与财政部在2002年5月21日颁布了《关于企业补充医疗保险有关问题的通知》，允许企业和职工在已经参加基本医疗保险制度的基础上，申请建立补充医疗保险制度，以解决基本医疗保险保障范围窄、保障水平低的问题，减轻参保职工医疗费用负担。企业补充医疗保险可以由企业和职工共同缴费，也可以由企业单独缴费，企业缴费额在工资总额4%以内的部分，企业可直接在成本中列支。企业补充医疗保险资金由企业或行业集中使用和管理，单独建账，单独管理。

在住房保障方面，1991年6月，国务院发出了《关于积极稳妥地推进城镇住房制度改革的通知》，正式开始了住房制度的改革。1998年7月3日，国务院又发出《关于进一步深化城镇住房制度改革　加快住房建设的通知》，终止了住房实物分配制度，逐步实行住房分配货币化。为了配合住房货币化改革，我国开始实行住房公积金制度。目前住房公积金制度的政策依据是国务院1999年4月23日颁布、2002年3月24日修订的《住房公积金管理条例》。该条例规定：职工所在单位和职工缴存的住房公积金进入职工个人账户，职工和单位住房公积金的缴存比例均不得低于职工上一年度月平均工资的5%，各地区根据本地情况可以提高比例。

随着社会保障制度的发展，企业自主福利，包括企业年金、企业补充医疗保险等得到发展。我国的企业年金是在企业和职工已经参加基本养老保险制度的基础上，依据有关法规政策，由企业自愿建立的。关于企业年金的相关规定，早在1991年《国务院关于企业职工养老保障制度改革的决定》中就规定：国家提倡、鼓励企业实施补充养老保险。1995年劳动部制定了《关于建立企业补充养老保险制度的意见》，对于当时补充养老保险的制度框架予以明确，确定了资金来源和基金管理办法。在2000年《关于完善城镇社会保障体系的试点方案》中，企业补充养老保险被更名为企业年金，同时明确了我国的企业年金实行基金完全积累，采用个人账户方式进行管理，基金进行市场化运营，企业年金由企业和个人共同缴费，企业缴费占工资总额4%以内的部分可以列支为成本，享受税收优惠。2004年，当时的劳动社会保障部发布了《企业年金试行办法》，正式确立了我国现行的企业年金制度。我国企业年金采用确定缴费型基金积累制，基金可以按照国家的规定投资运营，企业缴费每年不超过本企业上年度职工工资总额的1/12。企业和职工个人缴费合计一般不超过本企业上年度职工工资总额的1/6。企业缴费、个人缴费和投资收益全部计入个人账户，个人账户可以继承。同年，劳动和社会保障部又同银监会、证监会和保监会共同发布《企业年金基金管理试行办法》，对企业年金基金管理运营予以规范，明确了企业年金基金管理应该建立委托代理体制进行投资，并对投资渠道和资产配比予以规定。

在其他企业福利方面，1992年6月16日，中共中央和国务院联合下发了《关于加快发展第三产业的决定》，要求“现有的大部分福利型、公益型和事业型第三产业单位逐步向经营型转变，实行企业化管理”，原有的单位福利设施和机构向社会开放，开展有偿服务，并在财务上与原单位脱钩，自主经营，独立核算。同时，其原有服务领域也向社会其他组织开放，共同竞争，以打破封闭式的自我服务体系。根据上述精神，我国大量的企业附属福利机构在短时间内被推向社会，推向市场，开放竞争，优胜劣汰。

通过改革，使企业的员工福利制度与市场经济有机结合起来，减轻了企业的财务压力，也激发了这些原附属福利机构自身的活力，促进形成了一个拥有大量市场主体的服务业市场。

除了依法参加各种社会保险制度，还有一些企业在政府政策指导下举办了各类补充性质的商业保险和员工教育培训等计划。例如，效益好的企业普遍为员工购买了商业团险，以知识型员工为主的高科技企业更注重员工的培训教育计划，一些大企业和上市公司为员工设计了利润分享计划和员工持股计划等。

参考文献

【1】 吕学静：《日本社会保障制度》，经济管理出版社2000年版，第219～234页。

【2】 仇雨临：《员工福利概论》，中国人民大学出版社2007年版，第21～79页。

【3】 仇雨临、唐昭：《员工福利管理》，复旦大学出版社2003年版，第105～126页。

【4】 邵芬：《欧盟诸国社会保障制度研究》，云南大学出版社2003年版，第1～90页。

【5】 孙光德、董克用：《社会保障概论》，中国人民大学出版社2004年版，第289～325页。

【6】 王国军：《员工福利计划：政策与外部环境》，广州信平市场策划顾问有限公司，2006年，第33～35页。

【7】 王虎峰：《员工福利计划：原理设计与管理》，广州信平市场策划顾问有限公司，2006年，第25～34页。

【8】 武川正吾、佐藤博树著，李黎明、张永春译：《企业保障与社会保障》，中国劳动社会保障出版社2003年版，第13～46页。

【9】 张桂琳、彭润金等：《七国社会保障制度研究：兼论我国社会保障制度建设》，中国政法大学出版社2005年版，第17～41页。

【10】 周鹏飞："韩国社会保障制度现状及其政策选择初探"，《西北人口》，2007年第4期，第95～98页。

第二部分　社会保险精算管理

第3章　社会保险发展概述

社会保险是通过保险方式强制实施的法定员工福利计划。在各国员工福利计划的发展中，社会保险作为重要的公共政策，强制覆盖范围内的企业和员工参加，由企业、员工和政府共同出资，为劳动者面临的老年、疾病、职业伤害、失业、生育等风险提供基本保障。由于社会、经济、文化以及政治体制的差异，各国社会保险制度的发展呈现出不同的发展路径和特征。本章简要概述社会保险的概念和基本特点，社会保险产生与发展的基本历程，美国、英国、瑞典、智利、新加坡等几个代表性国家社会保险的发展现状和基本经验，以及我国养老保险、医疗保险、失业保险、工伤保险和生育保险等五大社会保险险种的建立与发展状况。

主要内容有：

□ 社会保险的概念和特点

□ 社会保险的产生与发展

□ 社会保险制度的国际经验

□ 中国社会保险制度的发展

□ 中国社会保险五大险种的发展状况

§3.1　社会保险的概念与特点

社会保险是由国家举办的一项重要社会政策，通过社会筹资，为劳动者因老年、疾病、伤残、失业、生育、死亡等造成的经济损失以及收入能力丧失或下降提供基本保障。在我国，社会保险包括养老保险、医疗保险、失业保险、工伤保险和生育保险等五大险种。

按照我国人力资源与社会保障部给出的定义，养老保险是国家和社会根据一定的法律和法规，为解决劳动者在达到国家规定的解除劳动义务的劳动年龄界限，或因年老丧失劳动能力退出劳动岗位后的基本生活而建立的一种社会保险制度。其目的是为保障老年人的基本生活需求，为其提供稳定可靠的生活来源。医疗保险是当人们生病或受到伤害后，由国家或社会给予的物质帮助、提供医疗服务或经济补偿的一种社会保障制度。失业保险是指由社会集中建立基金，对因失业而暂时中断生活来源的劳动者提供物质帮助的制度。工伤保险是指国家和社会为在生产、工作中遭受事故伤害和患职业性疾病的劳动者及亲属提供医疗救治、生活保障、经济补偿、医疗和职业康复等物质帮助的一种制度。生育保险是在劳动者因生育子女而暂时中断劳动时，由国家和社会及时给予物质帮助的一项制度。

与商业保险相比，社会保险具有非营利性、强制性、普遍保障性等特点。社会保险是一种社会政策，强调社会公平，注重低收入人群的基本生活保障，不以营利为目的。商业保险是国民经济的组成部分，在财务上独立核算，自负盈亏，并以营利为目的。社会保险由政府主办和管理，由国家法律法规强制执行，要求覆盖所有劳动者。商业保险由企业主办，由个人和集体根据需要自愿购买。

§3.2 社会保险的产生与发展

社会保险最早产生于19世纪80年代的德国，当时的俾斯麦政府发布了一系列社会保险法令，即1883年的《疾病保险法》、1884年的《工伤事故保险法》和1889年的《老年和残障保险法》，从而建立起世界上第一个社会保险体系。德国的制度明确了社会保险制度的三个重要原则：第一，强制性原则，即符合条件的工薪劳动者必须参保，这是社会保险社会性的体现。第二，权利与义务统一原则，即缴纳费用是享受保险待遇的前提，这也是社会保险的保险性质的体现。第三，保险费用多方负担原则，即保费来源多元化，由雇主、雇员、政府三方负担。之后，一些国家纷纷效仿德国的经验，先后建立实施了单一项目或多项目的社会保险制度，对正规就业部门的劳动者提供保护。例如，法国1898年实行工伤保险，1905年实行失业保险，1910年建立了养老保险；英国于1908年颁布了《养老金法》，将领取养老金明确为公民的一种权利，紧接着于1911年通过了《失业保险法》和《国民健康保险法》；瑞典于1891年实行疾病保险，1901年实行工伤保险，1913年实行养老与残疾保险。到第一次世界大战前，丹麦、奥地利、英国等16个国家建立了养老保险；比利时、英国、瑞士等9个国家实行了疾病、生育保险；英国、法国、西班牙等9个国家实行了失业保险；波兰、美国等37个国家实行了工伤保险，社会保险已经在世界范围内有了很大的发展。1935年美国罗斯福政府通过了《社会保障法案》，这是社会保险发展历程中的另一个标志性事件。从制度的覆盖范围上，它标志着社会保险制度扩展到了全体劳动者，成为全民性的福利计划；从制度的功能上，它标志着社会保险制度被赋予了稳定经济的职能。

社会保险制度进入成熟和完善阶段的标志是普遍福利政策的广泛实施

和福利国家的纷纷出现。“贝弗里奇报告”成为战后英国工党政府社会立法的白皮书。根据贝弗里奇报告的精神，英国政府以实现充分就业和社会福利为纲领，先后通过了一系列重要立法。1948 年英国首相艾德礼宣布英国第一个建成了福利国家。在此影响下，西欧国家、北欧国家、北美洲国家、大洋洲发达国家和地区，也先后宣布实施普遍福利的政策，社会保险进入了完善阶段。

进入 20 世纪 70 年代中期以来，发达国家的经济发展进入滞胀阶段，社会保险制度也陷入困境。普遍化、高水平、多项目、全民化的普遍福利政策，在给人民带来福利的同时，也产生了一些副作用，主要表现在以下几方面：（1）巨额的社会保障开支使国家不堪重负；（2）为了维持高福利支出，必然带来税收的增加，最终影响经济的发展；（3）福利费的扩张，提高了劳动成本，使一国的国际竞争力下降；（4）财政赤字和通货膨胀反过来促使物价上涨，影响了民众的生活；（5）高标准的社会保障助长了一些人的懒惰情绪，进而对经济发展产生了抑制作用，影响了经济的正常增长。为了摆脱福利危机的困境，解决上述问题，西方发达国家从 20 世纪 70 年代末进入社会保障的改革和调整时期，包括采取多种方式增加社会保障的收入来源、削减社会保障费用、实行社会保障制度的私有化改革等。

§3.3　社会保险制度的国际经验

由于社会经济发展程度以及政治体制的差异，各国的社会保险制度呈现出不同的特点，这里选择具有代表性的几个国家，包括美国、英国、瑞典、智利、新加坡等，分别阐述这些国家的社会保险现状和经验，并对不同国家的经验进行比较。

3.3.1　美国

美国的社会保障制度始建于 1935 年的《社会保障法》，并于 1937 年正式实施。经过半个多世纪的发展完善，美国已建立起一套较为完备的社会保障体系，当前主要包括社会保险和社会福利，其中社会保险是其最主要的部分。

美国的社会保险项目主要有养老保险、失业保险、工伤保险和健康保险等。其中，养老保险属强制性保险，是美国社会保险的主体，其资金约为社会保险总支出的 80%。失业保险通过社会保险工薪税筹集资金，为失业者提供保险金。工伤保险是为因工受伤或患有职业病暂时不能工作的职工提供的医疗和收入损失补偿，其费用完全由雇主承担。健康保险则主要包括医疗保险、医疗援助与工伤事故赔偿，其中医疗保险是由联邦政府举办的具有强制性的社会保险项目。

美国的社会保险制度具有以下特点：（1）在保险计划的管理上呈现多元化趋势。这主要体现为：在美国社会保障制度推行的初期，联邦政府的作用比较突出，而70年代以来强化了地方政府及私人团体如各类慈善机构和社区服务组织等的作用。（2）社会保险资金来源多渠道。政府对雇主征收的税款及企业主为雇员提供的福利经费是社会保障项目的主要资金来源，同时，各种社区和社会福利组织也为不同利益集团提供了社会保障的部分经费，一些个人的慈善性捐助也起了很大的作用。（3）美国的社会保险制度强调社会的公平性而非个人的公平，弱势群体是其主要的受益者，正因为如此，国家财政用于社会保障的支出较少，其保障水平仅能满足劳动者的基本生活需要。

3.3.2 英国

英国的社会保障制度在国际上具有先导作用，其1942年贝弗里奇报告为世界各国建立完善的社会保障体系提供了基本的架构。英国在贝弗里奇报告的基础上不断进行调整和改革，其社会保障体系已逐步完善。

现代英国社会保障体系的主要内容包括社会保险、国民保健服务、社会救济、个人社会服务及专项津贴等，其中，社会保险是英国现行保障制度的主体部分，包括退休年金、失业津贴、疾病津贴、工伤津贴等。社会保险的基金来源主要由雇员缴费、雇主缴费和政府财政补贴三部分组成，国民享受社会保险的前提是要缴纳社会保险费。社会保险主要的支付项目有退休金、失业保险金和疾病补贴等，其是否支付以及支付多少不受受益人现有的经济状况约束，而是与其缴纳的水平及现实需要相关。

英国社会保险制度的特点主要包括：（1）体系完整，覆盖面广。英国的社会保障制度涵盖了养老金、劳动保障、医疗保障、儿童福利等各个方面，使得各类需要得到保障的人群都能从中获益。（2）政府在社会保障中起主导地位。英国政府对于社会保障制度的干预程度明显强于其他国家，无论是管理的主体还是资金的主要来源都主要由国家承担。（3）社会保障法制化。现代英国社会保障以《社会保障法》为依据，各类保障项目都以法律的形式确定，确保国民保障权利的实现。（4）强调平等化取向。英国的社会保险几乎覆盖了全体的劳动者，使得人们无论出于何种状况，都有资格享受福利待遇。

3.3.3 瑞典

瑞典是北欧社会保障制度历史最长、发展最完备的国家，也是北欧高福利社会保障制度的代表，被誉为西方“福利国家”的样板。瑞典的社会保险制度包括养老保险、医疗保险、失业保险、父母保险和工伤保险等，具有以下一些特征：（1）覆盖面宽，涉及内容广泛，保障水平高。按照瑞典的法律规定，凡是工作和居住在瑞典的每一个居民，无论其国籍如何，都可以享受瑞典的社会保障。社会保险支付的资金主要集中在养老金、医疗和福利方面，而每一方面又有许多具体项目的规定，覆盖范围广泛。（2）主要采取现收现付制，以收定支，其支出水平会根据物价指数进行相应的调整。（3）社会保障的管理和支出主体是政府。瑞典的社会保障事务统一由国家社会保障委员会管理，在费用支出上，国家政府主要负责基本保险，地方政府主要负担服务保障支出。（4）雇主和自雇者是缴费的主体，雇员基本上不缴纳保费。（5）由社会保障机构提供给人们的保障水平与全社会的收入水平有关，与个人的贡献关系不大。

3.3.4　智利

智利的社会保险制度始建于1924年，首先建立的是职工保险，主要为体力劳动者提供养老、医疗和伤残方面的资助。由于智利特殊的政治经济环境，在20世纪80年代以前，智利曾经历了长期的经济混乱和债务危机，很多社会保险制度的推行都受到了制约。到1980年，随着《养老保险法》正式出台，其对养老保险的改革取得了巨大的成功，甚至被世界上众多的发达国家和发展中国家纷纷效仿。

智利养老保险制度的目的是确保在诸如残疾、死亡以及满足法律规定的退休时，本人及其家庭成员能够获得稳定的生活费用。该制度的基本原则包括：个人积累制，养老保险制度的基础是个人积累，每个参保人都拥有一个个人账户，其养老金的数额和个人的努力程度存在直接的联系；私人管理养老保险基金，养老保险基金由特定的私人机构即养老保险基金管理公司管理，这些机构是股份公司，其唯一的目的就是管理养老保险基金，而参加者可以自由选择基金公司，也可以随时从一个基金公司转向另一个基金公司。

智利养老保险制度的主要特点包括：（1）在参保方式上，所有工薪雇员必须参加养老保险制度，而自雇者或过去已经参加养老制度的人可以自愿选择。（2）养老保险全部实行个人缴费，减轻企业负担。（3）保险基金全部由养老保险管理公司管理，公司之间是竞争关系，国家对保险基金的运作起监督作用。

3.3.5　新加坡

新加坡的社会保障体系主要由社会保险和社会福利两部分组成。其中，社会保险是由国家强制实施个人储蓄的中央公积金制度构成，它是新加坡社会保障体系的主体部分。

新加坡的中央公积金制度于1955年正式建立并实施，它是一个缴费确定型的计划，最初目的是通过公积金这种强制储蓄制度事先筹集养老资金，为雇员退休后或不能继续工作时提供一定的经济保障。中央公积金计划由雇员、雇主和政府三方共同支持，其中，雇员和雇主向中央公积金缴费，政府对基金的运作提供法律和管理上的框架。

中央公积金制度主要包括：（1）退休养老计划。该计划规定，年满55岁并且退休账户达到最低存款额的中央公积金计划成员可一次性提取公积金。2012年，提取公积金的年龄将延长到62岁，2018年改为65岁。（2）医疗保健计划。中央公积金计划的储蓄可用于支付计划成员及其近亲家属的住院费用和用于支付获准的医疗费用支出。（3）购房计划。在这一计划下，低收入会员可用其公积金储蓄作为首付款，其余部分可由每月缴纳的公积金分期支付。（4）教育计划。中央公积金储蓄可用来为自己或子女支付全日制大学学位或专业文凭课程的学费，学习毕业后一年需还本付息。（5）家庭保障计划。家庭保障计划的目的是保障公积金会员及其家庭在遭受意外时避免因为没有付清住房贷款而失去住所。（6）投资计划。中央公积金局实施了一系列投资计划以促进公积金资产保值增值，会员可以自主选择各种金融工具进行投资，也可委托政府进行管理。

总体来看，新加坡的社会保险制度具有以下一些特点：（1）国民社会保障水平取决于个人的工作收入而非社会的再分配，强调个人责任。（2）相对于传统社会保障模式所关注的以公平为主，新加坡的社会保险模式加入了更多的效率机制。（3）强调家庭互助共济，注重发挥家庭的社会功能。

3.3.6 不同国家社会保险制度的对比

不同国家的社会保险制度与该国的政治、经济、文化等密切相关，造成各国的社会保险制度存在一定的差异。

从社会保险的覆盖范围和支付水平来看，瑞典和英国都是实行“普享性”的福利国家，但英国只立足于保证公民的最低生活水平，而瑞典社会保险的覆盖范围甚至可以包括非本国国籍的居民，其支付水平也更高；新加坡和智利则主要是针对雇员实施强制性的储蓄计划，其支付水平与个人的努力程度直接相关；美国的社会保险有其倾向性，即主要针对老年人和贫困者，保障水平不高。

从国家对于社会保险的干预程度来看，英国和瑞典的政府在社会保险制度中明显处于主导地位，保险基金的收集、管理和使用等都由相应的政府部门负责；与之形成鲜明对比的是智利的社会保险制度，其保险基金几乎全部由私人机构管理，政府只起到监督的作用；美国的社会保险制度在实施的初期由联邦政府主导，随着时间的推移，逐步转向由地方政府和各种私人团体主导。

从资金的筹集情况来看，瑞典和英国的保险资金大部分都来自财政一般税收，但瑞典雇主的责任要远大于英国的雇主，在瑞典，雇员基本上不进行缴纳；美国的社会保险强调雇主与雇员的责任共担，政府用于转移支付的资金较少；新加坡和智利的社会保险制度体现了权利和义务的高度对等性，表现为职工将来获得的支付与其平时的储蓄积累高度相关。

§3.4　中国的社会保险制度

3.4.1　中国社会保险制度的产生与发展

中国的社会保险制度最早体现在 1951 年由政务院颁布的《中华人民共和国劳动保险条例》中，其适用范围包括城镇所有企业职工，之后 1953 年和 1956 年两次对条例进行了修订，确立了适用于我国城镇职工的劳动保险制度。到 1956 年，已建立了以国家为主要责任主体、单位担负共同责任并一起组织实施的社会保障制度。国家直接承担着统一制定各项社会保障政策、供款和组织实施有关社会保障事务的责任，城镇企业单位负责缴纳职工的劳动保险费，农村集体则担负着救济“五保户”和优待军烈属等责任。从 1957 年起的 10 年里，中央政府开始对社会保障制度进行调整与完善。1957 年和 1958 年，国务院颁布了《关于工人、职员退休处理的暂行规定》等法规，企业职工的退休养老成为一项独立的制度安排；1962 年国务院颁布了《关于精简职工安置办法的若干规定》等法规，开始在中国农村普遍建立起县、乡（公社）及村（生产大队）三级医疗保健网，合作医疗制度在广大农村得到确立。这一时期，卫生部、劳动部、内务部等也发布有关规定，对公费医疗、劳保医疗、农村五保保障和军烈属优待制度等进行了相应的调整。

从 1966 年起的“十年动乱”时期，使我国经济濒临崩溃边缘，社会保险制度遭到严重破坏。1968 年底，国家撤销了主管救灾救济、社会福利等事务的内务部，负责劳动保险事务的工会也陷入瘫痪状态，劳动部门受到严重削弱，原本统一的社会保险事业陷入无人管理的混乱之中。多年来国有企业实行的统一提取社会保险费的办法被迫取消，原在劳动保险金开支的劳动保险费用改在“企业营业外”列支，形成了待遇标准按照国家政策规定执行，所需费用由企业实报实销的“企业保险”模式，使社会保险蜕变为企业或单位保险。

20 世纪 80 年代以后，我国进入改革开放时代。改革引起了中国社会经济结构的深刻变化，社会保障制度也进入改革发展时期。1978 年中国共产党第十一届三中全会的召开，标志着中国社会保险制度走上改革的道路。其中，最主要的改革是改变过去的企业保险，实行社会统筹的社会保险，这一期间的社会统筹实际上是地方保险。从 1986 年起，随着我国经济体制改革的不断深入，中国的社会保障制度进入了全面改革的新时期。1986 年六届人大四次会议通过的《国民经济和社会发展第七个五年计划》在我国首次提出了社会保障的概念，《国营企业职工待业保险暂行规定》为后来的失业保险制度的创立产生了积极的意义。

20 世纪 90 年代以后，我国开始对社会保险制度实施改革，制定和颁布了一系列社会保险改革的政策性文件。在法律上，城镇社会保险制度的主要依据是 1994 年颁布的《劳动法》和国务院制定的《社会劳动保险费征缴暂行条例》，以及国务院、社会保险行政主管部门以及地方颁发的行政法规、部门规章和地方法规等。在实践中，不同地区按照当地政府颁发的有关养老、医疗、失业、工伤、生育等实施细则执行，由于在社会经济发展水平以及财政能力上存在差异，不同地区在社会保险各项目的改革参数上不完全一致，这些不一致特别体现在由地方政府提供补贴和资助的项目上。

2010 年 10 月，《中华人民共和国社会保险法》（以下称《社会保险法》）颁布，并于 2011 年 7 月 1 日开始实施。《社会保险法》的颁布实施，使我国社会保险制度的发展全面进入法制化轨道。该法规范了社会保险关系，规定了用人单位和劳动者的权利与义务，强化了政府责任，明确了社会保险行政部门和社会保险经办机构的职责，确定了社会保险相关各方的法律责任。

《社会保险法》规定，国家建立基本养老保险、基本医疗保险、工伤保险、失业保险、生育保险等社会保险制度，保障公民在年老、疾病、工伤、失业、生育等情况下依法从国家和社会获得物质帮助的权利。基本养老保险包括职工基本养老保险、新型农村社会养老保险和城镇居民社会养老保险。基本医疗保险包括职工基本医疗保险、新型农村合作医疗和城镇居民基本医疗保险。基本养老保险制度和基本医疗保险制度覆盖了我国城乡全体居民。用人单位及其职工应当参加职工基本养老保险和职工基本医疗保险；无雇工的个体工商户、未在用人单位参加社会保险的非全日制从业人员以及其他灵活就业人员可以参加职工基本养老保险和职工基本医疗保险；农村居民可以参加新型农村社会养老保险和新型农村合作医疗；城镇未就业的居民可以参加城镇居民社会养老保险和城镇居民基本医疗保险；进城务工的农村居民依照本法规定参加社会保险；公务员和参照公务员法管理的工作人员的养老保险办法由国务院规定。工伤保险、失业保险和生育保险制度覆盖所有用人单位及其职工。被征地农民按照国务院规定纳入相应的社会保险制度。被征地农民到用人单位就业的，应当参加全部五项社会保险。对于未就业、转为城镇居民的，可以参加城镇居民社会养老保险和城镇居民基本医疗保险；继续保留农村居民身份的，可以参加新型农村社会养老保险和新型农村合作医疗。在中国境内就业的外国人，应参照该法的规定参加我国的社会保险。

《社会保险法》规定了各项社会保险制度的筹资渠道，明确了用人单位、个人和政府在社会保险筹资中的责任。城镇职工社会保险基金的主要来源是社会保险缴费。职工基本养老保险、职工基本医疗保险和失业保险费用，由用人单位和职工共同缴纳；工伤保险和生育保险费用由用人单位缴纳，职工个人不缴费。居民社会保险基金主要由社会保险缴费和政府补贴构成。新型农村社会养老保险实行个人缴费、集体补助和政府补贴相结合。城镇居民基本医疗保险实行个人缴费和政府补贴相结合。县级以上人民政府对社会保险事业给予必要的经费支持，在社会保险基金出现支付不足时给予补贴；国有企业、事业单位职工参加基本养老保险前，视同缴费年限期间应当缴纳的基本养老保险费由政府承担；在新型农村社会养老保险和城镇居民基本医疗保险制度中，政府对参保人员给予补贴；基本养老保险基金出现支付不足时，政府给予补贴；国家设立全国社会保障基金，由中央财政预算拨款以及国务院批准的其他方式筹集的资金构成，用于社会保障支出的补充和调剂。

3.4.2 中国的养老保险制度

由于历史原因和当前仍然存在的城乡和职业壁垒，我国现行的社会养老保险制度按城乡和职业划分，包括城镇职工基本养老保险制度、机关事业单位养老保险制度、新型农村社会养老保险制度等。按照《社会保险法》的规定，对于城镇未就业的居民，要建立城镇居民社会养老保险制度。各地区在实际执行中，根据实际情况，可以将城镇居民社会养老保险和新型农村社会养老保险合并实施。

1. 城镇职工基本养老保险

在国企改革和人口老化的双重压力下，我国从 20 世纪 80 年代开始对养老保险制度进行改革。1993 年，明确了城镇职工养老保险实行社会统筹和个人账户相结合的制度。1995 年，国务院发布了《关于深化企业职工养老保险制度改革的通知》（国发［1995］6 号），并同时下发了两套不同的具体操作方案，允许各地区自由选择和适当修改，这在实践中导致了各地区在实施方案上的较大差距。1997 年，国务院发布了《关于建立统一的企业职工养老保险制度的决定》（国发［1997］26 号），要求实行不同方案的地区向统一方案过渡。统一方案要求企业缴费不超过企业工资总额的20%，个人账户按个人工资的11%建立，其中，个人缴费要逐步达到8%，其余部分由企业缴费补充。个人账户养老金的月标准为退休时个人账户累积额除以120，基础养老金为当地上年职工社会平均工资的20%。对于统一制度实施后已退休的“老人”，养老待遇不变。为了体现对过去工作贡献的补偿，对于统一制度实施时已有一定工龄积累但尚未退休的“中人”，在基础养老金和个人账户养老金之外，还有一部分过渡性养老金。随着人口老化和养老金待遇的逐步攀升，“统账结合”的社会养老保险制度正在面临越来越严重的支付赤字，同时也在积累着更加沉重的未来养老金偿还责任。2000年12月，国务院发布了《关于完善城镇社会保障体系的试点方案》（国发［2000］42号），试点相继在东北三省展开，其重心是做实个人账户。2000年，在辽宁省实施了以“做实个人账户”为重点的改革试点。2004年，试点进一步扩大到黑龙江省和吉林省。2005年12月，在总结养老保险改革试点经验的基础上，国务院发布了《关于完善企业职工基本养老保险制度的决定》（国发［2005］38号），规定了个人账户实行实账积累，缴费额从原来缴费工资的11%降低到8%，并全部由个人缴费形成，个人账户在退休后的养老金决定于个人账户在退休时的累计额可以转换为生存年金的数额，缴费达到和超过15年的发给基础养老金，基础养老金月标准以当地上年度在岗职工月平均工资和本人指数化月平均缴费工资的平均值为基数，缴费每满1年发给1%。个人账户养老金月标准为个人账户储存额除以计发月数。计发月数根据职工退休时城镇人口平均预期寿命、本人退休年龄、利息等因素确定，现行规定为139。做实个人账户意味着必须填补过去个人账户的空账部分，今后的个人账户基金与统筹基金严格分离，并实行实账积累，个人账户养老金不再由政府担保，个人账户养老金的风险完全由个人承担。

在《社会保险法》中，将职工基本养老保险的待遇规范为基本养老金，基本养老金由统筹养老金和个人账户养老金组成，基本养老金根据个人累计缴费年限、缴费工资、当地职工平均工资、个人账户金额、城镇人口平均预期寿命等因素确定。缴费不足15年的人员可以缴费至满15年，按月领取基本养老金；也可以转入新型农村社会养老保险或者城镇居民社会养老保险，按照国务院规定享受相应的养老保险待遇。另外，参加基本养老保险的个人，因病或者非因工死亡的，其遗属可以领取丧葬补助金和抚恤金；在未达到法定退休年龄时因病或者非因工致残完全丧失劳动能力的，可以领取病残津贴。所需资金从基本养老保险基金中支付。国家建立基本养老金正常调整机制。根据职工平均工资增长、物价上涨情况，适时提高基本养老保险待遇水平。对于个人跨统筹地区就业的，其基本养老保险关系随本人转移，缴费年限累计计算。个人达到法定退休年龄时，基本养老金分段计算、统一支付。

2. 机关事业单位的养老保险

新中国建立之初，我国就对“机关事业单位”的退休管理进行了规定，表现在 1950 年 3 月由政务院颁布的《中央人民政府政务院财政经济委员会关于退休人员处理办法的通知》，该办法适用于当时党政机关，以及海关、铁路、邮电等单位中实行工资制的工作人员，而且是一次性给付。1951 年的《中华人民共和国劳动保险条例》并没有将国家机关和事业单位的职工包括在内，干部的退休退职问题一般依据当年制定的暂行办法。1955 年 12 月，国务院颁布了《国家机关工作人员退休处理暂行办法》和《国家机关工作人员退职处理暂行办法》，对国家机关工作人员的退休退职管理制度作了正式规定，被认为是我国公务员退休制度正式立法的开始。1958 年《国务院关于工人、职员退休处理的暂行规定》颁布，放宽了退休条件，适当提高了待遇标准，并将国营、公私合营企业、事业单位和国家机关、人民团体的工人、职员的退休办法统一了起来。退休条件为：男 60 岁，女 55 岁，连续工龄 5 年以上，一般工龄 15 年以上。待遇标准根据退休前工龄的长短分 40%、50%、60% 三个档次。对于工龄超过 20 年，因健康原因提前退休的干部，退休金标准提高到 70%。对不符合退休条件的自动退职者，按工龄长短发给 1 至 30 个月的一次性退职金。

1978 年国务院颁发了《关于安置老弱病残干部的暂行办法》和《关于工人退休、退职的暂行办法》，从 1958 年起施行的“干部”、“工人”统一的退休、退职办法，重新分成两个不同的制度。前一个办法对 1958 年规定的干部退休年龄、工龄和待遇水平进行了一些调整，但基本制度框架和内容没有大的变化。此外，增加了一种较高的退休待遇——离休，主要适用于中华人民共和国成立以前参加过新政权筹建工作的人员。

1993 年后，企业职工的养老保障制度改革不断深入，机关事业单位的养老保障制度改革则一直停留在政策探索和试点改革的层面上。机关事业单位职工的养老保险资金全部来源于政府财政，个人不需要缴纳任何养老金税费。在待遇标准上，以退休前一个月的工资为依据，按比例计发。对于机关工作人员，基础工资和工龄工资全额发给，职级工资和级别工资根据工作年限长短按照相应比例计发。1993 年工资制度改革后实行的标准是按照最低工作年限 20 年到满 35 年以上，分别以 75%、82%、88% 三个档次计发。2006 年工资制度改革又修订了这一标准，规定公务员工作年限不满 10 年，按职级工资和级别工资之和的 50% 计发，满 10 年未满 20 年的，按 70% 计发。事业单位工作人员，按职务工资和津贴的一定比例计发退休金，按照工作年限 10 到 35 年以上，计发比例分别为 75%、80%、85% 和 90%。同时，退休金与在职人员工资同步增长。

1995年《国务院关于深化企业职工养老保险制度改革的通知》发布后，很多地区都开展了机关、事业单位养老保险制度的改革探索。这些改革均由各地自行实施，没有自上而下地制定统一政策。

2008年3月，国务院原则通过了《事业单位工作人员养老保险制度改革试点方案》，这是有关公职人员养老金制度改革的第一个国家统一试点方案。该方案提出对事业单位的基本养老保险制度应与企业职工一致，即实行统账结合制度，统筹账户与个人账户的缴费、支付等办法与企业一致。同时，对“老人”老办法、“新人”新办法、“中人”过渡性办法的原则也与企业一致。

3. 新型农村社会养老保险

改革开放以来，农村的社会经济得到较大发展，但与城镇相比，农村的养老保险制度建设严重滞后。20世纪80年代，上海、浙江、江苏等地开始探索建立农民的养老保险制度。在此基础上，1986年，民政部开始对农村社会养老保险制度进行了积极的探索。1991年后，国务院授权民政部在全国开展了20个县的农村养老保险试点工作。1992年，民政部正式出台《县级农村社会养老保险基本方案》，明确了建立农村社会养老保险制度的基本原则，即从农村实际出发，保障老年人的基本生活，缴费以个人为主、集体补助为辅。1995年国务院办公厅转发了民政部《关于进一步做好农村社会养老保险工作的意见》，之后，农村社会养老保险在各地推广开来。1998年，国务院机构改革方案中将民政部管理的农村社会保险划入新成立的劳动和社会保障部，实行全国社会保险的统一管理。

经过多年改革，农村养老保险改革困难重重，当前农村仍然主要依靠家庭、集体、土地保障和社会救济等方式养老。2009年9月，国务院发布了《关于开展新型农村社会养老保险试点的指导意见》（国发［2009］32号），决定从2009年起开展新型农村社会养老保险的试点工作。2009年试点覆盖面为全国10%的县级地区，到2020年基本实现对农村适龄居民的全覆盖。这一方案被简称为“新农保”。新农保在筹资模式上参照城镇职工基本养老保险，采取个人账户记账模式，缴费主要由参保个人承担，村集体、社会公益组织、个人以及地方政府可以对参保人进行各种补贴，补贴金计入个人账户。个人账户储存额每年参考中国人民银行公布的金融机构人民币一年期存款利率计息。养老金待遇由基础养老金和个人账户养老金组成。中央确定的基础养老金标准为每人每月55元，地方政府可以根据实际情况提高基础养老金标准。个人账户养老金的月计发标准为个人账户全部储存额除以139。

3.4.3 中国的医疗保险制度

我国目前的医疗保险模式由城镇职工基本医疗保险制度、新型农村合作医疗制度以及城乡医疗救助制度构成。城镇职工基本医疗保险采取的是社会保险机构筹集医疗保险基金，社会统筹与个人账户相结合，并由公立医疗机构提供服务的模式。新型农村合作医疗制度是由政府组织、引导、支持，农民自愿参加，个人、集体和政府多方筹资，以大病统筹为主的农民医疗互助共济制度，这也是当前农村地区医疗保障制度的主导类型。城乡医疗救助制度是对城镇和农村中符合要求的、有特殊困难的群众，提供一定医疗救助，提高贫困人口医疗水平的制度。

1. 城镇职工基本医疗保险

我国医疗保险制度最早的法律文件是1951年政务院公布的《保险条例》，由企业缴费建立社会或企业保险基金，享受对象主要是全民所有制企业的职工，集体企业参照执行，职工直系亲属按规定享受部分项目的半费待遇。1952年，政务院发布了《关于全国各级人民政府、党派、团体及所属事业单位的国家工作人员实行公费医疗预防的指示》，从此开始实行国家干部公费医疗制度。1956年，劳保医疗制度和公费医疗制度已基本建立。“十年动乱”期间，已初步建立起来的社会医疗保险制度遭到严重破坏，逐步演变为单位自筹经费的“企业保险”。随着社会主义市场经济体制的改革，原有的企业保险无论从覆盖面和保障程度上都不能满足人们日益增长的医疗需求，同时，原有制度缺乏社会化管理，没有不同企业之间的互济与协调，风险不能有效分散，使不同企业的医疗费用负担程度差异很大。一些劳动密集型企业不堪重负，失去了在市场上应有的竞争力。同时，公费医疗和劳保医疗没有合理的卫生事业结构和适当的卫生费用控制机制，造成医疗费用急剧膨胀，使得国家与企业的财政负担过重。据统计，医疗费用年增长率远超过国家财政收入增长率，庞大的医疗费用主要由国家和企业共同承担。而享受医疗保险的人数则只占很小的比例，体现不出全民保障的性质，使医疗保险制度不能确保职工的基本医疗保障，同时也阻碍了市场经济体制的建立。自1980年以来，针对公费和劳保医疗制度的弊端，全国各地进行了不同形式的职工医疗保险制度改革的探索，1994年，国务院选择了江苏省镇江市和江西省九江市，采用社会统筹与个人账户相结合的具体方式，进行医疗保险制度改革试点。到1996年，试点扩大到近40个城市。1998年12月，国务院颁布《关于建立城镇职工基本医疗保险制度的决定》。该决定规定了医疗保险制度改革的主要任务是建立城镇职工基本医疗保险制度，改革的基本原则是基本医疗保险提供的保障水平与社会生产的发展水平相适应，城镇所有用人单位及其职工都要参加基本医疗保险，保险费由用人单位和职工共同负担，实行社会统筹与个人账户相结合的方式。单位缴费率的最高限为职工工资总额的6%，职工缴费一般为本人工资收入的2%，随着经济的发展，单位和个人缴费率可作相应调整。基本医疗保险基金分为社会统筹基金和个人账户基金，个人账户基金由个人缴费和单位缴费的一部分形成，用于社会统筹基金起付标准以下的医疗费支付，社会统筹基金的起付标准原则上控制在当地职工年平均工资的10%左右，最高支付额原则上控制在当地职工年平均工资的4倍。超过最高限额的医疗费用，通过商业医疗保险途径解决。吸取养老保险社会统筹基金与个人账户基金放在一起产生弊端的教训，在《关于建立城镇基本医疗保险制度的决定》中，要求分开社会统筹基金与个人账户基金，独立核算，不得互相挤占。社会统筹与个人账户相结合是医疗保险制度改革的核心内容。社会统筹基金部分实现了基金的互助共济、统筹调剂，有利于实现风险共担和基金横向调剂，实现社会公平。个人账户建立了自我保障和储蓄积累机制，在减少道德风险的同时强化了职工健康积累基金的意识。为了避免医疗保险基金的挪用和滥用，该决定还规定了基本医疗保险的行政管理和事业经办要分开，医疗保险基金纳入财政专户管理，专款专用；基本医疗保险经办机构的事业经费由财政预算解决，不得从基本医疗保险基金中提取。为了使基金收支平衡，提出采用“以支定收，收支平衡”的原则。医疗保险制度的改革与医疗体制和医药体制密切相关，为了控制医疗费用的膨胀，保障职工基本医疗权利的实现，需要对医疗和医药制度进行配套改革。1999年，各地根据中央的改革方案，建立城镇职工基本医疗保险制度开始全面展开。

2000年以后，面对医疗卫生服务和医疗保障制度改革中的体制性障碍，国务院提出“三改并举”改革思路，开始同步推进医疗保险、医疗卫生体制和药品流通体制改革。2003年5月通过《关于城镇灵活就业人员参加基本医疗保险的指导意见》，将基本医疗保险制度的覆盖面扩展到“以非全日制、临时性和弹性工作等灵活形式就业的人员”。在2006年11月公布的《劳动和社会保障事业发展“十一五”规划纲要（2006—2010年)》中，提出“进一步扩大社会保障覆盖范围，基本实现城镇各类就业人员平等享有社会保障”，要“不断完善城镇基本医疗保障政策和管理，建立健全运行机制，加快城镇医疗救助制度建设，进一步规范补充医疗保险，构建以基本医疗保障为主体，以保障大病风险为重点，兼顾多层次需求的医疗保障体系，逐步扩大医疗保障覆盖范围”。

虽然城镇职工基本医疗保险的覆盖面迅速扩大，但是现行制度仍然存在许多问题。

第一，目标人群相对局限。我国基本医疗保险建立之初，基本医疗保险首先是为原来计划经济体制下参加公费医疗和劳保医疗的正规就业人群所准备的，后来才逐渐向其他在非正规单位就业的城镇就业人口开放，政策上的倾向性使得非原公费劳保人员在参保过程中面临许多实际问题，阻碍了参保覆盖面的扩大。因此，各地医疗保险经办机构在当前的扩面工作中，除了要进一步做好灵活就业人员的参保工作外，还要采取积极措施，大力推进混合所有制和非公有制经济组织从业人员的参保，包括推进农民工参加基本医疗保险的专项扩面行动，并逐步解决困难人员参加医疗保险的问题。

第二，人口老龄化为城镇职工基本医疗保险带来了新的问题和挑战。随着我国人口老龄化进程的进一步加快，在基本医疗保险的参保人群中，离退休人员所占比重迅速攀升，这必将导致基本医疗保险的负担进一步加重。如何在新的形势下发展基本医疗保障，扩大基本医疗保险的覆盖面，加强基本的抗风险能力，应对即将到来的老龄化危机，需要进行更深入的研究。

第三，当前医疗卫生体制改革远远不能适应新的社会医疗保险体制需要。医疗资源有限、医疗机构收费不合理、大量检查、药品费用偏高以及对医疗费用支出管理控制不力等，导致看病难、看病贵的问题一直得不到很大的改观。因此，处理好医疗保险制度改革与医疗机构改革滞后的矛盾是当务之急，应该切实做好医疗服务管理，优化医疗资源，控制医疗费支出，并建立经济、便利的就诊体系。

第四，基金大量结余与使用率低下问题共存。自从 1998 年城镇职工医疗保障制度正式建立以来，从全国来说，医疗保险基金每年都有结余。2001 年以来，基金的累计结余已经超过了基金的当年支出。统筹基金的大量结余在医疗保险建立初期有利于维护制度的稳定性，但是长此以往就会损害被保险人的利益，降低资金的使用效率。这与“收支平衡，略有节余”的统筹基金管理原则存在差异。目前统筹基金大量结余的原因，主要是由于各统筹地区基金规模较小，为了避免风险，医疗保险机构不得不加大结余水平。因此，提高统筹层次或建立地区间的风险调剂基金，是解决基金大量结余和使用效率低下问题共存的关键措施。

在《社会保险法》中，考虑到我国各地经济发展水平不同，医疗服务提供能力和医疗消费水平等方面存在的较大差距，对基本医疗保险起付标准、支付比例和最高支付限额等作了原则规定，具体待遇给付标准由统筹地区人民政府按照以收定支的原则确定。为了缓解个人垫付大量医疗费的问题，规定基本医疗保险费用采取直接结算制度。参保人员就医发生的医疗费用中，按照规定应当由基本医疗保险基金支付的部分，由社会保险经办机构与医疗机构、药品经营单位直接结算；社会保险行政部门和卫生行政部门应建立异地就医医疗费用结算制度，方便参保人员享受基本医疗保险待遇。医疗费用依法应当由第三人负担的，如果第三人不支付或者无法确定第三人，要由基本医疗保险基金先行支付后，再向第三人追偿。

2. 新型农村合作医疗

新型农村合作医疗制度是由政府组织、引导、支持，农民自愿参加，个人、集体和政府多方筹资，以大病统筹为主的农民医疗互助共济制度，也是中国农村地区医疗保障制度的一种主导类型。

我国农村合作医疗制度是在人民公社时期发展起来的。到20世纪70年代末，农村合作医疗曾经覆盖全国90%的农村，对于缓解农民群众的疾苦和促进农村事业的发展起到了巨大的推动作用。进入80年代以来，随着农村经济体制改革，集体经济削弱，不少地区集体积累明显减少，与公益金相联系的各项保障事业受到削弱，加上宏观指导上的原因等，到1989年，实行合作医疗的行政村下降到全国行政村的5%左右。1990年以来，由于各级领导的重视，农村合作医疗有了重建之势，江苏、上海以及河南等地发展较快，但就全国来说，进展比较缓慢。到1998年，合作医疗制度的人口覆盖率在高收入地区达22.2%，但在中等和欠发达地区仅为1%～3%，全国平均的覆盖率大约为10%。2002年10月，中共中央、国务院作出《关于进一步加强农村卫生工作的决定》，是新中国第一个关于农村卫生问题的中央文件，确定了农村卫生工作的目标、重点和主要措施。该文件明确提出建立和完善新型农村合作医疗制度和农村医疗救助制度，先行试点，总结经验，至2010年要推广并基本覆盖全部农村居民，政府要予以支持。国家从2003年开始进行新型农村合作医疗制度试点工作，包括西部12个省和中部9个省的试点县，中央财政对中西部地区除市区以外的参加新型农村合作医疗的农民每年按人均10元安排合作医疗补助金，地方财政对参加新型农村合作医疗的农民补助每年不低于10元。此外，国务院将浙江、湖北、云南和吉林4个省作为试点省，每省各取1个县作为全国试点来抓。

2003年1月，卫生部、财政部和农业部联合发布《关于建立新型农村合作医疗制度的意见》。在组织体系方面，各级政府负责建立新型农村合作医疗管理体制，包括负责组织、协调、指导的农村合作医疗协调小组，农村合作医疗管理委员会，负责具体业务的农村合作医疗经办机构，以及负责监督的农村合作医疗监督管理委员会。经办机构的人员和工作经费列入同级财政预算，不得从合作医疗基金中提取。在筹资机制方面，实行个人缴费、集体扶植和政府资助相结合的筹资机制。在2006年的新标准中，参合农民人均筹资标准是30元，其中农民个人每年的缴费标准不低于10元，乡村集体根据实际情况给予适当扶持，地方财政对参合农民年人均补助不低于10元，中央财政对中西部地区除市区以外的参合农民人均资助10元。在资金管理方面，采取“以收定支，收支平衡，专款专用，专户储存”的原则。合作医疗基金中农民个人缴费及乡村集体的扶持资金，由农村合作医疗管理经办机构负责收缴，存入开设在国有商业银行的合作医疗基金专用账户。地方财政的补贴资金，由地方各级财务部门根据参加新型农村合作医疗的实际人数和资金到位等情况核实，向省级财政划拨。合作医疗基金主要补助参合农民的大额医疗费用或住院医疗费用。如有条件，可实行大额医疗费用补助与小额医疗费用补助相结合的方式。

2006年初，卫生部、国家发展和改革委员会、民政部、财政部、农业部、国家食品药品监督局以及国家中医药局联合发布《关于加快推进新型农村合作医疗试点工作的通知》，决定从2006年起，调整相关政策，加大力度，加快进度，扩大新型农村合作医疗试点，2007年使全国试点县的数量达到全国县总数的60%左右，2008年在全国基本推行，2010年实现覆盖所有农村居民的目标。截至2007年底，新型农村合作医疗发展的数量已经达到计划目标。

通过多年的试点工作，新型农村合作医疗制度初显成效。第一，试点地区农民参合水平总体较高，制度能够得到大多数农民的支持。新型农村合作医疗制度覆盖了试点地区大多数农村居民及贫困农民，有助于缓解农民“因病致贫、因病返贫”的问题。第二，试点地区参合农民受益范围有所扩大，医药费用负担有所减轻，同时，参合农民抵御大病经济风险的能力得到增强。第三，新型农村合作医疗制度促进了卫生服务设施利用水平的提高以及农村医疗资源的有效利用，为农村医疗机构的发展提供了机会。第四，随着试点地区的扩大及经验的不断总结，新型农村合作医疗的制度框架和运行机制基本形成，管理制度不断完善。

在不断实践探索中，新型农村合作医疗制度运行仍然存在一些问题。第一，筹资成本比较大，筹资机制还不够稳定和健全。一方面筹资机制缺乏制度化保障，另一方面在农民参保资金与政府补贴比例方面也缺乏稳定的机制。第二，以大病保险为主的制度规定在一定程度上限制了受益面的扩大，影响了农民参合的长期积极性。第三，新型农村合作医疗的运行机制有待进一步完善。许多试点将补偿标准定得比较保守，从而出现资金沉淀现象；医疗保险制度运行不够稳定，近年来每年对合作医疗制度的管理细则和报销比例进行调整，影响了人们的参保热情，加大了管理和运营成本。第四，对定点医疗服务机构的监管需要加强，主要体现在卫生局、新型农村合作医疗管理办公室以及定点医院三者之间的关系不顺，难以对定点医院的行为进行有效控制。第五，贫困农民参加新型农村合作医疗的补偿办法还需进一步完善，由于大病住院补偿存在起付线和封顶线，贫困农民很难支付自付部分的医药费。第六，新型农村合作医疗制度的外部环境有待改善。我国农村公共卫生薄弱，农民患病率较高，增加了医疗成本。而医疗改革的滞后，医疗价格的快速上涨，医疗资源的极其匮乏，使农民参保后实际医疗费用很难降低。

3. 城乡医疗救助制度

改革开放以后，由于农村合作医疗制度趋于瓦解，城市劳保医疗制度和公费医疗制度正在向医疗保险制度转化，城市贫困人口的医疗问题日益突出。在这样的社会经济背景下，医疗救助被提上议事日程。

20 世纪 80 年代，医疗救助的概念和做法开始出现在农村扶贫和加强农村初级卫生保健的政府文件中。进入 90 年代，随着城市贫困人口的急剧增加，一些地方开始通过政府下发专门文件甚至通过地方建立法规开展医疗救助，使之成为地方政府的一项职责。到 2000 年，城市居民最低生活保障制度在全国普遍建立。为进一步提高和完善这项制度，2001 年国务院办公厅发出通知，提出要认真落实最低生活保障对象在医疗等方面的社会救助政策。2005 年，国务院办公厅转发了民政部、卫生部、劳动和社会保障部、财政部《关于建立城市医疗救助制度试点工作意见》，此后，城市医疗救助制度呈现全面推进的态势，并取得了突破性进展。城市医疗救助制度的对象主要是：城市居民最低生活保障对象中未参加城镇职工基本医疗保险的人员、已参加城镇职工医疗保险但个人医疗费用负担仍然较重的人员和其他有特殊困难的群众。由医疗救助支付的部分是扣除由医疗保险、单位以及社会互助补贴后，由个人负担的超过一定金额的医疗费用，或者政策规定的特殊病种的医疗费用，按一定比例或确定金额给予一定的补助。

2002 年，中共中央、国务院发布了《关于进一步加强农村卫生工作的决定》，2003 年，民政部、卫生部、财政部联合下发了《关于实施农村医疗救助的意见》，此后，建立农村医疗救助制度的工作全面推开。截至 2006 年第一季度，全国所有农业人口的县（市、区）都基本上建立了农村医疗救助制度。按现行政策，农村医疗的救助对象主要包括农村五保户、贫困户家庭成员和地方政府规定的其他符合条件的农村贫困人员，具体条件由地方政府民政部门会同财政、卫生部门制定，报同级人民政府批准。农村医疗救助的主要方式是：在开展新型农村合作医疗的地区，资助医疗救助对象缴纳个人应承担的全部或部分资金，使之能够参加当地合作医疗，享受合作医疗待遇；对因患大病经合作医疗补助后个人负担医疗费用过高、影响家庭基本生活的，再给予适当的医疗救助；国家规定的特种传染病救治费用，按有关规定给予补偿；医疗救助对象全年个人累计享受医疗补助金额原则上不超过当地对等的医疗救助标准，对于特殊困难人员可以适当提高医疗救助水平。

近年来，城乡医疗救助制度有了长足的进步，但是由于该制度处于初级阶段，且缺乏能够借鉴的经验，因此该制度从设计到实施还存在一定的问题。首先，在制度设计方面，由于起付线和封顶线的存在，使得大部分贫困救助对象不能受益或是得益甚微，救助标准被压缩在一个狭小的范围内；另外，特殊病种的限定也使得救助范围大大缩小，绝大多数常见病、多发病、慢性病都没有被列入可救助的病种；同时，申请手续、行政程序繁杂以及指定定点医院使得救助对象望而生畏，进而放弃治疗。以上种种限制，实际上使得贫困救助对象可以选择的余地很小，既不利于缓解救助对象医疗费用方面的困难，也不利于医疗机构提供价廉质优的服务。其次，在部分地区，政府使用救助金帮助农民参与农村合作医疗，但是贫困农民仍很难负担自付部分的费用，从而贫困农民的实际状况并没有得到改善。最后，医疗救助经费严重不足，制约了医疗救助制度的发展。2006 年，人均医疗救助支出，农村仅为 70 元，城市为 348 元，根本不可能解决贫困人口的大病治疗费用。

为了改善医疗救助制度的不足，首先，应该从经济和制度方面降低救助对象的门槛，使得医疗保障制度能够真正惠及贫困人口；其次，应该帮助贫困家庭分担一部分在主体制度负责解决的医疗费用之外的费用，如个人自付医疗费用；再次，应该通过多种途径、方式，如民间组织、商业保险等，在经济上帮助患病的贫困对象。

3.4.4　中国工伤保险制度

我国最早的工伤保险制度包含在 1951 年颁布实行的《中华人民共和国劳动保险条例》中，此后，劳动部、全国总工会、卫生部等有关部门陆续颁布了一系列有关配套规定，这些规定对工伤职工的救治、康复，保障其本人和抚养亲属的基本生活起到了积极的作用。1969 年后，随着社会保险全面向企业保险转变，工伤保险转向直接由企业管理，缺乏在全社会范围内的调剂。随着社会主义市场经济的发展和现代企业制度的推行，旧的工伤保险制度逐步暴露出弊端，主要问题是实施范围狭窄——只对国家机关工作人员、国有企业和部分集体企业职工实施，缺乏基金积累，社会化程度低，不利于企业的发展和职工合法权益的保护；同时，工伤待遇过低，缺乏一次性补偿，待遇层次划分过粗，也没有建立待遇随经济增长的正常调整机制，不能保障工伤职工的正常生活。1996 年 8 月 12 日，劳动部颁布了《企业职工工伤保险试行办法》，第一次将工伤保险作为单独的保险制度统一组织实施，对沿用了 40 多年的企业自我保障的工伤福利制度进行了全面改革。同时，劳动部组织制定并由国家技术监督局颁布了《职工工伤与职业病致残程度鉴定》国家标准。这两个文件的颁布实施，对工伤保险制度的改革具有体制创新和机制转换的意义。《企业职工工伤保险试行办法》明确了工伤保险制度的任务和目标，扩大了工伤保险的覆盖面和工伤认定范围，明确了工伤保险的认定机构，适当提高了待遇标准，强调了工伤预防、康复和补偿的结合。《企业职工工伤保险试行办法》在实际执行中仍然存在覆盖面不高、社会化管理程度低、立法滞后、保险基金没有建立等问题。

2003 年 4 月，在多年试点的基础上，国务院正式颁发了《工伤保险条例》（以下简称《条例》)，并于 2004 年 1 月 1 日正式实施。之后，相继出台了《工伤认定办法》、《因工死亡职工供养亲属范围规定》、《非法用工单位伤亡人员一次性赔偿办法》等一系列政策措施，进一步推进了工伤保险各项工作。《工伤保险条例》及相应政策措施的颁布实施，对于完善我国工伤保险法制、更好地保障工伤职工的合法权益具有重要的作用。与之前的施行办法相比，第一，《条例》进一步扩大了工伤保险的覆盖范围，规定中华人民共和国境内的各类企业和有雇工的个体工商户都应当依照《条例》规定参加工伤保险，为本单位全部职工或者雇工缴纳工伤保险费。同时，中华人民共和国境内各类企业的职工和个体工商户的雇工，均有依照本条例规定享受工伤保险待遇的权利，这就将工伤保险覆盖范围由原来的国有企业和城镇企业扩大到各种所有制和各类组织形式企业与之形成劳动关系的劳动者。第二，建立和完善了工伤保险基金。工伤保险基金由用人单位缴纳的工伤保险费、工伤保险基金的利息和依法纳入工伤保险基金的其他资金构成。工伤保险费根据“以支定收、收支平衡”的原则，确定费率。工伤保险基金在直辖市和设区的市实行全市统筹，集中调剂使用。第三，实行差别费率和浮动费率。为鼓励企业加强工伤事故预防、减少伤亡事故，《条例》规定，国家根据不同行业的工伤风险程度确定行业的差别费率，并根据工伤保险费使用、工伤发生率等情况在每个行业内确定若干费率档次。第四，规范了伤亡性质认定以及工伤认定程序。规定了工伤的七种情形，同时，对用人单位提出工伤认定申请、应提交的材料以及劳动保障部门受理、作出工伤认定决定等程序进行了规范。第五，规范了劳动能力鉴定及鉴定程序。按劳动功能障碍程度和生活自理障碍程度将劳动功能障碍分为十个等级，将生活自理障碍分为三个等级。同时，对劳动能力鉴定委员会的组成、劳动能力鉴定程序等作出明确的规定。第六，制定了全面合理的工伤保险待遇并规范了监督管理，明确了其法律责任。

《条例》规定的工伤认定范围既包括在工作时间内及工作时间前后，在工作场所或因公外出，因工作原因或履行工作职责等原因受到事故或意外伤害的，也包括在上下班途中受到机动车事故伤害的；既包括患职业病的，也包括在工作时间和工作岗位突发疾病死亡或者在 48 小时之内经抢救无效死亡的；还包括在抢险救灾等维护国家利益、公共利益活动中受到伤害的；以及职工原在军队服役，因战、因公负伤致残，已取得革命伤残军人证，到用人单位后旧伤复发等情形。工伤待遇包括工伤职工的医疗费、康复费、工伤医疗期间保持正常生活的定期津贴、一次性损失补偿，工伤医疗期满或评残后的定期津贴和护理费，工伤死亡职工的丧葬补助金、一次性补偿、供养直系亲属的抚恤金等。其中，工伤医疗康复费包括工伤职工和职业病患者所需的检查费用、药费、手术费、住院费、就医旅费、部分住院伙食补贴、残疾辅助器具费等。现行制度采取工伤保险和参保单位共保的方式，部分工伤待遇由伤残保险基金支付，部分由工伤职工原单位支付。由工伤保险基金支付的费用包括伤残职工的医疗费、康复费、定期生活护理费、一次性伤残补助金、按月支付的伤残津贴、因公死亡的丧葬补助金、亲属抚恤金和一次性工亡补助金等。由单位承担支付的部分包括治疗期间的交通和食宿补贴，工伤停工留薪期间的定期津贴和护理费用，以及五级以上伤残的定期津贴等。

工伤保险基金支付的具体费用包括：（1）工伤职工的医疗费。医疗费用的标准需要符合工伤保险诊疗项目和药品目录以及相应的住院服务标准。（2）康复治疗费。工伤职工到签订服务协议的医疗机构进行康复性治疗的费用，其费用标准符合规定的标准。（3）辅助器具费。工伤职工因日常生活或者就业需要，经劳动能力鉴定委员会确认，安装的假肢、矫形器、假眼、假牙和配置轮椅等辅助器具的费用。（4）生活护理费。工伤职工评定伤残等级并经劳动能力鉴定委员会确认需要生活护理的，按月支付生活护理费。生活护理费的标准按照生活完全不能自理、生活大部分不能自理或者生活部分不能自理三个不同等级，分别按统筹地区上年度职工月平均工资的 50%、40% 或者 30% 的标准支付。（5）一次性伤残补助金。按照伤残等级，一级伤残补助金为 24 个月的本人工资，二级伤残为 22 个月的本人工资，三级伤残为 20 个月的本人工资，四级伤残为 18 个月的本人工资，五级伤残为 16 个月的本人工资，六级伤残为 14 个月的本人工资，七级伤残为 12 个月的本人工资，八级伤残为 10 个月的本人工资，九级伤残为 8 个月的本人工资，十级伤残为 6 个月的本人工资。（6）按月支付的伤残津贴。一级伤残为本人工资的 90%，二级伤残为本人工资的 85%，三级伤残为本人工资的 80%，四级伤残为本人工资的 75%。如果伤残津贴低于当地最低工资标准，按当地最低工资标准发放。（7）因工死亡的丧葬补助金。按统筹地区上年度职工月平均工资的 6 倍支付。（8）工伤死亡亲属抚恤金。按照因工死亡职工生前工资的一定比例，对因工死亡职工生前提供主要生活来源、并无劳动能力的亲属支付定期抚恤金。抚恤金的标准为配偶每月 40%，其他亲属每人每月 30%，孤寡老人或者孤儿每人每月在上述标准的基础上增加 10%。同时，各供养亲属的抚恤金之和不高于因工死亡职工生前的工资。（9）一次性工亡补助金。标准为 48 个月至 60 个月的统筹地区上年度职工月平均工资。

用人单位支付的具体费用包括：（1）治疗工伤住院期间的伙食补助费，标准为因公出差伙食补助标准的70%，外地就医的交通和食宿费按因公出差标准。（2）在最长24个月内因工伤医疗和康复暂停工作期间的工资。（3）工伤职工在停工留薪期间的护理费用。（4）五级以上伤残的定期津贴。五级伤残的月标准为本人工资的70%，六级伤残为本人工资的60%，如果伤残津贴低于当地最低工资标准，按当地最低工资标准发放。（5）对终止劳动关系伤残职工的一次性医疗补助金和伤残就业补助金等。

2010年10月颁布的《社会保险法》，在《工伤保险条例》规定的待遇基础上，将由用人单位支付的工伤职工“住院伙食补助费”、“到统筹地区以外就医的交通食宿费”和“终止或者解除劳动合同时应当享受的一次性医疗补助金”改为由工伤保险基金支付。另外，为保证工伤职工得到及时救治，规定了工伤保险待遇垫付追偿制度，即职工所在用人单位未依法缴纳工伤保险费发生工伤事故的，由用人单位支付工伤保险待遇。用人单位不支付的，从工伤保险基金中先行支付，然后由社会保险经办机构依照本法规定追偿。如果由第三人的原因造成工伤，第三人不支付工伤医疗费用或者无法确定第三人的，由工伤保险基金先行支付后，再向第三人追偿。

2010年12月，国务院决定对2004年开始实施的《工伤保险条例》作出修改，主要修订意见包括：（1）扩大了工伤保险的适用范围，既包括企业和有雇工的个体工商户，也包括不参照《公务员法》管理的事业单位、社会团体以及民办非企业等单位。（2）扩大了上下班途中的工伤认定范围，既包括上下班途中的机动车事故，也包括职工在上下班途中受到非本人主要责任的非机动车交通事故或者城市轨道交通、客运轮渡、火车事故伤害等。（3）简化了工伤认定、鉴定和争议处理程序。对于事实清楚、权利义务明确的工伤认定申请，应当在15日内作出认定决定。明确了再次鉴定和复查鉴定的时限，取消了行政复议前置程序。（4）提高了一次性工亡补助金和一次性伤残补助金标准。一次性工亡补助金标准调整为上一年度全国城镇居民人均可支配收入的20倍。一次性伤残补助金按照伤残级别增加1~3个月职工本人工资。（5）增加了工伤保险基金支出项目。将工伤预防费用增列为基金支出项目，将由用人单位支付的一次性工伤医疗补助金、住院伙食补助费和到统筹地区以外就医所需的交通、食宿费改由基金支付等。

3.4.5 中国失业保险制度

失业是指劳动者中断过去的劳动过程、寻找新工作的状态，广义上，也包括达到劳动年龄正在寻找工作的状态。失业保险是对失业者在一定时期内提供基本生活保障的一种制度化的社会安排。在我国，过去传统的社会主义经济理论认为社会主义公有制彻底消灭了失业，实现了劳动力和生产资料的直接结合。在实践上，与高度集中的计划经济相适应，对劳动力的管理长期以来实行“统包统配”和固定工制度，牺牲了劳动效率，导致了劳动生产率的下降。改革开放初期，随着农村改革和人民公社的解体，大批知识青年离乡回城，城镇失业现象严重，但当时在理论上仍不承认失业，而是以“待业”代之。1984年后，我国经济体制改革的中心由农村转向城市，国有企业改革成为改革的重点。为了充分调动职工的积极性、主动性和创造性，最大限度地促进生产力的发展，1986年7月12日国务院发布了《国营企业职工待业保险暂行规定》（以下简称《暂行规定》），从当年10月1日起实施，这标志着我国失业保险制度的建立。其保障对象是国有企业辞退的职工和破产企业的职工，保险费由企业以标准工资总额的1%缴付，不足部分由地方财政补贴，给付标准为待业职工离开企业前两年内本人月平均标准工资的一定比例。在此基础上，1993年4月12日国务院发布了《国营企业职工待业保险规定》，从当年5月1日开始实施，它标志着我国失业保险事业发展到了一个新阶段。与1986年的《暂行规定》相比，在缴费上把过去的以标准工资为基础修改为以企业职工工资总额的0.6%缴付，并且地方政府根据基金状况可以适当增减缴费标准，但最多不超过企业工资总额的1%。失业津贴的发放标准相当于当地民政部门规定的社会救济水平的120%～150%，具体标准由省、自治区、直辖市政府规定。但是，正如上述规定的名称一样，其实施范围仍然仅限于国营企业，并且仍然以“待业”避开“失业”一词。尽管失业保险的发展比较缓慢，但经过十多年的发展，失业保险已在全国国有企业全面实施，并且很多省份已扩展到集体企业的职工。

1999年1月22日国务院发布了《失业保险条例》（以下简称《条例》）。《条例》规定，失业保险的覆盖范围为城镇企业的职工，包括国有企业、城镇集体企业、外商投资企业、城镇私营企业及其他城镇企业。失业保险基金来源于城镇企事业单位及其职工缴纳的失业保险费、企业保险基金的利息、财政补贴以及依法纳入失业保险基金的其他资金。缴费标准为：城镇企事业单位按本单位工资总额的2%缴纳失业保险费，职工按本人工资的1%缴纳，招用的农民合同工本人不缴纳失业保险费。省区根据失业人数和失业保险基金数额，经国务院批准，可以适当调整缴费率。失业保险基金的统筹层次为直辖市和设区的市，其他地区的统筹层次由省区政府规定。省区可以建立失业保险调剂基金，解决地区失业保险基金不平衡问题。失业保险基金的支出范围包括失业保险金、领取失业保险期间的医疗补助金、领取期间死亡的丧葬补助金和其供养的配偶、直系亲属的抚恤金、领取期间接受职业培训和职业介绍的补助等。失业保险金的领取条件为参加失业保险，并履行缴费义务满一年、非因本人意愿中断就业、已办理失业登记并有求职要求者。重新就业、应征服兵役、移居境外、享受养老待遇和被判刑或劳教的，终止领取失业保险金和享受的其他失业保险待遇。失业保险金的领取期限决定于缴费期限，累积缴费1~5年的，领取期限最长为12个月；累积缴费5~10年的，领取最长期限为18个月；缴费10年以上的，最长领取24个月。失业保险金从办理失业登记之日起计算，没有必要的等待期。重新就业后再次失业的，缴费时间重新计算。失业保险金的给付标准低于当地最低工资标准，高于城市居民最低生活保障标准的水平，具体标准由省区决定。失业保险的基金存入财政部门在国有商业银行开设的社会保障基金财政专户或购买国债，按同期城乡居民存款利率和国债利息计息。此外，《条例》对失业保险管理和监督部门的责任作了专门规定，失业保险的管理费列入预算，由财政拨付。强调了失业保险的强制性和严肃性，对违反规定者根据情节实施罚款、行政处分和追究刑事责任。

《条例》的颁布，标志着我国失业保险制度已逐步走向成熟，尽管条例中仍然有若干规定需要进一步发展和完善，但它对保障失业职工的基本生活、促进劳动力资源的合理配置、促进经济体制改革具有重要意义。

2005年，为充分发挥失业保险制度促进再就业的功能，国务院发布了《关于进一步加强就业再就业工作的通知》（国发［2005］36号），决定从2006年1月起，在北京、上海、江苏、浙江、福建、山东、广东7省、直辖市开展为期3年的“适当扩大失业保险基金支出范围试点工作”。将失业保险基金的支付扩大到对失业人员的职业培训补贴、职业介绍补贴、社会保险补贴、岗位补贴和小额担保贷款贴息支出。试点工作在失业保险促进就业的工作上取得了积极的效果。但是，现行制度仍然存在覆盖面狭窄、统筹层次过低的问题。制度的覆盖范围只有城镇企事业单位的职工，没有将城镇各类灵活就业人员纳入其中，更没有覆盖广大的农村就业人员。失业保险的发展严重滞后于城镇就业格局及就业方式的重大变化。另外，现行制度的统筹层次过低，基本上在直辖市和设区的市实行全市统筹，这就极大地限制了失业保险应有的功能和作用的发挥，不利于统一调度、集中管理和使用资金，基金的整体抗风险能力脆弱。

《社会保险法》在《失业保险条例》规定的待遇基础上，进一步规定，失业人员在领取失业保险金期间患病就医，其参加职工基本医疗保险并享受相应的基本医疗保险待遇，其应当缴纳的基本医疗保险费从失业保险基金中支付。

3.4.6 中国生育保险制度

我国的生育保险制度建立于20世纪50年代初期，生育保险最早的法律文件包含在 1951 年颁布的《中华人民共和国劳动保险条例》和 1953 年颁布的《劳动保险实施细则》中，这两个条例具体规定了生育保险的实施范围和待遇标准。1988 年，国务院颁布了《女职工劳动保护规定》，扩大了生育保险的法定范围，统一了机关、事业单位和企业的生育保险制度，提高了有薪产假期，把生育保险的覆盖范围扩大到境内一切国家机关、人民团体、企业、事业单位的女职工，有薪产假从过去的 56 天提高到 90 天，这对保护女职工的权利、规范企业生育保险标准具有重要意义。但生育保险的社会化程度较低，仍然由企业承担女职工生育期间的各项费用，使不同性别分布的企业在生育费用上的负担不均衡，企业不能平等地竞争，最终制约了社会生产力的发展。而且，当企业效益差或破产时，女职工的合法权益也难以得到保障；同时，企业为降低成本，也可能拒聘女职工，引起社会问题。1994 年，劳动部颁布了《企业职工生育保险试行办法》（以下简称《试行方法》）（劳部发［1994］504 号），对生育保险制度试行改革。《试行办法》规定生育保险费用实行社会统筹，按属地原则建立生育保险基金，由劳动部门所属的社会保险经办机构负责收缴、支付和管理。生育保险按照以支定收、收支平衡的原则筹集资金，由企业按照其工资总额的一定比例向社会保险经办机构缴纳生育保险费，建立生育保险基金。生育保险费的提取比例由当地人民政府根据计划内生育人数和生育津贴、生育医疗费等项费用确定，并可根据费用支出情况适时调整，但最高不超过工资总额的 1%。办法规定的有薪产假期间为 90 天，产假期间的津贴水平通常为职工本人过去的工资水平，也有的地区按地区平均月工资水平发放或职工所在企业平均工资水平发放。在《试行办法》下，各地区实际执行的缴费比例、生活费用和医疗费用补贴标准存在一定差异。

按照《社会保险法》的规定，用人单位已经缴纳生育保险费的，其职工享受生育保险待遇；职工未就业配偶按照国家规定享受生育医疗费用待遇，所需资金从生育保险基金中支付。生育保险待遇包括生育医疗费用和生育津贴。其中，生育医疗费用包括生育的医疗费用，计划生育的医疗费用，法律、法规规定的其他项目费用等。

与其他社会保险相比，生育保险的覆盖面有限，占生育妇女总数 80% 以上的农村妇女并没有覆盖在制度内。各地区受经济发展水平的影响，覆盖面、待遇水平、基金规模和准备金的水平等存在很大差异。

参考文献

【1】 Robert Holzmann et al, Old - Age Income Support in the 21st Century, an International Perspective on Pension Systems and Reform, The World Bank, 2005.

【2】 International Actuarial Association: Comments on the "Old - Age Income Support in the 21st Century report released by the World Bank. 2006.

【3】 陈佳贵、王延中:《中国社会保障发展报告》,社会科学文献出版社 2007 年版。

【4】 黄占辉、王汉亮:《健康保险学》,北京大学出版社 2006 年版。

【5】 李绍光:《深化社会保障改革的经济学分析》,中国人民大学出版社 2006 年版。

【6】 王梦奎:《中国社会保障体制改革》,中国发展出版社 2001 年版。

【7】 王晓军:《社会保险精算管理:理论、模型与应用》,科学出版社 2011 年版。

【8】 郑功成:《中国社会保障制度变迁与评估》,中国人民大学出版社 2002 年版。

【9】 郑功成:《中国社会保障改革与发展战略:理念、目标与行动方案》,人民出版社 2008 年版。

【10】 中国经济改革研究基金会、中国经济体制改革研究会联合专家组:《中国社会养老保险体制改革》,上海远东出版社 2006 年版。

第4章　社会保险精算管理的基本问题

精算管理作为风险管理的重要手段，在社会保险制度的建设和发展中发挥着重要的作用，成为社会保险长期可持续发展的根本保证。社会保险精算管理运用精算基本原理，结合社会保险的具体问题，对社会保险各项目的风险、成本、债务、现金流、准备金、偿付能力等进行评估和分析，为制度的建立、改革及定期修订提供数量分析依据。本章介绍社会保险精算管理的几个基本问题。

主要内容有：

□ 社会保险的融资模式及收支平衡关系

□ 社会保险精算管理的特点与一般流程

□ 社会保险精算报告的内容和格式

§4.1　社会保险的融资模式与收支平衡关系

4.1.1　社会保险的融资模式

社会保险的融资制度是指依据一定的原则确定社会保险的缴费率，以取得一定的保险费收入，满足社会保险保障需要，并保证保险制度财务稳健发展的制度。社会保险融资制度的目标是保持财务上的收支平衡。在时期长度上，收支平衡可以分为年度平衡和长期平衡两种。如果收入和支出在当年相等，表明制度在年度内收支平衡。如果在 n 年内（n 通常为大于10的整数）累积结余和收入能够与支出保持平衡，表明制度在 n 年内达到了长期收支平衡。在平衡方向上，收支平衡可以分为横向平衡和纵向平衡两种。横向平衡是指某时期内（通常是一年内）参保人的缴费用于同一时期待遇领取人的发放，在该时期内，缴费收入与待遇支出保持平衡，缴费者和待遇领取者共担收入不足或待遇过高的风险，并使保险风险在所有参保人之间分散；纵向平衡是指所有参保者在一生中积累的缴费及其投资收益与领取的待遇保持平衡，使保险风险在不同参保人之间和不同年度之间分散。

社会保险的融资模式可以分为现收现付制、基金积累制和混合制三种。完全现收现付制采用的是年度横向平衡模式，追求年度内的收支平衡，年度风险在年度内分散和共担，年度支出决定年度收入。基金积累制采取的是纵向平衡模式，参保人的缴费积累用于待遇的发放，缴费及其投资积累形成的资产与因制度承诺待遇形成的负债相对应，任何时点积累的资产应该与积累的负债保持平衡，以使制度保持偿付能力。混合制是介于现收现付制和完全基金制之间的一种融资模式。混合制采用的是长期横向平衡模式，即在长期内实现收入与支出的平衡，在任何时点上，基金的累积结余加上长期内未来缴费收入的现值等于长期内未来待遇支出的现值。

1. 现收现付制

现收现付制是指用同时期（一般为一年内）参保人的缴费（或税收）收入支付待遇领取人福利的融资制度，具备年度平衡和横向平衡两个特点，即当年制度筹集的资金总额与待遇支出总额保持平衡，当年参保人的缴费与对待遇领取者的发放保持平衡。在完全现收现付制下，没有基金积累，从而没有投资风险和通胀贬值风险。资金从缴费者直接流向待遇领取者，不同收入阶层和不同风险人群间存在收入再分配。适当的再分配是实现社会公平和风险管理的有效手段，不合理的再分配却会造成不同人群间的负担差距和待遇不公，引发不同人群之间的矛盾。另外，在现收现付制下，养老保险制度的缴费率等于抚养比与养老金替代率的乘积①。由于养老金收入替代刚性的特点，养老金替代率一般保持恒定。而随着人口出生率的下降和寿命的延长，人口老化成为必然趋势，人口抚养比不断上升。这样，为保持制度的收支平衡，必然需要提高缴费率。缴费率的提高，会使劳动力成本上升，雇佣减少，失业增加，进而削弱企业的竞争力。同时，缴费率的上升会使逃避缴费现象增多，缴费收入减少，使制度面临更加严重的支付危机。

2. 完全基金制

完全基金制是通过建立与制度负债相对应的基金，以积累的基金和未来的缴费收入应对未来待遇和费用支付的制度。完全基金制具有长期平衡和纵向平衡两个特点，基金收支在参保人从缴费到领取的长期内保持平衡。为了保持长期平衡，基金积累制需要积累数额巨大的基金，基金投资运营带来收益，会促进资本市场的发展。在总供给不足的情况下，基金积累会促进经济的发展。另外，完全基金制在任何时点积累的基金与积累的债务保持平衡，积累的基金足以应付积累的负债，制度能够实现纵向的收支平衡，自济功能较强。但是，基金积累必然面对投资风险和通胀贬值风险。如果一个国家的资本市场不够完善，金融市场不够发达，又缺乏有效的金融风险管理手段，基金积累将很难应对投资风险，从而很难保障参保人应

① 见公式4.2。

有的待遇。另外，如果一个国家的储蓄率过高，货币供给过剩，基金积累制会使过度储蓄的程度更加恶化，对经济发展产生不利的影响。

3. 混合制

混合制是介于完全基金制与现收现付制之间的模式，是现收现付制与基金制的组合，有时也称为部分基金制。依据组合的程度，可以分为以下几种情况：第一种是在现收现付制基础上增加预防未来支付风险的准备金，使年度平衡的完全现收现付制变成具有一定基金积累的混合制。在这种混合制下，基金积累的规模一般不大，通常目标基金积累是足够支付下一年支出的数额。在实践中，这类混合制模式通常被归类在现收现付制下。第二种是实现完全基金积累制的计划，其积累的资产不足以应付积累的债务，部分支出需要依赖当期的收入，这时，计划也成为部分基金制，这类计划通常被归类在基金积累制下。第三种是将一个计划分为两部分，一部分采取现收现付制，另一部分采取基金积累制，采取现收现付制的部分与采取基金积累制的部分分别管理，独立核算，实际上是分别采取现收现付制和基金积累制的两个不同计划。在实践中，社会保险制度由现收现付制向基金积累制转轨时，由于一次性填补过去现收现付制积累的债务非常困难，通常选择保留一部分现收现付制，同时建立部分基金积累制，这就形成了两个不同融资模式的混合制度。

对于养老保险，在混合制下，保险费的收缴通常是在测算当年或近几年养老保险支出需求的基础上，按一个高出需求的缴费率征收，筹集资金的一部分用于当年支付，另一部分沉淀形成资金储备，以满足未来由于人口老龄化等因素引起的支付增加的需要。在这种混合模式下，代际转移支付与储备积累并存，既能实现缴费者对领取者的收入转移支付，避免通货膨胀风险，又能形成部分基金积累，抵御人口老龄化的冲击，同时，由于基金积累规模较小，也不必承担过高的投资风险和贬值压力。如果在建立混合制时，制度的抚养比已经很高，满足现收现付待遇发放的缴费率也很高，在这种情况下，通过继续提高缴费率以形成一定的基金积累是不现实的。因此，部分积累制需要在制度负担不是很重的时期建立，这样，当人口结构老化、养老金支付增加时，才能积累足够的资金保证制度的正常运行。我国现行的社会养老保险采取社会统筹与个人账户相结合的制度，社会统筹采取现收现付制，个人账户采取基金积累制①，实际上是两种不同融资模式的两个养老保险制度的组合。

① 在制度设计上，个人账户采取基金积累制，但在实际执行中，大部分省份的个人账户养老保险采取名义记账方式，即名义账户制。

4.1.2 社会保险的收支平衡关系

在不同的融资模式下，社会保险的收支平衡关系存在差异。在现收现付制下，当年收支保持平衡。在基金积累制下，积累的资产与积累的债务保持平衡。在混合制下，既要保持当年收支平衡，又要实现一定的积累目标。

1. 现收现付制下的收支平衡关系

完全的现收现付不需要资金积累，每年的缴费等于每年的支出，或者说每年的缴费根据每年的支出确定。以养老保险为例，现收现付制下的收支平衡关系用公式表示为：

$$t\text{ 年养老金支出}=t\text{ 年养老保险费收入} \tag{4.1}$$

由于养老金支出等于人均养老金水平与退休人数之积，养老保险费收入等于人均缴费和缴费人数之积。变换上面的等式，可以得到：

$$\text{人均缴费率}=\text{人均养老金替代率}\times\text{制度抚养比} \tag{4.2}$$

可见，在现收现付制下，人均缴费率等于人均替代率与制度抚养比之积。在一定的替代率下，缴费率与养老保险的抚养比成正比，抚养比越高，所需的缴费率就越高。在人口老化情况下，人口抚养比不断上升，使现收现付制的缴费负担日益加重。

2. 完全基金制下的收支平衡关系

在完全基金制下，保险项目下积累的基金要与积累的债务保持平衡。设 t_0 为建立计划的时点，如果考虑费用，收支平衡关系表现为：

$$\begin{matrix}t_0\text{ 时点未}\\\text{来缴费现值}\end{matrix}=\begin{matrix}t_0\text{ 时点未来}\\\text{待遇支出现值}\end{matrix}+\begin{matrix}t_0\text{ 时点未}\\\text{来费用现值}\end{matrix} \tag{4.3}$$

在任意时点 t 上，

$$\begin{matrix}t\text{ 时点}\\\text{准备金}\end{matrix}+\begin{matrix}t\text{ 时点未来}\\\text{缴费现值}\end{matrix}=\begin{matrix}t\text{ 时点未来待}\\\text{遇支出现值}\end{matrix}+\begin{matrix}t\text{ 时点未来}\\\text{费用现值}\end{matrix} \tag{4.4}$$

对于养老保险，在完全基金制下，需要测算已退休人员的养老金现值、参保缴费人员已积累的养老金权益的现值、评估日累积的准备金、在规定的缴费水平下未来缴费的现值等。其收支平衡关系如下：

$$\begin{matrix}\text{已退休人员}\\\text{养老金现值}\end{matrix}+\begin{matrix}\text{参保缴费人员已积累}\\\text{的养老金权益现值}\end{matrix}=\begin{matrix}\text{评估日}\\\text{准备金}\end{matrix}+\begin{matrix}\text{未来缴}\\\text{费现值}\end{matrix} \tag{4.5}$$

3. 混合制下的收支平衡关系

在混合制下，依混合制的不同类型，其基金收支平衡关系的表现形式不同。在现收现付制基础上增加准备金的混合制，收支平衡关系是在原来平衡关系上增加一个目标准备金水平，其平衡关系表示为：

$$t-1\text{ 年末准备金}+t\text{ 年缴费收入}=t\text{ 年末准备金}+t\text{ 年待遇支出} \tag{4.6}$$

其中，准备金规模小于在完全基金制下的负债，如果准备金规模达到完全基金制下的负债水平，则转变为完全基金制。变换上式成为：

$$\begin{aligned} t\text{ 年缴费收入} &= t\text{ 年待遇支出}+[t\text{ 年末准备金}-(t-1)\text{ 年末准备金}] \\ &= t\text{ 年待遇支出}+t\text{ 年准备金增加} \end{aligned} \tag{4.7}$$

如果社会保险采取社会统筹与个人账户相结合的混合制，应该分别建立采取现收现付制的社会统筹基金和采取基金积累制的个人账户基金的收支平衡关系。

按照保费的变动模式，混合制可以分为阶梯保费、准备金比率和长期平衡等三种模式。

（1）阶梯保费模式。阶梯保费模式是指保费率在一定时期内保持不变，比如在 10～20 年内保费率不变，然后根据一定的准备金要求，在接下来的时期内将保费调整到一个较高的水平，并在之后一段时间内保持不变，如图 4－1 所示。保费在前 20 年内保持不变，从第 21 年起保费调整到一个较高的水平并在接下来的 20 年内保持不变，从第 41 年起又调整到一个更高的水平，并在接下来的 20 年内保持不变。

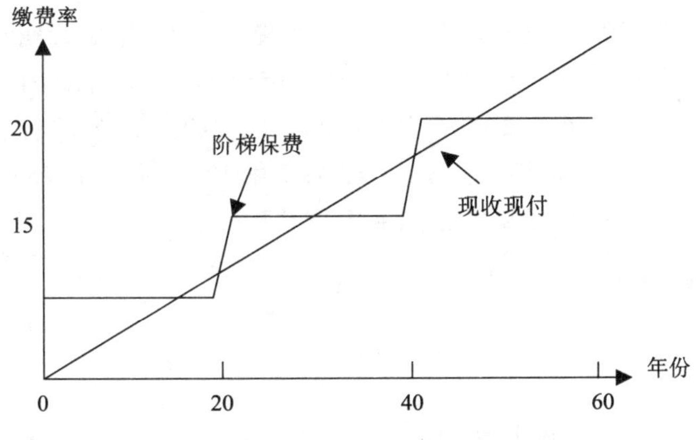

图 4－1　阶梯保费下缴费率的变动模式

在阶梯保费下，在稳定的缴费期间内，社会保险的缴费及其投资收益足以满足对待遇支付和管理费用的支出需求，同时准备金水平应在稳定的缴费期内保持不变或者至少不减少。对于养老保险，在人口老化的压力下，即使不提高养老待遇水平，养老保险的支出成本也会逐步提高。为了实现在稳定缴费率下待遇支出的不断增长，需要尽早积累足够的准备金，也就是在前一个缴费阶梯积累足够的准备金并赚取稳定的投资回报，以补偿未来不断增长的支出需要。

在人口日益老化的情况下，阶梯保费能够使缴费率在一定时期内保持相对较低的水平，并在更长的时期内逐步提高保费，从而容易被参保单位和个人接受，也给政府调整保费留有足够的时间。但是，由于保费在较长的时期内保持稳定水平，在提高保费的年份也会遇到来自各方面的压力。政府迫于政治方面的考虑可能不会及时调高保费，这会使未来的缴费压力进一步提高，准备金积累迅速下降，制度未来的偿付能力面临困境。此外，养老基金的投资还取决于经济对投资的吸纳能力，如果经济对投资的吸纳能力降低，养老金准备金的投资回报会相应降低，也会影响制度的未来偿付能力。

（2）准备金比率模式。准备金比率模式是在一定时期内保持准备金比率不变的保费模式。准备金比率是年度末准备金数额与下年度支出的比率，用于衡量年末准备金积累能够满足下年度支付的程度。准备金比率等于 1，表明在没有当年缴费和投资收入的情况下，年末积累的准备金正好满足下一年度的支出需要。

对于养老保险，在准备金比率模式下，需要考虑养老保险的参保人口结构及其变动趋势、养老保险在现收现付制度下成本率的变动趋势、调整缴费率的时间间隔、养老金精算评估的时间间隔等因素，同时应该考虑参保单位和个人的缴费能力以及政府财政的支持能力、金融环境对准备金投资的吸纳能力、政府在改革缴费水平政策上的合理时间间隔等问题。

（3）长期均衡保费模式。长期均衡保费模式是指在长期评估期内，保持保费率恒定不变，同时保费和投资收入能够满足评估期内的待遇和费用支出需要。长期评估期长度通常为 50 年以上。例如，英国社会养老保险精算评估的时期长度是 60 年，美国社会保障的评估时期是 75 年。长期均衡保费模式下的缴费率变动模式如图 4－2 所示。

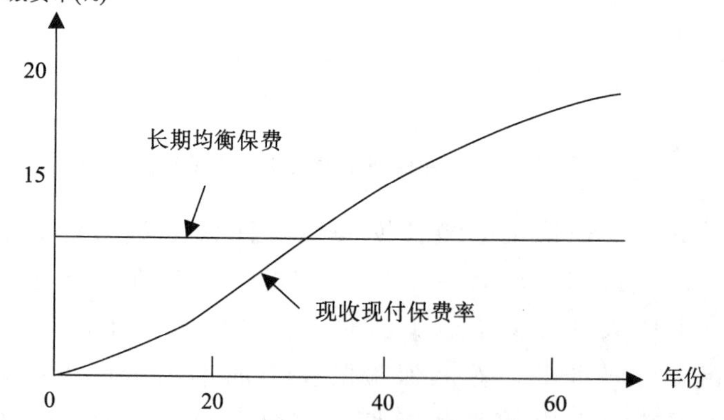

图 4－2　长期均衡保费模式

如果在评估日没有准备金积累，在长期均衡保费模式下，评估时点未来的待遇支付现值等于未来的缴费现值。未来缴费现值等于未来参保人员工资现值和缴费率的积。未来待遇支付现值包括评估期内对已退休人员和将退休人员的待遇支付。从而有，

$$\text{未来支出现值} = \text{缴费率} \times \text{参保者未来工资现值} \tag{4.8}$$

$$\text{缴费率} = \frac{\text{未来支出现值}}{\text{参保者未来工资现值}} \tag{4.9}$$

如果评估时点有过去积累的准备金，在式（4.8）中，左边应该减去评估日准备金，成为未来支付净责任，这样，长期内均衡的缴费率计算公式如下：

$$\text{缴费率} = \frac{\text{未来支出现值} - \text{评估日准备金}}{\text{未来参保者工资现值}} \tag{4.10}$$

理论上，按长期均衡缴费率征收的保费收入可以保证未来长期内的收支平衡。

对于养老保险，在长期评估期内，长期均衡缴费率会保持稳定不变。但在人口老化情况下，养老金的支出会不断提高，从而在评估期的前期，当年缴费收入要大于当年待遇支出，高出部分形成一定的准备金。在评估期的后期，当年缴费收入不能满足当年支出，需要动用过去的准备金。在评估期末，当年缴费和准备金积累正好满足当年的支出，制度在评估期内正好保持收支平衡。在一般情况下，长期均衡的时间长度大于 50 年，在未来的长时期里，影响缴费和待遇的因素很难预测和控制，因此，在实践中很少采用长期均衡保费模式，更多采用的是阶梯保费模式。在养老保险的精算评估和精算报告中，长期均衡保费常用来描述制度的长期支付压力和偿付能力状况。

§4.2　社会保险精算评估的特点与一般流程

社会保险精算是运用精算学的基本原理，结合社会保险的具体问题，对社会保险各项目的风险水平、成本和债务水平、收入、支出与结余、准备金水平、偿付能力状况等进行估计和分析。

4.2.1　社会保险精算评估的特点

社会保险具有区别于商业保险的不同特征。尽管商业保险和职业养老金计划也可以提供类似社会养老、医疗、工伤等保险的保障，如商业养老保险可以提供个人年金和团体年金产品，职业养老金计划可以提供定期养

老金待遇，商业医疗保险可以提供医疗费用补偿，商业意外伤害保险可以提供意外伤害损失补偿等，但是，商业保险是一种商业合同形式，职业养老金计划一般是一种基金信托形式。投保人通过购买保险公司的产品，在合同约定的给付条件发生时，可以得到约定的赔付和补偿。在保险市场上，投保人按照自愿原则，选择购买自己需要的产品。保险公司按照市场原则和精算公平原则确定保费，并在偿付能力和赢利能力的要求下，保持持续经营。职业养老金计划是雇主为雇员建立的养老计划，是雇主提供的一种员工福利，由雇主（有时也包括雇员）按照预定的待遇和偿付能力要求承担缴费责任。社会保险是国家提供的强制保险，参保人是法律规定的劳动者，在满足一定工作期限或者缴费年限并达到法定退休年龄后，参保人开始领取养老金。由于社会保险有区别于商业保险和职业养老金计划的不同特点，其精算评估也有一定的特点。

1. 开放人口法

社会保险是国家强制保险，其参保人员是满足国家政策规定的劳动者。社会保险没有商业个人年金和职业养老金计划中的核保和风险分类问题，不需要根据不同的风险分类确定分类保费。另外，源源不断的新增劳动力和不断退休的人群，保证了参保人口的连续性和更替性，也使社会保险计划具有长期性。因此，社会保险对未来参保人口的预测采用开放人口方法，需要考虑持续新增的人口和退出的人口。在商业保险下，精算评估一般建立在封闭人口假设下，通常只考虑在评估日已获得待遇权益的人口，成本以单个参加人为基础计算，并按合同约定的缴费期间进行分摊。再者，社会保险的参加者可能因失业或被辞职而退出保险，但当他们重新就业后，又会再次加入保险，再次加入时的雇主可能发生变化，但全国统一的社会保险制度会同等认可其参加保险的年限。而在商业保险下，一般不考虑参加者在过去另一保险下积累的权益。

2. 与人口和经济密切相关

社会保险的参保缴费人口取决于人口数、人口就业率、就业人口参保率、参保人口缴费率等；养老保险领取待遇的人数取决于退休年龄人口数和养老金水平；医疗保险的支付取决于疾病发生率、社会医疗保障的程度、医疗费用水平和自付比例等；工伤保险的支付取决于工伤保险的覆盖范围、工伤风险的发生率和损失程度、工伤和康复保障的程度等；失业保险的支付受经济波动的影响，经济波动会使失业率上升，所需的失业补偿金会相应增加。可见，人口数量和分布、人口就业状况、就业人口的参保状况、就业人口工资水平等都会直接影响社会保险的财务状况。因此，社会保险的精算模型与整个国家的人口和经济模型紧密相连。

在我国，当前的社会保险采取省级统筹甚至市级统筹的地区分割管理模式，地区社会保险的精算模型应该与地区人口、地区间人口迁移以及地区经济模型相联系。另外，在精算假设的制定中，社会保险需要根据整个社会、经济、人口的变动以及社会保险政策的变动作出相关假设，这些假设包括人口、工资、退休年龄、缴费、领取等。而在职业年金和商业保险下，往往是根据计划的过去经验作出精算假设。

3. 偿付能力风险最终由政府承担

社会保险是国家强制保险，其偿付能力风险最终由国家承担。无论是采取税收还是缴费方式筹资，当社会保险基金的收支出现缺口时，最终需要由国家财政承担对缺口的补贴责任。政府可以通过提高税率或者增加税种的方式增加财政收入，也可以通过调整税收支出结构，减少在某些项目上的财政支出，增加对社会保险支出的补贴。政府还可以通过调整社会保险政策、降低待遇水平、增加缴费或税收等方式缓减社会保险的财务压力，从而保证计划的长期运行。由于社会保险的破产风险直接与政治风险相联系，多数中央政府都会对本国的社会保险采取显性或隐形的财政担保，所以社会保险很少会因资不抵债或者收支缺口无法弥补而破产。

在偿付能力评价中，社会保险的支付能力一般用基金率来衡量。基金率是一定时期末结余基金与下一支付期预期支出的比例，通常用年末累计结余基金与下一年度预期支出的比例表示，表明累计结余基金可用于支付的年数。基金率为0，表明当年的累计结余和保费等各项收入正好满足当年支出，没有累计结余，这种情况表明当期基金是完全现收现付的；基金率大于1，表明累计基金至少可以满足今后一年的支出；基金率小于1，表明累计基金不能满足今后一年的支出。

在社会保险下，基金积累的目标是为了应付短期经济波动引起的缴费减少，进而导致支付缺口的问题。通常基金率应大于1以保证至少满足1年的待遇支付。同时，为了应付经济萧条带来的失业增加、就业减少、工资降低以及人口结构特别是人口老化等引起的未来支出负担增加等问题，需要建立更多的储蓄积累基金。

与社会保险相比，在商业保险和职业年金下，当计划累计的资产不足以应付积累的负债时，计划处于偿付能力不足的状况，偿付能力不足将导致计划的破产，计划破产的风险由保险公司和职业养老金计划基金受托人承担。在有些国家，政府对职业年金提供一定的担保，例如，美国的待遇预定型职业养老金计划需要向养老金担保公司（Pension Benefit Guaranty Corporation，PBGC）这一公共机构缴费，养老金担保公司承担计划破产的风险。

4. 收入再分配

社会保险的重要功能是实现收入的再分配。社会保险通过建立统筹基金，对年老、疾病、工伤、失业、生育等风险提供定期给付或一次性的补偿，实现对这些风险的分散和共担。社会保险使收入从风险低的人群向风险高的人群再分配，从高收入人群向低收入人群再分配，也使得收入在不同代际、不同性别人群之间再分配。

以养老保险为例。由于养老保险的待遇通常规定为社会平均工资水平的一定比例，而相同比例的社会平均工资对不同收入人群意味着不同的收入替代率，对高收入人群的替代率更低，对低收入人群的替代率更高。同时，养老保险的缴费以本人在职期间工资水平的一定比例缴付，相对退休后领取的待遇，高收入者缴费的回报率更低，低收入者缴费的回报率更高，从而在不同收入人群之间产生了收入再分配。社会养老保险正是通过从高收入阶层向低收入阶层的收入再分配，实现了对低收入人群的社会保护。同时，社会养老保险也产生下一代向上一代的再分配，特别是在人口老龄化的过程中，下一代需要比上一代缴纳更多的保费，才能得到同样的养老金待遇。另外，由于男性平均寿命比女性更短，男性退休年龄比女性更高，使男性的平均缴费比女性更多而待遇享受却更少，从而产生了从男性向女性的收入再分配。类似的，养老保险也从寿命短的人群向寿命长的人群再分配。对于提供配偶和子女给付的制度，收入从已婚人群向未婚人群再分配，从子女少的家庭向子女多的家庭再分配等。

4.2.2 社会保险精算评估的一般流程

社会保险精算评估的一般程序包括确定评估目的、搜集和分析必要的数据、建立精算模型、选择精算假设、运行模型、结果分析、敏感性检验和情景测试、撰写精算报告等。

1. 评估目的和范围

在社会保险的精算评估中，首先需要明确评估的目的和范围。精算评估的目的基本上可以归纳为：为新建制度而进行的评估、对现行制度财务状况的定期评估、对改革方案的评价、为政府预算进行的短期收支预测、对政府特别项目提供精算支持等几种。

（1）为新建制度的评估。在建立新的社会保险制度时，需要评估资金支持能否满足对待遇的支付，这些资金支持主要包括政府财政拨款、单位和个人的缴费等；反之，评估为实现一定的待遇目标所需的资金支持，以及所需资金在政府、单位和个人之间的不同分配模式所产生的经济影响等。精算评估包括短期评估和长期评估。短期评估主要分析达到既定待遇目标水平将会在未来3～5年内对政府财政、企业和个人支出带来怎样的影响，以及既定的缴费能够实现怎样的待遇水平等问题。长期评估多为50年以上，主要分析为达到既定待遇目标所需的长期经济支持情况，以及带来的长期经济影响等，或者分析每年既定的缴费能够达到怎样的待遇水平等问题。通过长、短期精算评估，可以为新制度的建立提供依据。

（2）对现行制度的定期评估。社会保险为参保人提供养老、医疗、工伤、失业、生育等方面的保障。对现行制度的定期精算评估是制度风险管理和基金监管的重要手段。通过精算评估提供的现行制度未来财务收支预测，对未来财务状况作出诊断、对未来发展趋势整体把握、对未来显性或隐形的风险因素进行预警，为政策制定者和基金监管者提供强有力的依据。

对现行制度的定期精算评估可以提供如下分析：①现行制度在未来的财务收支预测；②满足现行制度承诺的待遇水平和待遇调整，所需的未来缴费水平及其变动；③制度在未来的收支和盈余（或缺口）状况，以及对基金缺口的不同解决方案所产生的社会经济影响，特别是对不同利益相关方所产生的影响等。

对现行制度的定期评估从对制度的经验分析开始。经验分析是指对过去的实际结果与过去所作的精算评估结果进行比较，找出过去精算评估中精算假设与实际经验存在的差异及其原因，确定合适的精算假设，为进一步进行精算评估提供依据。例如，在经验分析中，需要对参保人数、缴费人数、缴费水平、待遇领取人数、待遇水平、待遇调整、投资回报等因素的假设水平与实际经验进行对比分析，发现不同因素的假设水平与实际经验的差异，以及这些差异对评估结果的影响，并决定是否对下一次评估所用的精算假设作出调整和怎样进行调整等。

依据精算假设和精算评估模型，可以对制度未来的收入、支出、结余和偿付能力等作出预测。预测结果可以作为未来制度收支调整的依据。如果评估结果显示现行制度在未来将出现严重的支付缺口，这一缺口很难通过国家财政补贴的方式填补，政策制定者则需要考虑通过提高未来的缴费或者降低待遇水平的方式实现收支平衡，以保证制度在未来的可持续性。

（3）对社会保险改革方案进行评估。在社会保险制度改革中，需要测算不同的改革方案对制度财务状况产生的短期和长期影响，从而明确制度改革的方向，把握制度改革的步骤，判断制度产生的影响，辅助政策制定者作出改革决策。社会保险制度的改革，既可以是对制度参数的调整，如缴费水平、待遇水平、享受待遇的条件、覆盖的人口范围等，也可以从结构上对制度实施的改革。我国从 20 世纪 90 年代开始的养老和医疗保险制度的改革就是一种结构性的改革。过去的制度采取现收现付制，覆盖国有和集体企业职工，所需资金由企业从当期收入中支付，没有社会统筹和风险共担。改革后的制度覆盖除公务员以外的城镇所有职工，采取社会统筹与个人账户相结合的部分基金积累制。在结构性制度改革过程中，精算评估可以提供以下方面的测算分析：①从过去制度向现行制度过渡产生的转轨成本，转轨成本的不同分摊方式对制度未来财务收支产生的影响；②制度改革对中央和地方财政、不同类型的企业和单位、不同收入水平和就业类型的个人等产生的经济影响，这种经济影响的公平性和效率如何等；③建立养老和医疗保险个人账户，不同的个人账户积累方式、记账利率、计发公式等能够提供的待遇水平等。

我国现行的社会保险正在进行扩大覆盖面、提高征缴率、建立待遇发放与缴费的联系、建立养老金定期调整机制等方面的改革。精算评估可以提供不同改革方案在未来的3~5年内对不同利益相关者和不同类型人群产生的经济影响；在更长的时期内，测算分析改革对下一代人产生的经济影响，以及制度长期的偿付能力等，为制度改革提供定量分析依据。

（4）短期收支预测。在制定社会保险年度收入和年度支出预算时，需要通过短期精算评估提供关于年度缴费、投资收入、待遇、费用等方面的数据。我国的社会保险实行独立于财政的预算管理制度，通过短期收支预测，精算评估可以提供未来缴费收入、投资收入、待遇支出等收支的预测，提供未来月度现金流量的预测，对预算管理、投资决策等都有重要的意义。

短期预测与长期精算评估相比，两者在评估模型和精算假设上有一定的差异。长期精算评估强调对未来收支趋势的判断，短期预测更强调准确性。因此，在精算假设上，短期预测对工资、缴费、投资收入等的假设应更多地考虑短期内的政策调整、工资变动和待遇的调整，精算人员应该与经济、会计、法律、投资等专业人员密切配合，确定合适的精算假设。在评估模型上，1~2年的短期预测一般采用简单的系数法，即在上年实际数据的基础上，考虑影响近年收支增减的因素，设定一个增加或减少的系数，作出短期预测。对于3~10年的短期预测，一般需要建立精算模型，在建模中需要考虑预测期内每年新增和减少的参保人数、每年新增和减少的待遇领取人数、新增和减少的参保者的类型和缴费水平、新增和减少的待遇领取者的类型和待遇水平等，并建立队列预测模型，用于对短期内精细化的预测。

（5）对特别项目的精算支持。精算评估也可以为政府或其他相关部门提供特别的支持。例如，国家对基本养老保险待遇调整的决定、推迟退休年龄的决定、扩大制度覆盖面的决定、提高工伤保险准备金的决定等，都需要借助精算评估的结果，测算改革产生的成本，以及分析改革对财政的压力、改革对收入再分配和对促进社会公平的影响、改革的社会经济影响等。

2. 数据和信息的搜集与整理

在数据搜集和分析前，需要对制度的覆盖面、待遇领取条件、待遇计发公式、缴费工资、缴费率以及制度条款等进行细致的研究。社会保险精算评估所需要的数据主要来源于社会保险管理数据库系统，必要的人口和经济方面的数据通过政府统计或相关部门搜集。数据的结构和类型应该与模型要求相一致。在数据用于模型评估前，需要对数据质量进行检验，对不合格的数据进行必要的处理。

（1）社会保险精算评估基础数据。社会保险精算评估所需的数据一般包括人口数据、经济数据、参保人口数据以及被评估社会保险项目的制度数据等。

人口数据包括：分性别年龄人口数、生育率和出生性别比、分性别年龄死亡率、迁入和迁出人口、分性别年龄婚姻状态等。国外的社会保险往往会提供遗属给付或者夫妻联合生存给付，这时需要参保人婚姻状况的数据。

经济数据包括：劳动力、就业、失业、工资、利率、通货膨胀和 GDP 等方面的相关数据。一般具体化为：劳动力参与率、从业人数、失业率、工资总额、工资在 GDP 中的比例、平均工资、通货膨胀率、利息率等。

参保、缴费和待遇领取数据包括：①参保人数、缴费人数、参保但未缴费的人数；②新增和重新加入的参保人口；③参保人口工资收入和缴费工资收入，通常缴费收入有上下限，对收入高于某一水平的参保者按规定的最高限缴费；④实际缴费人数占应缴费人数的比例；⑤待遇领取人数。精算评估通常要求上述指标的分年龄数据。

（2）社会保险精算评估的数据来源。社会保险精算评估所需的数据主要来自社会保险管理系统以及国家或地区的统计部门，或相关业务部门定期公布的数据。社会保险管理系统的数据一般包括参保个人性别、出生年月、工作时间、参保时间、缴费记录、领取记录等数据，这些数据经过整理，可以作为精算评估的基础数据。国家的人口普查和人口统计可以提供分性别和年龄、分地区和分行业的人口数据，这些数据可以作为人口预测的基础数据。经济和劳动力统计可以提供劳动力、就业、失业、工资等相关数据。

（3）与制度相关的法律法规信息。在精算评估中，除了搜集必要的统计数据，对与制度相关的法律法规信息的搜集和整理也是数据信息搜集的重要环节。精算评估所采用的模型应与被评估制度或计划的相应法律法规相一致。在精算评估中，应该熟悉法律法规的具体规定和实际执行中的问题，包括社会保险覆盖面、法定缴费率、缴费工资、待遇领取条件、待遇计发公式、其他融资来源、投资规定等相关法律规定。

3. 建立精算评估模型

在一定的评估目的下，依据搜集到的数据和相关信息，建立评估模型，或者对过去已有的评估模型进行必要的调整和校正，是精算评估的重要环节。构建模型时，需要考虑基础数据和计算机的运算能力能否支持的问题。

社会保险的精算评估模型一般按险种建立。在我国，需要分别建立养老、医疗、失业、工伤、生育等五个险种的精算评估模型，这些精算评估模型可以是确定性模型，也可以是随机模型。确定性模型基于给定的数据和假设，经过模型运算产生一组结果。随机模型是以概率表示的数学模型，用来估计随机变量的均值和置信区间，其输出是与发生概率相关的一个范围。传统上，社会保险的精算评估往往采用确定性模拟，同时运用敏感性测试，分析不同输入变量或精算假设的变动对结果的影响。近年来，随机模拟被引入社会保险的精算评估。例如，美国社会保障信托基金报告从2003年起增加了随机模拟分析，用于分析在一定概率下基金支出的分布状况，从而能够更好地把握不确定因素对制度财务结果的影响。

4. 设置精算假设

社会保险精算评估建立在对未来人口、经济、制度等变动趋势作出适当假设的基础上。例如，对未来缴费收入的预测，需要先预测未来的缴费人口和缴费水平。未来缴费人口取决于人口、就业率、就业人口参保率、参保人口缴费比例等。未来的缴费水平取决于工资水平和缴费率。在长期预测中，人口生育率、死亡率、迁移率决定了未来的人口，就业率决定了未来的就业，参保率决定了未来的参保人口，缴费人口比例决定了未来参保人口中的缴费人口。运用精算模型进行评估时，需要对这些因素的未来变动作出假设，这些假设就是精算假设。精算评估结果依赖于所输入的精算假设，一个在理论上完美的模型，如果输入了不恰当的假设水平，就会得出错误的结论。

社会保险精算评估涉及的假设通常包括人口、经济和制度等三个方面。精算假设的设置需要经过专门的研究，一般由专门成立的专家组经过研究给出不同类型的假设水平。例如，对未来人口生育率和死亡率的假设，需要人口专家研究人口的发展规律，研究人口政策、环境因素、社会经济因素、生物学因素对人口发展的影响，研究国内外相关历史经验等；对未来经济发展水平的假设，需要经济学专家对未来经济走势进行研究。美国社会保障信托基金报告的精算假设由一个专门的专家小组确定，该小组由在人口、经济、精算和社会保障等领域的专家组成。在英国，精算师在假设设定上有更大的空间，他们依据过去的经验并参考相关人口、经济和制度发展的研究结果制定精算假设。

这里将以养老保险为例，对精算假设的设定进行讨论。

（1）参保人口。参保人口假设包括覆盖率、参保状态变动、新增参保和重新参保等假设。

①覆盖率。覆盖率是用于衡量保险项目覆盖比率的指标。根据不同的目的，制度覆盖率可以是制度实际覆盖人口数与总人口数的比例，用于衡量制度覆盖总人口的比例；也可以是制度实际覆盖的劳动力人口数与劳动力人口的比例，用于衡量劳动力人口中参加养老保险的比例；还可以是制度实际覆盖人口数与制度规定的覆盖人口数的比例，用于衡量制度应覆盖人口中实际覆盖的比例。在实际覆盖人口中，有些人可能由于某些原因逃避缴费，使实际缴费人口小于实际覆盖人口，在精算模型中，可以通过增加一个逃避缴费因子调整实际缴费人数，也可以将覆盖率定义为实际缴费人口与就业人口的比例。

考虑到不同类型就业人口参保缴费率可能存在差异，覆盖率通常按就业类型、年龄和年度分别计算。总覆盖率是各类缴费人口的总和在各类劳动力人口总和中的比例。

$$\text{分类覆盖率}(z,x,t)=\frac{\text{缴费人口}(z,x,t)}{\text{劳动力人口}(z,x,t)} \tag{4.11}$$

其中，z,x,t 分别表示就业类型、年龄和年度，分类覆盖率（z，x，t）表明 t 年度 z 就业类型年龄是 x 的缴费人口占劳动力人口的比率。

$$\text{总覆盖率}(t)=\frac{\sum_{z=1}^{n}\sum_{x=\text{最小年龄}}^{x=\text{最大年龄}}\text{缴费人口}(z,x,t)}{\sum_{z=1}^{n}\sum_{x=\text{最小年龄}}^{x=\text{最大年龄}}\text{劳动力人口}(z,x,t)} \tag{4.12}$$

总覆盖率（t）表明 t 年度的总覆盖率。也可以计算 z 行业的总覆盖率（z）、年龄 x 岁的总覆盖率（x）等。

②参保状态变动。参保人员的状态包括就业、失业、缴费、未缴费等几种，在不同年度或者同一年度内的不同月份，这几种状态可能发生转移。例如，参保状态可能从就业缴费状态转变成失业缴费、失业未缴费或退出劳动力人口等状态，也可能从失业缴费状态转变为就业缴费、失业未缴费或退出劳动力人口等几种状态。一般情况下，将某年的参保人口分为参保缴费人口和参保未缴费人口两类。参保缴费人口指年度内缴费的参保人口，包括处于就业状态的参保缴费人口和处于失业状态的参保缴费人口。参保未缴费人口是过去注册为参保人口并有过去缴费记录，积累了一定权益，但当年没有缴费的人群，包括失业未缴费人口和退出劳动力的人口。精算模型和假设中需要考虑参保状态在年度内的转移。

③新增参保和重新参保。社会保险的精算评估是在开放人口下进行的，需要考虑不断的新增参保人口和重新参保人口，并需要考虑新增参保和重新参保人口的性别年龄分布。这一假设通常根据过去的经验和对新增就业人口的预测作出。

（2）缴费工资变动。缴费工资是参保缴费人员缴纳保费的工资部分，参保人员缴费数额等于缴费工资和缴费率的乘积。为了保护高收入参保人员的利益，通常对收入高于某规定水平的部分免征缴费。缴费工资基数的确定与工资变动模式、收入分布模式、最高或最低缴费工资水平以及实际缴费占应缴费工资的比例等相关。

（3）分年龄工资变动模式。工资总水平的变动取决于 GDP 水平及其增长、劳动生产率及其增长、收入在劳动力和资本之间的分配等。通常依据过去的 GDP 水平和增长率、工资水平及其在 GDP 中的比例作出对劳动力总收入的预测，再依据对就业人数的预测，作出对平均工资水平及其增长率的预测。

个人工资一般会随年龄、工龄、职位晋升、工作业绩的变动而变动。工资随年龄的变动一般用分年龄工资变动模式来描述，它将工资描述为与年龄相关的函数。为了简化，通常以年龄 x 岁的平均工资为基础，并将其单位化，其他年龄的工资表示为 x 岁工资的一个比例。例如，某年 20 岁的平均工资为 2000 元，21 岁的平均工资为 2100 元，22 岁的平均工资为 2300 元等；如果以 20 岁工资为基础，设其为 1，21 岁和 22 岁的工资可以分别表示为 1.05 和 1.15，那么 20 岁、21 岁、22 岁对应的工资模式为 1、1.05、1.15。

如果用 $(SS)_x$ 表示 x 岁的工资模式函数，x 岁的工资为 s_x，参保者加入保险时的年龄为 e 岁，对应的平均工资为 s_e，如果年平均工资增长率为 j，这时有：

$$s_x = s_e \frac{(SS)_x}{(SS)_e}(1+j)^{x-e} \quad (x>e) \tag{4.13}$$

（4）收入分布模式。收入分布模式表明不同收入水平人群的分布模式，在确定缴费上限时，需要对收入分布模式进行研究。从国内外大量的理论研究和实证研究的结论看，某年龄上的收入基本上服从对数正态分布，也就是收入变量的对数服从正态分布，对数正态分布的形状由均值和标准差决定，这两个参数可以通过经验数据来估计。

设某年龄的收入为随机变量 X，X 服从于对数正态分布，$\ln(X) = N(\mu,\sigma^2)$，假设该年龄共有 n 人，第 i 人的收入为 X_i，$i=1,2,\cdots,n$，那么，随机变量 $\ln(X)$ 的均值和标准差的估计值为：

$$\mu = \frac{\sum_{i=1}^{n}\ln(X_i)}{n}, \quad \sigma = \sqrt{\frac{\sum_{i=1}^{n}(\ln(X_i)-\mu)^2}{n}}$$

对数正态分布是一种偏态分布，具有明显的右偏性质，其分布的均值大于中位数，表明收入低于平均水平的人数多于收入高于平均水平的人数。全体劳动人口的收入分布是分年龄工资模式、同一年龄收入的分布模式和人口年龄分布的函数。如果制度规定了缴费上限，则覆盖人口的工资分布会发生变化，因为高收入人群超过规定水平的收入部分不计入缴费基数。

（5）遵缴率。由于失业和经济方面的原因，部分参保者在一个缴费期内不能完全履行缴费义务，使实际缴费减少。遵缴率是实际缴费与应缴费的比例，不同性别和年龄参保人口的这一比例可能不同。在缴费工资下，按照一定的缴费率和遵缴率，可以计算出人均实际缴费基数，在预测的缴费人数下，可以计算出总缴费基数。

$$\text{人均缴费基数} = \text{人均缴费工资} \times \text{调整系数} \times \text{遵缴率} \tag{4.14}$$

$$\text{总缴费基数} = \sum \begin{matrix}\text{第 } t \text{ 年第 } i \text{ 类人} \\ \text{群的缴费人数}\end{matrix} \times \begin{matrix}\text{第 } t \text{ 年第 } i \text{ 类} \\ \text{人均缴费基数}\end{matrix} \tag{4.15}$$

（6）过去缴费年数。对于养老保险，待遇通常与缴费相关，只有满足相关缴费或缴税义务的参保人，才有资格领取养老金。也有一些养老保险制度依据过去的工作年数或参保年数确定待遇，参保者不直接缴费或缴税，只要在制度下工作年限满足要求，就可以领取规定水平的养老金。例如，我国过去的城镇职工养老保险制度及当前的公职人员的养老保险制度，按工龄和退休前工资计算待遇。当这种制度转向与缴费关联的制度后，需要对过去服务年数的分布作出假设。在我国，城镇职工养老保险从过去的制度转向社会统筹与个人账户相结合的新制度后，一部分人因积累了过去工龄而积累了养老金权益，这时，精算评估需要估计在过去制度下积累的服务年数的分布并转化为视同缴费年数，用于测算转换为新制度的养老金待遇。在精算评估中，通常先估计同一年龄过去缴费年数的分布，例如，评估年龄50岁的参保人口，其中5%的人口拥有10年过去服务年数，6%的人口拥有11年的过去服务年数等，再预测未来缴费，并合并计算退休时的总待遇。

（7）死亡率。参保人口死亡率是人口预测的基础，通常依据参保人口经验数据编制。由于社会保险基本上覆盖全体从业人口或者城镇从业人口，其经验死亡表通常依据人口普查数据提供的劳动力人口或者从业人口数据得到，有时也直接采用人口生命表数据。

（8）退休年龄分布。退休年龄是开始领取退休金的年龄，通常养老保险制度会规定正常退休年龄、最低退休年龄和最高退休年龄。正常退休年龄是制度规定的可以领取标准养老金的退休年龄，在正常退休年龄退休的参保者可以按制度规定的标准退休金水平领取待遇。最低退休年龄是可以开始享受养老待遇的最低年龄，但相应的养老金水平会低于从正常退休年龄起获得的数额。最高退休年龄是制度允许的最高退休年龄，超出这一年龄退休，养老金待遇一般不会因选择晚退休而增加。有时，为了达到鼓励退休的目的，有些国家甚至对超出一定年龄退休的待遇予以比例扣减。

退休年龄分布是测算领取退休待遇的基础，通常按经验数据得出分性别年龄的退休分布，同时考虑未来就业、通胀等因素的影响，作出未来分性别的退休年龄分布假设。

（9）中途退出。在参保的缴费人口中，有些人由于永久残疾中途退出保险计划，开始领取残疾收入保险。与死亡类似，中途退出也使参保人数减少，在精算评估中，需要依据经验数据，作出分性别年龄的中途退出率假设。

（10）待遇调整指数。为抵御通货膨胀的影响，养老金待遇一般会随价格或（和）工资变动指数调整，精算假设中应包括待遇调整指数，这一假设通常依据制度的规定、过去的经验等作出。

（11）利息率与贴现率。对于有部分基金积累的社会保险，需要估计投资收入，从而需要在基金积累的基础上，对利息率作出假设。利息率假设一般依据基金的投资政策、投资渠道、投资组合等的过去经验和未来可能变动，并考虑经济的未来发展作出。对于现收现付的制度，在长期精算评估中，需要将未来一系列的收入和支出折现，计算未来收入和支出的现值，分析制度在长期内的偿付能力。这时，需要对贴现率作出假设，在精算评估中，贴现率通常设定为无风险利率。

除了以上几种精算假设，在评估中，还要考虑不同被评估制度的特殊性，例如，有些国家的养老保险制度对参保者的遗属和未成年的子女也提供相应待遇，这时，需要预先设定参保者死亡后有遗属的概率、遗属的平均年龄、子女数量和年龄分布等精算假设。

另外，假设变量之间常常并不是相互独立的，在假设设定时，需要同时考虑一组变量的变动。例如，经济增长和技术进步会使劳动生产率提高，也会带动就业，促进工资的增加；当人口和经济的发展能够提供足够的劳动力供给和需求时，就业会相应增加，参加社会保险的人数也会相应增加；工资水平与收入在资本和劳动力之间的分配有关；名义工资和名义利率受通货膨胀的影响等。

5. 评估结果和敏感性分析

（1）评估结果。将基础数据和精算假设输入精算模型进行运算，就可以得到关于制度未来年度收支和财务状况的计算结果。在短期现金流量测算中，输出的可能是月度收支结果。通常，评估结果包括参保人口和制度未来财务收支两部分内容，具体包括：

①参保人口、缴费人口、待遇领取人口、制度人口抚养比；

②缴费工资总额、缴费收入总额、待遇支出总额；

③平均缴费、平均待遇、平均替代率；

④现收现付的成本率；

⑤总支出及分类支出在 GDP 中的比例；

⑥平均收支比例；

⑦在当前缴费率下的累积结余基金；

⑧基金率；

⑨资产负债比；

⑩政府补贴及其在总支出或总缴费收入中的比例。

（2）评估结果分析指标。精算评估常采用一些指标反映被评估对象的财务状况，这些指标在分析计划的偿付能力、待遇水平、覆盖范围、缴费负担等方面具有重要的作用。在不同的评估目的下的分析指标可能不同。

精算分析指标可以分为人口指标和财务指标两大类。

人口指标通常包括制度抚养比、覆盖率、遵缴率等。制度抚养比是制度内待遇领取人数与缴费人数的比例，反映平均每一个缴费者负担的待遇领取人数。对比制度抚养比与人口抚养比，可以比较人口老化和制度内人口老化的不同程度，发现潜在的制度内人口发展趋势。

财务指标包括现收现付成本率、平均收支比率、总支出占 GDP 的比例、精算平衡值、基金率、资产负债比、平均养老金替代率、准备金耗尽年限等。现收现付的成本率是被评估计划总支出在总缴费工资收入中的比例，这一比率也是计划在现收现付融资方式下为满足支出必须的缴费率，这一指标在不同时间的对比，可以得出计划成本率的变动趋势。平均收支比率是未来缴费（包括未来新参保人口缴费）收入现值与评估日准备金之和在未来待遇支出现值中的比例，这一指标反映，如果按当前的缴费水平，缴费和准备金积累能够满足未来支付的能力。总支出占 GDP 的比例反映社会保险支出占国内所有产品和服务价值的比例。精算平衡值是收入率和成本率的差，表明收入满足成本支出的能力。基金率是累计结余基金在计划下年度支出中的比例，反映在没有新的缴费和投资收入时，计划积累结余能够维持支付的年数。资产负债比是计划积累基金占计划负债的比率，表明计划基金积累的程度。平均养老金替代率是平均养老金与平均缴费工资的比例，反映计划提供的待遇替代缴费工资的比例。准备金耗尽年限是按照计划规定的缴费率，在没有其他融资的情况下，能够维持收支平衡的年数。

（3）敏感性分析。在确定性模型下，输入基础数据和精算假设，得出评估结果。不同的精算假设会得出不同的评估结果。为了反映精算假设变动对评估结果的影响，需要进行精算假设变动对评估结果影响的敏感性分析。

考虑到评估成本，敏感性分析一般对评估结果影响较大的因素进行，有时也对数据不充分或者一些难以把握的因素进行。例如，评估日可能面临经济环境不稳定、未来就业难以预测的情况，这时需要对劳动力就业水平这一因素进行敏感性分析。

敏感性分析的因素通常包括生育率、死亡率、迁移率、经济增长率、就业率、价格增长、实际工资增长、实际投资回报率、退休年龄等。评估中采取居中假设，在敏感性分析中，根据对假设因素的研究，分别给出乐观假设和悲观假设，测算在乐观假设和悲观假设下的财务结果，并对比分析不同假设水平对评估结果的影响程度。

敏感性分析一般针对单个假设，即每次测试一个因素的变动，其他因素保持不变，这样的测试结果反映单个假设对结果的敏感性。考虑到不同精算假设间的相互联系，有时会同时测试一组假设变动对结果的敏感性，将评估中采用的假设设置为基础假设组，或者称为基础情景，考虑不同假设之间的相关关系，分别设置乐观假设组和悲观假设组，测试分析不同假设组下财务结果的变动。假设组的设定需要考虑不同假设之间的相互联系，比单因素敏感性分析更为复杂。

§4.3 社会保险精算报告

4.3.1 社会保险精算报告的类型

精算评估的结果需要用精算报告的方式表述、上报和披露。社会保险精算报告一般可以分为对特定政策的评估报告、定期的精算评估报告、社会保险基金运营风险评估报告等几种。特定政策的评估报告，报告特定政策产生的财务影响，帮助决策者制定政策。定期精算评估报告，评估制度的财务安全性、缴费和待遇的合理性等。社会保险基金运营风险评估报告，通过对社会保险基金运营面临的各种风险的评估，为社会保险基金风险管理提供依据。从国际经验看，定期的社会保险精算报告需要按规定的程序呈报中央政府及政府主管部门，有时也以简报或完整报告的方式向公众披露。

4.3.2 社会保险精算报告的主要内容

关于精算报告的内容和规范，国际精算师协会和国际劳工组织分别给出了有关的实务指引，不同国家依据各自的原则和经验，也有不同的具体形式。

国际劳工组织认为社会保障精算报告应该包括五个方面的基本内容：

（1）简介；（2）经济、人口和法律背景；（3）社会保障当前的基本状况，具体包括法律规定的缴费和待遇水平、实际的缴费和待遇水平、社会保障财务收支和结余状况等；（4）精算评估和预测，包括精算方法介绍、数据和精算假设、长期预测结果、精算假设对预测结果的敏感性分析、改革方案和法规条款变动评估等；（5）结论和建议。

国际精算学会的社会保障委员会也发布了若干社会保障精算实务标准和精算报告制度的范本。社会保障精算报告包括七个方面的内容：（1）概要，包括报告目的、具体评估项目描述、精算假设、精算评估的主要结果、主要结论等；（2）导言，包括评估的对象、评估项目、报告的目的、基础数据、方法和假设、评估时期等；（3）对社会保障项目的说明，包括覆盖范围、筹资、待遇等；（4）数据；（5）假设；（6）方法；（7）结论。

一般来说，社会保险精算报告应该包括对评估目的的说明，对评估时评估项目当前基本状况的说明，对上次评估结论及到本次评估发生的变动的说明，对本次评估所用的方法、数据和精算假设的说明，评估结果及敏感性分析，以及本次评估的结论及相关建议等。对于连续评估，还需要分析上次评估和本次评估的差异，以及产生差异的原因等，最后给出评估建议，并由精算责任人对报告的质量作出说明。

1. 评估目的

精算评估首先需要明确评估的目的。社会保障精算评估可能是对新建制度支付能力的评估、对现行制度偿付能力的定期评估，也可能是对现行制度实施改革的方案进行的评估等。不同评估目的下的评估时期可能不同；评估目的也决定了评估的范围，即对哪些项目或计划进行评估，或者对哪些影响因素进行分析等。

2. 现行制度的基本状况

为了使精算报告的使用者更好地理解报告所提供的信息，在报告中需要对所评估项目的基本状况进行描述和简要说明。一般需要包括对以下项目的说明：（1）现行制度的覆盖人口、缴费水平和待遇水平；（2）过去几年社会保险基金的年度收支、基金结余或缺口等；（3）过去社会保险基金的累计结余和缺口；（4）当前社会保险所处的社会经济和人口背景，包括国家宏观经济状况、财政税收状况、利率水平、人口发展趋势、社会保障政策等。

3. 精算评估方法

在一定的评估目的下，依据搜集到的数据和相关信息，进一步建立评估模型，或者对过去已有的评估模型进行必要的修订，构成精算评估的重要环节。社会保障精算评估模型是分析计划在一系列不确定因素影响下未来可能财务结果的模型，这些不确定因素包括未来的人口和劳动力、参保人口、工资、缴费、待遇领取条件、待遇、通货膨胀、投资利率、制度改革等各因素的变动。

4. 数据说明

对于评估所用的基础数据，需要对本次评估所采用的数据来源和数据质量进行说明。如果实际数据不能直接满足评估的需要，需要对这些数据进行统计处理，比如，对某些缺失数据进行技术处理等，这些都需要在精算报告中给予必要说明。

5. 精算假设

一般来说，精算假设需根据过去若干年假设指标的经验数据和对未来的判断作出。在精算评估报告中，需要对精算假设的种类和设置依据进行说明。精算报告应该说明假设的细节和假设的设置理由。如果是其他人作出的假设，应该披露来源和原因；如果假设基于判断或过去的经验，报告应该表述假设的基础；如果假设不同于当前的趋势，应该说明假设变动的趋势；如果假设数据来源于外部，应该说明选择它们的理由；如果其他因素影响假设的变动，也应该有所说明。

为了使精算报告的结构更为合理，突出精算评估的结果，在精算报告的正文只简要说明评估方法、数据和精算假设，详细的数据要用附件的方式附在报告后面。

6. 评估结果和敏感性分析

对评估结果的表述是精算报告的重点和核心，在对精算评估作了铺垫性说明的基础上，应该重点陈述本次精算评估的结果，以及这些评估结果对精算假设变动的敏感性，也就是评估结果在未来可能变动情况下的变动结果。

不同评估目的的精算报告会强调不同方面的结果，不同险种的精算报告，其结果的重点和表述方式也有所不同。精算报告的结果部分列出评估的主要结果。

一般来说，精算评估报告正文用简要的表格列出主要的评估结果，详细的测算结果以附录的方式放在精算报告的后面。

7. 结论和建议

评估报告中的结论，针对不同的评估目的，可能有不同的结论。例如，现行制度将在何时出现支付赤字、待遇调整所需的缴费增加或政府财政支持、做实个人账户所需的财政补贴、政策调整对不同人群待遇的影响、政策调整对制度财务的影响等。依据精算评估得出的结论，针对存在的问题，最后要给出具体的精算建议。

参考文献

【1】 Dan M. McGill et al. *Fundamentals of Private Pensions*, University of Pennsylvaniz Press, Phiadelphia, 1996.

【2】 Florian Léger, *Demographic and economic assumptions used in actuarial valuations of social security and pension schemes*, International Social Security Association Fifteenth International Conference of Social Security Actuaries and Statisticians, Helsinki, Finland, 23 –25 May 2007.

【3】 International Actuarial Association, *Final IAA Guidelines of Actuarial Practice for Social Security Programs.* Council of the IAA, 2003.

【4】 International Labour Office. *Internal Guidelines for the Actuarial Analysis of a National Social Security Pension Scheme*, The International Financial and Actuarial Service, Geneva, May 1998.

【5】 Pierre Plamondon et al. *Actuarial Practice in Social Security*, International labour office. 2002.

【6】 Stephen C. Goss. *Measuring Solvency in the Social Security System*, *in Prospects for Social Security Reform*, Philadelphia: University of Pennsylvania Press, 1999, pp. 16 –36.

【7】 The Board of Trustees, *the 2010 Annual Report of the Board of Trustees of the Federal Old – Age and Survivors Insurance and Disability Insurance Trust Funds.* US Government Printing Office, 2007.

【8】 王晓军：《社会保险精算管理：理论、模型与应用》，科学出版社 2011 年版。

【9】 王晓军：《社会保险精算原理与实务》，中国人民大学出版社 2009 年版。

【10】 朱青：《养老金制度的经济分析与运作分析》，中国人民大学出版社 2002 年版。

第 5 章　社会保险精算评估模型与应用

社会保险精算评估，通过建立社会保险项目未来财务收支和负债评估模型，在合理的精算假设下，测算分析社会保险项目在未来的收入、支出和缺口状况，测算分析社会保险制度在未来的偿付能力和可持续发展能力，测算分析未来各种不确定因素的变动对制度财务收支和偿付能力的影响，测算分析制度面临的风险水平，为制度的改革和发展提供依据。在我国，社会保险的精算评估需要分别针对养老、医疗、工伤、失业和生育等五个险种进行，本章讲述社会保险精算评估的模型与应用。

主要内容有：

□ 养老保险未来收支和偿付能力评估

□ 医疗保险未来收支估计

□ 工伤保险未来收支估计

□ 失业保险未来收支估计

□ 生育保险未来收支估计

§5.1　养老保险的精算评估模型与应用

养老保险精算评估的主要内容是未来收支预测和偿付能力评估。在不同的融资模式下，养老保险基金的收支平衡关系不同，使不同融资模式下对养老保险年度赤字和偿付能力的评估方法存在差异。在相同的融资模式下，不同评估目的下的评估内容和评估方法会有差异；即使是在相同的融资模式和相同的评估目的下，不同国家采用的评估方法也有差异。例如，瑞典对现收现付的养老保险制度采取精算平衡表方法，用评估时点资产负债比衡量偿付能力，其中，资产包括评估时点累积财务资产和缴费资产，负债包括对待遇领取者的负债和对缴费者的负债。当资产负债比大于 1 时，表明养老保险具有偿付能力；否则，表明制度面临偿付能力问题。在美国和日本等国家，现收现付制养老保险的偿付能力用长期精算平衡来衡量。长期精算平衡是在长期内（美国为 75 年，日本为 95 年）未来收入现值与支出现值的平衡，当未来收入现值等于未来支出现值时，认为制度在评估期内是有偿付能力的。

5.1.1　养老保险精算评估的模型框架

养老保险的精算评估需要对人口总数和结构、参保人口和结构、缴费人口和结构、养老金领取人口和结构等作出预测，需要对经济发展水平、社会平均劳动生产率、利率等作出预测，并在此基础上测算养老保险基金的收入、支出、结余、资产和负债等，分析养老基金在未来的财务状况和偿付能力状况。

养老保险的精算估计模型一般由几个相互联系的模块组成，即分性别年龄的人口模型、参保缴费人口模型、参保领取人口模型、工资模型、利率模型、精算平衡模型等。图 5－1 是养老保险精算估计的模型框架。

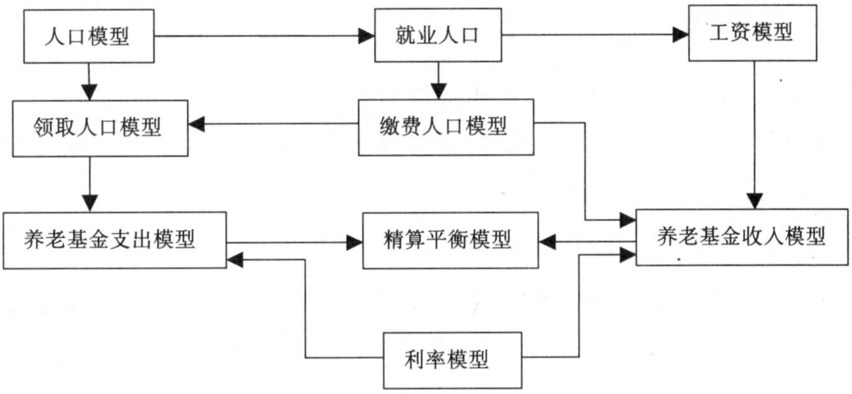

图 5－1　养老保险精算评估模型框架

5.1.2　人口和参保人口预测

1. 人口预测

对人口和参保人口的预测是养老保险收支预测的基础。影响人口变动的因素有人口的出生、死亡和迁移。在已知期初人口数和期内人口出生数、死亡数和迁移数时，可以利用人口平衡方程预测期末人口数。如果以 $P_{t,x}$ 表示 t 年初 x 岁的人口数，$D_{t,x}$ 表示 t 年内 x 岁死亡人数，$I_{t,x}$ 表示 t 年内 x 岁净迁入人数，则：

$$P_{t+1,x+1}=P_{t,x}-D_{t,x}+I_{t,x} \tag{5.1}$$

由于男女性人口在死亡和迁移模式上存在较大差异，人口预测需要分性别进行。如果预测初年分年龄男、女人数分别为 $P^{m}_{t_0,x}$、$P^{f}_{t_0,x}$，男、女分年龄死亡概率分别为 $q^{m}_{t,x}$、$q^{f}_{t,x}$，男、女分年龄净迁入人数分别为 $I^{m}_{t_0,x}$、$I^{f}_{t_0,x}$，t 年出生人数为 B_t，男性出生人数为 B^{m}_{t}，t 年男性出生比例为 $m_{t,B}=B^{m}_{t}/B_t$，t 年分年龄生育率为 $f_{t,x}$，这时，t 年出生人数等于 t 年分年龄妇女人数与分年龄生育率之积从 15 岁到 49 岁的和，即：

$$B_t = \sum_{x=15}^{49} P^f_{t,x} \cdot f_{t,x} \tag{5.2}$$

其中，男性出生人数 B^m_t 是出生人数 B_t 与男性出生比例 $m_{t,B}$ 之积：

$$B^m_t = B_t \cdot m_{t,B} \tag{5.3}$$

女性出生人数 B^f_t 是出生人数与男性出生人数之差：

$$B^f_t = B_t - B^m_t \tag{5.4}$$

分性别的 0 岁人数是分性别出生人数与婴儿存活率之积：

$$P^m_{t,0} = B^m_t \cdot p^m_{t,B}, P^f_{t,0} = B^f_t \cdot p^f_{t,B} \tag{5.5}$$

其中，$p^m_{t,B}$ 和 $p^f_{t,B}$ 分别是男婴和女婴存活率。

由于 0 岁人口死亡分布不均匀，通常 0 岁生存人数 L_0 用下式计算：

$$L_0 = \alpha l_0 + (1-\alpha) l_1 \tag{5.6}$$

其中，l_x 表示生命表 x 岁存活人数。

基于经验数据，一般情况下，α 取值为 0.276，即 $L_0 = 0.276 l_0 + 0.724 l_1$

这样，

$$p^m_{t,B} = 1 - 0.724 \cdot q^m_{t,0}$$

$$p^f_{t,B} = 1 - 0.724 \cdot q^f_{t,0}$$

在 0 岁以上的其他年龄上，男女人数分别为：

$$P^m_{t+1,x+1} = P^m_{t,x} \cdot (1 - q^m_{t,x}) + I^m_{t,x} \quad x > 0 \tag{5.7}$$

$$P^f_{t+1,x+1} = P^f_{t,x} \cdot (1 - q^f_{t,x}) + I^f_{t,x} \quad x > 0 \tag{5.8}$$

根据调查数据可以得到预测初年分性别年龄人口数和分年龄生育率、死亡率和净迁入率，在终止年分年龄生育率、死亡率、净迁入率的假设下，通常用线性插值法得到其他预测年份的相应假设。

在人口预测中，预测年的人口死亡率水平通常用 0 岁预期寿命表示，人口生育率水平通常用总和生育率表示。在已知预测期初人口寿命 $e(0)$，预测期末精算假设的人口寿命 $e(n)$ 下，可以根据人口寿命的变动规律，依据一定的递推公式计算出预测期内各年的人口寿命 $e(t)$，由于

$$e(t) = \int_0^{\infty} {}_s p_{t,x} ds \approx \sum_{k=0}^{\infty} {}_{k+1}p_{t,x} \tag{5.9}$$

其中，${}_sp_{t,x}$为 t 年 x 岁存活 s 时的概率，$s \geqslant 0$；${}_{k+1}p_{t,x}$为 t 年 x 岁存活 $k+1$ 年的概率，$k=0,1,2,\cdots$，根据人口的分年龄死亡模式，可以估计出 t 年的存活概率。

分年龄死亡率通常有以下几种估计方法：①假设分年龄死亡模式不变，在一定的预期寿命下估计分年龄死亡率，这种方法一般在短期预测、预测地区的死亡率水平已很低或者对预测的准确度要求不高时使用；②选择适合预测地区的模型生命表，在预测的预期寿命水平下直接或根据相邻水平插值得出分年龄死亡率；③根据布拉斯罗吉特生命表，预测未来年份的分年龄存活概率。

对于生育率，设 t 年妇女总和生育率为 TFR_t，它是育龄妇女分年龄生育率之和：

$$TFR_t = \sum_{x=15}^{49} f_{t,x} \tag{5.10}$$

根据一定的生育模式可以估计出分年龄生育率。最简单的分年龄生育率估计，可以用标准化生育模式乘以预测年份总和生育率得出。

设标准化生育模式为 $h_{t,x}$，则：

$$h_{t,x} = \frac{f_{t,x}}{TFR_t} \tag{5.11}$$

显然，

$$\sum_x h_{t,x} = \frac{\sum_x f_{t,x}}{TFR_t} = \frac{TFR_t}{TFR_t} = 1$$

$$f_{t,x} = TFR_t \cdot h_{t,x} \tag{5.12}$$

可见，$h_{t,x}$实际上是分摊总和生育率形成分年龄生育率的分摊系数。当 $h_{t,x}$不随时间变化时，可以用未来总和生育率和稳定的生育模式预测未来的分年龄生育率。考虑生育模式的变化，可以采用布拉斯的冈泊茨相关生育模型估计出分年龄生育率。

2. 参保人口预测

养老保险制度内人数取决于劳动适龄人口的劳动参与率、失业率、养老保险覆盖率和养老保险费遵缴率等。由 t 年分性别年龄劳动人口数与 t 年分性别年龄劳动参与率、失业率，可以计算出 t 年分性别年龄从业人数。由分性别年龄从业人数、分性别年龄制度实际覆盖率和养老保险费遵缴率可以计算出分性别年龄实际缴费的参保人数：

$$(EP)_{t,x} = P_{t,x}(RLEP)_{t,x}(1-(RUE)_{t,x}) \tag{5.13}$$

$$(CL)_{t,x} = (EP)_{t,x}(RC)_{t,x}(RP)_{t,x} \tag{5.14}$$

其中，$(EP)_{t,x}$表示第 t 年 x 岁的从业人口数；$(RLEP)_{t,x}$表示第 t 年 x 岁人口的劳动参与率；$(RUE)_{t,x}$表示第 t 年 x 岁人口的失业率；$(CL)_{t,x}$表示第 t 年 x 岁参加养老保险的实际缴费职工人数；$(RC)_{t,x}$表示第 t 年 x 岁人口的养老金制度覆盖率；$(RP)_{t,x}$表示第 t 年 x 岁人口的养老保险费遵缴率。

制度内退休人数的预测采用年龄移算法。由退休前一年参保人数与分性别年龄参保人口死亡率计算出当年分性别年龄新退休人数。由上年分性别年龄退休人数与上年分性别年龄参保人口的死亡率计算出当年分性别年龄退休人数。其计算公式如下：

$$(RP)_{t+1,r} = (CL)_{t,r-1}(1 - q'_{t,r-1}) \tag{5.15}$$

$$(RP)_{t+1,x+1} = (RP)_{t,x}(1 - q'_{t,x}) \qquad x \geqslant r \tag{5.16}$$

其中，$(RP)_{t,x}$表示第 t 年 x 岁的退休人数；r 为退休年龄；$q'_{t,x}$表示第 t 年内制度覆盖人口在 x 岁的死亡概率；$(CL)_{t,r-1}$表示第 t 年（$r-1$）岁的在职职工人数。

5.1.3 工资和利率预测

1. 平均工资与工资总额预测

依据工资增长的一般规律，在假设的实际工资增长率和价格指数增长率下，可以估计出预测期平均工资水平和工资总额水平。以 AW_t 表示 t 年人均货币工资，$IRAW_t$ 表示 t 年人均实际工资增长率，CPI_t 表示价格指数增长率，TW_t 表示 t 年工资总额，TCl_t 表示 t 年在职总人数，有

$$AW_t = AW_{t-1}(1 + IRAW_t)(1 + CPI_t) \tag{5.17}$$

$$TW_t = TCL_t \times AW_t \tag{5.18}$$

2. 利率预测

利率水平根据价格指数和资金平均回报率预测，名义利率剔除通货膨胀因素的影响，成为实际利率，以 NIR_t 表示 t 年名义利率，RIR_t 表示 t 年实际利率，有

$$1 + RIR_t = \frac{1 + NIR_t}{1 + CPI_t} \tag{5.19}$$

$$\begin{aligned} 1 + NIR_t &= (1 + RIR_t)(1 + CPI_t) \\ &= 1 + RIR_t + CPI_t + RIR_t \times CPI_t \end{aligned} \tag{5.20}$$

由于实际利率与价格指数增长率都比较小，上式可以近似为 $1 + NIR_t \approx 1 + RIR_t + CPI_t$，即有

$$NIR_t \approx RIR_t + CPI_t \tag{5.21}$$

5.1.4 现收现付制下的债务评估

如果假设养老保险制度保持现收现付的融资模式不变，随着制度内人口老化，制度必然积累越来越多的债务。养老保险在现收现付制下积累的债务是制度承诺的未来养老金给付的现值，对测算时点已退休和尚未退休的人员，要分别计算“老人”债务和“中人”债务。

1. “老人”债务

“老人”债务是测算时点制度对已退休人员承诺的未来养老金的精算现值。“老人”债务计算公式为：

$$(AL)_t^r = \sum_{x=r}^{\omega-1} L_{t,x}^r \cdot B_{t,x} \cdot \ddot{a}_{t,x} \tag{5.22}$$

其中，$(AL)_t^r$ 表示 t 年的“老人”总债务，ω 为人口年龄上限，$L_{t,x}^r$ 为 t 年 x 岁“老人”人数，$B_{t,x}$ 为 t 年 x 岁“老人”平均养老金水平，$\ddot{a}_{t,x}$ 为 t 年从 x 岁起每年初 1 元的生存年金现值。

第 t 年 x 岁人口的 1 元生存年金系数的理论计算公式为，

$$\ddot{a}_{t,x} = 1 + v_t \cdot p_{t,x} + v_t \cdot v_{t+1} \cdot p_{t,x} \cdot p_{t+1,x+1} + \cdots \tag{5.23}$$

实际中，一般忽略不同年份死亡概率和利率调整的问题，即设 $p_{t,x+1} = p_{t+1,x+1}$，$v_t = v_{t+1}$。这种假设实际上高估了死亡概率，低估了存活概率，从而低估了年金系数，但这种低估较小，一般可以忽略。这时，

$$\ddot{a}_{t,x} = 1 + v_t \cdot p_{t,x} + v_t^2 \cdot p_{t,x} \cdot p_{t,x+1} + \cdots \tag{5.24}$$

设 t_0 为测算起点，通常调查资料可以给出 t_0 年分性别年龄的退休给付 $B_{t_0,x}$。设第 i 年养老金以社会平均工资增长率 j_i 的 k_i 比例、消费价格增长指数 c_i 的 h_i 比例调整，此时，不同年份不同年龄退休的退休给付为：

$$B_{t,x} = B_{t_0,x-(t-t_0)} \prod_{i=t_0+1}^{t} (1 + j_i k_i + c_i h_i) \tag{5.25}$$

如果 t_0 年后新退休职工的退休给付规定为退休前一年社会平均工资一定水平的收入替代率。设第 t 年替代率为 g_t，第 $(t-1)$ 年社会平均工资为 $\bar{s}_{t-1}$，则第 t 年新退休者的退休给付为：

$$B_{t,r} = g_t \cdot \bar{s}_{t-1} \tag{5.26}$$

通常我们可以得到测算初年 t_0 年的社会平均工资 $\bar{s}_{t_0}$ 和平均缴费工资 $\bar{s}_{t_0}^a$，在未来一定的社会平均工资增长率和缴费工资增长率假设下，可以估计出

不同年份的社会平均工资和不同年份的参保者平均工资，假设第 i 年的社会平均工资增长率为 j_i，并且缴费工资增长率等于社会平均工资增长率。此时，

$$\bar{s}_t = \bar{s}_{t_0} \cdot \prod_{i=t_0+1}^{t} (1 + j_i) \tag{5.27}$$

$$\bar{s}_t^a = \bar{s}_{t_0}^a \cdot \prod_{i=t_0+1}^{t} (1 + j_i) \tag{5.28}$$

2. “中人”债务

“中人”债务指制度对已经积累了一定养老金权利但尚未退休人员积累的债务。“中人”债务计算公式如下：

$$(AL)_t^a = \sum_{x=e}^{r-1} L_{t,x}^a \cdot B_{t,x}^a \cdot {}_{r-x}p_{t,x} \cdot v^{r-x} \ddot{a}_{t,r} \tag{5.29}$$

其中，$(AL)_t^a$ 表示第 t 年“中人”总债务，e 为加入计划年龄，r 为退休年龄，$L_{t,x}^a$ 为 t 年 x 岁“中人”人数，$B_{t,x}^a$ 为第 t 年 x 岁“中人”已积累的养老金权利，${}_{r-x}p_{t,x}$ 为第 t 年 x 岁的人存活到退休年龄 r 的概率，v 为贴现因子，$\ddot{a}_{t,r}$ 为第 t 年从 r 岁起每年初支付 1 元的生存年金现值。

在明确给付标准的养老保险下，通常对每工作一年得到的养老金权利作出明确的规定，退休待遇与工作年数和工资有关。如果养老保险承诺在一定工龄下退休可以得到相应的养老金替代率，但没有规定每工作一年得到的养老金权益增加多少，这时，需要对“中人”过去工作期间积累的养老金水平作出估计。比较简单的一种估计方法是用“中人”已经工作年数和预计到正常退休时的工作年数比例分摊退休给付，假设在养老金制度下每年获得的养老金权利相等，那么，对于一个 e 岁加入养老保险，r 岁退休的参保者，他（她）在 t 年 x 岁时已积累的养老金权利 $B_{t,x}^a$ 为：

$$B_{t,x}^a = \frac{x-e}{r-e} B_{(t+r-x),r} \quad e \leqslant x < r \tag{5.30}$$

其中，$B_{(t+r-x),r}$ 是第 t 年 x 岁职工退休时的退休给付。

如果考虑“中人”退休后的养老金随社会平均工资增长率和消费价格指数而调整。这时在计算生存年金系数时应考虑养老金调整因素。此时，式（5.29）中的年金系数成为，

$$\begin{aligned} \ddot{a}'_{t,r} = {} & 1 + v_t \cdot (1 + j_t \cdot k_t + c_t \cdot h_t) p_{t,r} + v_t^2 \\ & \cdot (1 + j_t \cdot k_t + c_t \cdot h_t)^2 p_{t,r} p_{t,r+1} + \cdots \end{aligned} \tag{5.31}$$

5.1.5　现收现付制下的未来收支预测

年度收支的估计是对养老保险年度收入、支出、结余的估计。养老保险在年度内的收入额由参保人数、平均缴费工资、缴费率、遵缴率等决定。其中，缴费工资是制度规定的单位工资总额或个人工资中计入缴费的部分。例如，我国养老保险制度规定，缴费工资基础在当地上年平均工资的60% ~300%的范围内，这样，工资水平低于当地上年平均工资60%的单位和个人，要按60%的平均工资缴费，工资水平超过当地上年平均工资3倍的单位和个人，按3倍平均工资缴费，即超出当地上年平均工资3倍以上的工资部分不缴费。

养老保险的年支出包括计划的给付支出和费用支出，由计划规定的给付种类和给付水平、受益人数和费用水平决定。在对未来养老保险参加人数、工资和利率预测的基础上，根据养老保险的给付和缴费水平，可以估计每年的收入水平和支出水平。

设 t 年缴费收入为 $(AI)_t$，t 年参保人数为 L_t，t 年平均缴费工资为$\bar{s}_t^a$，t 年缴费率为 c_t，t 年遵缴率为 d_t，有

$$(AI)_t = L_t \cdot \bar{s}_t^a \cdot c_t \cdot d_t \tag{5.32}$$

在不同的制度下，养老保险的支出范围、种类和水平存在差异。我国现行的养老保险采取社会统筹与个人账户相结合的模式，其中社会统筹基金采取现收现付制，个人账户采取名义账户制，并逐步过渡到完全基金的个人账户制。按照《社会保险法》和国发［2005］38号文的规定，统筹基金的支出包括“老人”养老金、“中人”过渡性养老金、“中人”和“新人”的基础养老金、死亡抚恤金和丧葬补助金、病残津贴等。

1. “老人”养老金支出

“老人”是指在改革时点已退休的人口，改革时点一般以开始实施全国统一的养老保险制度开始，一般以国发［1997］26号文的执行时点为准。在改革时点已退休的“老人”处于封闭人口状态，没有不断的新加入人口，只因死亡而不断减少。“老人”养老金支出是分年龄“老人”人数与分年龄“老人”养老金之积：

$$(AOC)_t = \sum_{x=r+t-t_0}^{w} L_{t,x}^r \cdot B_{t,x} \tag{5.33}$$

其中，t_0 为改革年，t 为测算年，$(AOC)_t$ 为 t 年“老人”养老金总给付额，$L_{t,x}^r$为 t 年 x 岁“老人”人数，$B_{t,x}$为 t 年 x 岁“老人”人均退休给付。

2. “中人”过渡性养老金支出

“中人”过渡性养老金总支出是分年龄“中人”过渡性养老金支出之

和：

$$(AMC)_t^l = \sum_{x=r}^{r+t-t_0-1} L_{t,x}^m \cdot B_{t,x}^m \tag{5.34}$$

其中，$(AMC)_t^l$ 为 t 年“中人”过渡性养老金总给付额，$L_{t,x}^m$ 为 t 年 x 岁“中人”人数，$B_{t,x}^m$ 为 t 年 x 岁“中人”过渡性养老金。在测算中，“中人”过渡性养老金采取指数化方法。

过渡性养老金采取指数化计发方法，即以缴费平均工资指数调整以工作年数和社会平均工资衡量的给付水平。具体来说，过渡性养老金是“中人”退休时上年当地社会平均工资、缴费工资平均指数、计发系数和“中人”临界点之前本人缴费年数的乘积。其中，缴费工资平均指数通常从改革年至退休前各年缴费工资与社会平均工资的比值之和除以自改革年起缴费和视同缴费年数。“中人”临界点前的缴费年限指自参加工作开始的缴费和视同缴费年限总和。计发系数一般在 1.0% ~1.4% 之间。

假设改革年为 t_0，该年“中人”的年龄为 x 岁，退休年龄为 r，加入旧制度的年龄为 e，“中人”在（t_0+r-x）年上达到退休年龄，在$(t_0-(x-e))$年上加入旧制度，过渡性养老金公式中的计发系数为 μ，t 年 x 岁的工资为 $s_{t,x}$，t 年社会平均工资为$\bar{s}_t$，t 年 z 岁的缴费工资指数为$\frac{s_{t,z}}{\bar{s}_t}$，缴费工资平均指数 k_x 为：

$$k_x = \left(\frac{s_{t_0,x}}{\bar{s}_{t_0}} + \frac{s_{t_0+1,x+1}}{\bar{s}_{t_0+1}} + \cdots + \frac{s_{t_0+r-1-x,r-1}}{\bar{s}_{t_0+r-1-x}}\right) \Big/ (r-x) \tag{5.35}$$

改革年 x 岁职工的过渡性养老金为：

$$B_{t_0+r-x,r}^m = \bar{s}_{t_0+r-x-1} \cdot k_x \cdot \mu \cdot (x-e) \tag{5.36}$$

3. “中人”和“新人”基础养老金支出

按照国发［2005］38 号文的规定，参加养老保险缴费和视同缴费累计满 15 年的人员，退休后基础养老金的月标准是以当地上年度在岗职工月平均工资和本人指数化月平均缴费工资的平均值为基数，缴费每满 1 年发给 1%，上不封顶；缴费不满 15 年的，个人账户养老金一次性发给个人，没有基础养老金。设 t 年社会平均工资为$\bar{s}_t$，t 年 x 岁参保个人的工资为 $s_{t,x}$，缴费年数为 n，则基础养老金为：

$$\begin{cases} 1\% \cdot n \cdot \bar{s}_{t+n-1} \cdot \left(1 + \sum_{\alpha=0}^{n-1} \frac{s_{t+\alpha,x+\alpha}}{\bar{s}_{t+\alpha}} / n\right) / 2, & n \geq 15 \\ 0, & n < 15 \end{cases} \tag{5.37}$$

5.1.6　现收现付制下的偿付能力评估

在现收现付制下，养老保险基金的年度偿付能力通常用基金率和年度平衡值衡量，长期偿付能力通常用长期精算平衡值和资产负债比衡量。

1. 基金率

基金率是评估时点累积结余基金与下年支出的比例，用于衡量年度支出可以由年初基金满足的程度，或者说年初基金可以满足下年支出的倍数。基金率的计算公式为：

$$\text{基金率}=\frac{\text{年初积累资产}}{\text{下年度支出}} \tag{5.38}$$

基金率是一个相对数，消除了价格、经济增长和养老保险制度参数变动等对名义累积资产的影响，可以用于不同时期的对比分析。基金率越高，年初基金的支付能力越强。在一定时期内，基金率稳定在 1 以上，表明养老保险积累的基金在时期内具有稳定的偿付能力；如果随着时间的延续，基金率不断下降，表明养老保险支出正在不断地消耗掉以往积累的基金，当基金率下降到 1 以下时，表明制度积累的基金不足 1 年支付，面临偿付危机。

2. 年度精算平衡值

年度精算平衡值是年度收入率与年度支出率之差。年度收入率和支出率是当年收入和支出与当年缴费工资的比例：

$$\text{年收入率}=\frac{\text{年收入}}{\text{年缴费工资总额}}\times 100\% \tag{5.39}$$

$$\text{年支出率}=\frac{\text{年支出}}{\text{年缴费工资总额}}\times 100\% \tag{5.40}$$

$$\text{年度平衡值}=\text{年收入率}-\text{年支出率} \tag{5.41}$$

年度平衡值表明年收入超过年支出的数额占当年缴费工资的比例，当年度平衡值为正数 $k\%$ ($k>0$) 时，表明收入率大于支出率，当年收入除用于支出外能够形成一定的积累，当年积累的规模为缴费工资的 $k\%$；反之，如果年度平衡值为 $-k\%$ ($k>0$)时，表明收入不足当年支出开支，需要动用过去积累的储备基金，支出不足部分是当年缴费工资的 $k\%$。在年度平衡值为负值时，如果过去有一定的基金积累，可以补足当年开支，但当积累的基金仍不能补足当年开支，养老保险当年的财务将入不敷出；年度平衡值为零时，表明养老保险的收入率与支出率在当年保持平衡，没有盈余和赤字。如果加入期初基金，年度收入率为期初基金加上年度收入与年缴费工资额的比例，支出率是年度支出与年缴费工资额的比例，在收入率中加入期初基金后，当年收入率小于年支出率时，养老保险在当年就面临支付赤字。

年收入率、年支出率及年度平衡在不同时期的对比分析，可以说明养老保险收支水平在不同时间的变动，如果年度平衡值在一定时期保持稳定增长的趋势，表明养老保险积累的基金不断增加，制度的偿付能力不断增强，基金率不断提高。如果年度平衡值在一定时期内保持稳定的下降趋势，表明偿付能力正在减弱，当年度平衡值降低到负值时，开始出现支付赤字，这时需要采取一定措施增加收入或降低支出以减少赤字，当过去积累的基金不能补足支付赤字时，养老保险将难以维持。

3. 长期精算平衡值

长期精算平衡值是长期内综合收入率和综合支出率的差额。综合收入率是时期初基金结余加时期内每年总收入（不包括利息收入）的现值与时期内缴费工资现值的比例，综合支出率是时期内每年支出现值加时期末目标基金额现值与时期内缴费工资现值的比例，时期末目标基金额通常规定为预计的下一年支出额，它可以看做是对未来不可预见风险的准备金，综合支出率包括了在预测期末满足下一年目标基金率的资产。

以 $(SIR)_n$ 表示 n 年期内的综合收入率，$(SCR)_n$ 表示 n 年期内的综合支出率，第 i 年的年收入为 $(AI)_i$，年支出为 $(AC)_i$，年缴费工资总额为 $S_i(i=1,2,3,\cdots,n)$，n 为长期精算估计的年数，在年利率 i 下的 t 年复利 1 元折现系数为 v^t，n 年内每年收入在 n 年初的现值为 $(PVAI)_n$，n 年内每年支出在 n 年初的现值为 $(PVAC)_n$，年工资现值为 $(PVS)_n$，预测期初基金额为 F_0，预测期末目标基金额为 F_n，则

$$(SIR)_n = \frac{F_0 + (PVAI)_n}{(PVS)_n} \tag{5.42}$$

$$(PVAI)_n = (AI)_1 + (AI)_2 \cdot v + (AI)_3 \cdot v^2 + \cdots + (AI)_n \cdot v^{n-1} \tag{5.43}$$

$$(PVS)_n = S_1 + S_2 \cdot v + S_3 \cdot v^2 + \cdots\cdots + S_n \cdot v^{n-1} \tag{5.44}$$

$$(SCR)_n = \frac{(PVAC)_n + F_n v^n}{(PVS)_n} \tag{5.45}$$

$$(PVAC)_n = (AC)_1 + (AC)_2 \cdot v + (AC)_3 \cdot v^2 + \cdots + (AC)_n \cdot v^{n-1} \tag{5.46}$$

长期内的综合收入率与综合支出率之差是长期综合精算平衡值，用于反映养老保险在长期内的精算平衡状况。以 $(SB)_n$ 表示 n 年内的长期综合

精算平衡值，则

$$(SB)_n=(SIR)_n-(SCR)_n \tag{5.47}$$

当长期综合精算平衡值为零时，表明养老保险制度处于完全精算平衡状态，这时，期初资产与未来收入的现值正好等于未来支出现值和预测期末满足下一年支出的基金现值；当精算平衡值为正值时，表明积累的基金除用于预测期内的支出外，在预测期末形成了超过目标支出的基金结余；当精算平衡值为负值时，表明未来预计收入和期初基金不足以形成期末用于下一年支出的基金，甚至不能满足预测期内的支出，因此，也称为“精算赤字额”。

当精算平衡出现赤字时，如果在预测期内每年增加等于赤字额的收入率，可以使养老保险制度在未来保持精算平衡；相反，如果相应地减少等于支出额的赤字额，也可以使制度在未来保持精算平衡。

长期精算平衡估计有时为了测算一定时期的收入是否足以应付支出，可以在收入率中不包括期初基金、支出率中不包括期末目标支出，此时，

$$(SIR)_n=\frac{(PVAI)_n}{(PVS)_n} \tag{5.48}$$

$$(SIC)_n=\frac{(PVAC)_n}{(PVS)_n} \tag{5.49}$$

长期精算平衡估计通常每年进行一次，每年根据制度的调整和养老保险人口和经济发展的最新数据调整未来支出率和收入率的预测数据，使每年的精算平衡估计建立在最新的统计信息和预测的基础上。

§5.2　医疗保险的收支估计

医疗保险的筹资大多通过税收或缴费方式。医疗保险基金的收入一般包括医疗保险费（或税）的征缴收入、累计基金的利息收入以及其他收入等；支出一般包括医疗补偿费、风险准备金和管理费等。在不同的医疗保险制度下，医疗费用的分担模式、支付项目和支付水平等可能存在差异，从而收支项目的估计和计算方法存在差异。

5.2.1　医疗费用的分担

为了控制费用水平，在费用分担上，通常由保险方和被保险方各自承担一定数额或一定比例的医疗费用，这种方式是保险上的**共保**。共保的目的在于强化被保险人的费用意识，防止对医疗卫生资源的过度利用，减少社会医疗保险基金的支出。实践中，共保有以下几种方式：

1. 最低限额方式

该方式规定由保险机构对被保险人支付的最低费用额，也就是医疗费用的最低起付线，实际医疗费用低于最低费用额的部分由被保险人自付，超过的部分由医疗保险机构支付。起付线分为三种类型：**第一种是年度费用起付线**，即在一个年度内累计医疗费用在一定额度内由参保人自付，年度累计费用超过规定的额度后由医疗保险机构支付。**第二种是单次就诊费用起付线**，参保人每次就诊均需自付一定额度的费用，每次就诊费用超过此额度的部分由医疗保险经办机构支付。**第三种是单项目费用起付线**，即对某些特殊的诊疗项目，参保人每使用一次，所发生的医疗费用均自付一定部分，其余部分由医疗保险经办机构支付。起付线的高低直接影响医疗服务的利用效率和被保险人的就医行为。过低的起付线标准，可能导致过度医疗，不利于医疗费用的控制；过高的起付线标准，可能使人们得不到应有的医疗保障。合理的起付线标准应该依据人们的支付能力和医疗保障水平设置。

2. 最高限额方式

规定由保险方支付的医疗费用的最高值，也就是医疗费用的封顶线，超过此值的部分由被保险人自付。封顶线的确定需要综合考虑被保险人的收入水平、医疗保险基金的风险分担能力、医疗救助情况等，一般需要建立各种形式的补充医疗保险对超出封顶线以上的疾病费用给予保障。

3. 比例分担方式

规定被保险人自付医疗费用的比例，对于发生的医疗费用，保险方与被保险方按各自承担的比例分担医疗费用。考虑到不同年龄的疾病风险和医疗费用的分布，以及人们的支付能力，可以对不同年龄段规定不同的分担比例，对不同等级的医疗费用规定不同的分担比例。医疗费用的分担比例需要综合考虑各方的支付能力。过低的比例可能减少对被保险人的制约；过高则会超出被保险人的承受能力、抑制正常的医疗需求。在实践中，上述三种费用分担方式往往结合起来使用。例如，在最低限额基础上按一定比例分摊，或者在最高限额下按一定比例分摊。我国现行的城镇职工基本医疗保险制度规定了最低限额、最高限额以及在最高和最低之间的比例分担。这种方法有效地减少了医疗保险费用的支出成本，但也会使医疗保险的保障范围和保障程度降低。

5.2.2 医疗费用的支付方式

医疗费用支付有不同的方式，一种是按规定的方式和数额，由保险方直接向医疗机构支付；一种是由被保险人支付后再按规定的比例和额度向保险方报销；还有一种是保险方与医疗服务供应方为同一机构，采取一体化的方式，一方面直接收取保险费，另一方面负责提供医疗服务。美国的健康维持组织就采取了这种一体化的方式。在实践中，采用由保险方直接向医疗机构支付方式的，其医疗费用的测算有下面几种方法：

（1）按服务项目支付费用。即按医疗服务机构所提供的医疗服务的数量和质量由保险方向医疗机构支付医疗费。这种方式易于被理解和接受，有助于调动医疗服务机构的积极性；但也可能导致医疗服务的不必要供应，造成医疗成本上升的后果。

（2）住院日和病人数定额支付。这种方法简单易行，只需事先测算出平均所需支付的医疗费用或门诊费用的值，然后再乘以住院日数或门诊病人数就可计算所需支付的医疗费用总额。这种支付方式忽略了病情的差异性，可能导致重病患者不能充分就医的问题。

（3）按病种支付，又称为“按诊断分类的定额预付”。这种方法需要对疾病进行分类，然后测算每种疾病的平均医疗费用。

（4）总额预算方式。即由政府或其他委托的保险机构与医疗机构确定年内的医疗费用预算总额，政府或其他委托的保险机构按预算标准直接支付，医疗机构有义务为保险范围内的所有被保险人提供医疗服务，实际的医疗费用可能大于或者小于预算的费用。我国现行的行政事业单位医疗费用预算差额制基本上属于这种方式。在这种方式下，无论医疗机构提供服务多少，保险方需要支付的费用基本上保持恒定不变，这显然可以防止医疗费用的增长，提高医疗卫生资源的利用效率。但依据医疗成本测算预算总额有一定的难度。

总额预算方式有以下三种测算方法：

第一种方法，按参保人数进行预测。这种方法的年度总费用取决于年度内被保险的人数、人均费用以及保险方承担的比例等因素，操作比较简单，一般用于被保险人中就诊人数相对固定的情况。

$$\text{预测年总费用} = \text{预测期被保险人数} \times \text{人均费用} \times \text{保险方承担比例}$$

在共保的方式下，保险方承担费用的比例低于100%。

第二种方法，按提供的医疗服务量进行预测。通过测算医疗保险的住院率和就诊率，测算总预算额。

$$\begin{matrix}\text{预测年内}\\\text{住院总费用}\end{matrix} = \begin{matrix}\text{年内预测总}\\\text{住院次数}\end{matrix} \times \begin{matrix}\text{平均每次}\\\text{住院费用}\end{matrix} \times \begin{matrix}\text{保险方}\\\text{承担比例}\end{matrix}$$

其中，平均每次住院费用根据历史数据估计，年内预测总住院次数由被保险人数与住院率相乘得到。

用同样的方法可以测算出年门诊总费用。年度医疗总费用等于住院总费用与门诊总费用之和。

第三种方法，总量测算法。这种方法根据总预算额或医疗费用的时间序列趋势外推测算预算总额。

$$\frac{预测年内}{预算总额}=\frac{上年实际}{总\ 费\ 用}\times(1+费用增长率)\times保险方承担比例$$

5.2.3 医疗保险基金的支出估计

医疗保险基金支出一般包括医疗补偿费、管理费和风险准备金三部分。其中，医药补偿费相当于商业医疗保险中的纯保费概念，它是医疗保险基金支出中最基本和最主要的部分，是指用于补偿在医疗保险补偿范围内发生的医疗服务的直接费用。医疗补偿费取决于参加保险的人数及该时间人均医药补偿费。管理费是指保险机构开展保险业务活动所发生的各种费用，可以分为固定费用和可变费用两种，固定费用与保险业务量没有直接关系，可变费用与保险业务量直接相关，一般表现为医疗补偿费的某个比例。我国城镇职工基本医疗保险的管理费按规定由财政预算解决，不从医疗保险基金中支出。风险准备金是为应付诸如暴发性疾病流行等超常风险引起的医疗费增加而提存的准备金。它通常按医药补偿费的一定比例提取。

设 $(TE)_t$ 为第 t 年医疗保险基金总支出，$(BE)_t$ 为第 t 年医疗补偿费支出，$(AE)_t$ 为管理费支出，$(RE)_t$ 为第 t 年的风险准备金，有

$$(TE)_t=(BE)_t+(AE)_t+(RE)_t \tag{5.50}$$

如果将 t 年管理费分为固定费用和可变费用两部分，设 F_t 为固定费用，V_t 为可变费用，并且，可变费用是医疗补偿费的 r 比例，即 $V_t=r\cdot(BE)_t$。另外，t 年的风险准备金是医疗补偿费的 k 比例，有

$$\begin{aligned}(TE)_t&=(BE)_t+F_t+V_t+(RE)_t\\&=(1+r+k)(BE)_t+F_t\end{aligned} \tag{5.51}$$

这样，已知固定费用，只要估计出未来的医疗补偿费，并依据经验数据设定风险准备金和可变费用在医疗补偿费中的比例，就可以预测未来的医疗保险基金支出额。

对于医疗补偿费开支，最简单的计算方法是用 t 年人均医疗补偿费乘以参保总人数。设 $\overline{BE}_t$ 为人均医疗补偿费，L_t 为医疗保险参保总人数，有

$$(BE)_t=\overline{BE}_t\times L_t \tag{5.52}$$

如果已知 t 年人均就诊次数 H_t 和平均每次就诊的医疗补偿费 Q_t，可以计算出 t 年的人均医疗补偿费：

$$\overline{BE}_t=H_t\times Q_t$$

从而有

$$(BE)_t = H_t \times Q_t \times L_t \tag{5.53}$$

$$(TE)_t = (1 + r + k) \times H_t \times Q_t \times L_t + F_t \tag{5.54}$$

值得注意的是，不同参保人在一年的就诊次数和每次医疗费用存在较大差异，实际上构成了就诊次数和每次医疗费用两个概率分布，在测算中，需要先依据经验数据研究就诊次数和每次医疗费用分布的类型和特征，以及它们随时间的变化趋势，才能作出对医疗补偿费支出以及医疗保险基金支出的科学预测。

5.2.4　医疗保险基金的收入估计

医疗保险基金的收入一般包括缴费收入、利息收入、财政补贴和其他收入等。其中，缴费收入由参保人单位和个人缴纳，参保单位和个人按照医疗保险制度规定的缴费工资基数和缴费率缴费。与养老保险类似，我国大部分地区的医疗保险制度规定，缴费工资基数在当地上年平均工资的60%～300%的范围内。利息收入是医疗保险累计结余基金获得的利息收入，决定于结余基金投资的渠道和投资回报率。其他收入包括滞纳金和财务部门核准的其他收入等。

设 $(TI)_t$ 为第 t 年医疗保险基金总收入，$(CI)_t$ 为第 t 年缴费收入，I_t 为 t 年利息收入，$(GI)_t$ 为 t 年财政补贴，$(OI)_t$ 为其他收入。有

$$(TI)_t = (CI)_t + I_t + (GI)_t + (OI)_t$$

设 L_t 为 t 年参保人数，$\bar{s}_t^a$ 为 t 年平均缴费工资，c_t 为 t 年缴费率，有

$$(CI)_t = L_t \times \bar{s}_t^a \times c_t$$

我国当前的城镇职工医疗保险，采取社会统筹与个人账户相结合的模式，对医疗保险基金的收支估计，可以分别测算社会统筹基金和个人账户基金的收支。

§5.3　工伤保险的收支估计

工伤保险一般属于雇主强制责任保险。从国际经验看，有些国家的工伤保险是社会保险的一部分，由政府管理和提供最终担保；有些国家的工伤保险作为员工福利计划中的一种，采取企业保险的方式，雇主建立基金，采取自我管理或者委托管理的方式；有些国家采取商业保险的模式，由保险公司运营管理；还有些国家采取社会保险和企业保险共保的方式，或者社会保险和商业保险共保的方式。我国的工伤保险属于强制的社会保险。

5.3.1 工伤保险的费率分类

工伤保险的风险程度在不同行业以及同一行业不同安全状况下会表现出较大的差异。例如，采矿工人的工伤风险较大，其职业病的发病率也较高，相比之下，在办公楼工作的白领的工伤风险较低；另外，即使同样是采矿工人，采取严格安全预防措施的采矿工作场所比措施不利的场所更安全。因此，在确定工伤保险费率时，一般先对工伤风险进行分级，再对不同级别的风险分别确定费率水平。在实践中，工伤保险费率的制定和执行通常有统一费率、差别费率和经验费率等三种。

1. 统一费率

统一费率是根据工伤保险法定覆盖范围内预计的工伤给付支出占缴费工资的比例确定一个全国统一的费率的方法。这种统一费率使工伤风险在全社会范围内分散，不考虑不同企业和行业工伤风险的差异性，计算公式如下：

$$t\text{年统一费率}=\frac{\text{预计的}\ t\ \text{年工伤保险总支出}}{\text{预计的}\ t\ \text{年缴费工资总额}} \tag{5.55}$$

统一费率的测算时期一般为1年，如果测算时期超过1年，应该用以下现值公式计算：

$$\text{均衡费率}=\frac{\text{测算期各年度预计的工伤保险支出现值}}{\text{测算期各年度缴费工资总额现值}}$$

统一费率的优点是计算方法简单，消除了不同类别风险波动对总费率的影响，容易与其他社会保险的保费征收合并管理。但是，由于统一费率在缴费上等同的对待不同级别的风险，它不能实现精算公平，不利于鼓励企业采取安全措施降低风险，不利于鼓励工伤员工康复后尽早返回工作岗位，因此会加大工伤保险的成本。

2. 差别费率

差别费率是先对工伤风险进行分类，再按不同风险类别确定有差别费率的方法。这种方法类似于寿险中通过核保区分风险类型，依据不同的风险等级，采取不同费率的做法。

差别费率的计算公式如下：

$$\text{第}\ i\ \text{类风险级别的费率}=\text{第}\ i\ \text{类风险级别系数}\times\frac{\text{工伤保险总支出}}{\text{缴费工资总额}} \tag{5.56}$$

其中，第 i 类风险级别系数是第 i 类风险级别相对于平均风险的系数，风险级别高于平均风险时，该系数大于1，风险越大，该系数越大；风险级别低于平均风险时，该系数小于1，风险越小，该系数越小。

对工伤风险进行分类时，类数越多，每类的费率就越能准确地反映参保单位的风险水平。但组数越多，分组所需的数据信息越多，风险分类的成本也越高。同时，组数越多，落入各组的参保人数减少，这会使分组在统计上的可信度降低。一般来说，工伤风险的分类需要遵循一致性、可靠性、中立性和成本有效性的原则。**一致性**是指同一类内必须具备相似的风险特征；**可靠性**要求经验数据必须足够多，以使分类后的数据在统计上具有显著性；**中立性**指每组的边界必须足够准确，避免两个相似的风险在归类上出现两种以上不同的选择；**成本有效性**指风险分类不会给参保单位和保险计划管理者增加不适当的成本。

为了简化，工伤保险的风险分类常按经济部门固有的类别进行划分，这种简单的分类方法可能将属于同一经济部门但风险特征不同的两类企业划入同一风险类别。为了避免这种情况，实践中，往往在经济部门划分的基础上，考虑不同参保单位的风险特征，对风险分类进行适当的调整。

在我国，当前的工伤风险的分类参照《国民经济行业分类》（GB/T 4754—2002），将行业划分为三个类别：一类为风险较小行业，二类为中等风险行业，三类为风险较大行业。三类行业分别实行三种不同的工伤保险缴费率。工伤保险经办机构根据用人单位的工商登记和主要经营生产业务情况，确定用人单位的行业风险类别。

按照我国 2010 年 12 月新修订的《工伤保险条例》，工伤保险费率实行行业差别费率，并根据工伤保险费使用、工伤发生率等情况在每个行业内确定若干费率档次。行业差别费率及行业内费率档次由国务院社会保险行政部门制定，报国务院批准后公布施行。统筹地区经办机构根据用人单位工伤保险费使用、工伤发生率等情况，适用所属行业内相应的费率档次确定单位缴费费率。

3. 经验费率

统一费率和差别费率两种方法属于预定费率法，即预先根据过去的经验制定费率，不考虑预定费率与实际经验的差距。在预定费率下，属于同一风险类别的参保单位，征收相同的费率，不论参保单位实际发生的工伤损失的大小。这种预先依据过去经验确定费率的方法，使风险在同一定价组内分散，使组内风险由同一组内的所有参保人共同承担。

与预定费率法不同，经验费率法是在预定费率的基础上，依据实际经验，对预定费率进行调整，使实际发生更多工伤事故、造成更大损失的参保单位承担更多的缴费责任，实际发生更少工伤事故、造成更小损失的参保单位承担较少的缴费责任。其主要目的是鼓励参保单位建立更加健全的安全预防措施，主动减少安全隐患，对工伤事故进行更加有效的管理，实施有效的康复计划，帮助伤残职工尽快返回工作岗位，进而减少工伤赔付的成本，降低工伤保险的费率。

经验费率法使参保单位的工伤保险缴费与实际工伤事故的发生情况建立起直接联系，参保单位对自身的工伤事故所造成的损失负责，工伤事故赔付支出高于平均水平的参保单位必须补足必要的费用或者提高缴费率，工伤事故赔付支出低于平均水平的参保单位则可以得到相应的资金补偿或者享受较低的缴费率。

在经验费率下，对参保单位缴费率的调整基于该单位过去工伤事故的赔付支出水平，对费率的调整可以采用过去法和将来法。**过去法**要求参保单位在每年年初按整个行业的基础费率缴纳保费，在年底根据该单位工伤事故的发生和赔付支出情况调整自身保费，或者得到部分保费返还，或者需要补缴部分保费。**将来法**则依据过去的保费返还或保费补缴情况，直接调整将来的缴费率。在实际执行中，可能只对特定行业实施经验费率法，也可能对所有行业都实施。

我国目前的工伤保险缴费实行浮动费率制，采用将来法调整未来缴费。为了控制工伤保险给参保单位带来的过重负担，现行制度一般将工伤保险的平均缴费率控制在职工工资总额的1%左右。按类别划分，第一类的最高缴费率为0.5%左右，第二类为1%左右，第三类为2%左右。其中，属于第一类风险的行业，按行业基准费率缴费，不实行费率浮动。属于第二和第三类风险的行业，实行费率浮动，依据过去参保单位工伤保险基金的使用情况、工伤发生率以及职业病的危害程度等，每1~3年调整一次费率。依据风险程度，高风险参保单位的费率相应向上浮动20%和50%，低风险参保单位的费率相应降低20%和50%。

5.3.2 工伤保险基金收支估计

工伤保险基金收入取决于参保人数和缴费率，支出取决于工伤保险承诺的给付种类和给付水平。国际上一般分为临时性失能和永久性失能的定期津贴、一次性工伤和工亡补偿、医疗和康复费用等几部分。

1. 工伤保险基金收入

工伤保险基金的收入主要来源于企业的缴费及其利息。在工伤保险中，职工个人不缴费。企业按照统一的费率或行业差别费率以工资总额为基数缴纳保险费。在现收现付模式下，行业差别费率等于预测的工伤保险支出在行业工资总额中的比例。在一定的缴费率下，工伤保险行业年度收入等于参保人数、工伤保险覆盖率、平均工资、缴费率等几项的连乘积。工伤保险年度总收入等于各行业年度收入之和：

$$\text{工伤保险费年度收入} = \sum_i (i\text{行业职工人数} \times i\text{行业工伤保险覆盖率} \times i\text{行}$$

业平均工资 ×i 行业缴费率)　　(5.57)

2. 工伤保险基金支出

如果不考虑管理费用，工伤保险的成本受工伤保险制度的覆盖范围、工伤保险承诺的待遇种类和待遇水平，工伤出险的概率和等级，工伤保险结余基金的投资回报等因素的影响。工伤赔付中既包括工伤医疗和康复费用，又包括一次性的补偿和定期生活补贴，还包括因工死亡的一次性赔偿和遗属定期生活津贴等。不少国家的工伤保险还支付部分工伤预防费用和职业安全教育等费用。因此，影响工伤保险支出的因素包括：工伤事故发生概率、不同等级的伤残概率、工亡概率、工伤职工死亡概率、遗属死亡概率等风险因素，工资增长率和利率等经济因素，伤亡给付标准、护理标准、就医期间其他补贴标准等制度因素。在我国，工伤保险基金支出项目除工伤保险补偿性支出外，还包括事故预防费、职业康复费、安全奖励金、宣传和科研费、工伤保险经办机构管理费、劳动鉴定委员会办公经费等。从国际经验看，随着工伤保险的发展，工伤保险补偿性支出在总支出中的比例有下降的趋势，事故预防费和工伤康复费在总支出中的比例有提高的趋势。

(1) 临时性失能给付。是指从参保职工受到工伤伤害日起到康复日止的期间内得到的补偿金。国际上实行工伤保险的国家一般都会对临时性失能的时间长度作出规定，如果雇员在规定时间内通过医疗和康复治疗恢复正常，临时性失能状态将转换为正常状态，临时性失能给付终止，雇员重返工作岗位；如果由于某些严重的工伤导致的后果，在规定时间内受伤职工没有康复，临时性失能将转换为永久性失能状态，雇员开始领取永久性失能津贴。永久性给付紧接着临时性给付的结束而开始。

一定时期内临时性失能给付数额取决于临时性失能人数、平均失能赔付的支付时期和人均每天赔付额。设 $B(t)$ 为 t 年临时性失能支出，$N(t)$ 为 t 年领取临时性失能给付的人数，$M(t)$ 为 t 年人均领取天数，$K(t)$ 为平均每天的给付支出，有

$$B(t) = N(t) \times M(t) \times K(t) \tag{5.58}$$

其中，$N(t)$ 是临时性失能的发生概率和参加工伤保险的人数之积。由于 t 年临时性失能给付支出既包括在 t 年前发生失能在 t 年支出的给付，又包括在 t 年内发生的失能在当年的支出，因此，在计算中通常分别估计在 t 年前和 t 年内的给付领取人数、人均领取天数和平均每天的给付支出。

为了更加清晰地阐释公式中各变量的意义，区分各阶段发生的工伤事故对给付额的不同影响，通常将对未来某年临时性失能给付的估计过程按事故发生时间分为两个阶段，即评估年前发生伤残所引起的临时性失能给

付和评估时还未发生、但即将发生的伤残所引起的临时性失能给付。

对于评估前已发生伤残的临时性失能给付，假设临时性失能最大领取年度为 n 年，评估年和事故发生年的差为 d，预测年与评估年的差为 t。这时若假设评估年为第 0 年，则在第 t 年，即事故发生 $d+t$ 年，由发生在评估年以前的工伤事故所引发的临时性失能给付 $B_1(t)$ 为：

$$B_1(t) = \sum_{d=0}^{n-1-t} N_d(0) \cdot P(d,t) \cdot M(d+t) \cdot K(0) \cdot f(t) \tag{5.59}$$

其中，$N_d(0)$是事故发生在评估年前 d 年、在评估年内接受给付的人数，$0 \leqslant d \leqslant n-t-1$；$P(d,t)$是事故发生 d 年后的接受给付者中在 $d+t$ 年仍是接受给付者的比例，当 $d+t \geqslant n$ 时，$P(d,t)=0$；$M(d+t)$是接受给付者在事故发生后 $d+t$ 年的人均给付天数；$K(0)$是评估年每人每日平均给付；$f(t)$是 t 年平均给付的指数增长因子。其中，N 和 K 依据过去的统计数据得到，$P(d,t)$和 $M(d+t)$需依据过去的经验作出假设。

$N_d(0) \cdot P(d,t)$是事故发生在评估年前 d 年在 t 年后仍接受给付的人数，$N_d(0) \cdot P(d,t) \cdot M(d+t)$是事故发生在评估年前 d 年在 t 年后仍接受给付的人天数。如果无法获得事故发生后每年的给付领取人数和他们的人均领取天数，也可以用评估年前 d 年新发生的短期失能事故数与人均给付天数的乘积估计仍接受给付的人天数。

设 I_d 是评估年前 d 年发生的短期失能新事故数，$0 \leqslant d \leqslant n-t-1$；$D(d+t)$是接受给付者在事故发生后 $d+t$ 年的人均给付天数。有

$$I_d \cdot D(d+t) = N_d(0) \cdot P(d,t) \cdot M(d+t)$$

这样，

$$B_1(t) = \sum_{d=0}^{n-1-t} I_d \cdot D(d+t) \cdot K(0) \cdot f(t) \quad 0 < t < n-1 \tag{5.60}$$

其中，$D(d+t)$需依据经验数据作出假设。

对于评估年后发生伤残的临时性失能给付，未来某一年的给付不仅包括由评估年前已经发生的工伤事故所引起的续年给付，还包括评估年后、预测年之前将要发生的事故所引起的给付以及预测年发生的事故的首年给付。估计评估年后某年发生伤残的临时性失能给付为：

$$B_2(t) = \sum_{j=\max(1,t-n+1)}^{t} I_j \cdot D(t-j) \cdot K(j) \cdot f(t-j) \tag{5.61}$$

其中，j 表示事故发生年和评估年之差；t 表示预测年和评估年之差；n 表示临时性失能给付年限；I_j 是评估年后第 j 年发生的新事故数；$D(t-j)$是接受给付者在事故发生后 $t-j$ 年的人均给付天数；$K(j)$是评估年后第 j

年每人每日平均给付；$f(t-j)$是 $t-j$ 年内平均给付的指数增长因子。

（2）永久性失能给付和工亡遗属津贴。伤残职工丧失劳动能力按照其程度可分为完全丧失和部分丧失。对完全丧失劳动能力的伤残职工，工伤保险为其提供工伤年金给付，给付标准相当于工伤前工资的一定比例；对部分丧失劳动能力的伤残者，工伤保险为其提供因伤残工资损失部分的一定比例。两者的给付期都是从医疗期满或评残起到工伤职工享受退休待遇为止。对工伤死亡职工的遗属，发给定期抚恤金，给付期通常从工伤职工死亡起到被供养者死亡或供养的未成年人成年止。

上述各种定期给付都是以领取人生存为条件的年金，年支出是每年各类领取者人数与相应的给付水平之积，计算公式如下：

$$\begin{array}{c}\text{全残者抚恤}\\\text{金年支出}\end{array}=\sum\left(\begin{array}{c}\text{参保}\\\text{人数}\end{array}\times\begin{array}{c}\text{各类全}\\\text{残概率}\end{array}\times\begin{array}{c}\text{参保者}\\\text{平均工资}\end{array}\times\begin{array}{c}\text{各类全残抚恤金}\\\text{在工资中的比例}\end{array}\right)\tag{5.62}$$

$$\begin{array}{c}\text{部分伤残抚恤}\\\text{金年支出}\end{array}=\sum\left(\begin{array}{c}\text{参保}\\\text{人数}\end{array}\times\begin{array}{c}\text{部分伤}\\\text{残概率}\end{array}\times\begin{array}{c}\text{伤残平均}\\\text{工资损失}\end{array}\times\begin{array}{c}\text{伤残抚恤金在工}\\\text{资损失中的比例}\end{array}\right)\tag{5.63}$$

$$\begin{array}{c}\text{护理费}\\\text{支出}\end{array}=\sum\left(\begin{array}{c}\text{参保}\\\text{人数}\end{array}\times\begin{array}{c}\text{各类伤}\\\text{残概率}\end{array}\times\begin{array}{c}\text{各级护}\\\text{理比率}\end{array}\times\begin{array}{c}\text{参保者}\\\text{平均工资}\end{array}\times\begin{array}{c}\text{各级护理费在}\\\text{工资中的比例}\end{array}\right)\tag{5.64}$$

$$\begin{array}{c}\text{遗属抚恤}\\\text{金支出}\end{array}=\sum\left(\begin{array}{c}\text{参保}\\\text{人数}\end{array}\times\begin{array}{c}\text{工亡}\\\text{概率}\end{array}\times\begin{array}{c}\text{平均每个工亡职工}\\\text{供养的遗属人数}\end{array}\times\begin{array}{c}\text{参保者}\\\text{平均工资}\end{array}\times\begin{array}{c}\text{遗属抚恤金在}\\\text{工资中的比例}\end{array}\right)\tag{5.65}$$

$$\begin{array}{c}\text{各类定期给付}\\\text{年度支出总额}\end{array}=\begin{array}{c}\text{全残抚恤}\\\text{金支出}\end{array}+\begin{array}{c}\text{部分伤残}\\\text{抚恤金支出}\end{array}+\begin{array}{c}\text{护理}\\\text{费支出}\end{array}+\begin{array}{c}\text{遗属抚恤}\\\text{金支出}\end{array}\tag{5.66}$$

（3）医疗费用。医疗费用给付包括治疗费用、护理费用、药物费用、辅助物品等。其中，治疗费用包括各种例行检查的费用，辅助物品包括假肢、假体和助听器等。康复费用包括各种促进受伤职工返回工作岗位、能够维持生存的物理疗法和生理结构改造费用支出。医疗给付支出的大小决定于工伤事故概率、医疗费用分布、医疗期间的生活补贴等因素。工伤事故概率用单位时间内工伤人数在同期参保总人数中的比例衡量。由于不同类型企业工伤的发生概率不同，不同工伤程度造成的损失不同，工伤事故概率应分不同行业和不同工伤等级进行统计。在我国，工伤等级鉴定缺乏合理的法定标准，目前尚没有建立适应需要的统计资料积累。医疗费用分布是不同程度工伤治疗或康复所需的医疗费分布，它取决于工伤种类和医疗价格。医疗价格随着经济发展、医疗技术进步而变化，很难作出长期的预测，需要随时根据变化的情况进行调整。医疗期间的生活补助取决于医疗期和制度规定的补贴标准，实际测算时，需根据医疗期限的分布数据估计平均医疗期限。

某年人均医疗成本等于不同行业不同等级工伤概率乘以相应等级工伤平均医疗费用之和，行业医疗总成本是人均医疗成本与行业参保人数之积。医疗期间的生活补贴等于工伤医疗人数乘以工伤者平均工资再乘以平均医疗期。因此，工伤医疗期间总成本用公式表示为：

$$\begin{matrix}\text{行业医疗}\\\text{总成本}\end{matrix}=\sum\left(\begin{matrix}\text{不同行业不同}\\\text{等级工伤概率}\end{matrix}\times\begin{matrix}\text{相应行业}\\\text{参保人数}\end{matrix}\times\begin{matrix}\text{不同等级工伤所需}\\\text{的平均医疗费用}\end{matrix}\right)\tag{5.67}$$

$$\begin{matrix}\text{医疗期间}\\\text{生活补贴}\end{matrix}=\sum\left(\begin{matrix}\text{不同行业不同}\\\text{等级工伤概率}\end{matrix}\times\begin{matrix}\text{相应行业}\\\text{参保人数}\end{matrix}\times\begin{matrix}\text{工伤者年}\\\text{平均工资}\end{matrix}\times\begin{matrix}\text{平均补}\\\text{贴年数}\end{matrix}\right)\tag{5.68}$$

$$\text{工伤医疗期间总成本}=\text{行业医疗总成本}+\text{医疗期间生活补贴}$$

（4）一次性工伤和工亡补贴。一次性伤亡给付支出由伤残概率、工亡概率和规定的给付标准决定。某年一次性伤残成本等于参保人数、伤残概率和伤残给付的连乘积。伤残给付标准以伤残前工资为基础，依伤残等级而不同。

$$\begin{matrix}\text{一次性伤残}\\\text{给付成本}\end{matrix}=\sum\left(\begin{matrix}\text{参保}\\\text{人数}\end{matrix}\times\begin{matrix}\text{不同等级}\\\text{伤残概率}\end{matrix}\times\begin{matrix}\text{不同等级给付水平相}\\\text{当于过去工资的月数}\end{matrix}\times\begin{matrix}\text{职工月}\\\text{平均工资}\end{matrix}\right)\tag{5.69}$$

$$\begin{matrix}\text{一次性工亡}\\\text{给付成本}\end{matrix}=\begin{matrix}\text{参保}\\\text{人数}\end{matrix}\times\begin{matrix}\text{工亡}\\\text{概率}\end{matrix}\times\begin{matrix}\text{工亡给付相当于}\\\text{过去工资的月数}\end{matrix}\times\begin{matrix}\text{职工月}\\\text{平均工资}\end{matrix}\tag{5.70}$$

$$\begin{matrix}\text{一次性伤亡}\\\text{给付总成本}\end{matrix}=\text{一次性伤残给付成本}+\text{一次性工亡给付成本}$$

（5）其他项目。随着工伤保险的发展，工伤保险基金中用于工伤预防的支出增大，根据工伤保险的发展目标和工伤保险基金的保障能力，在一定的支出比例假设下，可以估计包括工伤预防支出等的其他工伤支出。比如，假设某年工伤保险补偿性支出以外的其他支出在总支出中的比例为 $g\%$，当年工伤保险补偿性支出为 B，则其他项目支出额为 $B\cdot g\%/(1-g\%)$。

§5.4 失业保险的收支估计

5.4.1 失业水平的度量与统计

失业是与就业相对的概念，它是在劳动年龄内，有劳动能力、无业并有就业愿望的状态。就业是劳动年龄内，从事社会劳动并取得劳动报酬和经营收入的状态。劳动年龄内的就业和失业人数之和是劳动力人口。失业水平通常用失业率衡量，它是失业人数在劳动力人口中的比例。由于不同年龄、不同职业、不同地区的失业率存在较大差异，为了反映失业的分布，需要分别统计分年龄失业率、分职业失业率和不同地区的失业率。

在我国，统计年鉴提供了分年龄、分性别、分户口性质、分职业、分行业的城镇就业人员工作时间构成数据、就业与失业数据、劳动报酬数据等。统计部门公布的失业率数据是城镇经济活动人口中登记失业人口的比率。其中，城镇登记失业人口是指非农业户口、在劳动年龄内、有劳动能力、无业而要求就业，并在当地就业服务机构有求职登记的人数。由于我国的就业服务和失业保险制度并不发达，一部分无业人员虽然正在积极寻找工作，但不一定去就业服务机构登记，因而，实际失业人数高于登记失业人数。城镇经济活动人口是城镇从业人口与城镇登记失业人口之和，从业人口是指 16 岁以上从事一定社会劳动并取得劳动报酬或经营收入的人员。包括城镇单位就业人员、城镇单位中不在岗职工、城镇私营业主、个体户主、城镇私营企业和个体就业人员等，其中，城镇单位就业人员中要扣除其中使用的农村劳动力、聘用的离退休人员、港澳台及外方人员等。

5.4.2 失业保险基金收支估计

失业保险基金通常采取现收现付的融资模式，但由于失业金支出受经济波动的影响，为了保持在一定时期内缴费率的稳定性，通常需要在失业率较低、失业金支出较少的时期积累一定的准备金，用于补充因失业率较高、失业金支出增加时期的给付不足。因而，在实践中，失业保险的融资模式往往采取有一定准备金积累的现收现付制，也就是采取在若干年内收支均衡的长期平衡模式。

1. 年度收入

失业保险基金的收入主要来源于参加失业保险的单位和个人的失业保险缴费、政府的财政补贴、失业保险基金的利息收入等三部分。其中，单位和个人的失业保险费分别以工资总额和个人工资的规定比例缴付。失业保险的缴费收入等于缴费人数、参保平均工资和缴费率的连乘积。即：

$$\frac{t\text{年失业保险}}{\text{的缴费收入}}=\frac{t\text{年缴费}}{\text{人数}}\times\frac{t\text{年参保平均}}{\text{工资水平}}\times\text{缴费率} \quad (5.71)$$

其中，t 年缴费人数是从业人数、失业保险覆盖率、参保人口中缴费人口的比例即遵缴率的连乘积。依据对未来从业人数和失业保险覆盖率的预测，可以预测缴费人数。依据对工资增长率的预测，可以预测未来的平均工资。

$$\frac{t\text{年失业保险基金}}{\text{的利息收入}}=\frac{t-1\text{年末失业保险}}{\text{结余基金}}\times\frac{t\text{年基金投资}}{\text{回报率}}$$

在我国，社会保险结余基金的投资渠道有限，结余基金的利息收入一般按规定的一年期银行存款利息率计息。

政府的财政补贴依赖于失业保险基金收支缺口的状况，一般情况下，只有在失业保险基金出现收支赤字时，才会由财政投入补贴来填补缺口。

2. 年度失业金支出

失业金的年度支出决定于年内领取失业金的人数、人均领取月数、人均每月失业金水平等。领取失业金的人数决定于失业保险参保人数、参保者失业率、参保失业者中领取失业金的人数的占比等。失业保险参保人数决定于劳动人口和失业保险的参保率。计算公式为：

$$\frac{\text{年度失业}}{\text{金支出}}=\frac{\text{年度失业金}}{\text{领取人数}}\times\frac{\text{人均领取}}{\text{月数}}\times\frac{\text{人均每月}}{\text{失业金}} \quad (5.72)$$

$$\frac{\text{年度失业金}}{\text{领取人数}}=\frac{\text{失业保险}}{\text{参保人数}}\times\frac{\text{参保者}}{\text{失业率}}\times\frac{\text{参保失业者中领取}}{\text{失业金人数的比例}} \quad (5.73)$$

$$\text{失业保险参保人数}=\text{经济活动人口}\times\text{失业保险参保率} \quad (5.74)$$

其中，经济活动人口包括就业人员和失业人员。按照我国的统计口径，包括 16 周岁及以上，有劳动能力，参加或要求参加社会经济活动的人口。

失业保险的参保率是失业保险参保人数占经济活动人口的比例，用于衡量失业保险的覆盖面。在失业金测算中，这一指标需要依据过去的经验数据和失业保险覆盖面的发展目标预先设定。

参保者失业率是失业保险参保人口的失业率，它不同于针对经济活动人口的失业率，统计数据一般会提供针对经济活动人口的失业率，并没有专门针对参加失业保险人员的失业率。如果失业率在所有经济活动人口中均匀分布，可以用经济活动人口失业率近似参保者失业率。但实际上，不同职业、不同行业、不同地区的失业率存在较大差异。我国社会保险法规定的失业保险覆盖范围主要是职工，包括国有、城镇集体、联营、股份制、外商和港、澳、台投资、其他单位及其附属机构工作，并由其支付工资的各类人员。不包括乡镇企业就业人员、私营企业就业人员、城镇个体劳动者等。职工的失业风险相对较小，而没有覆盖在失业保险下的私营企业、个体企业的职工，在市场经济下面临的失业风险更大，失业率更高。在测算时，参保失业率数据应参考历史数据，得到经济活动人口失业率与参保失业率的近似关系，用经济活动人口失业率推算参保失业率。或者，估计失业人口中参加失业保险的比例，先推算出参保失业人口，再计算参保失业率。

参保失业人口 = 失业率 × 经济活动人口 × 失业人口中参保的比例

失业率的预测需要参考过去的经验数据，并根据经济发展对劳动力供需总量及其结构的影响以及国际国内经济形势的变化对劳动力市场的影响作出估计。失业率是影响失业保险成本的主要风险因素，失业率越高，失业成本越高。为了应付未来我国经济结构的变化以及国际经济形势变化带来的失业风险、保证充足的失业保险基金，失业率预测应采取保守原则，即在各种可能结果中取失业率水平较高者，以此建立必要的风险准备，应付可能的高失业率带来的支付问题。

参保失业者中领取失业金人数的比例是领取失业金的人数与参保失业人数的比例。由于某些参保失业者可能不满足失业保险金的领取条件，尽管在他们在测算期内处于失业状态，但并没有失业金支付。比如，缴费时期不够规定的最低领取条件，或者已超出规定的最高领取期限。我国《社会保险法》对失业金领取条件的规定是：失业前用人单位和本人已经缴纳失业保险费满 1 年、非因本人意愿中断就业、已经进行失业登记，并有求职要求。另外，依据失业前累计缴费年限，失业金的领取期限最长不超过 24 个月。按照失业保险的目标，应保证参保的非自愿失业者都有权领取失业金，但也要避免为了获得失业金而去登记求职的情况。

人均失业金领取月数，是平均每个失业者在测算年度内平均领取失业金的月数。它受失业保险制度规定的领取失业金的等待期、领取失业金的最长时期和平均失业期的长短等的影响。领取失业金的等待期是从开始失业到开始领取失业金的时间长度。《国际劳工组织 168 号协定》推荐的等待期为 7 ~ 10 天，季节性工人的等待期可以适当延长。失业保险制度规定领取失业金的等待期，是为了降低失业保险的成本，并让失业者承担一定的风险，也可以避免支付小额的失业金及由此产生的管理费用。领取失业金的最长时期与过去的工作时间长度和缴费时间长度相关，《国际劳工组织 168 号协定》要求，在一次失业中，最长领取期至少为 26 周，或者在 24 个月内至少为 39 周。我国失业金的领取期与失业前的保险缴费时间挂钩，最长领取期为 24 个月。

人均每月失业金是平均每人每月的失业金，它通常规定为平均工资的一个比例。在不同的制度下，平均工资可能是社会平均工资、失业者失业前的平均工资、某地区的最低工资标准等。为了保障失业人员的基本生活，通常制度会规定失业金的上下限，上限通常为失业前的工资水平，下限为当地的最低保障标准或最低工资标准。为了促进就业，有的国家根据失业期的长短规定给付，失业期越长，给付水平越低。有的国家对失业者无工作的配偶和未成年的子女也提供一定数额的津贴。在我国，失业保险金的标准，由省、自治区、直辖市人民政府确定，但不得低于城市居民最低生活保障标准。

在我国，按照《社会保险法》，失业保险基金的支出范围包括失业金、为失业者缴纳的医疗保险费、失业者在领取失业金期间死亡的丧葬补助金和抚恤金、职业培训补贴等。失业保险基金年度支出是以上各项的总和。

失业保险年度收入与支出的差距，形成当年失业保险基金增加值。我国《失业保险条例》规定，失业保险基金必须存入国家财政部门指定的国有商业银行或者按照国家规定购买国债，以城乡居民同期存款利率和国债利率计息。年初失业保险基金加上当年收支差以及它们的利息，形成下一年的失业保险基金：

$$t+1\text{ 年年初累积基金}=[t\text{ 年年初累积基金}+t\text{ 年内失业保险费收入}+t\text{ 年财政拨付基金和其他资金}-\text{失业保险各项支出}]\times(1+\text{年利率})$$

§5.5　生育保险的收支估计

5.5.1　生育保险的收支项目

生育保险是为女职工因生育子女所需的医疗保健费用以及因生育暂时中断工作期间的生活来源提供保障的保险形式。在人类社会发展中，女性既是人口再生产的载体，又是物资财富的创造者，因此在女性因生育子女暂时中断工作期间，为其提供生活保障和必要的医疗待遇已成为社会保障的重要组成部分。早在 1919 年，第一届国际劳工大会就通过了《生育保护公约》，以后，各国普遍把生育保险作为社会保障的重要组成部分。在实践中，很多国家的生育保险制度广泛覆盖所有的育龄妇女，在鼓励生育的国家，生育和儿童保护更是社会福利的重要内容。许多国家的生育保险与医疗保险合并在一起，由企业和个人共同缴费形成保险基金，保险待遇通常包括产假、产假期间的生活津贴、生育一次性津贴、医疗保健和儿童津贴等项目。

生育保险的融资一般采用现收现付制，保费水平依据支出水平确定。如果将管理费用列入支出部分，当年的保费收入至少要满足当年的保险金支出以及管理费用支出。其中保险金支出既包括孕产期间的医疗费用，又包括生育休假期间的生活费。它们受医疗成本变动、保险覆盖人口、育龄妇女年龄结构及其生育模式、生活成本变动等因素的影响，因而生育保险金支出可能在一定期间内发生波动。为了应付波动对生育保险基金收支的影响，通常会预先积累一定的准备金，用于应付费用升高或收入降低等带来的收支缺口。

准备金率的计算应该以历史数据为依据，同时考虑影响未来收支各因素的变动及其对收支产生的影响，并采用风险管理的办法来确定相应的准备金率水平。同时也应充分考虑生育保险在应对不利经济环境时的调整能力，特别是调整费率所需的时间长短。如果政治和立法环境允许在不利经济条件下相对快速地调整相关的法律法规来提高费率，那么，准备金率可以相对较低，一般要能维持几个月的开支；如果费率调整需要经过精算师每三年一次的精算评估后才能调整，这时准备金率就应该相对高些，至少应该能够维持一年或一年以上的开支。一般情况下，由于生育保险是保险期间在一年以内的短期保险，其保险金支出的变动比较稳定，发生意外波动的可能性较小，所需的准备金数额不大。

5.5.2　生育保险基金收支估计

对生育保险收支的预测，需要获得关于生育保险的覆盖范围、支付条件、等待期、给付方式、给付金标准、给付时间长度等数据和相关信息，以及政策法规规定的生育保险与失业保险、医疗保险的协调和统一等相关规定。有时，生育保险的定期生活费用及其他相关补贴，允许支付给父母中的任意一方，也允许父母双方分享，但支付给父亲的给付期间可能与支付给母亲的给付期间长度不同，给付金标准也不同，双方分享的比例和数额也可能有所变动。有些国家，生育保险计划还覆盖到一些特殊领养的人群。

生育保险基金收支所需的基础数据包括：生育保险基金分项收入和分项支出的历史数据；新增待遇领取人群的性别年龄结构；不同性别年龄平均支付期分布；被保险人中的女性所占比例；被保险人中平均每个女性的生育次数的历史数据；分年龄新增待遇领取人数；分年龄平均给付期间；男女性平均工资比；每个支付的起始和结束日期等。

与其他社会保险项目比较，生育保险承保的风险是妇女生育期间因康复和照料婴儿所需的休假期间工资的损失，以及因生育所需的医疗费用。在我国计划生育政策下，城镇女性职工一般只能生育一个孩子，生育年龄比较集中，因而，在一定的津贴标准和生育医疗费用规定下，比较容易估计出一定时期内的生育保险金支出。根据以支定收，收支基本平衡的筹资原则，可以估计出时期缴费率。但是，一般情况下，生育保险制度会预先规定缴费率和对缴费率进行调整的条件。比如，我国的生育保险制度规定单位为职工的缴费率是工资总额的1%。预先规定的缴费率是精算工作人员依照对生育保险未来收支的测算，在收支平衡并考虑一定风险准备的基础上确定的。通常按照在一定时期内长期平衡模型及预期的期末准备金数额，确定长期内稳定的缴费率。

生育保险费的收入由职工人数、生育保险的覆盖率、职工平均工资和规定的缴费率决定，计算公式如下：

$$\text{生育保险费年度收入} = \text{就业人口} \times \text{生育保险覆盖率} \times \text{参保平均工资} \times \text{缴费率} \tag{5.75}$$

生育保险支出主要有医疗费用和生育补贴两部分，它们取决于参保人数、女性职工比例、女性职工的年龄结构、分年龄生育率、人均生育医疗费用和人均工资水平，计算公式如下：

$$\begin{aligned}\text{年度医疗费用支出} &= \text{参保人数} \times \text{参保女性比例} \times \text{生育率} \times \text{人均医疗费用} \\ &= \text{人均医疗费用} \times \sum(\text{参保人数} \times \text{参保女性比例} \times \text{分年龄生育率} \times \text{参保女性年龄结构})\end{aligned} \tag{5.76}$$

$$\begin{aligned}\text{年度生育津贴支出} = {} & \text{参保人数} \times \text{参保女性比例} \times \text{生育率} \times \text{生育津贴平均支付月数} \times \text{社会月平均工资} \\ & \times \text{生育津贴在社会月平均工资中的比例}\end{aligned} \tag{5.77}$$

$$\text{生育保险年度支出} = \text{医疗费用支出} + \text{生育补贴支出}$$

值得注意的是，在上述测算中，生育率数据往往直接来自全部育龄妇女生育率，但参保的育龄妇女生育率往往低于全部育龄妇女生育率，在测算中需要进行适当的调整。另外，对于不同人群，生育津贴的支付月数可能不同。我国现行制度规定，妊娠不满12周流产的，津贴支付15天；妊娠12～16周流产的，津贴支付30天；妊娠16～28周流产的，津贴支付42天；妊娠28周以上流产的，支付90天的津贴。对于难产生育的津贴支付天数为105天等。对于生育待遇可以选择发给父母任何一方或由双方分享的生育保险，需要根据经验数据对分布进行估计。

参考文献

【1】 Holzmann et al, *Implicit Pension Debt: Issues, Measurement and Scope in International Perspective*, Social Protection Discussion Paper Series. The World Bank.

Washington D. C. 2004.

【2】 Pierre Plamondon et al, *Actuarial Practice in Social Security*, International labour office. Geneva, 2002.

【3】 Subramaniam Iyer, *Actuarial Mathematics of Social Security Pensions*. International Labour Office, Geneva, 1999.

【4】 Stephen C. Goss, *Measuring Solvency in the Social Security System*, in *Prospects for Social Security Reform*, Philadelphia: University of Pennsylvania Press, 1999. pp. 16 – 36.

【5】 The Board of Trustees, *the 2010 Annual Report of the Board of Trustees of the Federal Old – Age and Survivors Insurance and Disability Insurance Trust Funds*. US Government Printing Office, 2007.

【6】 US Congressional Budget Office, *Quantifying Uncertainty in the Analysis of Long – term Social Security Projections*. 2005.

【7】 U. S. Department of Health and Human Services, *Medicare and Medicaid Statistical Supplement*, *1995 – 2000*, Health Care Financing Review. Baltimore, Health Care. 2001.

【8】 US Social Security Administration, Office of the Chief Actuary. *A Stochastic Model of the Long – Range Financial Status of the OASDI Program*. Actuarial Study No. 117, 2004.

【9】 黄占辉、王汉亮：《健康保险学》，北京大学出版社 2006 年版。

【10】 陈滔：《健康保险精算：模型、方法和应用》，中国统计出版社 2007 年版。

【11】 王晓军：《社会保险精算管理：理论、模型与应用》，科学出版社 2011 年版。

【12】 王晓军：《社会保险精算原理与实务》，中国人民大学出版社 2009 年版。

【13】 王晓军：《中国养老金制度及其精算评价》，经济科学出版社 2000 年版。

【14】 王晓军：《广东省养老保险制度改革精算报告》，经济科学出版社 2006 年版。

【15】 查瑞传：《数理人口学》，中国人民大学出版社 2004 年版。

【16】 游允中、郑晓瑛：《中国人口的死亡和健康：20 世纪 80 年代以来人口死亡水平、类型、原因和发展趋势》，北京大学出版社 2005 年版。

第三部分　养老金计划精算管理

第6章　养老金计划概述

养老金计划是以养老为目的的计划安排，包括对发起人、参加人、养老金待遇、融资方式、管理方式、计划类型、缴费责任等的计划安排。广义的养老金计划包括各种类型和各个层次的养老保险安排，既包括由政府主办的社会养老保险，也包括由市场化机构运行管理的职业养老金计划和团体养老保险，还包括个人养老金计划安排。狭义的养老金计划是指职业养老金计划，是由用人单位建立的、为其员工提供退休后养老待遇的计划。目前，职业养老金计划已经成为各国养老金体系的重要支柱。除特别说明外，本章的养老金计划指职业养老金计划，本书第三部分养老金计划精算管理，指职业养老金计划精算管理。本章将概要介绍养老金计划的产生、发展、类型和变化趋势。

主要内容有：

□ 养老金计划的产生和发展

□ 养老金计划的主要类型和特点

□ 养老金计划类型的发展变化趋势

§6.1　养老金计划的建立与发展

在工业化和城市化之前，家庭承担着养老的责任。在传统的大家庭里，父辈承担着抚养子女的责任，到他们年老失去工作能力时，其子女又承担起赡养父辈的责任和义务。这样，在年轻人成长时期，家庭财富从父母一代向子女一代转移，到父母一代年老时，又从子女一代向父母一代转移。家庭的不断延续，为养老提供了基本保障。传统的家庭养老是以农业经济及与此相适应的大家庭为基础的。在传统家庭里，老年人具有绝对的财产分配权，享有最高的声望，同时大家庭的年轻人比例高，为家庭养老提供了人口基础，家庭中的几个子女共同承担赡养他们父辈的责任，每个人的赡养负担较轻，而且，在较低的经济发展水平下，人口的寿命也较低，老年人在失去工作能力后平均存活时间不长，使家庭养老成为可能。

随着工业革命的到来，大批人口开始向城市迁移，使以家庭为主的传统生产和生存方式解体。城市的社会经济给人们带来了新的不确定性，市场的产生为人们经济独立提供了基本条件，家庭财产不再主要通过代际继承，而是需要通过年轻时的不断积累。老年人拥有的家庭财产分配权开始弱化和消失，家庭也开始向小型化发展，家庭养老的功能开始减弱。但是，在社会经济发展还不能提供可靠的金融工具时，人们很难为他们老年进行储蓄和积累，养老成为社会问题，从而产生了建立社会性养老金计划的要求。

在工业化早期，铁路运输业的劳动环境十分危险，雇员伤残比例较高。为了给终身残疾的雇员提供老年收入保障，1875 年，世界上第一份正式的养老金计划由美国运通公司建立。这一计划提供的养老金计划只针对本公司永久残疾的工人，要求伤残雇员至少在公司工作满 20 年并达到 60 岁才能获得定期支付的养老金。养老金水平规定为退休前 10 年内平均年工资的 50%，并且最多每年不超过 500 美元。直到 1915 年左右，这一计划取消了领取养老金的最低年龄规定，只要在公司工作 20 年以上就可以领取养老金。1880 年，美国的巴尔的摩即俄亥俄铁路运输公司也建立了雇员养老金计划。到 1905 年，美国的铁路运输公司共建立了 12 个正式的养老金计划，参加计划雇员占所有铁路公司雇员的 35%。在之后的半个世纪里，大约有 400 多份养老金计划诞生，建立养老金计划的行业领域逐步扩展到其他工业领域、公共事业和服务业等。在 20 世纪 30 年代前，大部分由雇主建立的养老金计划由雇主缴费，不要求参加者缴费。大部分养老金计划从当期收入中直接支付待遇，只有小部分建立养老金计划的企业为计划建立了特别的内部储蓄账户，或者建立专门的信托基金或购买保险公司的年金产品。

一般认为，职业养老金计划发展的主要动因可以归纳为以下三个方面：

第一，雇主出于提高生产效率的考虑，为老年员工提供退休待遇，从而促进新老员工的更替，促进生产效率的提高。同时，养老金计划作为员工福利计划的重要组成部分，有利于吸引和留住优秀员工，增加企业在人力资源方面的竞争力。在美国，第二次世界大战期间的“工资稳定计划”（wage stabilization program）作为当时控制物价的手段，也刺激了养老金计划的发展。因为在稳定工资计划下，雇主很难通过提高工资来吸引优秀的劳动力，从而转向建立养老金计划。

第二，政府税收政策的鼓励促进了养老金计划的发展。政府为减轻社会保障的支付压力，分散老年风险，鼓励雇主建立养老金计划，为员工提供一定收入替代的养老金。政府的税收政策通常是对建立养老金计划的缴费和养老基金投资收益免税或减税，对退休后养老金领取征税。由于大多数人在退休后的收入会低于在职期间的工资收入，从而这种征税模式使参加人一生的征税减少、收入增加。在美国，20 世纪 40 年代养老金计划的迅速发展与政府在税收方面的鼓励是分不开的。政府在养老金计划上的税收政策，也促使工会与雇主谈判的重点从提高工资转向建立养老金计划。

第三，养老金计划的发展是工会与雇主集体谈判的结果。在美国，1948 年，工会在争取养老金福利方面的行动得到国家劳资关系委员会（National Labor Relations Board）的支持。该委员会规定，雇主有义务和工会协商养老金计划的条款，如果没有经过正式谈判，雇主不得擅自添加、删除或是修改养老金计划的条款。工会在养老金计划建立和设计中的重要地位，促进了养老金计划的发展。

§6.2 养老金计划的种类和特点

养老金计划最基本的类型有待遇预定型计划（Defined Benefit Pension Plan，简称 DB 计划）和缴费预定型计划（Defined Contribution Pension Plan，简称 DC 计划）两大类。DB 计划预先规定雇员退休后可领取的养老金标准，缴费水平根据待遇标准、基金实际运营情况、雇员参加计划年数、工资增长率等决定。DC 计划则预先规定缴费水平，缴费额通常为雇员工资的一个比例，缴费不断积累并获得投资收益，当参加计划的雇员退休时，以缴费及其投资收益在退休时的积累额为基础发放养老金。由于投资收益的不确定性，DC 计划的未来养老金水平是不确定的。在传统的 DB 和 DC 计划之外，有一类计划同时具备 DB 计划和 DC 计划的特征，被称为“混合计划”（Mixture plan and Hybird plan）。

6.2.1 DB 计划

DB 计划预先规定参加者退休后的养老金计算公式和获得养老金权益的公式。一般情况下，已积累的养老金权益与参加计划的年数、计算养老金权益前的过去工资等有关，退休后的养老金待遇与参加者退休前的工资和工龄有关。

1. DB 计划的特点

DB 计划预先规定退休后养老金待遇，可以为雇员退休后提供稳定的收入替代。同时，DB 计划通常由雇主缴费，投资风险也由雇主承担，当投资收益低于预期时，雇主需要多缴费以补偿不足，雇员无需承担因资本市场波动带来的养老金价值损失的风险。由于 DB 计划并不建立独立的个人养老金权益账户，从而计划权益的携带性较差，当参加人从一个计划转移到另一个计划时，很难转移其既得养老金权益，即使可以依据预先设定的公式计算出养老金既得权益，也很难将其合并到另一个新的 DB 计划中。另外，从风险管理的角度来看，DB 计划承诺了终身的养老金待遇，并且待遇通常与退休前的工资挂钩，从而计划的长寿风险、通胀风险和利率风险较大，这些风险均由雇主承担。

2. DB 计划的待遇规定

依据待遇的不同计算公式，可以将 DB 计划分为固定给付计划（Flat benefit plan）和单位权益计划（Unit benefit plan）。

（1）**固定给付计划**的养老金待遇与过去工龄和工资水平无关，参加人在退休后可以得到固定数额的养老金，但一般会规定可以领取养老金的最低工作年限，对没有达到最低工作年数的职工，待遇将按比例下降。这类计划常用于对所有参加人的无差异补贴，或者是与另一种待遇规定相比的一种选择，即待遇不能低于规定的最低数额。

（2）**单位权益计划**规定在计划下每一个时间单位所能累积的养老金权益数额。单位时间可能是 1 年、1 月或 1 周，通常与工资和养老金的领取间隔相同。一定数额的养老金权益可以是规定的固定数额，或者是退休前最后平均工资或工作期间平均工资的一个比例。退休后可以得到的养老金等于在计划下积累的养老金总权益。

在规定的固定数额下，每在计划下一个单位时间，积累的养老金权益相等，如规定每在计划下 1 个月得到 20 元的月养老金权益，如果退休前过去工作年数为 30 年，则在退休后可以得到每月 7 200 元（30 × 12 × 20 = 7 200）的养老金；在最后平均工资下，养老金待遇与退休前几年的平均工资和工作年数有关，如规定每在计划下 1 月可以得到退休前 3 年平均工资的 0.2%。这样，对一个退休前三年平均工资为 1 万元、退休前工龄 30 年的人来说，月养老金为 7 200 元（30 × 12 × 0.2% × 10 000 = 7 200 元）；在工作期间平均工资下，养老金待遇与平均工资和工作年数有关。另外，为抵御通货膨胀对养老金购买力的影响，有些计划在待遇水平设计上采取指数化方法，即将养老金待遇与某指数挂钩，如与价格指数、工资指数或预先规定的固定指数等挂钩，这类计划被称为“可变待遇养老金计划”（Flexible Pension Plans）。由于这种计划的成本很高，在实践中很少被采用。

3. DB 计划的筹资

DB 计划通常由雇主缴费，也有少数 DB 计划要求雇主和雇员共同缴费，缴费及其投资收入用于待遇的支付。无论是雇主缴费还是雇主和雇员共同缴费，都由雇主承担缴费不足的最终责任，即当养老基金的积累不足养老金支付时，雇主需要额外地增加缴费。在 DB 计划下，待遇水平预先规定，养老金计划的成本、债务和偿付能力由精算师测算评估，定期的缴费水平依据计划的偿付能力状况进行调整。

在早期，DB 计划大多采取现收现付模式，即由当期收入支付当期养老金支出。美国在 20 世纪 70 年代前，DB 计划普遍采取现收现付制。在这种模式下，由于没有建立起负债与资产的对应管理，从而一旦企业出现亏损甚至破产，其养老金权益就无法保证。为此，美国政府于 1974 年出台了《雇员退休收入保障法案》（Employee Retirement Income Security Act，ERISA），明确规定养老金计划要建立基金积累，并且基金的积累规模至少等于计划成员积累的养老金权益，也就是要求建立完全基金积累。同时，养老基金要与雇主的资产严格分离，以保证养老基金的独立性。

目前，世界各国在养老金计划的融资模式上普遍要求建立基金制，从而，DB 计划的资产负债管理成为 DB 型养老金计划风险管理的重要内容。对于 DB 计划的风险管理，有些国家还建立了类似再保险的保证机制。如美国在《雇员退休收入保障法案》下建立了 DB 计划养老金待遇担保机构（Pension Benefit Guaranty Corporation，PBGC），要求建立 DB 计划的企业向 PBGC 缴费，当养老金计划终止时，如果出现计划的资产不足偿付负债的情况，PBGC 有责任提供相应的补贴，以保证计划参加者的应有权益。英国在 2004 年《养老金法案》下建立了与美国 PBGC 类似的养老金担保基金（the Pension Protection Fund，PPF），为 DB 养老金计划提供担保。

6.2.2 DC 养老金计划

DC 养老金计划预先规定缴费水平，缴费及其投资收益以个人账户的方式记录和管理，个人具有投资选择权和决策权，并承担投资风险；个人账户在退休时的累计额一次性领取或者转换为退休年金领取，转化为退休年金的数额取决于个人账户的累计额及其转化为年金的价格。

1. DC 养老金计划的类型

DC 养老金计划预先规定的缴费水平可能是固定数额也可能是某一基数的固定比例，这一基数可能是工资的一部分，也可能是企业利润或股权的一部分。按照缴费的不同规定，可以将 DC 计划分为定期缴费计划、利润分享计划和雇员股权计划等几类。

（1）**定期缴费计划**。是按照规定的数额或工资的比例，由雇主或/和雇员，定期向计划缴费，缴费额或缴费比例一旦确定，一般会保持相对稳定，除非有特别的理由需要对缴费作出调整，并经过规定的审批程序后才能调整缴费。在美国，货币购买计划（Money Purchase Pension Plan）是典型的定期缴费计划。在货币购买计划下，雇主定期为雇员个人账户缴纳固定数额或工资的固定比例。雇主缴费在工资总额的 25% 或每年 4.5 万美元以内，可以享受税收减免；如果雇员缴费，只能按税后收入，不允许从雇员工资中直接扣除。雇主和雇员的缴费计入雇员养老金个人账户。在参加者达到计划规定的退休年龄时，个人账户累计额一般用于购买生存年金，为参加者提供退休后的定期养老金收入，这也正是货币购买计划名称的由来。如果在参加者退休前发生雇佣关系中止或者养老金计划中止，参加者可以一次性领取个人账户的累计额。如果参加者在退休前死亡或者发生永久性伤残，也可以一次性领取个人账户的累计额。

（2）**利润分享计划**。是指雇主将利润的一部分作为员工个人账户缴款的养老金计划。雇主建立利润分享计划的目标是将缴费与企业的经营绩效挂钩，从而达到激励雇员的积极性、提高企业劳动生产率的目的。利润分享计划一般不要求雇员缴费，但雇员可以自愿缴费。利润分享计划通常按雇员工资的比例将雇主缴费分配到每个雇员的账户，有些计划也会同时考虑雇员工龄和工资两个因素来分配缴费。由于利润的波动性以及养老金计划分享利润比例的变动，这类计划的缴费并不固定。

（3）**雇员股权计划**。在美国，雇员股票红利计划（Employee Stock Bonus Plans，ESBPs）和雇员股权计划（Employee Stock Ownership Plans，ESOPs）是主要投资于雇主公司股票并以公司股权形式分配的养老金计划。在雇主缴费的分配上，雇员股票红利计划和雇员股权计划与利润分享计划类似，都是按参加者工资在所有参加者工资总额中的比例进行分配。为了保证以股权形式存在的养老金权益的价值，美国的法规规定，雇员退休后得到的公司股票，如果因某种原因不能在资本市场上进行交易，雇员有权将股票反卖给雇主，交易价格为当前的市场价格。股权计划对雇主具有很强的吸引力，一方面其股票可以得到稳定的支持者，也可以避免为养老金缴费出售股票而带来的费用。但这种计划的投资相对集中，不能很好地分散投资风险。

2. DC计划的特点

DC计划预先规定缴费，缴费和投资收益以个人账户的方式记录，从而养老金权益透明，易于被雇员理解和接受，也便于携带和转移。但DC计划提供的待遇无法保证，待遇水平取决于缴费、投资回报和退休后对账户基金的领取方式。即使缴费预先规定，投资回报也会受金融市场波动的影响。在金融危机下，养老基金将面临严重缩水，退休待遇将大大降低。对于在退休后选择转化为年金方式领取的计划，也面临长寿风险和利率变动风险，从而面临养老金待遇下降的风险。

3. DC计划的筹资

DC计划采用完全基金积累的个人账户方式管理，雇主和雇员的缴费计入个人账户。一般情况下，DC计划对雇主缴费归属（vesting）个人账户有专门的规定，一般要求达到一定的工作年限后才能实现100%既得权益，也就是完全得到由雇主缴费形成的个人账户余额，否则只能按规定得到一定比例。例如，规定雇员每工作1年可以获得20%的既得权益，工作5年后可以得到100%的既得权益。对于因未获既得权益而被收回的缴费和投资收入，可以在其他参加计划成员中重新分配，也可以用于冲减下年度的雇主缴费。

大多数 DC 计划可以享受税收优惠。以美国为例，政府实行税收优惠的基本做法是税收延迟，雇主和雇员可以用税前收入向个人账户缴费，个人账户投资积累所得收益也可以享受减税或免税，到最终领取养老金时再征收个人所得税。通常政府会规定税收优惠的最高限额。

6.2.3 DB 计划和 DC 计划的比较

DB 计划和 DC 计划有各自鲜明的特点，它们在待遇水平、成本大小、风险分担等方面存在差异，但它们在分散和化解老年退休收入风险并提供相应的经济保障方面的作用是一致的。

一般认为，在相同条件下，DB 计划比 DC 计划的养老金待遇水平更高。在 DB 计划下，养老金待遇按照预先设定的公式给付，通常养老金待遇取决于工龄和退休前工资。从而，无论在职期间工资如何增长，金融市场如何波动，退休后寿命如何延长，都会按预先作出的养老金待遇承诺提供养老金。工资增长风险、投资风险和长寿风险等都由雇主承担。在 DC 计划下，雇主只负责向个人账户缴费，雇员的养老金水平受缴费水平、缴费年限、投资回报率以及退休时转换为年金的价格等的影响，养老金待遇是不确定的。金融风险会直接影响个人账户的价值，人口寿命的延长会使退休后的待遇降低。另外，由于投资风险由参加人个人承担，而多数情况下，大多数个人缺乏投资知识和投资信息，为避免投资失败，多数参加者会选择比较保守的投资。有研究表明，DC 计划的投资回报率平均低于 DB 计划（文献【11】）。根据美国政府会计署的分析显示，一个 DB 计划下的雇员在为一家企业工作到退休时，每年可获得的退休金大约为 19 100 美元，而具有相同条件的 DC 计划下的雇员，每年得到的养老金数额约为 12 100 美元，要少于 DB 计划（文献【21】）。此外，大多数 DB 计划可以为雇员及其家属提供包括死亡、失能、医疗等方面的辅助给付，而 DC 计划则不提供这种额外给付。

但是，对于流动频繁的雇员，DB 计划提供的待遇可能低于 DC 计划，这是因为大多数 DB 计划在养老金权益积累上有“滞后性”和“后置性”。所谓**“滞后性”**，指大多数 DB 计划对获得养老金权益的最低工作年限有明确规定，通常为 5 ~ 10 年，如果雇员在最低工作年限前离开计划，则没有资格获得养老金权益，或者只能获得部分已积累的养老金权益；**“后置性”**指养老金权益的积累在各年的分布上呈上升趋势，越接近退休，工作 1 年积累的养老金权益越多。养老金权益积累的后置性在最后平均工资 DB 计划中很明显。DB 计划的滞后性和后置性设计，有利于保留优秀员工、稳定员工队伍。但对于流动频繁的员工则会损失养老金权益。同时，DB 计划严格的既得权益规定，即滞后性设计，会使流动员工在转出时的既得养老金权益打折扣。但在 DC 计划下，每年获得的养老金相对稳定，同时，既得条款的规定也比较宽松，从而更有利于流动员工。

从管理成本角度看，DB 计划需要依据预定待遇定期测算成本和负债，需要较强的资产负债管理技术，从而精算成本较高。DC 计划尽管在设计上也需要依据精算技术定期评估养老基金实现养老金目标的情况，但并没有严格的养老金待遇目标，从而精算成本较低。但从账户管理成本和投资成本角度看，DC 计划由于分别建立个人账户，并由雇主提供专门的投资咨询服务后由雇员个人作出投资决策，相对来说 DC 计划的管理成本和投资成本更高。

从风险管理的角度看，DB 计划因工资增长、利率波动、寿命延长等增加的负债由雇主承担。为了保持计划的偿付能力，雇主需要对增加的负债额外缴费。一些国家还要求建立强制的 DB 计划待遇保证机构，这一机构类似再保险，如前面提到的美国的 PBGC 和英国的 FFP，雇主需要向待遇保证机构缴费。从投资管理角度看，由于 DB 计划是一个集体账户，投资决策由计划委托的专业机构作出，从而可以更好的实现规模效益。

DC 计划下的投资决策和投资风险由雇员承担，同时，通胀风险、长寿风险也由个人承担。由于个人选择投资一般会趋于保守，从而可能出现因投资收益低于通货膨胀而面临的账户基金贬值风险（文献【22】）。另外，在个人账户转换为年金时，会面临长寿风险和转换为年金时年金价格上升的风险等（文献【13】）。

6.2.4　混合计划

混合计划将 DC 和 DB 计划的特点结合起来，吸取两类计划的优点，使计划同时具备 DB 计划提供待遇担保与 DC 计划养老金权益透明、便于携带的特点。比较有代表性的混合型计划是出现于 20 世纪 80 年代的美国现金余额计划和养老金权益计划。至 2004 年，美国有约 26% 的大型雇主[①]都开始向雇员提供混合型计划，其中现金余额计划所占比例达到 22%。在监管和税收政策上，混合型计划依据其内在特征，被归类在 DB 计划和 DC 计划中。

1. DB 型混合计划

DB 型混合计划有 DB 型计划的基本特征，养老金待遇预先承诺，养老金计划资产通过混合基金（commingled funds）进行投资，投资风险由计划

① 资料来源：Hewitt Bacon & Woodrow 咨询公司 2004 年报告。其中，大型雇主为员工人数超过 5 000 名员工的公司。

发起人承担。在监管上执行与传统 DB 计划相同的规定，包括领取养老金的最低要求、既得权益积累和归属、最低融资要求等，并要求定期向 PBGC 缴费。但混合型 DB 计划同时也具备 DC 计划的特征，包括提供退休时一次性领取选择权、中途退出一次性领取已积累的养老金权益，以及定期公布养老金权益积累情况等，从而，计划权益积累的透明性、可携带性与 DC 类似。

常见的 DB 型混合计划包括现金余额计划（Cash Balance Plans）、养老金权益计划（Pension Equity Plans）等。

（1）现金余额计划。该计划表面上看类似一个 DC 计划，雇主的缴费和利息收入计入一个用于记录和结算权益累积的个人账户，计划参加者会定期收到个人账户余额报告，积累的养老金权益等于个人账户余额。当参加者退出计划或退休时，可以选择一次性领取个人账户余额，也可以选择转换为生存年金领取。如果选择转换为年金发放，可以转换为生存年金的数额取决于退休时个人账户余额和转换时的年金价格。在实践中，大多数现金余额计划只提供一次性领取方式。与 DC 计划不同的是，现金余额计划的个人账户是名义账户，雇主并不需要对每一个账户进行缴费；账户的记账利率也不是计划资产的实际投资收益率，而是一个预先承诺的名义利率；个人账户余额并不一定等于计划的实际资产。现金余额计划最突出的特点是名义账户。名义账户余额也被称为“现金余额”，这也正是现金余额计划名称的由来。在现金余额计划下，名义利率可以是预先规定的固定利率，可以与某指数挂钩——如价格指数，国债回报率等，也可以依据经济环境的变化而调整。名义缴费通常与参加者个人工资有关，表现为工资的一定比例。另外，现金余额计划也可以提供类似 DC 计划的贷款条款。但从本质上看，现金余额计划是一种预先承诺待遇的 DB 计划，这种计划在设定的待遇目标下，依据名义利率测算名义缴费并计入名义个人账户，退休时积累的养老金权益等于个人账户余额，并要与预先设定的待遇目标保持一致。

例如，某人从 40 岁开始在某公司工作，并在当年加入雇主举办的现金余额计划。假设 40 岁的年工资为 12 万元，41 岁年工资为 13 万元，42 岁的年工资为 14 万元，如果计划每年积累的养老金权益为当年工资的 10%，并随着通胀指数而调整。那么，

在第 1 年末，他的账户余额为 1.2 万元（$12\times10\%=1.2$）；

第 2 年末，如果第 2 年的通胀指数为 2%，他的账户余额为 2.524 万元（$1.2\times1.02\%+13\times10\%=2.524$）；

第 3 年末，如果当年通胀指数为 5%，他的账户余额为 4.05 万元（$2.524\times1.05\%+14\times10\%=4.05$）；

如果在第 3 年末，他因工作调离选择退出计划，这时他可以一次性领取 4.05 万元。如果他选择以年金方式领取，年金价格为每 10 元购买 1 元生存年金，这时，每年可以得到的年金为 4 050 元。

与传统 DB 计划不同的是，现金余额计划的养老金权益以名义个人账户方式记录，参加人退出计划时，可以一次性领取与个人账户余额相等的养老金权益，从而克服了传统 DB 计划养老金权益不透明和难携带的缺点。因此，这类计划广受年轻雇员和流动性较大雇员的欢迎。从养老金权益的累积模式看，现金余额计划的权益积累分布均匀，不像传统的 DB 计划，权益积累具有“后置性”。通过模拟可以发现（文献【4】），在 DB 计划下，如果雇员更换多次工作，最终获得的养老金给付远远少于坚持一份工作的雇员。而在现金余额计划下，更换工作不会减少雇员最终可获得的养老金权益。因此，一般认为，在传统 DB 计划下，长期服务于一个雇主会使雇员的养老金权益最大化，如果雇员在同样的 DB 计划下转换工作，将会使其养老金权益减少。从另一个角度看，由于现金余额计划在权益积累上分布均匀，如果将一个在权益积累上有后置性的传统 DB 计划转化为现金余额计划，则会相应节约养老金计划的成本。另外，现金余额计划可以采用低于预期投资回报率的记账利率，从而实际利率与记账利率的差额也可以帮助减少计划的成本。

从雇主和精算管理的角度看，现金余额计划在设定的待遇目标下，需要运用精算技术对计划的成本和负债进行评估。在评估中涉及名义账户余额、计划精算负债和计划资产三个方面的平衡和衔接。在计划的运行中，名义账户余额（Cash Balance）与计划资产价值不一定相等，但在雇员退出计划时，携带的养老金权益价值等于名义账户余额。因此，在对计划成员未来养老权益进行预测时，需要按照预期的名义账户价值进行计算。在现金余额计划中，精算负债代表计划的筹资目标，计划积累的资产要与精算负债对应，从而保证计划的偿付能力。如果参加人在退休前离开计划，计划按精算负债等额积累的资产可能小于现金余额账户价值，这时，计划会产生财务缺口。

在实践中，有一些计划具备现金余额计划的基本特征，但在风险和收益分配上，又作了一些调整。比如美国的最低余额养老金计划（minimum balance pension plan），为参加者提供的待遇是现金余额计划与传统 DB 计划待遇中的较大者。有些现金余额计划将养老金权益积累与某股票指数挂钩，从而给参加者带来更高的收益预期和更大的风险。还有一些现金余额计划的变形计划，将计划积累的资产价值超出账户价值差额的部分定期分摊到个人的累积权益中，从而在余额账户中体现因实际投资收益大于记账利率而增加的额外权益。

当一个传统的DB计划转向现金余额计划时，如果传统计划采取最后平均工资确定待遇，即参加者在后期积累的权益大于前期，这种计划转向现金余额计划后，会均衡积累权益，从而对服务期较长的参加者来说是一种养老金损失（pension wear away），也就是他们在退休后得到的养老金权益小于在传统DB计划下的数额。同样的原因，有时雇主选择从传统DB计划转向现金余额计划，也是为了节约未来的养老金成本。实践中，为了保护由于计划转换给参加者带来的损失，可以在计划转换中设计相应的选择权。例如，在计划转移时，允许雇员选择转向新计划还是保留在原计划中，或者允许养老金权益受到不利影响的雇员选择留在原计划中，或者调整他们现金余额计划的账户余额，或者在雇员的其他养老金计划下增加缴费等。

（2）养老金权益计划。该计划是一种DB型混合计划，与现金余额计划类似，都是依据预先设定的待遇水平确定缴费，但预先设定的待遇水平是一个在退休时的一次性领取额，而不像传统DB计划那样规定退休后的年金给付水平。另外，如果在参加者退休前退出计划，可以一次性领取已积累的养老金权益。与现金余额计划不同的是，养老金权益计划以最后工资为基础设定退休时养老金权益。其中，最后工资可以是退休前一年或几年工资的平均数，而现金余额计划以职业平均工资为基础设定养老金权益。也就是说，在现金余额计划下，每年积累的养老金权益是当年工资的一个比例，从而在退休时积累的养老金总权益是职业平均工资的一个比例。在权益计划下，每年积累的养老金权益是退休前工资与一个比例系数之积，在退休时积累的总权益也是退休前工资与一个比例系数之积，但计算总权益的比例系数等于退休前各年积累的比例系数之和。在退休前退出计划积累的养老金权益是退出前工资与退出前积累的总权益比例的乘积。另外，养老金权益计划不设名义个人账户，但权益的积累采用与现金余额计划类似的利率设定方式，或者是一个规定的利率，或者与某指数挂钩。

与传统DB计划的养老金权益积累模式类似，养老金权益计划每年积累的获得退休前工资的比例系数可以是恒定的，或者在一定时期内是恒定的，也可以随工作年数或年龄的增加而增加。后者会产生与传统DB计划类似的权益积累后置。但由于一般情况在一段时期内不会调整权益系数，从而在后期的权益累积不如传统DB计划那么快。但无论如何，在权益设计上的后置性有利于稳定职工队伍，对年老的雇员具有更大的优惠。

例如，某人从30岁开始在某公司工作，同年参加了公司的养老金权益计划，计划规定的养老金权益的积累模式如下：

（1）参加工作10年内每年积累4%的最后工资；

（2）参加工作11~20年内每年积累6%的最后工资；

（3）参加工作21年以上，每年积累8%的最后工资。

如果参加者在55岁时的年工资为8万元，假设今后每年的工资增长为5%，那么，如果他选择在55岁退休，已积累的养老金权益系数为140%（4%×10+6%×10+8%×5=140%），那么，一次性领取的养老金权益额为11.2万元（8×140%）。如果他选择在65岁退休，65岁的工资为13.03万元（$8\times1.05^{10}=13.03$万元），已积累的养老金权益系数为220%（4%×10+6%×10+8%×15=220%），则一次性领取的养老金权益额为28.67万元（13.0×220%=28.67）。

从上例可以看出，养老金权益计划在权益累积上存在后置性。

与传统DB计划相比，现金余额计划和养老金权益计划提供了透明的、可携带的养老金权益，有利于劳动力流动。当然，这两种混合型DB计划一般也提供在退休时或中途退出时一次性领取和按年金领取两种选择权。对于选择一次性领取的参加者来说，很难保证他们的一次性领取能够转换为退休后一定水平的定期收入，从而与只提供一次性给付的DC计划一样，可能不能实现养老金计划预先设定的待遇目标。

2. DC型混合计划

DC型混合计划具备DB计划的某些特征，如提供担保待遇，在确定的待遇目标下计算缴费，为某些雇员提供有倾向性的待遇等。但计划采取个人账户方式记录缴费和投资收益，计划的投资由参加者决策，投资风险由参加者承担，计划最终待遇由账户的实际价值确定。在实践中常见的DC型混合计划有目标待遇计划（target benefit plans）和最低保证计划（floor - offset plan）等。

（1）目标待遇计划。该计划的基本特征是设定一个待遇目标。这个目标采取与DB计划类似的待遇公式，如按工作年数和最后平均工资的比例或者工作期间平均工资的比例计算年养老金待遇，并依据精算方法评估成本确定缴费水平。缴费计入个人账户，投资决策由个人作出，投资收益或损失计入个人账户。由于每个参加人在目标待遇上可能存在差异，使同一计划下不同参加人的缴费存在差异。养老金的最终待遇取决于个人账户余额及其转换为生存年金的价格，因此，实际养老金水平可能偏离预先设定的目标。与DC计划相同的是，雇主在目标待遇计划下只有缴费责任，当计划的资产价值低于获得目标待遇的预期资产水平时，雇主并不负责补充额外的缴费。

（2）最低保证待遇计划。该计划实际上由两个有联系但独立的计划组成，一个是提供最低待遇的DB计划，另一个是提供基础养老金的DC计划，这两个计划组合在一起构成一个养老金计划。其中，DB计划的待遇设计可能考虑参加人的年龄、工作年数和工资水平等因素，采用标准的DB计划待遇设定公式，目标是提供雇主设定的最低待遇保证。DC计划按个人账户模式管理和运行，待遇在退休时一次性领取或者转换成年金领取。当DC计划提供的待遇大于等于DB计划提供最低待遇时，参加者按DC计划提供的待遇从DC计划中领取，DB计划没有任何支出。当DC计划提供的待遇小于DB计划承诺的最低待遇时，参加者除了领取DC计划提供的待遇外，还可以从DB计划中领取最低待遇与DC计划提供的待遇的差额部分。

最低保证待遇计划，实际上是在DC计划的基础上，按DB计划的规定，设定一个最低的目标待遇水平，并由雇主对最低目标待遇提供担保。从而，这一计划既有DC计划权益透明、携带方便的优点，又能够保护参加人免受市场风险对养老待遇的影响，同时，允许计划参加者自己作出投资决策。参加者至少可以获得DB计划设定的最低待遇，当DC计划的投资收益更高时，还可以获得高出最低待遇的额外给付。因而该计划既可以满足流动频繁的年轻雇员对计划可携带的要求，也可以为年老的和工作年限较长的雇员提供最低的收入保证，使计划对不同年龄段的参加者都有一定的吸引力。

从管理的角度看，由于最低保证待遇计划包含DB和DC两种类型的计划，从而既要遵守法律法规对DB计划的相关规定，如在美国，要求该计划向PBGC缴费。同时，也要承担DC计划的各种管理责任，包括账户管理、提供不同的投资组合策略供参加者选择等，此外还需要向参加者解释DB计划和DC计划的相互关系等，从而管理成本相对较高。

§6.3 养老金计划的发展趋势

6.3.1 养老金计划发展的一般趋势

从各国养老金计划的发展趋势看，20世纪80年代以前，DB计划是公共部门和私人部门为雇员提供退休收入保障的主要形式，在养老金计划中占主导地位。DB计划盛行时期，很多大型公司为其雇员提供的退休金计划都是DB计划，DC计划只是保险公司为小型公司或自营业者提供的保险计划。20世纪80年代以后，由于DC计划一方面可以使雇主摆脱经济波动和人口寿命改善带来的债务增加，将风险转移给雇员，另一方面DC计划个人账户的灵活携带和转移方式适应劳动力市场流动的特点，使DC计划开始受到青睐。

表6-1列出了2004年经合组织（OECD）国家养老金计划资产在DB计划和DC计划中的分配情况。总体上看，2004年，OECD多数国家的DB计划资产仍然超过DC计划，芬兰、德国、韩国和挪威等4个国家的养老金计划都是DB计划，加拿大、日本、荷兰、葡萄牙以及瑞典等5个国家的

DB 计划资产规模维持在总资产规模的 90% 以上。但是，也有 8 个国家的 DC 计划资产规模超过了 DB 计划。

表 6－1　　2004 年 OECD 国家两类养老金计划的资产比例　　单位：%

国　　家	DC 计划	DB 计划
澳大利亚	83	17
奥 地 利	75	25
比 利 时	25	75
加 拿 大	7	93
丹　　麦	97	3
芬　　兰	0	100
德　　国	0	100
希　　腊	50	50
冰　　岛	82	18
爱 尔 兰	98	2
意 大 利	75	25
日　　本	1	99
韩　　国	0	100
荷　　兰	9	91
新 西 兰	52	48
挪　　威	0	100
葡 萄 牙	2	98
西 班 牙	97	3
瑞　　典	5	95
英　　国	22	78
美　　国	35	65

资料来源：OECD Pension Markets in Focus October 2006。

从部门来看，多数国家的公共部门养老金计划为 DB 型。表 6－2 列出了 OECD 国家公共部门养老金计划的类型。

表 6－2　　OECD 国家公共部门养老金计划的类型

国　　家	基本计划	辅助计划
澳大利亚	DB	DC
奥 地 利	DB	DC（合同制工人）
比 利 时	DB	—
丹　　麦	DB	—
芬　　兰	DB	—

续表

国家	基本计划	辅助计划
法国	DB	DC
德国	DB 或 DC	DB 或 DC
希腊	DB	—
匈牙利	DB	DC
爱尔兰	DB	—
日本	DB	—
荷兰	DB	—
新西兰	DB	DC
挪威	DB	DB
波兰	DB	DC
葡萄牙	DB	DC
西班牙	DB	—
瑞典	DB	—
英国	—	DC

资料来源：依据文献【3】整理。

6.3.2 美国养老金计划的发展趋势

美国是从 DB 计划转向 DC 计划趋势最为明显的国家之一。在美国，DB 计划的历史可以追溯到 130 多年前。早在 1875 年美国运通公司就建立了世界上第一份正式的养老金计划，这份计划就是 DB 计划。随后，不少大型公司相继建立了 DB 型养老金计划。如美国 AT&T 公司于 1906 年建立了 DB 计划；1925 年，美国主要的铁路公司、煤气电气公司、银行、煤矿公司以及石油公司等都建立了正式的 DB 养老金计划。

第二次世界大战后，出于重建战后经济秩序的需要，政府开始重建养老金体系。1940—1970 年的 30 年间，美国养老金计划覆盖人数从 410 万人增至 2 630 万人，年均增长 6.39%。同期缴款数额从 3.1 亿美元增至 140 亿美元，年均增长 13.54%。养老基金的资产总额从 24 亿美元增至 1 371 亿美元，年均增长 14.44%（文献【1】）。这一时期，DB 计划几乎占美国所有类型养老金计划的 95% 以上（文献【23】）。1974 年，美国政府颁布了《雇员退休收入保障法案》，这一法案对 DB 计划下的雇主责任作出严格的规定。此后，DB 计划在养老金计划中所占比重开始下滑，DC 计划的数量开始增加。1978 年前后，一些公司开始为其雇员提供诸如利润分享计划等延期补偿计划。1981 年，美国税务局（IRS）正式批准通过了 401(k) 计划，允许雇员用税前收入为养老金计划缴费。同年，强生公司为其雇员设计出第一份 401(k) 计划。之后，401(k) 计划迅速发展，成为新建立计划的主要类型。

在过去几十年中，美国的养老金计划数量逐年增加，从 1975 年的 30 多万个[①]增加到 2006 年的约 70 万个，其中，DC 计划数在总计划数中的占比逐年增加。1975 年，DC 计划数占总计划数的 67%，到 2006 年底，DC 计划数的占比已达到 93%。图 6－1 描绘了 1975—2006 年美国养老金计划数量的变动。从图 6－1 中可以看出，ERISA 颁布以来，DC 计划数显著增长，特别在 1986 年以前，DC 计划数增长迅速，DB 计划数却在不断下滑。

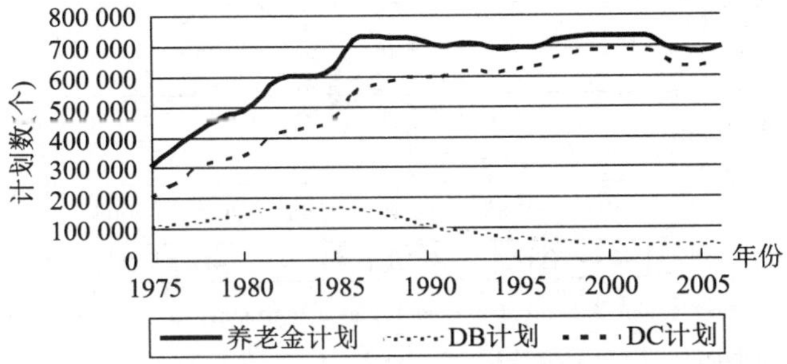

资料来源：Private Pension Plan Bulletin Historical Tables and Graphs, U. S. Department of Labor, Employee Benefits Security, Administration, February 2009.

图 6－1　美国养老金计划数量分布图

养老金计划的参保人数逐年增加，1975 年计划只覆盖 4 000 多万人，到 2006 年，养老金计划参保人数超过 1.2 亿人。图 6－2 给出了 1975—2006 年美国 DB 和 DC 两种养老金计划覆盖人数的变动。从图 6－2 中可以看出，养老金计划覆盖人数的增加主要是由于 DC 计划的发展。DB 计划的覆盖人数在 30 多年内一直稳定保持在 4 000 万人左右。

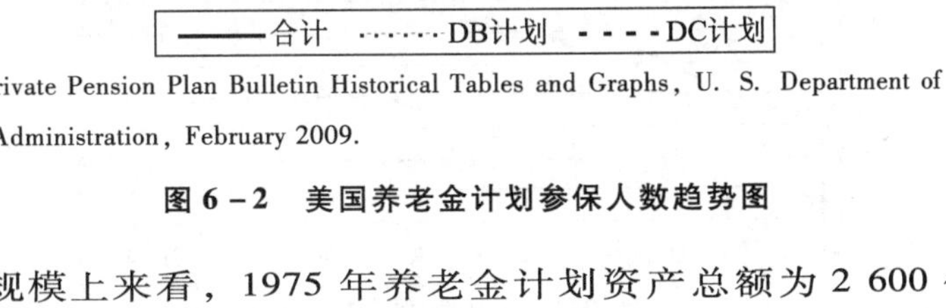

资料来源：Private Pension Plan Bulletin Historical Tables and Graphs, U. S. Department of Labor, Employee Benefits Security, Administration, February 2009.

图 6－2　美国养老金计划参保人数趋势图

从资产规模上来看，1975 年养老金计划资产总额为 2 600 亿美元，到 2006 年底，资产总额已超过 5.6 万亿美元。DC 计划的资产增长快于 DB 计

① 在美国，混合型养老金计划按性质不同被归类在 DB 计划和 DC 计划下，没有单独列出混合型计划的数据。

划，1997 年后，DC 计划的资产规模已超过 DB 计划。图 6－3 给出了 1975—2006 年美国 DB 和 DC 养老金计划资产的变动。从图 6－3 中可以看出，尽管 DC 计划个数和参保人数大大超过 DB 计划，但在资产规模上，两类计划相差不大。

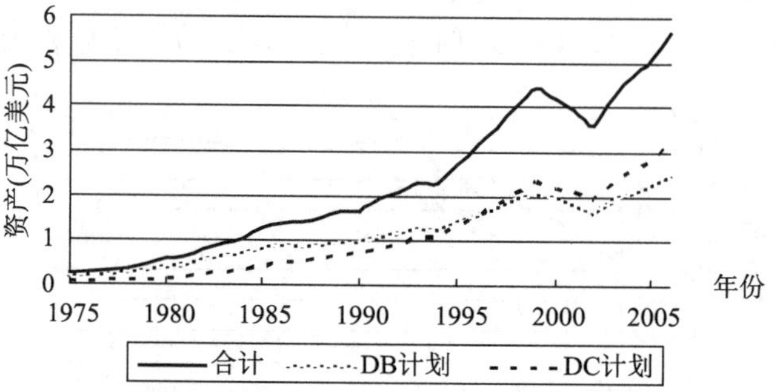

资料来源：Private Pension Plan Bulletin Historical Tables and Graphs, U. S. Department of Labor, Employee Benefits Security, Administration, February 2009.

图 6－3　美国养老金计划资产分布图

美国 DC 计划的迅速发展在很大程度上得益于 401(k) 计划的拉动，401(k) 计划是利润分享计划的一种。1985 年以来，401(k) 计划迅速发展，覆盖人数和资产规模迅速增加。图 6－4 描述了 1984—2006 年 401(k) 计划数、在职参保人数和资产额在 DC 计划中所占的百分比。从图 6－4 中可以看出，401(k) 计划对 DC 计划发展贡献明显。1984 年 401(k) 计划数只有 1.7 万个，在职参保人数为 750 万人，资产额为 917 亿美元，到 2006 年，401(k) 计划个数达到 46 万个，在职参保人数超过 5 800 万人，资产额达到 2.7 万亿美元。2006 年，401(k) 计划个数、在职参保人数和资产额分别占 DC 计划相应项目的 72%、89% 和 86%。

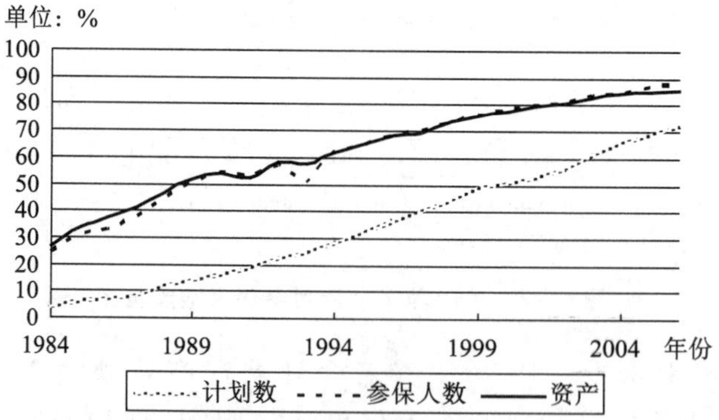

资料来源：Private Pension Plan Bulletin Historical Tables and Graphs, U. S. Department of Labor, Employee Benefits Security, Administration, February 2009.

图 6－4　1984—2004 年 401(k) 计划数、参保人数及资产额在 DC 计划中的百分比

DB 计划的衰减和 DC 计划的快速发展，与 1974 年美国《雇员退休收入保障法案》颁布以来在政策上对 DB 计划的严格限制有关，也与 DC 计划能够转移雇主风险并顺应劳动力市场发展的特点有关。

第一，《雇员退休收入保障法案》中对 DB 计划的诸多约束条款，使 DB 计划对雇主的吸引力锐减。例如，法案的终止条款使因资金不足而终止 DB 计划的雇主背起沉重的债务负担，但建立 DC 计划的雇主不受该条款的限制。法案还限制雇主对计划参数的调整。例如，人口寿命延长使 DB 计划的债务增加，但法案不允许雇主通过调整退休年龄的方式减轻财务压力。一些建立 DB 计划的雇主迫于财务压力，不得不选择放弃 DB 计划（文献【17】）。另外，1987 年通过的《综合预算协调法案》（Omnibus Budget Reconciliation Act, OBRA）对 DB 计划的终止与筹资作出了复杂和严格的规定，1994 年的关贸总协定又加强了这一规定，从而使建立和管理 DB 计划更为复杂，成本也更高，使人们更倾向于相对自由的 DC 计划（文献【22】）。针对 DB 计划偿付能力问题，政府为 DB 计划建立了再保险担保机构 PBGC，要求 DB 计划以参保人为基础，并依据计划规模和偿付能力状况每年向 PBGC 缴费，但自 PBGC 于 1974 年建立以来，要求 DB 计划向 PBGC 的缴费不断上升。例如，1974 年，单个雇主计划只需为每位雇员向 PBGC 缴纳 1 美元保费，从 1991 年之后，每位雇员的保费数额已增至 19 美元，而且对于未备基金部分，即负债超出资产的部分，每 1 000 美元还要追加 9 美元的保费，这无疑增大了 DB 计划的成本。

在政策方面，政府税收导向对不同类型养老金计划的发展也有重要作用。政府通常对两类计划在一定限度内的雇主缴费不征税，也就是雇主缴费可以在税前列支。但对 DB 计划，税法要求享受税收优惠需要覆盖一定数量的员工，在大中型企业中，至少要有 50 名雇员加入计划，在小型企业中，其覆盖范围必须达到 40%，如果只雇佣一名雇员，该计划必须覆盖雇主和雇员两个人等。但自 1997 年以来，DC 计划就不再受这项条款的限制。另外，对于雇员缴费，DB 计划只允许在税后缴费，而依据 1978 年美国《国家税收法》（Internal Revenue Code, IRC）中 401(k) 条款的规定，雇员可以在税前为 401(k) 计划缴费。可见，政府通过向 DC 计划，特别是 401(k) 计划提供税收优惠政策，鼓励了更多的雇主建立 DC 计划。

第二，DC 计划将雇主在 DB 计划中必须承担的工资增长风险、投资风险、长寿风险等都转移给雇员，雇主只需定期为计划缴费，就可以很好地履行在养老金上的责任，从而更加青睐 DC 计划。随着市场经济的发展、金融工具的创新，金融和经济的波动性增大，从而使举办 DB 计划的雇主面临更大的养老基金投资风险。另外，随着经济发展和医疗技术的进步，人口寿命不断延长，长寿风险使举办 DB 计划的雇主不堪重负。DC 计划可以将这些风险转移给雇员，对雇主来说，必然是一种更优的选择。

第三，一般认为，建立 DB 计划的成本远远高于 DC 计划，特别是中小企业，建立 DB 计划的成本更高。美国宾夕法尼亚大学沃顿商学院的米歇尔教授（Olivia S. Mitchell）比较研究了建立不同规模的 DB 和 DC 计划的成本①（见表 6－3）。研究显示，1981 年建立 15 人以下的 DB 计划比 DC 计划的成本高出 42%，而规模在 1 万人以上的 DB 计划比 DC 计划的成本节约 9%。到 1996 年，建立 DB 计划的成本普遍高于 DC 计划，小型企业建立 DB 计划所需成本比建立 DC 计划高出 116%，大型企业高出 39%（文献【15】）。DC 计划在建立和运行成本上的优势，也促进了 DC 计划的发展。

表 6－3　　DB 计划所需成本与 DC 计划所需成本的比值　　单位：%

年　份	小型企业（15 人）	大型企业（1 万人以上）
1981	142	91
1996	216	139

资料来源：文献【15】。

在计划设计上，DB 计划一般由雇主单方缴费，雇员不缴费。DC 计划要求雇主和雇员共同缴费。因此，为实现一定的目标替代，雇主在 DC 计划下的缴费更低。例如，英国 DB 计划下的雇主缴费率为 15%，而 DC 计划的缴费率为 5%，DB 计划的缴费水平几乎是 DC 计划的 3 倍（文献【24】）。DB 计划较高的缴费水平，使一些财务负担较重的小规模企业难以承受，这是小型企业纷纷放弃 DB 计划的原因所在。

第四，DC 计划的个人账户管理方式，使养老金权益积累更加透明，更容易被参加人所理解和接受，也更好地适应了劳动力流动的特点。如前面已指出的，在计划设计上，DB 计划对养老金权益积累有着明显的后置性，并且对既得权益有严格的规定，从而使流动员工的养老权益遭受损失。而 DC 计划却能够很好地保护转换工作员工的权益。在英国，一项调查显示，平均每人在一生中至少要换 6 次工作。这样，相对于工作稳定不变的雇员而言，他们可能要损失掉 25%～30% 的养老金收入，即使一生只更换 1 次工作，也要损失将近 16% 的收入（文献【6】）。而随着高新技术产业的迅猛发展及经济全球化的不断深入，世界产业结构正在向高科技化和服务化的方向发展。欧盟的一项研究表明，服务业现在已占到发达国家工业活动的 50%～70%。现代服务业和高新技术产业的蓬勃发展，瓦解了传统的长期雇佣关系。雇佣关系的变革加速了 DB 计划的衰退（文献【12】）。另外，与 DB 计划相比，很多 DC 计划都设立了贷款条款，当雇员出现经济困难

① 建立计划的成本包括记账费用、向政府提交报告的费用、基金评估所需的精算费用以及基金托管费用，但不包括资金管理成本。

时，可以向个人账户贷款。同时，个人账户贷款通常不需要缴纳税款和罚金，并可以通过扣减薪金的方式自动偿还贷款及利息（文献【25】）。这些灵活的设计，使DC计划有更大的市场需求。

6.3.3 加拿大养老金计划的发展趋势

与美国相比，加拿大养老金计划并未出现由DB计划转向DC计划的明显趋势，尽管DC计划数和参保人数都呈上升趋势，但总体上看，DB计划仍然占据主导地位。表6－4显示了1991—2008年加拿大登记的养老金计划的变动。

表6－4　　加拿大登记养老金计划数和参保人数的变动

年份	1991		1995		2000		2005		2008	
养老金计划	个数	%	个数	%	个数	%	个数	%	个数	%
DB计划	7 870	44	6 884	45	7 010	46	7 561	49	11 539	60
DC计划	9 901	55	8 278	54	8 055	52	7 485	49	7 165	37
混合和其他	257	1	267	2	290	2	290	2	481	3
总计划数	18 028	100	15 429	100	15 355	100	15 336	100	19 185	100
参保人数（万人）	人数	%	人数	%	人数	%	人数	%	人数	%
DB计划	478	90	454	88	457	84	461	81	454	77
DC计划	47	9	54	10	77	14	89	16	94	16
混合和其他	7	1	7	1	9	2	18	3	44	7
参保总人数	532	100	515	100	543	100	567	100	591	100

资料来源：Statistics Canada，CANSIM，table 280－0016，Canada's Retirement Income Programs：A Statistical Overview（1990－2010）.

从登记类型上来看，加拿大的养老金计划分为DB计划、DC计划和混合及其他计划。从表6－4中的数据可见，1991以来，DB计划数有明显增加的趋势，DC计划数则有下降的趋势。1991年，DB计划占计划总数的44%，DC计划数占计划总数的55%。到2008年，DB计划数占比增加到60%，DC计划数却下降到37%。从参保人数上看，由于大型DC计划的建立和发展，DC计划参保人数不断增加，从1991年占总参保人数的9%上升到2008年的16%，但DB计划仍然占主要地位，尽管参保人数所占比例有所下降，但2008年仍然占总参保人数的77%。从部门来看，公共部门的养老金计划基本上一直采用DB计划。1974年，加拿大公共部门的职员中加入DC计划的比例只有1%，经过30多年后，到2004年，参加DC计划人员所占的比例仍然不足6%，而DB计划的比例为93%。相对于公共部门，加拿大的私人部门向DC计划转化的速度要略为明显。1974年，私人部门雇员加入DC计划的比例不足1/10，到2004年，该比例已经达到1/4的水平。从养老金计划规模上看，DB 计划的规模普遍大于 DC 计划，表6－5 列出了加拿大不同类型养老金计划信托基金个数、参保人数和资产总额。从表 6－5 中的数据可见，2000 年，无论是信托基金的个数、参保人数还是信托基金资产额，DB 计划都占绝对优势。DB 型信托基金个数占比为 73.4%，覆盖了 88% 的参保人数，拥有 92.5% 的资产额；DC 计划信托基金个数占比为 17.3%，覆盖 4.8% 的参保人数，占有 2.5% 的资产额。其中，公共部门拥有的 DB 计划数明显高于私人部门。

表 6－5　　2000 年加拿大信托养老基金的个数、参保人数和资产总额

计划类型	合计		公共部门		私人部门	
基金数	个数	%	个数	%	个数	%
DB 计划	2 354	73.7	218	80.7	2 136	73
DC 计划	554	17.3	29	10.7	525	17.9
混合计划和其他	285	8.8	23	8.4	262	8.8
合计	3 193	100	270	100	2 923	100
参保人数（千人）	人数	%	人数	%	人数	%
DB 计划	3 537	88	1 869	94.5	1 668	81.7
DC 计划	196	4.8	63	3.1	133	6.5
混合计划和其他	285	6.9	44	2.1	241	11.7
合计	4 018	100	1 976	100	2 042	100
总资产市场价值（百万加元）	资产	%	资产	%	资产	%
DB 计划	553 658	92.5	356 952	95.3	196 706	87.8
DC 计划	15 378	2.5	6 172	1.6	9 207	4.1
混合计划和其他	29 125	4.8	11 205	2.9	17 919	8
合计	598 162	100	374 330	100	223 832	100

资料来源：Canada's Retirement Income Programs：A Statistical Overview（1990－2000）.

对于加拿大养老金计划没有表现出明显转向 DC 计划的原因，加拿大滑铁卢大学的罗伯特教授（文献【16】）认为，这与政府在养老金设计和改革方面的相关法规及政府提供的税收优惠有关。在加拿大，DB 计划的设计和运行并不像美国 ERISA 法案那样具有严厉和苛刻的限制性条款，在养老金计划设计和管理上，养老金相关法规给予雇主更多的灵活性和自主性，没有对计划覆盖人数和既得养老金权益有严格的规定，从而给 DB 计划的正常发展提供了相对宽松的平台。在税收政策方面，美国为促进 DC 计划的发展，给 DC 计划中的个人缴费以特别的税收优惠鼓励，而 DB 计划的个人缴费必须在税后缴付。在加拿大，DB 计划和 DC 计划的税收政策完全一致，加拿大 70% 以上的养老金计划都是雇主和雇员共同缴费的，所有的公共养老金计划都要求雇员和雇主共同缴费，无论是 DB 计划还是 DC 计划，个人缴费都享有同样的税收优惠，从而为两类计划的发展搭建了相对公平的竞争平台。另外，加拿大规定 DB 计划和 DC 计划都必须以年金方式领取，任何计划都不允许一次性支付全额养老金，从而可以直接比较两类计划提供的待遇水平，使 DB 计划的优势更容易显现。此外，在计划设计上，DB 计划能够提供退休前死亡和伤残给付以及退休后年金指数化等附加待遇设计，这一设计更有利于为雇员提供全面的保障。1996 年，28% 的 DB 计划提供退休金的指数化调整，这些计划覆盖了大约一半的 DB 计划参保人数，这一设计也提升了 DB 计划被认可和接受的程度。

在加拿大，促进 DC 计划发展的因素更多是由于 DC 计划在转移和管理成本方面的优势。但总体来说，政策方面的作用是巨大的。在加拿大养老金计划中，DB 计划仍然占据主要地位，政府政策的支持是主要原因。

6.3.4　英国养老金计划的发展趋势

在英国，DB 计划的发展历史比 DC 计划要久远得多。大多数 DB 计划发起于 20 世纪中期，而只有为数很少（17%）的 DC 计划建立于 20 世纪 80 年代之前，约 1/3 的 DC 计划是 2000 年之后才开始建立的。虽然 DC 计划的发展比 DB 计划晚了近半个世纪，但是，从 2000 年开始，DC 计划的数量已经远远超过了 DB 计划。图 6－5 表明了 2000 年、2004 年、2005 年 DB 计划数和 DC 计划数的变动。

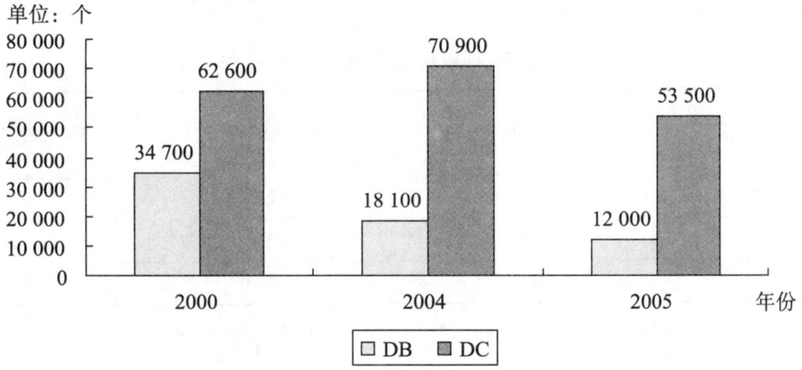

资料来源：Occupational Pension Schemes Survey, Government Actuary's Department.

图 6－5　英国不同养老金计划的数量分布

从参保人数上看，私人部门的 DB 计划参保人数有所减少，但公共部门 DB 计划的参保人数在增加。从总体上看，在 2004 年，DB 计划参保人数仍然多于 DC 计划。由于 DC 计划只在私人部门发展，总体上看，DC 计划仍然比 DB 计划的覆盖人数少（见图 6－6）。

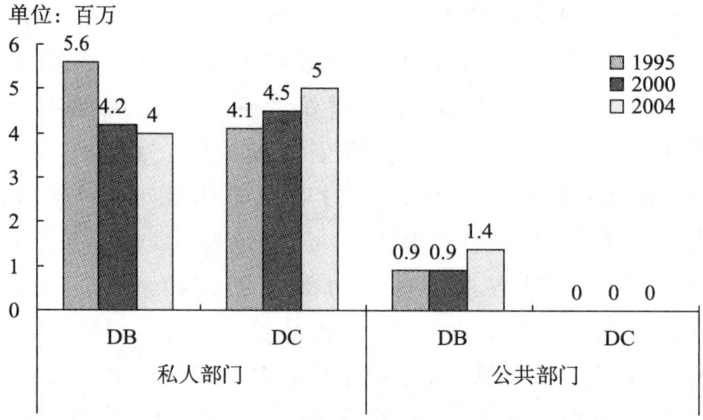

资料来源：Gordon L. Clark, The UK occupational pension system in crisis, University of Oxford, 2006.

图 6－6　英国不同部门的养老金计划参保人数变动

再从企业规模上看，据 2005 年英国咨询精算师协会（Association of Consulting Actuaries，ACA）的调查显示①（数据见表 6－6），在雇员人数少于 250 人的企业中，82% 的企业都为雇员建立了 DC 计划，17% 的企业建立了混合计划，1% 的企业建立了 DB 计划。但在雇员人数多于 1 000 人的大型企业中，只有 1% 的企业为雇员建立了 DC 计划，62% 的企业建立的是混合计划，37% 的企业建立的是 DB 计划。可以看出，虽然 DC 计划数量巨大，但主要集中在小型企业，在大中型企业中，DB 计划和混合计划仍然占据主要地位。另外，英国的公共部门只为雇员提供 DB 计划。

表 6－6　　2005 年英国不同规模企业的养老金计划调查　　单位：%

计划类型＼雇员人数	0—250 人	251—999 人	1 000 人及以上
DB 计划	1	29	37
DC 计划	82	14	1
混合计划	17	57	62

资料来源：Association of Consulting Actuaries 2005, UK Pension Trends Survey.

由于建立 DC 计划的企业在规模上明显小于 DB 计划，因此，尽管 DC 计划的数量比 DB 计划的 3 倍还要多，但其参保在职成员还不足 DB 计划的 1/3。2004 年，英国养老金计划体系覆盖的 460 万在职成员中，共有 360 万人参加的是 DB 计划，占总体的 78.26%，参加 DC 计划的仅有 100 万人，还不到总体的 1/4（文献【14】）。可见，在英国，养老金计划尽管已经出现了转向 DC 的趋势，但 DB 计划仍然占据主导地位。

① 该项调查的对象来自英国的 390 家企业，参保人数共计超过 280 万人，养老金资产合计超过 1 310 亿英镑。

参考文献

【1】 A. Munnell, *the Economics of Private Pensions*, Washington, D. C. The Brookings Institution, 1982.

【2】 Clark, R. and F. Munzenmaier. *Impact of Replacing a Defined Benefit Pension with a Defined Contribution Plan or a Cash Balance Plan*, North American Actuarial Journal 5 (1): 32 - 56. 2001.

【3】 Robert P. and Edward W. , *Civil - service Pension Schemes around the World*, Social Protection Discussion Paper, No. 0602, The World Bank, May 2006.

【4】 Daniel R. McMonagle, *Cash Balance Plans in a Traditional Defined Benefit World*, SOA. 2001.

【5】 Dan M. McGill et al. *Fundamentals of Private Pensions*, University of Pennsylvaniz Press, Phiadelphia, 1996.

【6】 David Blake, *Does it matter what type of pension scheme you have?* Economic journal, F46 – F81 February 2000.

【7】 David Blake, *Pension Schemes and Pension Funds in the United Kingdom*, Oxford, University Press. 2003.

【8】 David Blake, *Pension Finance*, John wiley and Sons, Ltd, 2006.

【9】 Dennis R. Coleman. *The Cash Balance Plan.* The Pension Forum, Pension Section of the Society of Actuaries, 1998.

【10】 Donald Ross and Lester Wills, *The Shift from Defined Benefit to Defined Contribution Retirement Plans and the Provisioning of Retirement Savings*, The Pensions Institute, Discussion Paper Pi-021, UK 2002. http://www. pensions – institute. org

【11】 Gary and Keith, *Profitable Prudence: The Case for Public Employer Defined Benefit Plans*, Pension Research Council Working Paper (PRC WP 2004 –6), 2004.

【12】 Kruse, Douglas. *Pension Substitution in the 1980s: Why the Shift Toward Defined Contribution?* Industrial Relations, April 1995, 34 (2), pp. 218 –41.

【13】 Lee Price, *Shifting Risk: Workers today near retirement more vulnerable and with lower pensions*, Economic Policy Institute, EPI Issue Brief, 2005.

【14】 Mitchell, O. S. , Hustead, E. C. , *Pensions in the Public Sector*, University of PA Press, 2001.

【15】 Office for National Statistics, *Pension Trends*, No. 1 2005 edition.

【16】 Olivia S. *Mitchell*, *International Models for Pension Reform*, PRC WP 98－5, 1998.

【17】 Robert L Brown and Jianxun Liu, *The shift to defined contribution pension plans*: *Why did it not happen in Canada*, North American Actuarial Journal; Jul 2001; 5, 3; ABI/INFORM Global pg. 65.

【18】 Stephanie Aaronson, Julia Coronado, *Are Firms or Workers Behind the Shift Away from DB Pension Plans*? Federal Reserve Board, July, 2004, P6.

【19】 Tongxuan (Stella) Yang, *Understanding the Defined Benefit versus Defined Contribution Choice*, PRC WP 2005－4, Pension Research Council Working Paper.

【20】 United States General Accounting Office. *Private Pensions*: *Implication of Conversions to Cash Balance Plans*. 2000. GAO/HEHS－00－185.

【21】 Zvi Bodie, *Pensions as retirement income insurance*, Journal of Economic Literature, 28 (1), 1990, 28～49.

【22】 崔少敏：《补充养老保险》，中国劳动社会保障出版社 2002 年版。

【23】 艾伦等著，杨燕绥等译：《退休金计划：退休金、利润分享和其他延期支付》，经济科学出版社 2002 年版。

【24】 黄勤：《美国的企业年金制度及其对我国的启示》，《产业经济研究》，2003 年 (3)。

【25】 郑秉文：《中国企业年金何去何从：从〈养老保险管理办法（草案）〉谈起》，《中国人口科学》，2006 (2)。

【26】 钟子埙：《企业年金税收的经济学分析》，《企业年金专题研究》，2004 (6)。

【27】 王晓军：《中国养老金制度及其精算评价》，经济科学出版社 2000 年版。

【28】 王晓军：《养老保险原理及经营运作》，. 广州信平市场策划顾问有限公司，2005 年。

【29】 Dennis 等著，林义等译：《养老金计划管理》，中国劳动社会保障出版社 2003 年版。

第7章　养老金计划待遇与缴费的设计

养老金计划的目的在于为参加人提供一定的退休收入保障，为企业吸引和留住优秀人才、增强企业在人才上的竞争力发挥作用。养老金计划的设计，应围绕建立计划的目的，在国家相关法律法规的约束下，考虑企业的文化和发展战略、企业和员工的缴费能力和风险承担能力等，对计划的结构、类型、覆盖范围和参与资格、领取条件与待遇发放、既得权益的积累模式等作出具体的设计。本章在讲述养老金计划设计基本内容的基础上，重点对DB计划的待遇设计、DC计划的缴费设计、混合计划的待遇设计等进行讨论。

主要内容有：

□ 养老金计划设计的基本内容

□ DB计划待遇的设计

□ DC计划缴费的设计

□ 混合计划待遇的设计

§7.1　养老金计划设计的基本内容

养老金计划的设计是指对计划的结构和类型、覆盖范围、参保资格、待遇种类和待遇水平、既得养老金权益的积累模式、资金来源、融资模式、雇主和雇员的缴费水平、基金管理等内容的具体设计。养老金计划的设计必须符合相关法律法规的要求。

7.1.1　覆盖范围和参加资格

养老金计划的实际覆盖人口是指所有参加养老金计划的人员的总和，具体包括以下三类人群：（1）已经退休并按计划规定领取养老金的人员；（2）正在积累养老金权益尚未退休的在职人员；（3）因离职等中止了养老金权益积累，但过去在计划下积累了养老金权益，并有权利在达到规定的年龄后开始领取养老金的人员。养老金计划的覆盖范围是指按计划的要求，应该包括在计划内的人口。实际覆盖人口可能小于计划规定的覆盖范围。

参加资格是对参加养老金计划的人员应具备的资格条件的规定。在计划设计中，一般要对参加者最低年龄和在本单位工作的工龄作出规定，也要对参加者是否是正式工或全职工等作出规定。在美国，养老金计划对参加资格的基本要求一般为员工年龄达到21岁并工作满两年。对年龄和工龄的最低要求，使计划发起人避免了对临时员工的账户管理和资金拨付，从而节约了成本。另外，法律一般不允许在覆盖范围上存在种族、民族、性别、职级等方面的歧视。

7.1.2 计划类型

计划类型是计划设计的主要方面，根据设立养老金计划的目的，对比分析不同类型计划的特点和发展趋势，在法律法规允许的范围内，对计划的类型作出选择。按发起人的多少，可以选择单雇主计划和多雇主集合计划。一般具备一定规模的大型企业会选择建立独立的单雇主计划，中小型企业因规模效应，大多会选择建立集合的多雇主计划。在计划待遇确定和风险承担上，可以选择建立DB计划、DC计划或者混合计划。三类计划在缴费、待遇、权益积累、可携带性、风险管理、财务管理、管理成本等方面具备不同的特点，应根据计划发起人对计划特点的要求，选择不同类型的计划。在养老基金的管理上，可以选择在公司内部建立独立的养老金机构对养老基金进行管理，也可以通过建立信托基金，委托专业的信托基金进行管理，还可以通过购买保险公司的产品和服务进行管理。在养老基金的类型上，可以选择对新加入者开放的开放式养老基金，也可以选择不允许新人加入的封闭式养老基金。在覆盖范围上，根据计划的目标，可以选择覆盖所有雇员的普惠式计划，也可以选择只对高管人员或特殊岗位人员的专门激励性计划。

7.1.3 正常退休年龄和退休待遇

在养老金计划下，正常退休年龄是指可以开始向退休人员提供全额退休金的年龄。由于人口结构、就业压力、养老基金支付能力等方面的差异，不同国家对正常退休年龄的规定有所不同，我国正规职业的退休年龄规定为男职工60岁，女职工55岁。在正常退休年龄前退休，一般只能领取减额的养老金权益。

退休待遇是指从正常退休年龄起得到的养老金给付。在DC计划下，养老金的待遇水平取决于缴费及其投资收入在退休时能够转换为年金的数额，退休待遇与缴费水平、投资回报、退休时转换为年金的价格等因素有关。缴费和投资回报越高，退休时转换为年金的价格越低，退休待遇越高。在DC计划的设计中，应该按照预定的待遇目标确定缴费水平。在DB计划下，预先规定养老金的给付标准，一般情况下，退休待遇与在计划下的工作年数、工资收入挂钩。

7.1.4 既得权益

既得权益是指个人参加养老金计划获得的归属于个人的养老金权益，是参加人因调离等原因离开养老金计划时可以带走的养老金权益。为了保护参加人的权益，避免养老金权益的损失，通常国家的养老金相关法律法规会对既得权益作出规定。例如，美国 1974 年颁发的《雇员退休收入保障法案》对基本既得权益要求作出了具体规定。一般情况下，由参加者个人缴费积累的养老金权益，应该立即归属个人成为既得权益。对于 DC 计划，个人账户记录了个人积累的养老金权益，既得权益通常就是个人账户的累积额。但是，如果计划对获得既得权益的缴费年数或其他条件有明确规定，既得权益可能小于个人账户累计额。例如，某 DC 计划规定，参加计划 5 年以上才能获得 100% 的由雇主缴费形成的养老金权益，参加计划不足 5 年时，只能获得 50% 的由雇主缴费形成的养老金权益部分。这样，对于一个参加计划不足 5 年的员工，当他退出计划时，只能带走由雇主缴费形成的个人账户余额的一半。对于 DB 计划，在计划设计时，需要明确获得既得权益的条件和既得权益的积累模式。既得权益的积累模式是指养老金权益归属个人的比例随参保年数或缴费年数的变动模式，例如，某 DB 计划规定，在参保的前 2 ~ 10 年内，养老金权益归属个人的比例从 20% 开始，每年增加 10% ，到第 10 年达到 100% 。这样，如果某参加人在第五年退出计划，他的既得权益为 50% 的应计给付。另外，工作和缴费年限往往是获得既得权益的基本条件，如某 DB 计划规定，参加者至少工作或缴费 2 年，才有资格获得既得权益。

7.1.5 其他待遇

除了正常退休后获得养老金待遇和退出计划时获得既得权益外，养老金计划的待遇往往还包括死亡待遇、伤残待遇、提前退休和推迟退休的待遇等。有些计划在待遇设计中也考虑与国家基本养老保险的一致性和整合性，考虑养老金待遇随通货膨胀和劳动生产率提高的调整等。DC 计划的养老金待遇由积累的个人账户余额决定，当参加者死亡或发生伤残时，可以获得个人账户余额。在 DB 计划下，退休前的死亡给付往往规定为某一固定数额。对于个人参与缴费的 DB 计划，退休前的死亡给付可能是对个人缴费的一次性退还，或者是对指定受益人在一定时期内的定期年金给付。退休后的死亡给付一般规定为某一固定数额。对于伤残待遇，往往规定为在伤残期间的定期津贴，定期津贴一般以既得权益为基础。对于提前退休和推迟退休，一般按精算平衡原则调整待遇，提前退休的待遇相应缩减，推迟退休的待遇相应增加。如果在计划设计上鼓励退休，可以相应地降低提前退休对待遇的缩减比例，或者降低推迟退休对待遇的增加比例。

7.1.6 计划筹资

养老金计划资金的主要来源是定期缴费，可以每月缴付一次，也可以每季度或每年缴付一次。缴费可以完全由雇主承担，也可以完全由雇员承担，或者由雇主和雇员共同承担。对于享受税收优惠的计划，缴费比例和数额受到税收优惠政策的限制。

对于DC计划，雇主和雇员的缴费一般会定期按规定的数额或缴费工资的一定比例缴付。对于DB计划，需要运用精算方法，在计划规定的待遇目标下，确定计划的成本和负债，缴费以成本为基础，并由雇主依据自身的经济状况确定缴费水平。在确定雇主和员工的缴费比例时，要综合考虑国家的税收政策、企业所在行业和自身的特点、企业的人才战略和文化等多方面的因素。在缴费方案的设计上，要考虑员工的职务、工资水平以及他们对企业的贡献等，区分不同层次、不同类型的员工，以吸引和稳定高层次、高素质员工，体现权利和义务的对等。同时，对于不同年龄和不同工龄的职工，应该考虑在退休金上的公平待遇。对建立计划时已有一定工龄积累的职工，要保证在同等条件下，员工能够享受到水平相当的待遇等。

7.1.7 待遇发放

养老金的待遇发放一般有两种基本方式：一种是年金化发放，即员工退休后按月领取养老金；另一种是员工退休后一次性支付。目前，我国在企业年金的设计上一般采取一次性支付的方式，这样可以减少退休后按月支付的成本。但退休给付采取年金的方式，可以保证退休职工得到定期的收入来源。对于通过保险公司运营的养老金计划，退休后的定期养老金待遇预先在保险合同中约定，由保险公司提供担保。如果采取信托基金模式，可以在退休时购买保险公司的生存养老年金或者直接从信托基金中以生存年金的方式领取。

生存年金通常有三种：第一种是终身生存年金，在退休职工生存期内给付年金，死亡后没有给付。对每年1单位元的生存年金，在职工退休当年r岁的精算现值为：

$$\ddot{a}_r = \sum_{t=0}^{\infty} {}_tp_r^{(m)} v^t$$

其中，${}_tp_x^{(m)}$是x岁的人在死亡概率的作用下存活t年的概率；v^t为t年折现系数。

第二种常用的年金是定期确定的生存年金，在一定时期内给付确定年金，期满后以参加者生存为条件给付生存年金。对从退休年龄 r 岁起，n 年定期内每年 1 元，之后每年 1 元生存年金的精算现值为：

$$\ddot{a}_{\overline{n|}} + {}_{n|}\ddot{a}_{r}$$

第三种是提供联合生存年金，以两个人中任一人存活为给付条件的生存年金，通常在其中一人死亡后给付额降低。以 x 表示养老金计划参加者的年龄，y 表示其配偶的年龄，如果在夫妇共同存活期给付 1 单位元，在计划参加者存活期给付 1 单位元，计划参加者死亡后其配偶存活期内每年给付额为 k 元，这时，年金的精算现值表示为：

$$\ddot{a}_{\underset{1}{xy}} = \sum_{t=0}^{\infty} v^{t}\left[{}_{t}p_{x}^{(m)} \cdot {}_{t}p_{y}^{(m)} + {}_{t}p_{x}^{(m)} \cdot (1 - {}_{t}p_{y}^{(m)}) + k \cdot {}_{t}p_{y}^{(m)}(1 - {}_{t}p_{x}^{(m)})\right]$$

§7.2　DB 养老金计划的待遇设计

DB 计划在待遇设计可以分为两大类：一类是固定给付计划（Flat Benefit Plan）；另一类是单位权益计划（Unit Benefit Plan）。固定给付计划的养老金待遇与过去的工龄和工资水平无关，参加人在退休后可以得到一定数额的养老金。单位权益计划下的养老金待遇与工作年数有关，养老金待遇规定为每工作一年可积累一定的养老金权益增加额。单位权益计划按单位权益的不同规定，又可以分为与工作年数相关的固定给付计划、平均工资给付计划和最后平均工资给付计划等几种。

7.2.1　与工作年数无关的固定给付计划

在固定给付计划下，养老金的待遇与参加者的工作年数无关，但通常会规定有资格领取养老金的最短工作年数。对于超出最短工作年数的参加者，养老金待遇规定为固定的数额，或者退休前工资的一个固定比例。

以 b_x 表示 e 岁加入养老金计划的参加者在其年龄为 $x \sim x+1$ 岁这一年得到的养老金权益；B_x 表示从加入计划到 x 岁（不包括 x 岁）得到的养老金权益累计值，$B_x = \sum_{t=e}^{x-1} b_t$；$B_r$ 表示到退休年 r 岁养老金权益累计值，即退休当年养老金水平，$B_r = \sum_{t=e}^{r-1} b_t$。

当退休待遇规定为固定数额时，$B_r = k$，k 为常数。一般对没有达到最低工作年限的职工，待遇将按比例下降或者没有待遇。这类计划常用于对所有参加人的无差异补贴，或者对工作年限达到一定年数的员工规定一个最低的待遇水平，使他们的待遇不低于规定的最低数额。

当退休待遇规定为退休前一年工资的固定比例时，$B_r = g\,s_{r-1}$，g 为固定比例，s_{r-1} 为退休前一年 $r-1$ 岁上的工资。一般情况下，该固定比例规定为退休前工资的 30% ~50% 。

实践中，全民津贴计划就是一种固定给付计划，其待遇与工资和工作年数无关，每个老年人都可以领取到相同数额的年金。

7.2.2 与工作年数相关的固定给付计划

退休待遇与工作年数相关，却与工作期间的工资水平无关，强调每一工作年得到同等的养老金权益，不考虑在工作期间的工资水平差异。这种养老金待遇通常规定为每工作一年得到固定数额的养老金权益。即 $b_x = c$，c 为固定数额。这时，e 岁加入养老金计划，在退休年龄 r 岁上的退休给付为 $B_r = c\ (r-e)$。在 x 岁积累的养老金权益为 $B_x = c\ (x-e)$。如果参加计划期间每工作一年每月得到 c 元给付，退休给付为 $B_r = 12c\ (r-e)$。

【例 7－1】 某养老金计划的待遇规定为每工作一年每月得到 20 元的退休给付，对于一个退休前有 30 年工作年数的参加者，其年退休给付为：

$$B_r = 20 \times 12 \times 30 = 7\ 200\ (元)$$

7.2.3 最后平均工资给付

在最后平均工资给付下，退休给付规定为每工作一年得到退休前一年或几年平均工资的一个比例，这一比例称为权益计发系数。设这一比例系数为 g，规定的计算最后平均工资的年数为 n，则退休前最后 n 年的平均工资为 $\frac{\sum_{t=r-n}^{r-1} s_t}{n}$，$s_t$ 为 t 岁上的工资。此时，在退休年龄 r 岁上的年退休给付为：

$$B_r = g(r-e)\left(\sum_{t=r-n}^{r-1} s_t\right)/n \tag{7.1}$$

简化上式，可以得出：

$$B_r = \frac{g(r-e)(S_r - S_{r-n})}{n} \tag{7.2}$$

其中，$S_x = \sum_{t=e}^{x-1} s_t$ 表示从进入计划 e 岁开始到 $x-1$ 岁的工资总和。

当 $n=1$ 时，$B_r = g\ (r-e)\ s_{r-1}$，这时，养老金待遇是退休前一年工资的 $g\ (r-e)$ 比例。

【例 7－2】 某计划规定的退休待遇为每工作一年得到退休前 5 年平均工资的 1.5%，对于一个退休前工作年数为 30 年、退休前 5 年平均工资为 4

万元的参加者，其年退休给付为：

$$B_r = 0.015 \times 40\,000 \times 30 = 18\,000 \text{（元）}$$

在最后平均工资给付下，累计养老金权益 B_x 依据累计时点的最后平均工资计算：

$$B_x = \frac{g(x-e)(S_x - S_{x-n})}{n} \tag{7.3}$$

其中，n 是规定的计算最后平均工资的年数和 $x-e$ 中的较小者。此时，

$$b_x = B_{x+1} - B_x$$

代入式（7.3）后，有：

$$b_x = g\frac{1}{n}(S_{x+1} - S_{x+1-n}) + g\frac{1}{n}(x-e)[s_x - s_{x-n}] \tag{7.4}$$

在这种方法下，b_x 是 x 的增函数。

实践中，有时也用工作期间连续几年最高工资的平均数代替最后平均工资，这一平均工资往往高于最后平均工资。

7.2.4　平均工资给付

平均工资给付下每年得到的养老金权益是当年工资的一个固定比例，即 $b_x = g \cdot s_x$。g 为规定的权益计发系数。从 e 岁加入计划到 x 岁累积得到的养老金权益为累积工资的 g 比例，即，$B_x = g \cdot S_x$，从而，退休待遇为 $B_r = g \cdot S_r$，$S_r = \sum_{x=e}^{r-1} s_x$。

从加入计划到退休前的平均工资为：

$$\bar{s} = \sum_{x=e}^{r-1} s_x/(r-e) = S_r/(r-e)$$

从而，

$$B_r = \bar{s} \cdot g \cdot (r-e) \tag{7.5}$$

这样，养老金待遇等于平均工资、规定的比例系数和工作年数之积。这也正是平均工资给付名称的来由。

【例 7-3】 某养老金计划的退休待遇规定为每个工作年得到平均工资的 1.5%，对于一个退休前工作年限为 30 年、工作期间平均工资为 2 万元的参加者，年退休给付为：

$$B_r = 0.015 \times 20\,000 \times 30 = 9\,000 \text{（元）}$$

由于参加者的工资通常随年龄的增长而增加，因而，在平均工资给付下，每年得到的养老金权益逐步递增。

如某人在参加养老金计划的头3年的工资分别为2万元、2.1万元和2.2万元，每年获得的养老金权益为当年工资的1%，这样，三年的养老金权益分别为200元、210元和220元。三年累计的养老金权益为630元。

7.2.5 修正的平均工资给付

由于工资通常随年龄和工龄的增加而增长，因而在平均工资给付下，累计获得的养老金权益低于在最后工资下的相应数额。

【例7-4】 某人加入养老金计划当年的年薪为5万元，以后每年工资增加5%，如果按1%最后5年平均工资和平均工资规定养老金权益，则未来30年内的工资、养老金权益和累计权益列入表7-1中（表中数据取整）。其中，第（4）栏是在平均工资给付下的累计权益，第（6）栏是在最后5年平均工资下的累计权益。可见，从第6年起，按最后5年平均工资规定待遇的累计权益大于按平均工资规定的待遇，在第20年时，最后工资的待遇大约高出40%。

表7-1　在不同待遇规定下的累计权益　单位：元

年	年工资	平均工资给付		最后5年平均工资给付		修正的平均工资给付		
（1）	（2）	年养老金权益（3）	累计权益（4）	最后5年平均工资（5）	累计权益（6）	最后5年平均工资（7）	年末修正的权益（8）	累计权益（9）
1	50 000	500	500	50 000	500			500
2	52 500	525	1 025	51 250	1 025			1 025
3	55 125	551	1 576	52 542	1 576			1 576
4	57 881	579	2 155	53 877	2 155			2 155
5	60 775	608	2 763	55 256	2 763	55 256	2 763	2 763
6	63 814	638	3 401	58 019	3 481			3 401
7	67 005	670	4 071	60 920	4 264			4 071
8	70 355	704	4775	63 966	5 117			4 775
9	73 873	739	5 513	67 164	6 045			5 513
10	77 566	776	6 289	70 523	7 052	70 523	7 052	6 289
11	81 445	814	7 103	74 049	8 145			7 867
12	85 517	855	7 959	77 751	9 330			8 722
13	89 793	898	8 856	81 639	10 613			9 620
14	94 282	943	9 799	85 721	12 001			10 563
15	98 997	990	10 789	90 007	13 501	90 007	13 501	11 553

续表

年 (1)	年工资 (2)	平均工资给付		最后 5 年平均工资给付		修正的平均工资给付		
		年养老金权益（3）	累计权益（4）	最后 5 年平均工资（5）	累计权益（6）	最后 5 年平均工资（7）	年末修正的权益（8）	累计权益（9）
16	103 946	1 039	11 829	94 507	15 121			14 540
17	109 144	1 091	12 920	99 232	16 870			15 632
18	114 601	1 146	14 066	104 194	18 755			16 778
19	120 331	1 203	15 270	109 404	20 787			17 981
20	126 348	1 263	16 533	114 874	22 975	114 874	22 975	19 245
21	132 665	1 327	17 860	120 618	25 330			24 301
22	139 298	1 393	19 253	126 648	27 863			25 694
23	146 263	1 463	20 715	132 981	30 586			27 157
24	153 576	1 536	22 251	139 630	33 511			28 693
25	161 255	1 613	23 864	146 611	36 653	146 611	36 653	30 305
26	169 318	1 693	25 557	153 942	40 025			38 346
27	177 784	1 778	27 335	161 639	43 643			40 124
28	186 673	1 867	29 201	169 721	47 522			41 991
29	196 006	1 960	31 161	178 207	51 680			43 951
30	205 807	2 058	33 219	187 117	56 135	187 117	56 135	46 009

理论上，通过调整权益计发系数，可以使按参保期间平均工资计发的累计权益等于按退休前最后几年平均工资计发的水平。

【例 7－5】 对于有 20 年工作时间的计划参加人，在 5% 的工资增长率下，将权益系数从 1% 调整到 1.39%，可以使按平均工资规定的累计权益达到按最后 5 年平均工资规定的水平。如果工资增长率提高到 8%，在相同条件下，需要将权益系数调整到 1.63%。表 7－2 列出了在不同工资增长率下，不同工作年数为实现 1% 最后 5 年平均工资的累计权益对应的平均工资权益系数。

表 7－2　　实现 1%最后 5 年工资累计权益对应的平均工资权益系数

年工资增长率（%）	工作年数				
	15	20	25	30	35
2	1.10	1.15	1.21	1.26	1.32
5	1.25	1.39	1.54	1.69	1.85
8	1.40	1.63	1.87	2.13	2.40

可见，对于不同工作年数和不同工资增长率的计划参加人，很难通过一个统一的权益调整系数使按两种平均工资规定的累计权益相等。实践中，为了使养老金权益的积累不落后于工资的增长，往往采用修正的平均工资

调整待遇，即定期对按平均工资规定的待遇进行调整，使调整后的累计权益不低于按最后平均工资计算的待遇。

【例 7-6】 在表 7-1 所列的例子中，若计划每 5 年调整一次，要求累计权益至少 =1% × 过去服务年数 × 修正年最后 5 年平均工资。在第 5 年，计划第一次调整时，按最后 5 年平均工资计算的养老金权益等于按平均工资规定的水平，不需要进行调整。在第 10 年，计划第二次调整时，按最后工资计算的累计权益为 7 052 元，按平均工资计算的累计权益只有 6 289 元,因此，需要调整为按最后工资计算的权益为 7 052 元。这样，在第 11 年，权益从 7 052 元开始累计，成为 7 867 元（7 052.26 + 814.45 =7 866.71）。同样，在第 16 年，累计权益调整为 14 540 元（13 501 +1 039 =14 540）。可见，经过修正后的养老金权益，介于按平均工资和最后工资计算的水平中间。见表中第（7）、（8）、（9）栏。

修正的平均工资给付，考虑了最后工资水平，但养老金权益的积累不完全与最后工资挂钩，雇主可以依据其财务状况决定是否调整待遇，从而避免了养老金成本的上升，也可以为雇主节约成本。

7.2.6 累计权益的积累模式

在不同的待遇规定下，累计权益的积累模式不同。例如，在表 7-1 的三种待遇规定下，权益积累模式见图 7-1。在平均工资下的权益积累最慢，在最后工资下的权益积累最快。在修正的平均工资下，通过定期调整，养老金权益在调整期与最后工资待遇接近。

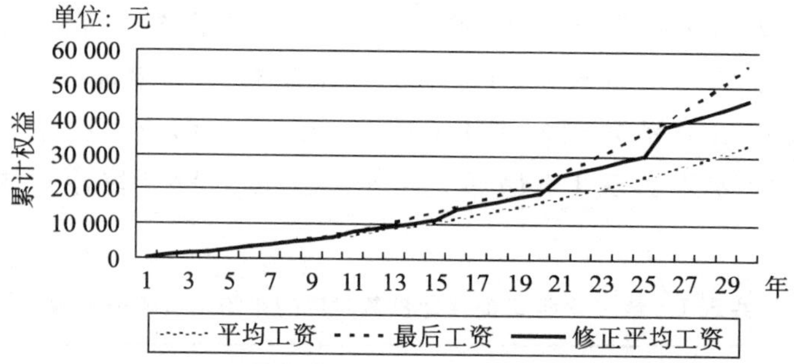

图 7-1 三种给付规定下的养老金权益积累模式

在计划设计上，为了鼓励工龄长的员工留在计划下，可以对工龄超过一定年数的员工规定更高的权益积累比率。为了鼓励提前退休或者至少不鼓励延长工作年限，可以降低超过一定年龄的员工的养老金权益系数。也可以依据企业的经济能力，在建立计划后，对权益计发系数进行适当调整。例如，美国公务员养老金计划（The Civil Service Retirement System，CSRS）覆盖 1984 年 1 月 1 日前参加工作的所有公职人员，养老金计划的权益积累规定为：在工作前 5 年内每年按 1.5% 的平均工资积累权益。在 5 ~ 10 年内，每年按 1.75% 的平均工资积累权益。在 10 年后，每年按 2% 的平均工资积累。其中，平均工资是指计算期间连续 3 年最高工资的平均数。

7.2.7　权益归属进度表

当计划参加人中途退出计划或者死亡时，养老金的权益应该按比例归属参加计划的个人和雇主。如前所述，一般雇员缴费积累的养老金权益应 100% 归属雇员，当雇员退出和死亡时，归属个人的养老金权益部分应该返还雇员。对于雇主缴费的部分，归属个人的比例应该在计划中预先约定。

养老金权益的归属比例通常与参加计划的年数有关，权益归属进度表（Vesting Schedule）是表示在不同工作年数养老金权益归属个人的比例的表格，这个表格需要在计划设计中预先约定。

最简单的权益归属进度表是参加全额归属（Immediate Full Vesting）。在这种进度表下，参加者的养老金权益 100% 归属个人，无论参加计划的时间长短。例如，全美教师协会为美国大学教师建立的 DC 计划采用了 100% 参加全额归属进度表。这种进度表在 DB 计划下比较罕见。

第二种权益归属进度表是一次性权益归属（Cliff Vesting）。在这种进度表下，要求最低工作年数，参加者在达到最低工作年数后，可以获得 100% 的累计养老金权益，没有达到一定工作年数则失去所有的养老金权益。例如，美国 1974 年的《雇员退休收入保障法案》允许 DB 计划使用 10 年 100% 权益归属，1986 年修改后的保障法案将 10 年缩短到 5 年。

第三种权益归属进度表是渐进性权益进度表（Graduate Vesting Schedule）。在这种进度表下，养老金权益归属员工的比例随着工作年数的增加而增加。例如，某计划规定，在工作 3 年以下不能获得任何养老金权益，工作 3 ~ 4 年可以获得 20% 的累计权益，工作 4 ~ 5 年可以获得 40% 的累计权益，工作 5 ~ 6 年可以获得 60% 的累计权益，工作 6 ~ 7 年可以获得 80% 的累计权益，工作 7 年以上，可以获得 100% 的累计权益。表 7 - 3 是三种权益归属进度表的例子。

表 7 - 3　　不同类型的权益归属进度表

参加全额归属		一次性权益归属		渐进性权益归属	
工作年数 n	归属比例	工作年数 n	归属比例	工作年数 n	归属比例
$n \geqslant 0$	100%	$0 \leqslant n < 5$	0	$0 \leqslant n < 3$	0
		$n \geqslant 5$	100%	$3 \leqslant n < 4$	20%
				$4 \leqslant n < 5$	40%
				$5 \leqslant n < 6$	60%
				$6 \leqslant n < 7$	80%
				$7 \leqslant n$	100%

§7.3 DC养老金计划的缴费设计

DC计划是在确定缴费下累积养老金权益并在退休后领取的计划。由于养老金权益的积累和退休后可以领取的养老金数额取决于缴费及其投资收益，因此，养老金计划设计的主要内容是缴费水平和投资选择，至于缴费及其投资积累能够带来多少养老金，并不是计划设计的核心。但是，养老金计划的最终目标是为参加者提供退休后的收入保障，因此无论哪类计划都需要有一个设定的待遇目标，并定期评估计划实现设定待遇目标的情况。

7.3.1 在一定待遇目标下的缴费设计

DC计划的缴费通常以工资为基础，按工资的一定比例规定缴费率。依据待遇目标和投资选择，可以预先计算实现待遇目标所需要的缴费。待遇目标一般以一定的养老金替代率衡量。养老金替代率一般定义为退休当年领取的养老金与退休前一年工资的比率。在一定的养老金替代率下，可以依据对工资增长率、投资回报率、死亡率、缴费积累期限、费用等的假设，确定缴费水平。在一定的目标待遇下，养老基金的投资收益率越高，积累期限越长，所需的缴费率就越低；相反，基金投资收益率越低，积累期限越短，所需的缴费率相应越高。

计划设计需要考虑在不同的投资选择下可能的结果，从而为不同风险偏好、不同投资选择的成员，设计不同的满足待遇目标的缴费（在第9章中将详细讨论DC计划在不同投资选择下的风险管理问题）。工资增长率对缴费率的影响是双向的，如果工资增长率较高，在设定的目标替代率下，参加者退休后的养老金收入就会较多，这样只能相应地提高缴费率来满足未来给付，与此同时，较高的工资增长率势必会带来较高的工资收入，在缴费基数增大的情况下，缴费率又可以适当降低。DC计划的费用通常从缴费中直接扣减，计划设计也需要考虑费用及其结构。

7.3.2 税收优惠限制对DC计划缴费设计的影响

对于享受税收优惠的计划，在缴费设计中，除了考虑缴费和费用之外，还需要考虑税收优惠的限制，通常雇主和雇员的缴费会限定在可以享受税收优惠的范围内。例如，在美国，建立利润分享计划或股票红利计划，只有在计划参加者年薪总额的15%以内的缴费才能享受减免税待遇。如果缴费超过了15%的减税限制，雇主必须为超过的份额支付10%的惩罚税（文献【18】）。在我国，企业年金费用在工资总额的5%以内的部分，可以在经营成本中列支；超过5%的部分在企业自有资金中列支。但个人缴费没有任何税收优惠。国家税务总局于 2009 年底对外发布了《关于企业年金个人所得税征收管理有关问题的通知》，明确了企业年金的个人缴费部分不得在个人当月工资、薪金计算个人所得税时扣除。企业年金的企业缴费计入个人账户的部分是个人因任职或受雇而取得的所得，属于个人所得税应税收入，在计入个人账户时，应视为个人一个月的工资、薪金，不扣除任何费用，按照“工资、薪金所得”项目计算当期应纳个人所得税款，并由企业在缴费时代扣代缴。

7.3.3　不同类型人群的缴费设计

新建一个 DC 计划时，往往涉及“中人”和“新人”的待遇衔接问题。“新人”是指计划建立后新加入计划的成员，“中人”是指计划建立时已有一定本单位工龄积累、尚未退休的参加成员。如果“新人”和“中人”按相同的缴费率缴费，由于“中人”在退休前的缴费年数一般少于“新人”，从而“中人”在退休前积累的养老金权益低于“新人”，使“中人”的养老金待遇偏低。为了解决不同工龄计划参加人的待遇公平问题，通常对“中人”建立专门的养老金账户，用于补充其在退休时个人账户的不足。因此，对于存在“中人”的 DC 计划，需要考虑养老金计划参加人的结构和待遇水平，需要确定“中人”最低的养老金待遇目标，从而为补充“中人”个人账户不足，设计专门的养老金账户的缴费额。

如果计划考虑参加人的职级、年龄和工作年限，依据计划的设定目标，可以分别设定职级系数、年龄系数和工作年限系数，再用缴费基数和缴费系数相乘来计算不同人群的缴费水平。

7.3.4　权益归属进度表

DC 计划的权益归属也采用与 DB 计划类似的规定，雇员缴费一般会立即获得 100% 的权益归属，雇主缴费可以采取渐进性权益归属，也可以采取一次性权益归属。例如，美国《雇员退休收入保障法案》对 DC 计划下雇主缴费部分有最低权益归属要求。对于 401（k）计划或者其他 DC 计划的雇主缴费部分，可以采用渐进性归属进度和一次性归属两种方式。例如，采取一次性权益归属，工作年数少于 3 年的没有任何权益归属，大于 3 年的可以获得 100% 的权益归属。采取渐进性权益归属，表 7－4给出了一个例子。

表 7－4　渐进性归属表

工作年数	归属比例（%）
2	20
3	40
4	60
5	80
6	100

我国国资委【2005】135号文件规定，对企业缴费已划入个人账户的部分，应根据员工在本企业的工作年限，决定归属于个人的比例，并随着年限的增加相应增加归属比例，在3～5年内逐步归属员工个人。

§7.4 混合养老金计划的设计

混合养老金计划兼具DB计划提供待遇担保与DC计划养老金权益透明、便于携带的特点。美国的现金余额计划和养老金权益计划是比较具有代表性的混合型计划。

7.4.1 现金余额计划名义账户的设计

现金余额计划是一种有名义个人账户的DB计划。名义账户余额由名义缴费率和名义利息率决定，名义账户的累积方式类似一个存款账户，其累积额由名义缴费率和名义利息率决定，待遇由名义账户累计额决定。

在计划设计上，现金余额计划的年度名义缴费率可以恒定不变，也可以随年龄和工作年数而变动。为了体现养老金权益随工龄增长而增加的趋势，可以将名义缴费率与工龄挂钩，每年或者每隔一定年数调整一次名义缴费率。

现金余额计划的名义记账利率可以是预先设定的固定数值，也可以与某指数挂钩。为了体现养老金权益的积累能够抵御通货膨胀的影响，或者至少获得无风险的投资回报率，记账利率可以与消费价格指数或国债利率挂钩。有时，记账利率也根据计划设定的待遇目标而调整。

【例7－7】 某企业为员工建立现金余额计划，为鼓励员工能够长时间留在本企业，现金余额计划的缴费率规定为：本企业工龄10年以下，名义缴费率为当年个人工资的6%。本企业工龄达到或超过10年后，名义缴费率为当年个人工资的8%。如果某计划参加人在参保当年的工资为5万元，年工资增长率为5%。当名义投资回报率分别为7%和3%时，现金余额计划在不同年度的养老金权益积累如表7－5所示。

表7－5　现金余额计划的账户余额示例　单位：元

年	工资	年缴费	年末账户余额	
			记账利率7%	记账利率3%
1	50 000	3 000	3 000	3 000
2	52 500	3 150	6 360	6 240
3	55 125	3 308	10 113	9 735
4	57 881	3 473	14 293	13 500
5	60 775	3 647	18 941	17 551

续表

年	工资	年缴费	年末账户余额	
			记账利率 7%	记账利率 3%
6	63 814	3 829	24 095	21 907
7	67 005	4 020	29 802	26 584
8	70 355	4 221	36 110	31 603
9	73 873	4 432	43 070	36 983
10	77 566	6 205	52 290	44 298
11	81 445	6 516	62 466	52 143
12	85 517	6 841	73 680	60 548
13	89 793	7 183	86 021	69 548
14	94 282	7 543	99 585	79 177
15	98 997	7 920	114 475	89 472
16	103 946	8 316	130 804	100 472
17	109 144	8 731	148 692	112 218
18	114 601	9 168	168 269	124 752
19	120 331	9 626	189 674	138 121
20	126 348	10 108	213 059	152 373
21	132 665	10 613	238 586	167 557
22	139 298	11 144	266 431	183 728
23	146 263	11 701	296 782	200 941
24	153 576	12 286	329 843	219 255
25	161 255	12 900	365 833	238 733
26	169 318	13 545	404 986	259 440
27	177 784	14 223	447 558	281 446
28	186 673	14 934	493 821	304 824
29	196 006	15 681	544 069	329 649
30	205 807	16 465	598 618	356 003

如果计划设定的养老金待遇目标是参保 n 年后获得 $m\%$ 的养老金替代率。在未来年金价格的假设下，可以将替代率目标转化为退休前累计养老金权益目标，设 r 岁的即期单位年金价格为 p 元，即在 r 岁用 p 元可以购买从 r 岁起每年 1 元的生存年金。这样，参保 n 年后获得 $m\%$ 的养老金替代率目标可以转化为 n 年时累计账户余额为 $m\% \cdot s_{r-1} \cdot p$ 的目标，其中，s_{r-1} 是退休前一年的工资。如果在退休前参加人的账户余额不能实现预期的待遇目标，可以通过调整名义缴费率和名义利率实现设定的待遇目标。在表 7－5的例子中，假设参加人从 30 岁加入计划，60 岁退休，养老金的替代率目标是退休前一年工资的 30%，60 岁的单位即期年金价格为 12 元。这样，

参加人在参加计划 30 年后的目标累计账户余额为 740 905 元（30% × 205 807 ×12），如果将记账利率调整到 8.5%，可以实现这一待遇目标，也可以通过调整记账缴费率，实现设定的待遇目标。

7.4.2 养老金权益计划的设计

养老金权益计划预先设定每年获得的养老金权益系数，某年龄累计权益系数与该年龄上的最后平均工资之积就是当年的权益账户余额。在计划设计上，可以按照设定的退休前待遇目标，设定权益系数及其变动。

【例 7 –8】 某人在 35 岁加入养老金权益计划，当年工资为 5 万元，年工资增长率为 5%。如果权益计划规定的权益系数为：本企业工龄 5 年及以下时，权益系数为 10%；本企业工龄 6 ~ 10 年，权益系数为 12%；本企业工龄 11 年及以上，权益系数为 14%。这样，权益计划的累计权益系数和账户余额如表 7 –6 所示。

表 7 –6　　养老金权益计划的账户余额示例　　单位：元

年度	工资	最后 5 年平均工资	年权益系数（%）	累计权益系数（%）	账户余额
1	50 000	50 000	10	10	50 00
2	52 500	51 250	10	20	10 250
3	55 125	52 542	10	30	15 763
4	57 881	53 877	10	40	21 551
5	60 775	55 256	10	50	27 628
6	63 814	58 019	12	62	35 972
7	67 005	60 920	12	74	45 081
8	70 355	63 966	12	86	55 011
9	73 873	67 164	12	98	65 821
10	77 566	70 523	12	110	77 575
11	81 445	74 049	14	124	91 820
12	85 517	77 751	14	138	107 297
13	89 793	81 639	14	152	124 091
14	94 282	85 721	14	166	142 296
15	98 997	90 007	14	180	162 012
16	103 946	94 507	14	194	183 344
17	109 144	99 232	14	208	206 403
18	114 601	104 194	14	222	231 311
19	120 331	109 404	14	236	258 193
20	126 348	114 874	14	250	287 185

续表

年度	工资	最后 5 年平均工资	年权益系数（%）	累计权益系数（%）	账户余额
21	132 665	120 618	14	264	318 430
22	139 298	126 648	14	278	352 083
23	146 263	132 981	14	292	388 304
24	153 576	139 630	14	306	427 268
25	161 255	146 611	14	320	469 157
26	169 318	153 942	14	334	514 166
27	177 784	161 639	14	348	562 504
28	186 673	169 721	14	362	614 390
29	196 006	178 207	14	376	670 059
30	205 807	187 117	14	390	729 758

可见，在权益计划下，没有类似于现金余额计划的记账利率。由于工资随工龄和年龄而增长，权益系数也会随着工龄和年龄而增加，这种增加会替代现金余额计划下利率的累积作用。另一方面，权益计划以最后工资为基础确定待遇，体现了养老金与最后工资的挂钩，也能够为退休前养老金权益积累的通货膨胀提供保护。

参考文献

【1】 A. Munnell, *the Economics of Private Pensions*, Washington, D. C. The Brookings Institution, 1982.

【2】 Daniel R. McMonagle, *Cash Balance Plans in a Traditional Defined Benefit World*, SOA. 2001.

【3】 Dan M. McGill et al. *Fundamentals of Private Pensions*, University of Pennsylvaniz Press, Phiadelphia, 1996.

【4】 David Blake, *Pension Schemes and Pension Funds in the United Kingdom*, Oxford, University Press. 2003.

【5】 David Blake, *Pension Finance*, John wiley and Sons, Ltd, 2006.

【6】 Dennis R. Coleman. *The Cash Balance Plan.* The Pension Forum, Pension Section of the Society of Actuaries, 1998.

【7】 Haberman S. , Butt Z. , Megaloudi C. , *Contribution and solvency risk in a defined benefit pension scheme*, Insurance: Mathematics and Economics, 27 (2), 2000, 234～259.

【8】 Kopp, Steve J. and Sher, Lawrence J. *A Benefit Value Comparison of a Cash Balance Plan with a Traditional Final – average – pay Defined Benefit Plan.* The Pension Forum, Pension Section of the Society of Actuaries, 1998.

【9】 Lee Price, *Shifting Risk*: *Workers today near retirement more vulnerable and with lower pensions*, Economic Policy Institute, EPI Issue Brief, 2005.

【10】 Mitchell, O. S. , Hustead, E. C. , *Pensions in the Public Sector*, University of PA Press, 2001.

【11】 Tongxuan (Stella) Yang, *Understanding the Defined Benefit versus Defined Contribution Choice*, PRC WP 2005 – 4, Pension Research Council Working Paper.

【12】 Zvi Bodie, *Pensions as retirement income insurance*, Journal of Economic Literature, 28 (1), 1990, 28 ~ 49.

【13】 阿伦等著，沈国华译：《养老基金管理创新》，上海财经大学出版社 2004 年版。

【14】 艾伦等著，杨燕绥等译：《退休金计划：退休金、利润分享和其他延期支付》，经济科学出版社 2002 年版。

【15】 崔少敏：《补充养老保险》，中国劳动社会保障出版社 2002 年版。

【16】 Dennis 等著，林义等译：《养老金计划管理》，中国劳动社会保障出版社 2003 年版。

【17】 黄勤：《美国的企业年金制度及其对我国的启示》，《产业经济研究》，2003 年 (3)。

【18】 林羿：《美国的私有退休金体制》，北京大学出版社 2002 年版。第 146 – 147 页。

【19】 郑秉文：《中国企业年金何去何从：从〈养老保险管理办法（草案）〉谈起》，《中国人口科学》，2006 (2)。

【20】 钟子埙：《企业年金税收的经济学分析》，《企业年金专题研究》，2004 (6)。

【21】 王晓军：《中国养老金制度及其精算评价》，经济科学出版社 2000 年版。

【22】 王晓军：《养老保险原理及经营运作》，广州信平市场策划顾问有限公司，2005 年。

第 8 章　DB 养老金计划的精算评估

DB 计划预先设定养老金的给付条件和待遇标准，使计划因承诺未来给付而负债，计划的成本和债务需要进行精算评估。计划的精算评估在计划设计与调整、定期成本债务管理、偿付能力监管及合规性检验等方面发挥着重要作用。另外，计划年度成本的评估也是确定年度缴费的依据。在不同的精算评估方法下，计划年度成本的分配模式存在差异，实践中应依据相关法规和精算实务标准，考虑雇主和雇员的缴费能力，选择合适的精算成本方法。本章在介绍养老金计划成本和债务基本概念的基础上，重点介绍单位权益精算成本法、个人成本分配法、集体成本分配法等精算评估方法。

主要内容有：

- □ 养老金计划成本和债务的基本概念
- □ 单位权益精算成本法下的成本与债务估计
- □ 个体成本分配法下的成本与债务的估计
- □ 集体法下的成本与债务的估计
- □ 附加待遇的成本估计

§8.1　养老金计划精算评估概述

8.1.1　养老金计划精算评估的作用

与所有财务安全系统精算评估的重要作用类似，养老金计划的精算评估是保证计划财务稳健、可持续发展的重要基础。第一，在计划设计上，需要评估达到设定的待遇目标所需的缴费，或者在一定的缴费下能够实现的待遇；需要评估设计的计划是否与相关法律法规相冲突。例如，美国的《雇员退休收入保障法案》中明确规定了“无差别”和“无歧视”的条款，要求对所有参加者一视同仁，不允许对特殊人群有歧视性条款，从而需要对符合这些条款要求的情况作出评估。另外，为满足发展的需要，计划可能要调整或追加附加的条款，这时需要评估新追加的条款可能产生的财务影响，以及它们是否符合相关法律法规的要求等。第二，在定期成本负债管理上，需要运用精算方法定期测算计划的成本，并以此为依据，确定满足计划承诺的待遇所需要的缴费；需要定期测算计划的负债，并与资产相对应，形成有关计划资产和负债的财务报告，作为计划财务管理的依据。在某些国家，法律对缴费能够享受的税收优惠条件有明确的规定，缴费低于或高于某一水平，则需要额外的缴税，这时，需要定期评估在税收优惠下的最低缴费和最高缴费的界限，帮助雇主作出最优的缴费方案。第三，在偿付能力监管方面，需要按照相关法律法规和精算标准的要求，运用精算评估方法评估计划在持续经营和清算假设下的负债和资产，计算偿付能力比率和偿付能力缺口，为实施相关的监管措施提供依据。

8.1.2 养老金计划人口

养老金计划的覆盖人口主要包括参保的缴费人口和参保的待遇领取人口。养老金计划最基本的待遇是养老金待遇，在一些提供死亡、离职、伤残待遇的计划中，也包括死亡待遇、离职待遇和伤残待遇等。这样，参保缴费人口因死亡、离职、伤残、退休等原因而不断减少，因持续的新加入参保者而不断增加。养老金计划的覆盖人口在年龄、性别和工作年数上的分布，构成了计划人口的重要特征。当引起人口增减的因素在长期内保持恒定不变时，即新增人口和各项减少人口的数量和年龄结构不变，经过长期的发展，计划人口将成为年龄结构和工作年数分布稳定的静止人口。当计划人口到达静止状态，同时各项待遇稳定不变时，计划的成本和债务将会保持稳定不变。与静止人口对应的是稳定人口，当人口的年龄和工作年数分布稳定不变，总人口稳定增加的人口称为稳定人口。静止人口和稳定人口是两种人口理论模型。实际上，影响人口增减变动的因素很难在长期内保持不变，从而表现出不同的人口变动模式。

养老金计划的精算评估通常在封闭人口下进行，这时不考虑不断地新增人口对计划成本和债务的影响，只计算评估日覆盖人口下的结果。在长期预测评估中，需要定期（通常是每年或每 2 ~ 3 年）在新的封闭人口下进行评估。如果在评估中考虑未来新增人口的影响，称为在开放人口下的评估。

8.1.3 精算假设

DB 养老金计划精算评估的主要内容是年度成本和债务。成本和债务评估建立在对计划覆盖人口及其变动、缴费工资基础及养老基金投资回报等假设的基础上。在评估中采用的假设称为精算假设。与计划覆盖人口变动相关的假设包括死亡、伤残、离职、退休等发生的概率。在养老金计划中，我们用死亡率、伤残率、离职率和退休率来描述这些事件的发生概率，这些概率统称为使参保缴费人数减少的减因概率。

1. 减因概率

养老金计划参保缴费人数因死亡、伤残、调离、退休而减少，以${}_tp_x^\tau$表示 x 岁的参保缴费者在 t 年后仍参保缴费的概率，简称为 x 岁 t 年的留存率，分别以${}_tq_x^d$、${}_tq_x^r$、${}_tq_x^w$、${}_tq_x^i$ 表示 x 岁的参保者在 t 年内死亡、退休、离职和伤残的概率。

从而有：

$$ {}_tp_x^\tau = 1 - {}_tq_x^d - {}_tq_x^r - {}_tq_x^w - {}_tq_x^i \tag{8.1} $$

与只有死亡率一个减因的生命表类似，如果用多减因生命表的留存人数和各减因减少人数表示留存率和各减因率，有：

$$ {}_tp_x^\tau = \frac{l_{x+t}^\tau}{l_x^\tau},\ {}_tq_x^d = \frac{{}_td_x^d}{l_x^\tau},\ {}_tq_x^w = \frac{{}_td_x^w}{l_x^\tau},\ {}_tq_x^i = \frac{{}_td_x^i}{l_x^\tau},\ {}_tq_x^r = \frac{{}_td_x^r}{l_x^\tau} \tag{8.2} $$

$$ {}_tp_x^\tau = \frac{l_x^\tau - {}_td_x^d - {}_td_x^w - {}_td_x^i - {}_td_x^r}{l_x^\tau} \tag{8.3} $$

其中，l_x^τ 是 x 岁留存在计划下的人数，${}_td_x^d$、${}_td_x^w$、${}_td_x^i$、${}_td_x^r$ 分别是 x 岁参保者在 t 年内死亡、离职、伤残和退休的人数。

如果计划不提供伤残和提前退休待遇，并退休只发生在某一年龄，这时，在退休年龄 r 岁前，有：

$$ {}_tp_x^\tau = 1 - {}_tq_x^d - {}_tq_x^w \tag{8.4} $$

如果不考虑离职，上式可以进一步简化为：

$$ {}_tp_x^\tau = 1 - {}_tq_x^d $$

在只有死亡一个减因时，为简化，可以去掉符号的上标，即：

$$ {}_tp_x = 1 - {}_tq_x \tag{8.5} $$

计划的减因概率依据计划经验数据计算，如果有行业数据，可以采用行业数据，或者依据计划人口的特点，在行业数据基础上进行调整。保险公司的团险业务数据和个险业务数据也可以提供重要的数据参考。书中附表 1 给出了多减因表的一个示例。

2. 工资增长率

养老金计划的缴费和待遇水平通常与参加者的工资水平相关，缴费通常以工资为基础，按工资的一定比例，即缴费率缴费。养老金待遇通常与退休前工资及工龄相关。一般来讲，工资水平随工作年数、工作业绩、劳动生产率和通货膨胀率等而变动。如果假设在一定时期内的工资增长率恒定不变，就可以在某一年度工资的基础上，计算出其他年度的工资。如果 x

岁的工资为 s_x，假设年工资增长率为 j，则 y 岁的工资为 $s_y = s_x\ (1+j)^{y-x}$。实际上，工资增长在各年的分布并不均匀，在不同国家、不同时间、不同行业甚至不同企业中，工资的分布模式可能存在较大差异。在养老金计划精算评估中，通常用工资模式来描述工资在各年龄上的分布。有关工资模式的含义以及如何在工资模式下计算不同年龄上的工资水平，参见本书的第 4.2 节。

3. 利率

养老金计划成本和债务的评估涉及一系列未来现金流折现的计算，从而需要作出利率假设。利率假设需要考虑养老金负债的长期性特征，并在过去经验的基础上，考虑未来经济前景和养老基金的投资方向，对未来养老基金的长期投资回报率作出假设。一般来说，评估负债所用的折现率低于预期的投资回报率。

8.1.4 几个基本概念

1. 未来给付精算现值

未来给付精算现值是养老金计划承诺的所有未来给付在计算时点的现值。未来给付主要是退休给付，有时计划也规定了死亡、伤残、调离等给付。x 岁的未来给付精算现值（*Present Value of Future Benefits*，*PVFB*）以 $(PVFB)_x$ 表示。如果只考虑退休给付，并且退休金不随通货膨胀或工资增长等而调整，年退休金规定为 B_r，这时有：

$$(PVFB)_x = B_r \cdot {}_{r-x}p_x^{\tau} \cdot v^{r-x} \cdot \ddot{a}_r \quad (x<r)$$

$$(PVFB)_x = B_r \cdot \ddot{a}_r \quad (x \geq r) \tag{8.6}$$

其中，${}_{r-x}p_x^{\tau}$ 是 x 岁的参保者在 r 岁退休前仍在计划中的留存概率（如果退休前只有死亡一个减因，可以用 ${}_{r-x}p_x$ 表示）；v^{r-x} 是 $r-x$ 年的 1 元的折现系数，$v=\frac{1}{1+i}$；i 为年利率；$\ddot{a}_x$ 是从 x 岁起每年初 1 元生存年金的现值。

当给付每月支付一次时，设每月给付额为 $B_r/12$，未来给付精算现值的计算公式为：

$$(PVFB)_x = B_r \cdot {}_{r-x}p_x^{\tau} \cdot v^{r-x} \cdot \ddot{a}_r^{(12)} \quad (x<r)$$

$$(PVFB)_x = B_r \cdot \ddot{a}_x^{(12)} \quad (x \geq r) \tag{8.7}$$

假设年给付 B_r 不变，未来给付精算现值取决于留存概率、利率和年金系数。在退休前，由于 ${}_{r-x}p_x^{\tau}$ 和 v^{r-x} 在年龄 x 增加到退休年龄 r 时趋于 1，这样，$(PVFB)_x$ 随着年龄的增长而提高。退休后，由于年金系数 $\ddot{a}_x$ 是 x 的减函数，使 $(PVFB)_x$ 随着年龄的提高而降低。在某一年龄上，未来给付精算现值与退休时的给付额成正比，与利息率、减因概率成反比。

2. 计划终止债务

计划终止债务（*the-Termination-of-Plan Liability*，*TPL*）是养老金计划终止执行时，参加者已积累的养老金权益形成的债务，不考虑将来可能增加的养老金权益。计划终止债务的计算公式为：

$$(TPL)_x = B_x \, {}_{r-x}p_x^{'d} \, v^{r-x} \, \ddot{a}_r \quad (x < r)$$

$$(TPL)_x = B_r \cdot \ddot{a}_x \quad (x \geqslant r) \tag{8.8}$$

其中，$(TPL)_x$ 为 x 岁的计划参保人的终止债务，B_x 为从加入计划到 x 岁已累积的养老金权益，${}_{r-x}p_x^{'d}$ 为从 x 岁存活到 r 岁的概率。

与未来给付精算现值的计算公式相比，已退休者的未来给付精算现值与计划终止债务相同。对于尚未退休者，终止债务则是到 x 岁累积得到的养老金权益 B_x 的现值，因为计划终止时，只得到已积累的权益，而未来给付精算现值是退休时将得到的年给付 B_r 的现值。另外，计算终止债务采用的是存活概率，而不是包括死亡、伤残、退出等多减因的留存概率，因为计划终止时，在退休前伤残或退出计划的人仍有权得到已积累的养老金权益。

终止债务常用于偿付能力评估时对债务的衡量，当资产大于等于终止债务时，计划积累的资产具备基本的偿付能力。

3. 计划运行债务

计划运行债务（*the Continuation-of-Plan Liability*，*CPL*）是假设计划持续运行（但不考虑新加入者）时，参加者已得到的养老金权益现值。已得到的养老金权益通常用已加入计划年数与预计退休前加入总年数的比例来分摊退休给付 B_r，得到 B_x。对 e 岁加入计划，现在 x 岁的参加者，其计划运行债务 $(CPL)_x$ 为：

$$(CPL)_x = B_r \frac{(x-e)}{(r-e)} \, {}_{r-x}p_x^{\tau} \, v^{r-x} \, \ddot{a}_r = \frac{(x-e)}{(r-e)}(PVFB)_x \quad (x < r)$$

$$(CPL)_x = B_r \cdot \ddot{a}_x \quad (x \geqslant r) \tag{8.9}$$

与终止债务不同的是，运行债务包含了未来给付变动的影响，同时，减因概率是包括死亡、伤残和调离等所有减因下的留存概率。

需要注意的是，在未来给付精算现值、终止债务、运行债务的计算公式中，年金系数都采用了定额年金系数，这实际上是假设了退休给付在领取期不作调整。如果退休给付随着社会平均工资或物价的变动而调整，退休后的给付便成为一种变额年金，此时的年金系数成为以退休金年增长率增长的递增年金系数。

4. 正常成本

养老金计划的成本是所有给付和费用支出的总和，其实际成本在计划所有给付完成之前是未知的，需要进行精算估计。年成本是精算估计的总成本在各年分摊形成的成本额。年正常成本（*Normal Cost*，*NC*）是根据精算假设估计的未来给付精算现值分摊于各年的数额，或者说是某年得到的养老金权利的现值，它类似于寿险中年净保费的概念。年成本是确定年缴费的依据，但实际缴费可能会高于或低于年正常成本，某年低于正常成本的缴费需要在其他年份中补上，总体上的缴费要与总成本对应。

如果 x 岁职工的正常成本以 $(NC)_x$ 表示，那么，未来给付精算现值则是过去正常成本的累积值与未来正常成本现值之和。以 $(AVPNC)_x$ 表示 x 岁过去正常成本的累积值（*Accumulated Value of Past Normal Cost*，*AVPNC*），$(PVFNC)_x$ 表示 x 岁未来正常成本的现值（*Present Value of Future Normal Cost*，*PVFNC*）。其中，

$$(AVPNC)_x = \sum_{t=e}^{x-1} (NC)_t (1+i)^{x-t} \frac{1}{{}_{x-t}p_t^{\tau}} \tag{8.10}$$

$$(PVFNC)x = \sum_{t=x}^{r-1} (NC)_t \, {}_{t-x}p_x^{\tau} \, v^{t-x} \tag{8.11}$$

$$(PVFB)_x = (AVPNC)_x + (PVFNC)_x \tag{8.12}$$

在加入年龄 e 岁上，由于没有过去成本，正常成本的现值等于未来给付精算现值。即：

$$(PVFB)_e = (PVFNC)_e$$

5. 精算债务

精算债务类似于保险精算中的责任准备金。从未来看，它是未来给付精算现值与未来正常成本之差。从过去看，它是过去积累的正常成本。精算债务在不同的成本估计方法下的值是不同的。有时，在建立计划时，对已有一定工作年数的雇员的过去工作贡献承诺了养老给付权益，但过去不会有成本分摊，此时，计划存在初始精算债务。初始精算债务会以补充成本债务的形式存在，它是不能用正常成本分摊的部分。在计划建立初年，精算债务、补充精算债务和初始精算债务是相等的。计划执行第 1 年末，精算债务因第 1 年发生的成本、过去已有的补充债务的利息而增加，因给付的支出而减少。有时，当计划重新调整给付时，也会产生补充精算债务。此外，精算假设的变动以及计算成本时精算假设与实际差异等产生的精算债务也会以补充债务的形式存在。所以，补充债务是未来给付责任没有被正常成本分摊的部分，它等于未来给付精算现值与未来正常成本现值、过

去正常成本累积终值之差。加入补充成本债务的概念后，精算债务是正常成本债务和补充成本债务之和。正常成本债务从过去看是过去正常成本的累积额，从未来看是未来给付精算现值与未来年成本现值之差，因此，精算债务也可说是过去正常成本的累积值与补充成本债务之和，也是未来给付精算现值与未来正常成本之差。x 岁的精算债务（*Actuarial Liability*，*AL*）以 $(AL)_x$ 表示，x 岁的补充成本债务（*Supplemental Liability*，*SL*）以 $(SL)_x$ 表示，x 岁的正常成本债务（*Nomal Cost Actuarial Liability*，*NAL*）以 $(NAL)_x$ 表示，有：

$$(AL)_x = (PVFB)_x - (PVFNC)_x \quad (x<r)$$

$$(AL)_x = (PVFB)_x \quad (x \geqslant r) \tag{8.13}$$

$$(AL)_x = (NAL)_x + (SL)_x \tag{8.14}$$

$$(SL)_x = (PVFB)_x - ((PVFNC)_x + (AVPNC)_x) \tag{8.15}$$

未来给付精算现值及其与几种债务的关系见表 8－1。

表 8－1　　　　未来给付精算现值及其组成

<table>
<tr><td colspan="3">未来给付精算现值（PVFB）</td></tr>
<tr><td colspan="2">精算债务（AL）</td><td rowspan="2">未来正常成本现值（PVFNC）</td></tr>
<tr><td>补充成本债务（SL）</td><td>正常成本债务（NAL）</td></tr>
</table>

6. 补充成本

补充成本债务的分摊形成补充成本。在某些养老金计划下，初始补充债务并不进行分摊，但是为了避免补充成本债务的增加，以精算假设的利率使其产生利息，并以补充债务的利息作为补充成本。此时，由于初始精算债务的存在，计划不是完全基金的。一般情况下，补充债务需要以一定的方式分摊于未来成本中。常用的分摊方法有两种：一种是不考虑死亡率和其他风险因素，将补充债务在规定的分摊期内等额分摊，补充成本就是用 n 年 1 元定期确定年金去除初始补充债务得到的值；另一种是以工资的一定比例分摊，以某年工资乘以补充成本债务与未来工资现值的比例计算补充成本。正常成本与补充成本之和是年成本。x 岁的补充成本（*Supplemental Cost*，*SC*）以 $(SC)_x$ 表示，年成本（*Annual Cost*，*AC*）以 $(AC)_x$ 表示，以 $(AVPSC)_x$ 表示 x 岁过去补充成本的累积额，$(PVFSC)_x$ 表示 x 岁未来补充成本现值，有：

$$(SL)_x = (AVPSC)_x + (PVFSC)_x \tag{8.16}$$

$$(AC)_x = (SC)_x + (NC)_x \tag{8.17}$$

如果补充成本是补充成本债务在分摊期内等额分摊时，有：

$$(SC)_x = (SL)_x / \ddot{a}_{\overline{n|}} \quad (8.18)$$

7. 未备基金债务

养老基金由缴费的积累形成，缴费加上投资收益减去给付和费用形成年末基金，精算债务超出累积基金的数额称为未备基金债务（*Unfunded Liability*，*UL*），未备基金债务又称净债务，有时也称精算赤字。t 年养老金计划的未备基金债务以 $(UL)_t$ 表示：

$$(UL)_t = (AL)_t - t\text{ 年养老金计划资产} \quad (8.19)$$

8. 精算收益和损失

养老金计划的成本与债务是根据精算假设在实际成本债务发生之前估计的，精算假设的死亡率和利率等与实际发生的情况存在差异。当精算假设的水平比实际结果更有利时，就会产生精算收益；反之，则会产生精算损失。某一假设可能在某一给付方面产生收益，在另一给付方面产生损失。比如，当年轻的职工死亡率比假设的更低，也就是存活率更高时，实际退休给付将高于预计的水平，此时将产生精算损失，但在死亡给付部分会产生精算收益。在某年的精算收益或损失反映了各方面精算收益和损失的总和。精算收益和损失有时会自动地分摊在成本中，有时精算收益被用来冲减养老金计划的未备基金债务，并在选择的年份内分摊。

8.1.5 成本和债务评估方法的分类

如前所述，养老金计划的成本是将未来给付精算现值分摊于各年的数额，在不同的分摊方法下，各年的成本分配模式不同。常用的成本分摊方法有两种：一种是以每年固定数额或工资的一定比例分摊未来给付精算现值，这种方法称为成本分配精算成本方法（*Cost Allocation Actuarial Cost Method*）；另一种是把退休时得到的养老金总权益分配于养老金计划各年，使年成本成为当年得到的给付权益的现值，这种方法称为给付分配精算成本方法（*Benefit Allocation Actuarial Cost Method*）。在这两种基本分类下，依据成本方法是否产生补充债务，再分为两种：一种是有补充债务的成本方法；一种是没有补充债务的成本方法。在没有补充债务的方法下，必须把所有给付现值（包括计划建立时对过去工作期间的承诺产生的债务）以及其他风险因素变动产生的过去债务的变动等都以正常成本的形式分摊。另外，依据计算基础是个人还是集体，可以再分类为个人精算成本法（*Individual Actuarial Cost Method*）和集体精算成本法（*Aggregate Actuarial Cost Method*）两种，在个人精算成本法下，成本和债务在每个参加者的数据基础上计算，总成本和总债务是同一时期不同年龄人口的成本和债务的总和；在集体法下，以团体作为一个整体，计算计划的成本，不计算个人的成本。

§8.2　给付分配精算成本法

给付分配精算成本法在美国的《雇员退休收入保障法案》下又称为应计权益成本法（*Accrued Benefit Cost Method*），或者称为单位权益法（*Unit Credit Method*），它是将养老金总权益分摊在各缴费年，形成各年获得的应计权益（*Accrued Benefit*）或者单位权益（*Unit Credit*），当年应计权益或者单位权益的现值就是为获得这一权益需要分摊的成本，即计划的年度正常成本。理论上，为实现某一退休待遇，各年的应计权益有很多不同的分配模式，从而形成不同的成本分配模式。在实践中，常用的应计权益成本法有两种：一种是传统的应计权益成本法（*Traditional Accrued Benefit Cost Method*）或者称传统的单位权益法（*Tranditional Unit Credit*，*TUC*）；另一种是预计的应计权益成本法（*Projected Accrued Benefit Cost Method*）或者称为预计的单位权益法（*Projected Unit Credit*，*PUC*）。

传统的单位权益法依据预先规定的各年获得的应计权益额，计算年成本。如果计划参加人在 x 岁获得的应计养老金权益为 k，记 $b_x = k$，参加人从 e 岁加入计划，到退休时获得的养老金总权益为 $B_r = k(r-e)$。如果 x 岁获得的应计养老金权益为当年工资 s_x 的 g 比例时，即 $b_x = gs_x$，退休时获得的养老金总权益为 $B_r = gS_r$，S_r 是从加入养老金计划到退休前一年 $r-1$ 岁的累计工资。

预计的单位权益成本法首先依据预先设定的年养老金待遇 B_r，即退休时年度养老金总权益，再以水平分配或以工资的比例的分配方式，将 B_r 分摊在各个成本分摊年，形成 x 岁获得的应计养老金权益。由于养老金待遇通常规定为退休前几年的平均工资或者全部参加计划期间平均工资的一个比例，从而评估年 x 岁获得的应计养老金权益以及对应的年成本会受评估年以后未来工资的影响。如果养老金待遇 B_r 规定为退休前一年工资的固定比例，设 $B_r = gs_{r-1}$，在平均分配 B_r 时，$b_x = B_r/(r-e)$。在以工资的比例分配 B_r 时，$b_x = gs_x$，并且，$g = B_r/S_r$。

在成本和债务的计算公式上，传统的单位权益法和预计的单位权益法没有差异，但是在预计的单位权益法下，有预计的未来工资对养老金权益和成本的影响，或者说，预计的单位权益法在计算成本和债务时，需要先预计未来的工资水平，再计算参加计划一年能够获得的养老金权益 b_x，然后计算成本和债务。在传统的单位权益法下，预先确定了每年获得的养老金权益 b_x，不需要预计未来的工资，或者说未来的工资变动不影响传统的单位权益法下对成本和债务的计算结果。

8.2.1 正常成本

在单位权益法下，x 岁获得的养老金权益 b_x 的现值就是 x 岁的正常成本。有：

$$(NC)_x = b_x \cdot {}_{r-x}p_x^{\tau} \cdot v^{r-x} \cdot \ddot{a}_r \tag{8.20}$$

当养老金每月支付一次时，式（8.20）的年金系数成为 $\ddot{a}_r^{(12)}$。

评估年总成本是所有计划参加者在评估时点成本的总和，评估年总正常成本以 TNC_0 表示。其计算公式为：

$$TNC_0 = \sum NC_x \tag{8.21}$$

在单位权益法下，由于折现系数和留存率随着年龄 x 的增大而增大，从而对于参加者个人而言，正常成本随年龄的增长而提高。

【例 8－1】 如果某养老金计划在2006年5月1日建立，对参加者的退休给付规定为每工作1年每月可以得到20元，正常退休年龄为60岁，并且没有提前退休、伤残、退职等给付。如果某职工从25岁开始加入计划，在评估时点2009年5月1日35岁，预定利率为6%。若60岁每年1元每月1次支付的生存年金系数为 $\ddot{a}_{60}^{(12)}=10$，依据生命表计算的35岁存活25年的概率 ${}_{25}p_{35}=0.874$，计算这个职工在35岁的年正常成本。

解： 按计划规定，每工作1年可以得到的养老金权益为：

$$b_{35}=20\times 12=240\ （元）$$

则，

$$\begin{aligned}(NC)_{35} &= b_{35}\cdot {}_{25}p_{35}\cdot v^{25}\cdot \ddot{a}_{60}^{(12)}\\ &=240\times 10\times 0.874\times 1.06^{(-25)}\\ &=488.74\ （元）\end{aligned}$$

【例 8－2】 在例8－1中，如果在评估日计划中有25岁的参保者8人，35岁的参保者10人，45岁的参保者6人，55岁的参保者4人，计算计划在评估日的年总正常成本（依据生命表计算的生存概率为：${}_{35}p_{25}=0.854$，${}_{15}p_{45}=0.901$，${}_{5}p_{55}=0.953$）。

解： 计划的总年正常成本是参加者正常成本之和。

$$\begin{aligned}(NC)_{25} &= b_{25}\cdot {}_{35}p_{25}\cdot v^{35}\cdot \ddot{a}_{60}^{(12)}\\ &=240\times 10\times 0.854\times 1.06^{(-35)}\\ &=266.66\ （元）\end{aligned}$$

$$(NC)_{45} = b_{45}\cdot {}_{15}p_{45}\cdot v^{15}\cdot \ddot{a}_{60}^{(12)}$$

$$= 240 \times 10 \times 0.901 \times 1.06^{(-15)}$$
$$= 902.29 \text{（元）}$$

$$(NC)_{55} = b_{55} \cdot {}_5p_{55} \cdot v^5 \cdot \ddot{a}_{60}^{(12)}$$
$$= 240 \times 10 \times 0.953 \times 1.06^{(-5)}$$
$$= 1\ 709.13 \text{（元）}$$

总成本为：

$$TNC_0 = 8 \times 266.66 + 10 \times 488.74 + 6 \times 902.29 + 4 \times 1\ 709.13$$
$$= 19\ 270.94 \text{（元）}$$

在例 8－1 和例 8－2 下，每年得到的养老金权益预先规定，并与评估日后的工资增长无关，在传统的应计权益成本法下，可以直接计算分年龄的年度成本和年度总成本。如果单位权益与评估日后的工资增长有关，例如，以职业平均工资或最后工资的比例规定养老金待遇，这样，每年的应计权益与评估日后的工资增长假设直接相关。例如，参加者在 x 岁的工资是 s_x，假设工资年增长 5%，计划提供的退休给付规定为每工作 1 年给付退休前最后 1 年工资的 2%，如果退休年龄规定为 r，最后 1 年的工资以 s_{r-1} 表示。这时有：

$$B_r = 0.02s_{r-1}(r-e) = 0.02s_x(1.05)^{r-1-x}(r-e)$$

由于计划规定的养老金权益与工作年数成正比，从而每年得到的养老金权益是对 B_r 的等比例分配，即：

$$b_x = \frac{0.02s_x 1.05^{r-1-x}(r-e)}{r-e} = 0.02s_{r-1}$$

这时，每年得到的养老金权益是最后工资的一个比例，需要用预计单位权益法计算正常成本。

【例 8－3】 某计划规定的正常退休给付为每工作 1 年给付最后 3 年平均工资的 1%。假设年利率 7%，年工资增长率 5%，退休年龄为 65 岁，死亡率为 $q_{55} = 0.009$，并且不考虑提前退休、伤残、退出等因素。为了简化，假设该计划只有一个参加者，他出生于 1950 年 1 月 1 日，2005—2006 年的实际工资增长为 8%。计算 2006 年的正常成本比 2005 年增加的百分比。

解： 在 2005 年 1 月 1 日参加者是 55 岁，按未来 5% 的工资增长率计算，2005 年的应计给付为：

$$b_{55} = 0.01s_{55}\frac{(1.05)^7 + (1.05)^8 + (1.05)^9}{3}$$

所以，

$$NC_{55} = b_{55}\, v^{10}\, {}_{10}p_{55}\, \ddot{a}_{65}$$

在 2005 年到 2006 年的实际工资增长为 8%，则 2006 年 56 岁的工资为 $1.08s_{55}$，

所以，

$$b_{56} = 0.01s_{55}(1.08)\frac{(1.05)^6 + (1.05)^7 + (1.05)^8}{3} = b_{55}\frac{1.08}{1.05}$$

$$NC_{56} = b_{56}\, v_9^9\, p_{56}\, \ddot{a}^{65} = b_{55}\frac{1.08}{1.05}\, v_9^9\, p_{56}\ddot{a}^{65}$$

$$\frac{NC_{56}}{NC_{55}} = \frac{1.08}{1.05}(1.07)\frac{1}{p_{55}} = 1.111$$

2006 年的正常成本比 2005 年提高了 11.1%。

【例 8－4】 假设某男性职工 25 岁参加工作并加入养老金计划，退休给付规定为每月得到退休前 1 年工资的 1%，法定退休年龄为 60 岁。参加计划当年的工资为 6 000 元，职工工资随着工龄增长率为 1%，随通货膨胀率和劳动生产率提高的比例为 4%，假设职工在职期间没有伤残和中途退出计划的情况发生，死亡率采用我国的市镇从业人口生命表（1989—1990年）提供的数据，利率假设为 5%。计算在 25 岁、35 岁、45 岁、55 岁的正常成本及占当年工资的比例。

解： $B_r = 35 \times 1\% \times 6\ 000 \times 1.05^{34} = 11\ 032.03$（元）

$$b_x = \frac{B_r}{35} = 315.20 \text{（元）}$$

$$(NC)_x = b_x \cdot {}_{60-x}p_x \cdot v^{60-x} \cdot \ddot{a}_{60}$$

各年龄的正常成本及占工资的比例列入表 8－2 中。

表 8－2　　预计单位权益法正常成本举例

X	b_x	${}_{60-x}p_x$	v^{60-x}	$\ddot{a}_{60}$	$(NC)_x$	$(NC)_x/s_x$ (%)
25	315.20	0.843	0.181	10.54	507	8.47
35	315.20	0.860	0.295	10.54	843	8.63
45	315.20	0.891	0.481	10.54	1 424	8.95
55	315.20	0.950	0.784	10.54	2 474	9.54

8.2.2　精算债务

在单位权益法下，评估年的精算债务是累积养老金权益的现值，t 年累计养老金权益是从加入计划到评估年前（但不包括评估年）各年份累计权益的总和。设 B_x 是从开始承诺给付的年龄 e 岁起到评估年 x 岁累积得到的养老金权益，$B_x = \sum_{t=e}^{x-1} b_t$，$x$ 岁的精算债务用 $(AL)_x$ 表示，有：

$$(AL)_x = B_x \cdot {}_{r-x}p_x^{\tau} \cdot v^{r-x} \cdot \ddot{a}_r \tag{8.22}$$

当养老金每月支付一次时，式（8.22）的年金系数成为 $\ddot{a}_r^{(12)}$。由于 B_x、${}_{r-x}p_x^{\tau}$、v^{r-x}随着年龄的提高而增大，$\ddot{a}_r$ 不随年龄变化，从而 $(AL)_x$ 随着年龄的增大而提高。

所有参加者债务之和就是计划的总债务，评估日总债务以 TAL_0 表示：

$$TAL_0 = \sum AL_x \tag{8.23}$$

在会计上，按传统的单位权益法计算的精算债务被称为累积权益负债（*Accumulated Benefit Obligation*，*ABO*），它是在不考虑未来工资增长对权益积累的影响下，以评估当年参加者的工资为基础计算的已积累养老金权益现值。按预计单位权益法计算的精算债务被称为预计权益负债（*Projected Benefit Obligation*，*PBO*），它是在考虑未来工资增长对权益积累的影响下，以未来工资为基础计算的已积累养老金权益现值。

【例 8－5】 在评估年某计划参加者为 60 岁，其过去工作年数为 30 年，正常退休年龄为 65 岁，60 岁的当前工资率为 5 万元，养老金待遇规定为退休年工资的 1% 与退休前工作年数的乘积。假设工资增长率为 5%，利率为 10%，在退休前没有死亡，在利率 10% 下的年金系数 $\ddot{a}_{65}=7.606$，试计算在 60 岁时的 *ABO* 和 *PBO*。

解： 由 $s_{60}=50\,000$（元），有 $s_{65}=50\,000\times(1.05)^5=63\,814$（元）。

60 岁的过去工作年数为 30 年，如果按退休年工资计算权益，需要考虑从 60 岁到 65 岁的工资增长，60 岁积累的权益为：

$$B_{60}=1\%\times30\times s_{65}=30\times1\%\times63\,814=19\,144\text{（元）}$$

如果按评估日的工资计算权益，不考虑退休前的工资增长，60 岁积累的权益为：

$$B_{60}=1\%\times30\times s_{60}=15\,000\text{（元）}$$

因此，

$$PBO=19\,144\times7.606=145\,611\text{（元）}$$

$$ABO=15\,000\times7.606=114\,090\text{（元）}$$

如果不考虑在退休前的死亡，有：

$$PBO=B_{60}\ddot{a}_{65}v^5=19\,144\times7.606/1.1^5=90\,413\text{（元）}$$

$$ABO=B_{60}\ddot{a}_{65}v^5=15\,000\times7.606/1.1^5=70\,841\text{（元）}$$

可见，由于在 *PBO* 中考虑未来工资增长对权益的影响，总有 *PBO* >

ABO。

【例 8-6】 在例 8-2 中，计算养老金计划的精算债务。

解： 按计划规定，每年得到的养老金权益为：

$$b_x = 20 \times 12 = 240$$

到 x 岁累计得到的养老金权益为：

$$B_x = \sum_{t=e}^{x-1} b_t = (x-e) \cdot b_x$$

$B_{25} = 0$，$B_{35} = 10 \times 240 = 2\ 400$，$B_{45} = 20 \times 240 = 4\ 800$，$B_{55} = 30 \times 240 = 7\ 200$。

$$\begin{aligned}(AL)_{35} &= B_{35} \cdot {}_{25}p_{35} \cdot v^{25} \cdot \ddot{a}_{60}^{(12)} \\ &= 2\ 400 \times 0.874 \times 1.06^{(-25)} \times 10 \\ &= 4\ 887.38\ (\text{元})\end{aligned}$$

$$\begin{aligned}(AL)_{45} &= B_{45} \cdot {}_{15}p_{45} \cdot v^{15} \cdot \ddot{a}_{60}^{(12)} \\ &= 4\ 800 \times 10 \times 0.901 \times 1.06^{(-15)} \\ &= 18\ 045.88\ (\text{元})\end{aligned}$$

$$\begin{aligned}(AL)_{55} &= B_{55} \cdot {}_{5}p_{55} \cdot v^{5} \cdot \ddot{a}_{60}^{(12)} \\ &= 7\ 200 \times 10 \times 0.953 \times 1.06^{(-5)} \\ &= 51\ 273.87\ (\text{元})\end{aligned}$$

$$\begin{aligned}(TAL)_0 &= 10 \times 4\ 887.38 + 6 \times 18\ 045.88 + 4 \times 51\ 273.87 \\ &= 362\ 244.6\ (\text{元})\end{aligned}$$

【例 8-7】 在例 8-4 中，计算各年龄上的精算债务及占当年工资的比例。

解： 根据精算债务的计算公式，计算结果见表 8-3。

表 8-3　　预计单位权益法精算债务及其占工资的比例

X	B_x	${}_{60-x}p_x$	v^{60-x}	$\ddot{a}_{60}$	$(AL)_x$	$(AL)_x/s_x$ (%)
25	0	0.843	0.181	10.54	0	0
35	3 152	0.860	0.295	10.54	8 437	86.33
45	6 304	0.891	0.481	10.54	28 484	178.92
55	9 456	0.950	0.784	10.54	74 224	286.23

从表 8-3 中可见，在开始加入计划的年龄，精算债务为 0，随着年龄的提高，精算债务数额和占工资的比例快速增加。

8.2.3 补充债务

在单位权益法下，养老金计划的成本是从有权得到养老金的年龄开始分摊的。通常一个企业在建立计划时，其参加人员有不同的工作年数和年龄，例如，某员工从 20 岁加入本企业，在企业建立养老金计划时他 30 岁，即建立计划时他已经有 10 年工龄。如果计划按退休前的本企业工龄规定待遇，这时，计划承诺了从开始参加工作起积累养老金权益，单位权益法也从参加工作起分摊成本。这样，分摊在建立计划前各年的成本，积累成为计划建立时的初始债务。一般情况下，建立计划时并没有为初始债务准备的资金，使初始债务成为初始的未备基金债务。另外，初始债务要用补充成本来分摊，从而也被称为初始补充债务。

【例 8-8】 如果职工 A 在 25 岁加入某企业，该企业在 A 35 岁时建立了养老金计划，计划规定的年养老金待遇是退休前本企业工龄乘以 240 元，正常退休年龄为 60 岁，假设预定利率为 6%，$\ddot{a}_{60}=10$，${}_{25}p_{35}=0.874$，并不考虑提前退休、伤残、退职等给付。

（1）计算建立养老金计划当年对职工 A 的初始精算债务。

（2）如果初始精算债务在未来的 30 年内等额分摊，预定利率为 5%，计算每年的补充成本。

解：

（1）在建立养老金计划时，初始精算债务就是 35 岁时的精算债务，也是 35 岁过去正常成本的累积，这一债务以补充债务的形式存在。即：

$$(SL)_{35}=(AL)_{35}=B_{35}\cdot {}_{25}p_{35}\cdot v^{25}\cdot \ddot{a}_{60}$$
$$=2\ 400\times 0.874\times 1.06^{-25}\times 10=4\ 887.38\ （元）$$

如果以正常成本的累积计算初始精算债务：

$$(SL)_{35}=(AVPNC)_{35}=\sum_{t=25}^{34}(NC)_t\cdot(1+i)^{35-t}\cdot\frac{1}{{}_{35-t}p_t}$$
$$=\sum_{t=25}^{34}b_t\cdot {}_{60-t}p_t\cdot v^{60-t}\cdot \ddot{a}_{60}\cdot(1+i)^{35-t}\cdot\frac{1}{{}_{35-t}p_t}$$
$$=\sum_{t=25}^{34}b_t\cdot {}_{25}p_{35}\cdot v^{25}\cdot \ddot{a}_{60}$$
$$=4\ 887.38\ （元）$$

（2）在 30 年内平均分摊补充成本债务形成的年补充成本为：

$$(SC)_{35}=(SL)_{35}/\ddot{a}_{\overline{30|}}$$

$$\ddot{a}_{\overline{30|}}=\frac{1-v^{30}}{d}=16.14$$

$(SC)_{35}=302.79$（元）

§8.3 成本分配精算成本法

成本分配精算成本法把未来给付的精算现值分配到各个年龄上形成年成本。根据成本分配与工资的关系，可以分为成本在分摊期内水平分配和以工资的一定比例分配两种；根据分摊成本的起始年龄不同，分为从建立计划的年龄起分摊和从开始承诺给付的年龄起分摊两种。从建立计划的年龄起分摊时，未来给付责任全部分摊在未来成本中，没有补充债务；从承诺年龄起分摊时，对职工的过去工作贡献也承诺了一定的给付，此时，由于包括对过去工作期间养老金的承诺而产生了初始精算债务。在成本分配精算成本法的实际应用中，根据不同情况可以以个人为基础，先计算每个人的成本与债务水平，再加总计算计划总体在一定时期的总成本和总债务，这种方法是个体法；也可以直接计算计划总体的总成本和债务，不计算每个人的成本债务水平，这种方法是集体法。这里首先讨论个体成本分配精算成本法，再讨论集体法下的成本估计。

8.3.1 个体水平分摊成本法

个体水平分摊成本法（*Individual level premium cost method*，*ILP*）又称个体水平精算成本法（*Individual level actuarial cost method*，*IL*），是以个人为基础，将总成本在分摊期内均衡分配，即每年等额分配正常成本的方法。依分摊成本的起始年龄不同，可以分为从计划建立时开始分摊和从养老金权益开始积累的年份起分摊两种情况。

1. 正常成本

如果未来给付精算现值从建立养老金计划的年龄起分摊，这时，由于未来给付精算现值完全由建立计划后的正常成本分摊，从而没有初始债务。如果成本从养老金权益开始积累的年龄起分摊，并且开始积累养老金权益的年龄小于计划建立时参加人的年龄，这时，建立计划时，由于未来给付精算现值不能完全由未来正常成本分摊而产生初始债务。

设 a 为建立计划时参保人的年龄；e 为开始有养老金权益积累的年龄，通常为参加工作的年龄，$e<a$；r 为退休年龄。

如果成本从积累养老金权益的年龄起分摊，有，

$$(NC)_x\ \ddot{a}^{\tau}_{e:\overline{r-e}|}=(PVFB)_e \tag{8.24}$$

$$(NC)_x=\frac{(PVFB)_e}{\ddot{a}^{\tau}_{e:\overline{r-e}|}}\quad (e\leqslant x\leqslant r) \tag{8.25}$$

如果从建立计划的年龄起分摊，有，

$$(NC)_x \quad \ddot{a}^{\tau}_{a:\overline{r-a}|} = (PVFB)_a$$

$$(NC)_x = \frac{(PVFB)_a}{\ddot{a}^{\tau}_{a:\overline{r-a}|}} \tag{8.26}$$

【例 8－9】 在例 8－4 中，假设在职工 35 岁建立养老金计划，但从职工 25 岁开始积累养老金权利，如果采取个体成本分配精算成本法，在下面两种分摊起点下，计算年正常成本。（1）成本从建立计划起水平分摊。（2）成本从积累权益的年龄起水平分摊。

解：（1）根据假设和前面的计算，退休给付为 11 032.03 元，在 60 岁每年 1 元年金系数为 10.54，从 35 岁到 60 岁的存活概率为 0.860，利率 5% 下 25 年的折现系数为 0.295，因此，在 35 岁上未来给付的精算现值为：

$$(PVFB)_{35} = B_{60} \cdot {}_{35}p_{25} \cdot v^{25} \cdot \ddot{a}_{60}$$

$$= 11\ 032.03 \times 0.860 \times 0.295 \times 10.54 = 29\ 499.63 \text{（元）}$$

从 35 岁到 60 岁的年金系数为：

$$\ddot{a}_{35:\overline{25}|} = \sum_{t=0}^{24} {}_tp_{35}v^t = 14.21$$

故，年正常成本为：

$$(NC)_x = \frac{(PVFB)_x}{\ddot{a}_{a:\overline{r-a}|}} = 29\ 499.63/14.21 = 2\ 075.98 \text{（元）}$$

（2）从职工 25 岁开始分摊的年正常成本为：

$$(NC)_x = \frac{(PVFB)_{25}}{\ddot{a}_{25:\overline{35}|}}$$

$$(PVFB)_{25} = B_{60} \cdot {}_{35}p_{25} \cdot v^{35} \cdot \ddot{a}_{60}$$

$$= 11\ 032.03 \times 0.8433 \times 0.181 \times 10.54 = 17\ 741.98 \text{（元）}$$

$$\ddot{a}_{25:\overline{35}|} = 1 + v\ p_{25} + v^2_2\ p_{25} + \cdots + v^{34}_{34}\ p_{25} = 16.76$$

$$(NC)_{25} = 17\ 741.98/16.76 = 1\ 058.73 \text{（元）}$$

可见，从开始有承诺的年龄起分摊成本远远大于从计划建立起分摊的成本。在上例中，两者相差 1 017.25 元。

2. 精算债务

按照精算债务的定义，从未来看，它是未来给付精算现值与未来正常成本现值之差；从过去看，它是过去积累的成本终值。

$$(AL)_x = (PVFB)_x - (PVFNC)_x$$
$$= (PVFB)_x - (NC)_x \ddot{a}^{\tau}_{x:\overline{r-x}|} \tag{8.27}$$

如果从建立计划起分摊成本，这时，式（8.27）成为：

$$(AL)_x = (PVFB)_x - \frac{(PVFB)_a}{\ddot{a}^{\tau}_{a:\overline{r-a}|}} \ddot{a}^{\tau}_{x:\overline{r-x}|}$$

由于 $(PVFB)_a = {}_{x-a}p^{\tau}_a v^{x-a}$ $(PVFB)_x$，上式成为：

$$(AL)_x = (PVFB)_x \left(1 - \frac{\ddot{a}^{\tau}_{x:\overline{r-x}|}}{\ddot{a}^{\tau}_{a:\overline{r-a}|}} {}_{x-a}p^{\tau}_a v^{x-a}\right)$$
$$= (PVFB)_x \left(\frac{\ddot{a}^{\tau}_{a:\overline{r-a}|} - {}_{x-a}p^{\tau}_a v^{x-a} \ddot{a}^{\tau}_{x:\overline{r-x}|}}{\ddot{a}^{\tau}_{a:\overline{r-a}|}}\right)$$

上式分子第一项是从 a 岁到 r 岁的 1 元生存年金现值，第二项是从 x 岁到 r 岁的 1 元生存年金在 a 岁上的现值，两者之差等于从 a 岁到 x 岁的 1 元生存年金现值。上式可以简化为：

$$(AL)_x = \frac{\ddot{a}^{\tau}_{a:\overline{x-a}|}}{\ddot{a}^{\tau}_{a:\overline{r-a}|}} (PVFB)_x \tag{8.28}$$

在建立计划的第 2 年以后，由成本的分摊形成一定的资产积累，未来正常成本是未来给付精算现值扣减过去已分摊的成本后在未来缴费期的分摊额。在建立计划的第 2 年后，年正常成本为：

$$(NC)_x = \frac{(PVFB)_x - (AVPNC)_x}{\ddot{a}^{\tau}_{x:\overline{r-x}|}}$$
$$= \frac{(PVFB)_x - (NC)_a \ddot{a}^{\tau}_{a:\overline{x-a}|} / {}_{x-a}p^{\tau}_a v^{x-a}}{\ddot{a}^{\tau}_{x:\overline{r-x}|}}$$
$$= \frac{(PVFB)_{x\,x-a}p^{\tau}_a v^{x-a} - (NC)_a \ddot{a}^{\tau}_{a:\overline{x-a}|}}{\ddot{a}^{\tau}_{x:\overline{r-x}|}\,{}_{x-a}p^{\tau}_a v^{x-a}}$$
$$= \frac{(PVFB)_a - (PVFB)_a \ddot{a}^{\tau}_{a:\overline{x-a}|} / \ddot{a}^{\tau}_{a:\overline{r-a}|}}{\ddot{a}^{\tau}_{a:\overline{r-a}|} - \ddot{a}^{\tau}_{a:\overline{x-a}|}}$$
$$= \frac{(PVFB)_a}{\ddot{a}^{\tau}_{a:\overline{r-a}|}}$$
$$= (NC)_a$$

可见，当养老金待遇根据本企业工作年数而不是建立计划后的工作年数规定时，在建立养老金计划时，过去已有工龄在过去积累了养老金权益，但成本却从计划建立起分摊，从而在建立计划时积累了初始债务，但这一初始债务从建立计划起分摊的成本分配精算成本法下，需要一次性分摊到未来成本中，建立计划时的过去工龄越长，需要分摊的成本越多，使未来的年成本越高。随着建立计划后持续时间的延长，需要分摊的初始债务逐年减少直到为零。对于建立计划后新加入的参加者，他们的养老金成本从加入计划起开始分摊，没有初始债务。在实践中，从过去现收现付的养老金计划转变为基金积累式的计划，面临的初始债务很大，一次性分摊会使缴费率提高到一个难以承受的程度。

如果未来给付精算现值从开始积累养老金权益的年龄起分摊，这时，在建立计划年 a 岁的初始精算债务为：

$$(AL)_a = (AVPNC)_a \tag{8.29}$$

从建立计划到退休前，即当 $x<r$ 时，精算债务为：

$$\begin{aligned}(AL)_x &= (PVFB)_x - (NC)_x \ddot{a}^{\tau}_{x:\overline{r-x|}} \\ &= \frac{\ddot{a}^{\tau}_{e:\overline{x-e|}}}{\ddot{a}^{\tau}_{e:\overline{r-e|}}}(PVFB)_x\end{aligned} \tag{8.30}$$

退休后没有成本分摊，未来法精算债务就是未来给付精算现值，即当 $x \geqslant r$时，有：

$$(AL)_x = (PVFB)_x \quad (x \geqslant r)$$

过去法精算债务为过去成本累积与过去给付累积之差，一般公式为：

$$(AL)_x = (AVPNC)_x - (AVPB)_x \tag{8.31}$$

其中，$(AVPB)_x$ 为过去给付的累积值，假设退休后养老金待遇保持 B_r 恒定不变，并且没有其他待遇支付，当 $x \geqslant r$ 时：

$$(AVPB)x = \sum_{t=r}^{x-1} B_r (1+i)^{x-t} \frac{1}{{}_{x-t}p_t} \quad (x \geqslant r) \tag{8.32}$$

当 $x<r$ 时，没有过去的养老金给付，这时：

$$(AL)_x = (AVPNC)_x$$

【例 8－10】 在例 8－9 中，计算：(1) 从建立计划起分摊成本在 45 岁的精算债务。(2) 从养老金权益开始积累的年龄起分摊成本，在建立计划时形成的初始精算债务和 45 岁时的精算债务。

解： (1) 从建立计划起分摊成本时，由于 45 岁存活 15 年的概率为 0.891，利率 5% 下的 15 年折现系数为 0.481，60 岁的年金系数为 10.54，年退休给付额为 11 032.03 元，因此，45 岁的未来给付精算现值为：

$$(PVFB)_{45}=B_{60}\cdot{}_{15}p_{45}\cdot v^{15}\cdot\ddot{a}_{60}$$
$$=11\ 032.03\times0.891\times0.481\times10.54=49\ 833.21\ (\text{元})$$

45 岁的未来正常成本现值为：

$$(PVFNC)_{45}=(NC)_x\cdot\ddot{a}_{45:\overline{15}|}$$
$$\ddot{a}_{45:\overline{15}|}=1+vp_{45}+v^2\ {}_2p_{45}+\cdots+v^{14}\ {}_{14}p_{45}=10.47$$

则：

$$(AL)_{45}=(PVFB)_{45}-(NC)_x\ddot{a}_{45:\overline{15}|}$$
$$=49\ 833.21-2\ 075.98\times10.47=28\ 097.70\ (\text{元})$$

（2）从养老金权益开始积累的年龄起分摊，建立计划时的初始精算债务为：

$$(AL)_{35}=(PVFB)_{35}-(NC)_x\ddot{a}_{35:\overline{25}|}$$
$$=29\ 499.63-1\ 058.73\times14.21=14\ 455.08\ (\text{元})$$

在 45 岁时，精算债务为：

$$(AL)_{45}=(PVFB)_{45}-(NC)_x\ddot{a}_{45:\overline{15}|}$$
$$=49\ 833.21-1\ 058.73\times10.47$$
$$=38\ 748.31\ (\text{元})$$

对比两种方法，在同一年龄上，从计划建立起分摊的债务比从承诺年龄起分摊的债务小，这是由于前者的年成本更高。上面的例子中，前者比后者小 10 685.9 元。

如果把计划建立时的初始补充债务 14 455.08 元水平分摊到建立计划后到退休前一年中，每年分摊的数额为：

$$\frac{14\ 455.08}{\ddot{a}_{35:\overline{25}|}}=\frac{14\ 455.08}{14.21}=1\ 017.25\ (\text{元})$$

这一数额可以看做是补充成本债务以水平方式在建立计划后到退休前的年份上的摊额，即水平分摊下的年补充成本，年补充成本与年正常成本之和是年成本，本例中的年成本为 2 075.98 元，它正好与从建立计划起分摊形成的年成本相等。

从这个例子可以得出具有普遍意义的结果，如果计划从 a 岁开始建立，从 e 岁开始有给付承诺，$e<a$，r 岁退休，在 a 岁的补充成本债务为：

$$(SL)_a=\frac{\ddot{a}^{\tau}_{e:\overline{a-e}|}}{\ddot{a}^{\tau}_{e:\overline{r-e}|}}(PVFB)_a$$

补充成本债务水平分摊形成的补充成本为：

$$(SC)_x=\frac{\ddot{a}^{\tau}_{e:\overline{a-e}|}(PVFB)_a}{\ddot{a}^{\tau}_{e:\overline{r-e}|}\ddot{a}^{\tau}_{a:\overline{r-a}|}}$$

年成本为正常成本与补充成本之和：

$$\begin{aligned}(AC)_x&=\frac{(PVFB)_e}{\ddot{a}^{\tau}_{e:\overline{r-e}|}}+\frac{\ddot{a}^{\tau}_{e:\overline{a-e}|}(PVFB)_a}{\ddot{a}^{\tau}_{e:\overline{r-e}|}\ddot{a}^{\tau}_{a:\overline{r-a}|}}\\&=\frac{(PVFB)_e\ddot{a}^{\tau}_{a:\overline{r-a}|}+\ddot{a}^{\tau}_{e:\overline{a-e}|}(PVFB)_a}{\ddot{a}^{\tau}_{e:\overline{r-e}|}\ddot{a}^{\tau}_{a:\overline{r-a}|}}\\&=\frac{(PVFB)_a}{\ddot{a}^{\tau}_{a:\overline{r-a}|}}\left(\frac{{}_{a-e}p^{\tau}_e v^{a-e}\ddot{a}^{\tau}_{a:\overline{r-a}|}+\ddot{a}^{\tau}_{e:\overline{a-e}|}}{\ddot{a}^{\tau}_{e:\overline{r-e}|}}\right)\\&=\frac{(PVFB)_a}{\ddot{a}^{\tau}_{a:\overline{r-a}|}}\end{aligned}$$

可见，从计划建立前分摊未来给付精算现值形成的成本实质上包括了隐含的补充成本。

8.3.2　个体比例分摊成本法

在个体水平分摊法下，年成本额在各年相等，由于参保人工资一般随年龄增长而提高，使每年的成本在工资中的比例逐步下降。如果以工资的水平比例分摊成本，可以保持年成本在工资中的比例恒定。个体比例分摊成本法是以工资的恒定比例分摊成本的方法。

1．正常成本

正常成本是工资的恒定比例，设 x 岁的年工资为 s_x，正常成本是工资的 c 比例，那么有：

$$(NC)_x=cs_x \tag{8.33}$$

如果未来给付精算现值从建立计划起开始分摊，在计划建立时没有初始精算债务，在计划建立的年龄 a 上，未来给付精算现值等于未来成本现值，即：

$$(PVFB)_a=(PVFNC)_a$$

而 $(PVFNC)_a=c(s_a+s_{a+1}\,p^{\tau}_a v+s_{a+2}\,{}_2p^{\tau}_a v^2+\cdots+s_{r-1}\,{}_{r-a}p^{\tau}_a v^{r-a})$

$$\begin{aligned}&=cs_a\left(1+\frac{s_{a+1}}{s_a}p^{\tau}_a v+\frac{s_{a+2}}{s_a}{}_2p^{\tau}_a v^2+\cdots+\frac{s_{r-1}}{s_a}{}_{r-a}p^{\tau}_a v^{r-a}\right)\\&=cs_a\,{}^{s}\ddot{a}^{\tau}_{a:\overline{r-a}|}\end{aligned} \tag{8.34}$$

其中，${}^{s}\ddot{a}^{\tau}_{a:\overline{r-a}|}$ 是以工资增长率增长的递增生存年金现值，所以：

$$c = \frac{(PVFB)_a}{s_a \, {}^{s}\ddot{a}^{\tau}_{a:\overline{r-a}|}} \tag{8.35}$$

如果从开始积累养老金权益的年龄 e 岁起分摊成本，这时，

$$c = \frac{(PVFB)_e}{s_e \, {}^{s}\ddot{a}^{\tau}_{e:\overline{r-a}|}}$$

【例 8-11】 如果某男性职工在 25 岁参加工作，35 岁时建立了养老金计划，退休给付规定为每工作 1 年得到退休前工资的 1%，法定退休年龄为 60 岁，25 岁当年的年工资为 6 000 元，职工工资随工龄的增长率为 1%，随通货膨胀和劳动生产率的增长率为 4%，假设职工在职期间没有伤残、中途退出养老金计划等发生，死亡是在职期间惟一的减因，死亡率采用中国全国市镇从业人口生命表数据，利率为 5%，用个体比例分配法，从 35 岁开始分摊成本，计算 35 岁上的正常成本。

解： 按养老金计划的规定，有：

$$B_{60} = 11\ 032.03$$

$$(PVFB)_{35} = B_{60} \, {}_{25}p_{35} \, v^{25} \ddot{a}_{60} = 29\ 499.63$$

35 岁的年工资 $s_{35} = 9\ 773$

$${}^{s}\ddot{a}_{35:\overline{25}|} = 24.55$$

则：$c = \dfrac{29\ 499.63}{9\ 773 \times 24.55} = 0.1230$

$$(NC)_{35} = 0.123 \times 9\ 773 = 1\ 201.61 \text{（元）}$$

【例 8-12】 在例 8-11 中，如果在职工 35 岁建立养老金计划，但从 25 岁起有给付承诺，计算从承诺年龄开始分摊成本时，在 25 岁和 35 岁上的年成本。

解：

$$(PVFB)_{25} = B_{60} \, {}_{35}p_{25} \, v^{35} \, \ddot{a}_{60} = 17\ 741.98$$

$${}^{s}\ddot{a}_{25:\overline{25}|} = 33.99$$

$$s_{25} = 6\ 000$$

则：

$$c = \frac{17\ 741.98}{6\ 000 \times 33.99} = 0.0870$$

故：$(NC)_{25} = 0.087 \times 6\ 000 = 521.98$（元）

$$(NC)_{35}=0.087\times 9\ 773=850.25\ (\text{元})$$

对比两种分摊起点下同一年龄 35 岁上的年成本，成本从建立计划起分摊比成本从计划开始承诺的年龄 25 岁起分摊高出 351.36 元。

【例 8 – 13】 某养老金计划于 2004 年 1 月 1 日建立，规定的退休给付为每工作 1 年得到退休前最后一年工资的 1%，法定退休年龄为 60 岁，假设退休前除死亡外没有其他减因，利率为 5%，工资增长率为 5%，如果在养老金计划建立日，有 10 个 30 岁的人，20 个 40 岁的人，30 岁的年工资为 9 600 元，40 岁的年工资为 1 万元，承诺给付的起始年龄为 30 岁，以全国市镇从业人口生命表数据，计算 2004 年的正常成本。

解： 对建立养老金计划时 30 岁的人：

$$c=\frac{(PVFB)_{30}}{s_{30}\,{}^{s}\ddot{a}_{30:\overline{30|}}}$$

$$B_{60}=0.01\times 30\times 9\ 600\times 1.05^{29}=11\ 854.47$$

$$\begin{aligned}(PVFB)_{30}&=B_{60}\ {}_{30}p_{30}\ v^{30}\ \ddot{a}_{60}\\&=15\ 129.64\times 0.86646116\times 1.05^{(-30)}\times 10.03\\&=23\ 837.09\end{aligned}$$

由于工资增长率和利率相等：

$$\begin{aligned}{}^{s}\ddot{a}_{30:\overline{30|}}&=(1+p_{30}+{}_{2}p_{30}+\cdots+{}_{29}p_{30})\\&=1+e_{30}-{}_{30}p_{30}(1+e_{60})\\&=(0.5+\mathring{e}_{30})-(0.5+\mathring{e}_{60})\,{}_{30}p_{30}\text{（在死亡均匀分布假设下）}\\&=(0.5+41.906)-(0.5+15.396)\times 0.86646116\\&=28.63\end{aligned}$$

$$c=\frac{23\ 837.09}{9\ 600\times 28.63}=0.09$$

$$(NC)_{30}=0.09\times 9\ 600=864.00$$

对建立计划时 40 岁的人，承诺给付的年龄为 30 岁，30 岁的年工资为：

$$s_{30}=10\ 000/1.05^{10}=6\ 139.13\ (\text{元})$$

$$B_{60}=0.01\times 30\times 6\ 139.13\times 1.05^{29}=7\ 580.85$$

$$\begin{aligned}(PVFB)_{30}&=B_{60}\ {}_{30}p_{30}\ v^{30}\ \ddot{a}_{60}\\&=7\ 580.85\times 0.86646116\times 1.05^{(-30)}\times 10.03\\&=15\ 243.65\end{aligned}$$

$$c=\frac{15\ 243.65}{6\ 139.13\times 28.63}=0.09$$

$$(NC)_{40}=0.09\times 10\ 000=900$$

建立计划时养老金计划总成本为：

$$(TNC)_0=10\times 864+20\times 900=26\ 640\ （元）$$

2. 精算债务

根据精算债务的定义，有：

$$(AL)_x=(PVFB)_x-cs_x\,{}^{s}\ddot{a}^{\tau}_{x:\overline{r-x}|} \tag{8.36}$$

如果未来给付精算现值从计划建立的年龄起分摊：

$$(AL)_x=(PVFB)_x-\frac{(PVFB)_a}{s_a\,{}^{s}\ddot{a}^{\tau}_{a:\overline{r-a}|}}s_x\,{}^{s}\ddot{a}^{\tau}_{x:\overline{r-x}|}$$

由于 $(PVFB)_a={}_{x-a}p^{\tau}_{a}v^{r-a}\ (PVFB)_x$，上式成为：

$$(AL)_x=(PVFB)_x\left(1-\frac{s_x\,{}^{s}\ddot{a}^{\tau}_{x:\overline{r-x}|}}{s_a\,{}^{s}\ddot{a}^{\tau}_{a:\overline{r-a}|}}\,{}_{x-a}p^{\tau}_{a}v^{r-a}\right)$$

$$=(PVFB)_x\left(\frac{s_a\,{}^{s}\ddot{a}^{\tau}_{a:\overline{r-a}|}-{}_{x-a}p^{\tau}_{a}v^{r-a}\,s_x\,{}^{s}\ddot{a}^{\tau}_{x:\overline{r-x}|}}{s_a\,{}^{s}\ddot{a}^{\tau}_{a:\overline{r-a}|}}\right)$$

上式分子第一项是从 a 岁到 r 岁的以 a 岁工资为起点、以工资增长率增长的递增生存年金现值，第二项是从 x 岁到 r 岁的以 x 岁工资为起点、以工资增长率增长的递增年金在 a 岁上的现值，两者之差等于以 a 岁工资为起点计算的从 a 岁到 x 岁的递增年金现值。所以，上式可以简化为：

$$(AL)_x=\frac{{}^{s}\ddot{a}^{\tau}_{a:\overline{x-a}|}}{{}^{s}\ddot{a}^{\tau}_{a:\overline{r-a}|}}(PVFB)_x \tag{8.37}$$

【例 8－14】 在例 8－11 中的计划下，计算 45 岁的精算债务。

解： 根据题意，有：

$$(PVFB)_{45}=49\ 833.21\ （元）$$

在 5% 工资增长率下：

$$s_{45}=6\ 000\times 1.05^{20}=15\ 919.786\ （元）$$

$${}^{s}\ddot{a}_{45:\overline{15}|}=14.22$$

则精算债务为：

$$(AL)_{45}=(PVFB)_{45}-cs_{45}\,{}^{s}\ddot{a}_{45:\overline{15}|}$$

$$=49\ 833.21-0.123\times 15\ 919.79\times 14.22$$
$$=21\ 988.54\ （元）$$

如果未来给付精算现值从开始承诺给付的年龄起分摊，以未来给付精算现值的比例表示的精算债务为：

$$(AL)_x=\frac{{}^{s}\ddot{a}^{T}_{e:\overline{x-e}|}}{{}^{s}\ddot{a}^{T}_{e:\overline{r-e}|}}(PVFB)_x \tag{8.38}$$

【例 8－15】 在例 8－11 的计划下，计算在 35 岁和 45 岁上的精算债务。

解： 根据题意，有：

$$(PVFB)_{35}=29\ 499.63\ （元）$$

在 5% 工资增长率下：

$$s_{35}=6\ 000\times 1.05^{10}=9\ 773\ （元）$$

$${}^{s}\ddot{a}_{35:\overline{25}|}=23.55$$

在计划建立时的初始精算债务为：

$$(AL)_{35}=(PVFB)_{35}-cs_{35}\,{}^{s}\ddot{a}_{35:\overline{25}|}$$
$$=29\ 499.63-0.087\times 9\ 773\times 23.55$$
$$=9\ 476.22\ （元）$$

在 45 岁上的精算债务为：

$$(AL)_{45}=30\ 138.2\ （元）$$

表 8－4 列出了在例 8－13 和 8－14 中，以水平分摊和比例分摊成本，在不同分摊起点年龄下的精算债务。

表 8－4　　成本分配精算成本法的精算债务及债务占工资的比例　　单位：元、%

x	成本水平分配				成本比例分配			
	有补充债务		没有补充债务		有补充债务		没有补充债务	
	$(AL)_x$	$\frac{(AL)_x}{s_x}$	$(AL)_x$	$\frac{(AL)_x}{s_x}$	$(AL)_x$	$\frac{(AL)_x}{s_x}$	$(AL)_x$	$\frac{(AL)_x}{s_x}$
25	0	0	0	0	0	0	0	0
35	14 455	1.48	0	0	9 476	0.97	0	0
45	38 748	2.43	28 098	1.76	16 079	1.01	21 989	1.38
55	81 871	3.16	77 324	2.98	72 460	2.79	66 608	2.57

8.3.3　集体成本法

集体成本法（*Aggregate Cost Method*）是把计划参加者作为整体计算年

成本的一种方法。理论上，前面讲述的成本分配精算成本法和给付分配精算成本法都有对应的集体法，但给付分配精算成本法一般不使用集体法，这里仅介绍成本分配精算成本法的集体法。在集体法下，成本是根据没有分摊的预计成本总额在未来分摊期内的分配，由于不断地有新增人员，给付水平也可能调整，同时精算假设的变动，精算假设与实际的差距等会产生精算收益或损失。因此，通常每年或每2～3年在新情况下重新计算一次年成本。这样，在计划建立初年，没有债务积累，成本是未来总成本在成本分摊年的分配。建立计划第二年，总成本中过去已有一部分成本分摊，形成债务积累，年成本的计算需要在总成本中剔除已积累的债务，再在成本分摊期内分配。值得注意的是，集体法年成本是未来给付精算现值减去计划资产和其他未备基金债务后，在未来成本分摊期分摊的数值，它不直接产生补充精算债务。在需要计算补充债务时，需要采用个体法辅助计算。

与个体精算成本法类似，集体法按分摊成本的起点年龄不同，可以分为从建立计划起分摊和从积累养老金权益的年龄起分摊两种，前者不产生补充债务，后者在建立计划时存在初始精算债务。从成本分配与工资的关系上，集体法也可以分为水平分配和比例分配两种。

1. 水平分配法

如果成本从建立计划起分摊，在集体法下，成本水平分配时的年成本是所有计划参加者的未来给付精算现值在未来缴费时期平均分摊的数额。从建立计划起分摊成本，没有补充债务，建立计划初年，正常成本现值等于不同年龄参加者未来给付精算现值之和。用公式表示为：

$$(TNC)_0 \cdot \ddot{a} = \sum (PVFB)_0 \tag{8.39}$$

其中，$(TNC)_0$ 是计划建立日集体的总成本；$\ddot{a}$ 是工作期间平均年金系数；$\sum (PVFB)_0$ 是所有计划参加者包括已退休者未来给付在计划建立日的精算现值，它是计划建立日不同年龄职工的未来给付精算现值与职工人数乘积之和。即：

$$\sum (PVFB)_0 = \sum_a l_a \cdot (PVFB)_a \tag{8.40}$$

其中，a 为建立计划时的年龄，l_a 表示建立计划时不同年龄的参加计划职工人数，$(PVFB)_a$ 表示 a 岁未来给付精算现值。

平均年金系数是计划建立日不同年龄职工到退休前每年1元生存年金系数以分年龄职工人数为权数的加权平均数。其计算公式为：

$$\ddot{a} = \frac{\sum l_a \cdot \ddot{a}^{\tau}_{a:\overline{r-a}|}}{\sum l_a} \tag{8.41}$$

$\ddot{a}^{\tau}_{a:\overline{r-a|}}$ 表示 a 岁加入计划，r 岁退休前每年 1 元生存年金系数，如果在职期间只有死亡减因，可以简化为 $\ddot{a}_{a:\overline{r-a|}}$。

如果在计划建立初年就有一定的资金积累，需要在未来给付精算现值中减去积累的资产额。

建立养老金计划第 2 年后，由于第 1 年的缴费形成了一定的资金积累，年成本成为计划所有未来给付精算现值之和减去计划积累资产，再除以未来所有参加者从当前年龄到退休前每年 1 元的生存年金平均系数。用公式表示为：

$$(TNC)_t = \frac{\sum l_{a,x}(PVFB)_{a,x} - A_t}{\sum l_{a,x}\ddot{a}^{\tau}_{x:\overline{r-x|}} / \sum l_{a,x}} \tag{8.42}$$

其中，$(TNC)_t$ 表示 t 年总成本，$l_{a,x}$ 表示在 a 岁建立计划在 t 年 x 岁的参加计划人数，$(PVFB)_{a,x}$ 表示 a 岁建立计划在 t 年 x 岁的未来给付精算现值；$\ddot{a}^{\tau}_{a:\overline{r-x|}}$ 表示 x 岁到 r 岁退休前每年 1 元生存年金现值，$\sum$ 表示对所有 a,x 组合的求和。A_t 表示 t 年计划已积累总资产。

【例 8－16】 某养老金计划于 2006 年 1 月 1 日建立，正常的退休给付规定为每工作 1 年每年得到 240 元，预定利率为 6%，法定退休年龄为 60 岁，假设在退休前除死亡外没有其他减因，所有职工在 25 岁参加工作，养老金计划建立日有 25 岁的参加者 10 人，35 岁的参加者 20 人，45 岁的参加者 30 人。试运用集体法，计算在计划建立日的年成本。

（已知：$\ddot{a}_{60}=10$，${}_{35}p_{25}=0.854$，${}_{25}p_{35}=0.874_{15}$，$p_{45}=0.901$，$\ddot{a}_{25:\overline{35|}}=15.1342$，$\ddot{a}_{35:\overline{25|}}=13.279$，$\ddot{a}_{45:\overline{15|}}=10.0476$）

解： 根据规定，年退休给付为：

$$B_{60}=240\times35=8\ 400(\text{元})$$

不同年龄参加者的未来给付精算现值为：

$$(PVFB)_{25}=8\ 400\ddot{a}_{60}\cdot v^{35}\cdot {}_{35}p_{25}=9\ 333.23$$

$$(PVFB)_{35}=17\ 105.83$$

$$(PVFB)_{45}=31\ 580.29$$

所以：

$$\begin{aligned}\sum PVFB &= 10\times9\ 333.23+20\times17\ 105.83+30\times31\ 580.29\\ &=1\ 382\ 857\end{aligned}$$

平均年金系数为：

$$\ddot{a} = (10 \times 15.1342 + 20 \times 13.279 + 30 \times 10.0476)/60$$
$$= 11.9725$$

故养老金计划总成本为：

$$(TNC)_0 = \sum PVFB/\ddot{a}$$
$$= 1\ 382\ 857/11.9725$$
$$= 115\ 502.8\ (\text{元})$$

【例 8－17】 某养老金计划规定的退休给付为每工作 1 年每月 25 元，法定退休年龄为 60 岁，预定利率为 6%，假设退休前除死亡外没有其他减因发生，在 2006 年 1 月 1 日，参加者的数据如表 8－5 所示。

表 8－5

年龄	参加人数	已工作年数	状态
45	20	20	在职
55	10	30	在职
65	5	40	退休

另外，2006 年 1 月 1 日累积资产为 30 万元，计算 2006 年的正常成本。（已知：$\ddot{a}_{60}^{(12)} = 10$，$\ddot{a}_{65}^{(12)} = 9$，${}_{15}p_{45} = 0.901$，${}_{5}p_{55} = 0.953$，$\ddot{a}_{45:\overline{15|}} = 10.0476$，$\ddot{a}_{55:\overline{5|}} = 4.4005$）

解： 从参加者的数据可见，每个人都在 25 岁参加工作。每个参加者的预计给付为：

$$B_{60} = 25 \times 12 \times 35 = 10\ 500$$
$$(PVFB)_{45} = 39\ 475.36\ (\text{元})$$
$$(PVFB)_{55} = 74\ 774.39\ (\text{元})$$
$$(PVFB)_{65} = 94\ 500\ (\text{元})$$
$$\sum PVFB = 20 \times 44\ 346.3515 + 10 \times 82\ 900.0447 + 5 \times 102\ 627.385$$
$$= 2\ 009\ 751\ (\text{元})$$

由于已退休者不再分摊成本，其正常成本为 0，故平均年金系数为：

$$\ddot{a} = (20 \times 10.0476 + 10 \times 4.4005)/25$$
$$= 9.80$$

那么，总正常成本为：

$$(TNC)_0 = \frac{\sum PVFB - A_0}{\ddot{a}} = 174\ 495\ (\text{元})$$

成本从计划建立起分摊时，不产生补充债务，但由于包括了年龄较大的接近退休和已经退休的职工，使年成本增大，年缴费负担加重。如果成本从积累养老金权益的年龄起分摊，由于在建立计划前没有成本分摊，在建立计划时就存在初始精算债务。初始精算债务以补充债务的形式存在，同时给付的调整、精算假设的变动产生的债务也以补充债务的形式存在。补充债务在计划建立后被逐步分摊，未分摊的债务将分摊在未来的成本中。

成本从积累养老金权益的年龄起分摊时，正常成本的计算公式为：

$$(TNC)_t = \frac{\sum l_{e,x}(PVFB)_{e,x} - A_t - (USL)_t}{\sum l_{e,x}\ddot{a}^{T}_{x:\overline{r-x}|} / \sum l_{e,x}} \tag{8.43}$$

其中，$(USL)_t$ 为 t 年未分摊补充精算债务。

上式中，分子是所有计划参加者从积累养老金权益的年龄起的未来给付精算现值之和与已积累资产和所有未分摊债务之差，分母为所有计划参加者到退休前的平均年金系数。

在建立计划时的初始精算债务是建立计划时各年龄计划参加者未来给付精算现值之和与未来总成本现值之差，计算公式为：

$$(TAL)_t = \sum l_{e,x}(PVFB)_x - (TNC)_t\ddot{a} \tag{8.44}$$

其中，$\sum l_{e,x}(PVFB)_x$ 为建立计划日各年龄职工未来给付精算现值与职工人数乘积之和，$\ddot{a}$ 为建立计划起到退休前的平均生存年金系数。

2. 比例分配法

如果成本从计划建立起分摊，成本以工资的比例分配，前面计算公式中的平均年金系数成为：

$$\ddot{a} = \frac{\sum l_{a,x}\, s_{a,x}\, {}^{s}\ddot{a}^{T}_{x:\overline{r-x}|}}{\sum l_{a,x} s_{a,x}} \tag{8.45}$$

它是各年龄职工从建立计划的年龄到退休、以工资增长率增长的年金系数的加权平均数。其中，分子是所有参加者到退休前工资的精算现值，分母是所有参加者的工资总额，a 为建立计划时的年龄。

如果设总成本占工资总额的比例为 U，则：

$$TNC = U \cdot \sum l_{a,x}\, s_{a,x} \tag{8.46}$$

$$U = \frac{\sum l_{a,x}(PVFB)_{a,x}}{\sum l_{a,x}\, s_{a,x}\, {}^{s}\ddot{a}^{T}_{x:\overline{r-x}|}} \tag{8.47}$$

它是所有参加者未来给付精算现值与退休前工资精算现值的比例。

【例 8－18】 某养老金计划于2004年1月1日建立，正常退休给付规定为退休前3年平均工资的50%，退休年龄为60岁，预定利率为6%，在建立计划日，职工 A 的年龄为25岁，工龄为0年，当年工资为4 000元，职工 B 的年龄为45岁，工龄为10人，当年工资为1万元，两个职工的工资增长率都为3%，退休前除死亡外没有其他减因。

如果成本从建立计划起以工资的比例分配，计算集体法下的年正常成本。（为简化计算，已知6%下 $\ddot{a}_{60}=10$，${}_{35}p_{25}=0.854$，${}_{25}p_{35}=0.874$，${}_{15}p_{45}=0.901$，$\ddot{a}_{25:\overline{35}|\,0.0291}=32$，$\ddot{a}_{45:\overline{15}|\,0.0291}=30$，$\ddot{a}_{35:\overline{25}|\,0.0291}=35.56$）

解： 对职工 A 的退休给付为：

$$B_r^A=50\%\times[4\ 000\times(1.03^{34}+1.03^{33}+1.03^{32})/3]=5\ 306.22\ （元）$$

职工 B 的退休给付为：

$$B_r^B=50\%\times[10\ 000\times(1.03^{14}+1.03^{13}+1.03^{12})/3]=7\ 344.81\ （元）$$

未来给付精算现值为：

$$(PVFB)_{25}=5\ 306.22\times\ddot{a}_{60}\times v^{35}\times{}_{35}p_{25}=5\ 895.73\ （元）$$

$$(PVFB)_{45}=734\ 481\times\ddot{a}_{60}\times v^{15}\times{}_{15}p_{45}=27\ 613.24\ （元）$$

$$\sum PVFB=33\ 508.97（元）$$

职工在职期间，以利率6%和工资增长率3%增长的递增年金系数等于以利率2.91%计算的定额年金系数$\left(i'=\frac{1+i}{1+g}-1\right)$。

对职工 A：

$${}^{s}\ddot{a}_{25:\overline{35}|0.06}=\ddot{a}_{25:\overline{35}|0.0291}=32$$

对职工 B：

$${}^{s}\ddot{a}_{45:\overline{15}|0.06}=\ddot{a}_{45:\overline{15}|0.0291}=30$$

平均年金系数为：

$$\ddot{a}=\frac{4\ 000\times32+10\ 000\times30}{14\ 000}=30.5714$$

$$(TNC)_0=\frac{\sum PVFB-F_0}{\ddot{a}}=33\ 508.97/30.5714=1\ 096.09\ （元）$$

如果成本从积累养老金权益的年龄起分摊，平均年金系数为：

$$\ddot{a}=\frac{\sum l_{e,x}\,s_{e,x}\,{}^{s}\ddot{a}^{\tau}_{x:\overline{r-x}|}}{\sum l_{e,x}\,s_{e,x}},\tag{8.48}$$

在开始积累养老金权益的年龄 e 岁上：

$$U = \frac{\sum l_e (PVFB)_e}{\sum l_e s_e {}^s\ddot{a}^{\tau}_{e:\overline{r-e}|}} \tag{8.49}$$

在建立养老金计划时的初始精算债务为：

$$TAL_0 = \sum l_{a,x} \cdot (PVFB)_{a,x} - U \sum l_{a,x} s_x {}^s\ddot{a}^{\tau}_{x:\overline{r-x}|} \tag{8.50}$$

【例 8－19】 在例 8－18 中，如果成本从积累养老金权益的年龄起分摊，试计算：（1）年成本；（2）建立养老金计划时的初始精算债务。

解：（1）对职工 A，积累养老金权益的年龄与养老金计划建立时的年龄相等，计算结果与例 8－17 没有区别。对职工 B，养老金权益积累年龄为 35 岁，养老金计划建立时的年龄为 45 岁。

$$(PVFB)_{35} = 7\ 344.81\ddot{a}_{60}v^{25}{}_{25}p_{35} = 14\ 957.03\ (元)$$

$$\sum PVFB = 20\ 852.76\ (元)$$

职工 B 的年金系数为：

$${}^s\ddot{a}_{35:\overline{25}|0.06} = \ddot{a}_{35:\overline{25}|0.0291} = 35.56$$

35 岁时的工资为：$10\ 000/1.03^{10} = 7\ 440.94$（元）

$$\ddot{a} = \frac{4\ 000\times 32 + 7\ 440.94\times 35.56}{11\ 440.94} = 34.32$$

$$(TNC)_0 = 20\ 852.76/34.32 = 607.6\ (元)$$

$$U = 607.6/11\ 440.94 = 5.31\%$$

（2）由例 8－18，建立计划时未来给付精算现值为 33 508.97 元，未来工资现值为 $4\ 000\times 32 + 10\ 000\times 30 = 4\ 280\ 009$（元），故初始精算债务为：

$$(TAL)_0 = 33\ 508.97 - 5.31\%\times 428\ 000 = 10\ 872.17\ (元)$$

对于未来给付精算现值从计划建立起分摊的集体法，在实践中，有时初始精算债务会以个体给付分配精算成本法和成本分配精算成本法来估计，然后在一定时期内分摊，从而形成补充成本，然后用正常成本加补充成本计算年成本；有时计划积累的基金以集体法估计，并采取比例分摊的方法分配在个人上，年成本和债务以个体法估计，这种方法同时具有个体法和集体法的特征，称为个体集体法（*individual aggregate*）。这里不展开讨论。

8.3.4　成本债务估计方法的选择

对比前面的几种方法，可以看出，给付分配精算成本法和成本分配精算成本法对成本的分配模式不同。同一种成本法下，成本在分摊期内均衡分配和以工资的一定比例分摊得到的成本分配模式也不同。

对单个计划参加人来说，在成本水平分配精算成本法下，年正常成本的数额恒定不变。在其他精算成本法下，年正常成本的数额随着计划参加人年龄的提高而提高。其中，以工资的比例衡量单位权益的单位权益法下的年正常成本随年龄增加的速度较快。从年正常成本与工资的比例看，由于工资一般随年龄的增大而提高，使成本水平分配精算成本法下年成本在工资中的比例逐年下降。给付比例分配精算成本法下年成本在工资中的比例恒定不变，其他方法下的年成本在工资中的比例逐年上升。

理论上，养老金计划参加者在工作期间每年得到的养老金权益应该反映其当年的工作贡献，工资水平是工作贡献的一个粗略衡量，因此，常选择与工资成比例的成本分配模式和缴费模式。由于个人工资随着工龄的增长而提高，参加者个人的养老金权益会随着年龄的增加而提高，如果养老金成本和缴费按照这种权益分配模式，一般年龄低的职工所需的缴费低，年龄高的职工所需的缴费高，这种缴费模式下积累资产的速度相对缓慢。

在实践中，对成本分配方法的选择受监管规定的限制，也要迎合缴费者（雇主和雇员）对缴费模式选择的偏好。一般情况下，希望成本分配模式能够满足以下几点要求：（1）年成本或年正常成本是工资的固定比例；（2）精算债务至少等于已得到的养老金权益的现值；（3）在成本分配方面有一定的灵活性，使养老金计划可以在不同经济状况下选择不同的成本模式。成本分配的灵活性一般通过对补充债务的不同分摊方式实现，因此，存在补充债务是满足这方面要求的基本条件。但是，实际中很难有一种方法同时满足几方面的要求。例如，成本比例分配法下的年成本是工资的恒定比例，但不能保证其精算债务一定超过已得到的权益的精算现值。再如，给付分配法下的精算债务等于已得到的给付权益现值，但年成本与工资的比例随着年龄的提高而提高，并不是恒定不变的。

在选择成本估计方法时，不仅要考虑每个参加人在不同年龄上成本的分布和债务的积累模式，更重要的是必须考虑养老金计划整体在长期内每年成本与债务的分布模式，因为计划是依据总体的成本和债务分配模式确定缴费水平的。计划年总成本和债务的分布模式，受成本分配方法和计划人口规模、人口结构及其变动的影响，需要对计划人口作出预测，才能进行长期计划总体成本的估计。

§8.4 附加待遇的成本估计

DB 计划提供的主要待遇是退休后的定期养老待遇，除此之外，很多

DB 计划还提供死亡、伤残和中途退出给付，也有一些计划提供家庭夫妻联合生存年金给付。

养老金计划的附加待遇往往以既得养老金权益为基础，一般情况下，死亡给付以计划参加人死亡为给付条件，在退休前的死亡给付规定为一次性领取既得养老金权益的现值，退休后的死亡给付规定为一个固定的数额，或者没有给付。伤残给付规定为在伤残期的定期津贴支付，当伤残恢复、达到退休年龄或死亡中的任一事件发生后，则停止伤残给付，并按状态的转移相应转为退休或死亡等其他给付。中途退出一般规定有权领取既得养老金权益的现值，或者在达到退休年龄后按既得权益可转换的养老年金数额领取养老金，或者按既得权益的价值在退出时一次性领取。

8.4.1　既得权益负债

某一时点的既得养老金权益简称既得权益，是归属于计划参加人的累积养老金权益，而既得权益负债（*Vested Benefit Obligation*，*VBO*）是既得权益的现值。前面已提到，*DB* 计划通常对养老金权益的归属有严格的规定。例如，参加计划不足规定年份，将不能得到或不能全部得到已积累的养老金权益，因此，既得养老金权益通常是已积累养老金权益的一个比例。当参加计划超出规定的年数后，一般可以获得 100% 的已积累养老金权益，这时，既得权益等于已积累的养老金权益的现值。

在单位权益成本法下，既得权益负债是在传统单位权益法下精算债务按归属比例计算的部分，在已获得 100% 权益归属后，既得权益负债等于累积权益负债（*ABO*）。以 VBO_x 表示 x 岁的既得权益负债，有：

$$VBO_x = B_x \cdot v^{r-x} \cdot {}_{r-x}p_x^{\tau} \cdot \ddot{a}_r \tag{8.51}$$

既得权益负债也是计划终止时对计划参加人的负债，如果一个计划的累积资产小于既得权益负债时，通常认为计划面临偿付能力问题。

8.4.2　死亡、离职和伤残给付现值

1. 死亡给付现值

如果计划参加人在退休前死亡可获得等于既得权益现值的一次性给付，假设死亡给付在死亡年末，以 $(PVDB)_x$ 表示 x 岁的死亡给付现值（*Present Value of Death Benefit*，*PVDB*），有：

$$(PVDB)_x = \sum_{k=1}^{r-x} VBO_{x+k} \cdot v^k \cdot {}_{k-1}p_x^{\tau} \cdot q_{x+k-1}^{d} \tag{8.52}$$

如果参加人已获得 100% 的权益归属，将公式 8.51 代入 8.52，可得：

$$(PVDB)_x = \sum_{k=1}^{r-x} VBO_{x+k} \cdot v^k \cdot {}_{k-1}p_x^{\tau} \cdot q_{x+k-1}^d$$
$$= \sum_{k=1}^{r-x} B_{x+k} \cdot v^{r-x-k} \cdot {}_{r-x-k}p_{x+k}^{\tau} \cdot \ddot{a}_r \cdot v^k \cdot {}_{k-1}p_x^{\tau} \cdot q_{x+k-1}^d$$
$$= \sum_{k=1}^{r-x} B_{x+k} \cdot v^{r-x} \cdot \ddot{a}_r \cdot ({}_{r-x}p_x^{\tau}/p_{x+k-1}^{\tau}) \cdot q_{x+k-1}^d$$
$$= \sum_{k=1}^{r-x} B_{x+k} \cdot v^{r-x} \cdot \ddot{a}_r \cdot {}_{r-x-k}p_{x+k}^{\tau} \cdot \frac{d_{x+k-1}^d}{l_x^{\tau}} \tag{8.53}$$

上式可以直观解释为：x 岁到退休前的死亡给付等于 x 岁到 $r-1$ 岁以死亡为给付条件，给付额为死亡年末获得的既得权益在死亡年末的现值之和。

2. 离职给付现值

类似的，如果计划参加人在退休前离职，可获得等于既得权益现值的一次性给付，假设离职给付在离职年末，以（$PVWB$）$_x$ 表示 x 岁的离职给付的现值（*Present Value of Withdraw Benefit*，*PVWB*），有：

$$(PVWB)_x = \sum_{k=1}^{r-x} VBO_{x+k} \cdot v^k \cdot {}_{k-1}p_x^{\tau} \cdot q_{x+k-1}^w \tag{8.54}$$

类似的，将公式 8.51 代入 8.54，可得：

$$(PVDB)_x = \sum_{k=1}^{r-x} B_{x+k} \cdot v^{r-x} \cdot \ddot{a}_r \cdot {}_{r-x-k}p_{x+k}^{\tau} \cdot \frac{d_{x+k-1}^w}{l_x^{\tau}}$$

3. 伤残给付现值

伤残给付通常规定为在伤残期的定期津贴，定期津贴以既得权益为基础，假设伤残给付在伤残发生年的年中，伤残年金是期初年金，不考虑伤残恢复，也就是伤残定期津贴一直支付到参加人死亡，这时 x 岁的伤残给付现值（*Present Value of Illness Benefit*，*PVIB*）以（$PVIB$）$_x$ 表示。

$$(PVIB)_x = \sum_{k=1}^{r-x} B_{x+k-1/2} \cdot v^k \cdot \frac{d_{x+k-1}^i}{l_x^{\tau}} \cdot \ddot{a}_{x+k} \tag{8.55}$$

对于死亡、离职和伤残给付产生的正常成本，其计算原理和计算公式与退休给付正常成本相同。

例如，采用个体成本分配精算成本法计算离职给付正常成本，成本从加入年龄分摊，有：

$$NC \cdot \ddot{a}_{e:\overline{r-e}|} = \sum_{k=1}^{r-e} B_{e+k} \cdot v^{r-e} \cdot \ddot{a}_r \cdot {}_{r-e-k}p_{e+k}^{\tau} \cdot \frac{d_{e+k-1}^w}{l_e^{\tau}}$$

如果采用单位权益法计算正常成本，x 岁离职给付的正常成本为：

$$q_x^w \cdot v^{r-x} \cdot {}_{r-x-1}p_{x+1} \cdot B_{x+1} \cdot \ddot{a}_r$$

除了死亡、离职和伤残给付外，养老金计划还可能包括提前退休给付、退休待遇调整、雇员缴费返还等条款，也可能包括遗属津贴等，养老金计划的总成本是各项成本之和。在评估时，需要分项测算后再加总计算总成本和总债务。

参考文献

【1】 Arnold F. Shapiro. *Pension Funding: A Historical Perspective.* The Pension Forum, Pension Section of the Society of Actuaries, 2005.

【2】 Berin, B. *The Fundamentals of Pension Mathematics*, Schaumburg, IL: Society of Actuaries. 1976.

【3】 Colin Pugh, *Funding Rules and Actuarial Methods*, OECD Working Paper on Insurance and Private Pensions, No. 1 October, 2006.

【4】 Dan M. McGill et al. *Fundamentals of Private Pensions*, University of Pennsylvania Press, Phiadelphia, 1996.

【5】 David Blake, *Pension Finance*, John wiley and Sons, Ltd, 2006.

【6】 Howard E. Winklevoss, *Pension Mathematics with Numerical Illustrations*, Published by RICHARD D. IRWIN, INC. Homewood, Illinois 60430. , 1977.

【7】 Jack L. VanDerhei; Francois P. Joanette, *Economic Determinants for the Choice of Actuarial Cost Methods*, The Journal of Risk and Insurance, Vol. 55, No. 1. (Mar. , 1988), pp. 59 – 74.

【8】 Lowman, T. B. 2000. *Actuarial Aspects of Cash Balance Plans.* Online at http: //www. soa. org/researc/actuarial_ aspects. pdf

【9】 P. Booth, et al, *Modern Actuarial Theory and Practice*, CHAPMAN and HALL/CRC, 1999

【10】 N. L. Bowers, et al, *Actuarial Mathematics*, Society of Actuaries, 1986.

【11】 William H. Aitken, *A Problem – Solving Approach to Pension Funding and Valuation*, ACTEX Publications Winsted, Connecticut, 1994

【12】 谭伟民：《养老金计划精算实务》，中国保险行业协会精算工作委员会组编，2005 年。

【13】 王晓军：《中国养老金制度及其精算评价》，经济科学出版社 2000 年版。

【14】 王晓军、孟生旺：《保险精算学》，中国人民大学出版社 2006 年版。

第9章 DC养老金计划的评估

DC计划积累的养老金权益等于个人账户余额，从而计划的资产与负债对应，不存在类似DB计划的未备基金负债和偿付能力评估问题。但是，无论DB计划还是DC计划，养老金计划的最终目的都是提供一定的退休收入保障，因此，DC计划也需要定期评估缴费及其投资收益实现预设待遇目标的能力；需要评估为实现一定的待遇目标，在不同的投资策略下，参加人承担的风险；需要评估费用的充足性和费用准备金；如果DC计划含有保障性条款，还需要评估提供保障的成本和资金准备等；另外，DC计划在退休时积累的个人账户余额需要转化为年金领取，才能提供退休后的定期收入，从而需要评估DC计划在领取阶段的成本和风险。本章讲述DC计划收支的精算平衡关系，计划的积累目标和风险评估，费用扣减种类和费用评估，待遇领取阶段的风险管理等问题。

主要内容有：

□ DC计划的精算平衡关系

□ DC计划积累阶段的评估

□ DC计划领取阶段的评估

§9.1 DC养老金计划的收支平衡关系

DC计划的精算平衡关系是指计划收入现值与支出现值之间的平衡关系。DC计划可以由雇主和雇员共同缴费，也可以由雇主或雇员单独缴费。缴费可以计入个人账户，也可以计入集体账户。在个人账户下，参加者个人作出投资选择并承担投资风险，投资收益或损失直接计入个人账户，个人账户在退休时的余额可以一次性领取，也可以转换为年金定期领取。采取个人账户记账和管理的DC计划，在收支平衡关系上表现为个人账户在退休前的缴费积累与退休后领取的平衡。对于一次性领取的DC计划，退休时的个人账户余额等于一次性领取的金额，不存在不同人群之间的收入再分配。对于转化为生存年金领取的计划，存在不同寿命人群之间的收入再分配，寿命短的人群领取的金额少于寿命长的人群，从而使个人长寿风险得以分散。

在集体账户下，计划的缴费及其投资收益计入集体账户，投资决策由代表参加人利益的集体作出，投资风险由计划参加人共同承担。参加人在退休前退出计划或发生死亡时，可以得到规定的退出和死亡待遇。退出和死亡待遇可能是规定的具体数额，也可能是累计权益归属个人的部分。退休后的养老金待遇以年金的方式发放，以保证参加人退休后在生存期的定期养老金领取。采取集体账户的 DC 计划，在收支平衡关系上存在不同年龄人群的代内收入再分配。在实践中，DC 计划更多采取个人账户的管理方式。

在 DC 计划的积累阶段，一定的缴费率能否实现预期的积累目标，受参加人在缴费期间的工资水平及工资增长率、投资回报率、退休年龄、缴费时间长短等因素的影响。在领取阶段，DC 计划的积累额转化为定期养老金的数额，取决于转化年金时年金价格的高低。年金价格主要受利率和死亡率的影响。这样，DC 计划在一定的缴费率下能否实现预期的养老金待遇目标受一系列未来不确定因素的影响。

9.1.1 DC 计划面临的风险因素

如果不考虑费用因素，DC 计划积累阶段面临的不确定因素一般包括：工资增长率、投资策略选择、投资回报率、参加计划年龄和退休年龄等。在领取阶段面临的不确定因素一般包括利率和死亡率。工资增长率越高，在一定缴费率下的缴费越多，个人账户的积累就越快。投资策略越稳健，投资风险越低，投资收益就相应较低。相反，投资策略越激进，投资风险越高，投资收益也相应越高。在一定的参加计划年龄下，退休年龄越晚，DC 计划的积累期越长，退休前的积累额越多。退休年龄越早，计划的积累期越短，退休前的积累额越少。在领取阶段，利率和死亡率越高，DC 计划在退休时的积累额转化为年金的价格就越低，定期领取的养老金就越多，反之则相反。

1. 工资增长率

在 DC 计划下，缴费以工资为基础，养老金待遇目标以退休前的工资为基础，从而工资的水平及其增长率影响着缴费和未来的待遇。在进行精算评估时，需要对未来工资增长率作出假设，在第 4 章中已给出了描述工资变动模式的公式，这里不再重复。在实际评估中，往往依据对未来通货膨胀和经济发展的判断，作出工资增长率的假设。

2. 资产配置和投资回报率

在传统的 DC 计划下，计划参加者作出投资决策并承担投资风险。投资决策通常是在养老基金投资人给出的几组投资组合中选择，养老基金投资人在法律法规允许的范围内，选择养老基金的资产配置和投资组合。资产配置的最优策略实际是通过投资风险与预期收益间的交换，在一定的投资风险下，实现最优的长期预期收益。或者为实现预期的收益，将投资风险控制在最小的范围内。

养老基金的投资具有长期性，计划参加者一般在年轻时加入计划，到退休时开始领取，到死亡时领取结束。从而养老基金积累期一般有30多年的时间，领取期也有20多年的时间。在长期内，养老基金的投资积累至少要能够抵御通货膨胀的影响，这就要求有相应的抵消通胀影响的长期投资。一般认为，从加入计划到接近退休的时期内，养老基金积累期间的资产配置应偏好于股票，因为在长期内，股票投资可以很好地抵消短期市场波动带来的不利影响，从而抵消长期内的通胀影响，增加养老基金的风险容忍度。在接近退休的几年里，DC计划的缴费和个人账户余额都处于最高峰，但退休的临近使养老基金的风险容忍度降低，一旦市场表现不好，将没有足够的时间在积累期弥补投资损失，因此，接近退休的时期，投资的储蓄动机增加，这时养老金资产不应投资于高成长性、强易变性的金融资产，如股票，而应选择更为保守的金融资产，如债券、国库券以及现金等。

最简单的DC计划养老基金资产分配是将资产按固定比例分配于存款、债券和股票等类上。考虑到积累期内不同时期的风险容忍度不同，可以在不同时期选择不同的投资配置策略。例如，在参加计划前20年投资股票的比例更高，而在接近退休的一段时期，投资债券和存款的比例更高。或者根据养老基金的积累情况，采用不同的资产配置策略。

3. 退休年龄

在个人生命周期里，退休年龄决定着工作时期与退休时期的分配。在DC计划下，退休年龄决定着养老基金积累期与领取期的分配。退休年龄的推迟，使养老基金积累期更长，领取期更短，从而有利于减轻养老基金的支付压力。为了保证DC计划实现预期的养老目的，计划一般会对最早和最晚开始领取退休金的年龄作出规定，如美国的401(*k*)计划，在参加人达到59.5岁之前不允许领取，如果领取，则被要求缴纳10%的惩罚税，另外要求参加人最晚在达到70.5岁时，必须开始领取养老金。我国现行法定的退休年龄是男性60岁，女性55岁。

4. 利息率

退休后领取的养老金价值可以用定期领取的养老金现值表示。在设定的利率下，可以计算未来养老金领取现值，未来的利率水平取决于养老基金在领取期间的投资选择和平均回报。在对未来利率水平作出假设时，应考虑养老基金领取阶段总投资回报的长期期望值、未来的经济前景以及购买的年金类型等。

5. 死亡率

死亡率是影响养老金领取阶段年金价格的重要因素，死亡率的降低导致人口寿命的延长，使养老金平均领取期延长，使领取阶段的年金成本和价格上升，最终使相同基金积累转换成的年金数额减少。

一般来说，人口普查、人口抽样调查、人口出生和死亡的日常登记等数据提供了详细的人口和死亡数据，基于这些数据可以编制人口生命表。基于保险业的经验数据，可以编制反映被保险人群死亡规律的经验生命表。依据建立养老金计划同类企业（或单位）的人口死亡率经验数据，可以编制不同类型企业养老金计划的经验生命表，反映养老金计划参加人的分年龄死亡规律。随着社会经济的发展，人们的生活水平日益提高，医疗卫生状况不断改善，使人口死亡率持续降低，人口寿命不断延长，养老金计划面临的长寿风险日益突出。

9.1.2　个人账户的收支平衡关系

理论上，如果已知个人生命周期，即已知个人参加工作、退休和死亡发生的确切时间，就可以依据对工作期间收入能力的预期，合理安排一生的储蓄和消费。假设个人在 e 岁参加工作并加入 DC 计划，r 岁退休并开始领取每月一次的养老金，d 岁死亡。如果 e 岁的工资为 s_e，年工资增长率为 j，DC 计划的缴费率为 c，退休后每年领取的养老金为 B_r，生命周期的利率恒为 i。

当 $d \geqslant r$ 时，个人账户在退休年龄 r 上的累计额为：

$$
\begin{aligned}
& cs_e[1+(1+j)v+(1+j)^2v^2+\cdots+(1+j)^{r-e}v^{r-e}](1+i)^{r-e} \\
&= cs_e\,{}^{s}\ddot{a}_{\overline{r-e|}}(1+i)^{r-e} \\
&= cs_e\,\ddot{a}_{\overline{r-e|}\,i'}(1+i)^{r-e} \qquad (9.1)
\end{aligned}
$$

其中，${}^{s}\ddot{a}_{\overline{r-e|}}$ 是以工资增长率增长的 $r-e$ 年定期年金现值，$\ddot{a}_{\overline{r-e|}\,i'}$ 是以利率 i' 计算的 $r-e$ 年定期年金现值，其中，$i'=\dfrac{i-j}{1+j}$。

如果养老金每月领取一次，养老金在退休时的现值为：

$$B_r\ddot{a}^{(12)}_{\overline{d-r|}}$$

从而有平衡关系式：

$$cs_e\,{}^{s}\ddot{a}_{\overline{r-e|}}(1+i)^{r-e}=B_r\ddot{a}^{(12)}_{\overline{d-r|}}$$

如果养老金是退休当年工资的 g 比例，即 $B_r=gs_e\ (1+j)^{r-e}$，则：

$$cs_e\,{}^{s}\ddot{a}_{\overline{r-e|}}(1+i)^{r-e}=gs_e(1+j)^{r-e}\,\ddot{a}^{(12)}_{\overline{d-r|}} \qquad (9.2)$$

利用上面的平衡公式，在规定的退休金替代率下，可以估计出缴费率

c，在规定的缴费率下可以估计出年给付水平。

当 $d<r$ 时，死亡时积累的个人账户余额一般采取由其指定受益人一次性领取的方式。死亡时积累的个人账户余额为：

$$cs_e\ddot{a}_{\overline{d-e|}\,i'}(1+i)^{d-e}$$

实际上，个人的生命周期是不确定的，人们并不知道他们实际的寿命，每个参加人的死亡年龄是一个随机变量，退休后领取的年金是一个由死亡年龄决定的生存年金。这样，在其他条件相同时，DC 计划的收支平衡关系成为：

$$cs_e{}^s\ddot{a}_{\overline{r-e|}}(1+i)^{r-e}=gs_e(1+j)^{r-e}\ddot{a}_r^{(12)} \tag{9.3}$$

9.1.3 集体账户的收支平衡关系

如果在 DC 计划积累期采取集体账户，参加人因死亡或离职等退出计划时，会使他们的缴费中断，留存在计划下的参加人继续由雇主和（或）个人缴费，这时，缴费在退休年龄 r 岁上的终值为：

$$cs_e{}^s\ddot{a}^{\tau}_{e:\overline{r-e|}}(1+i)^{r-e}/{}_{r-e}p_e^{\tau}$$

这时，如果不考虑死亡、伤残、离职等待遇，收支平衡关系成为：

$$cs_e{}^s\ddot{a}_{e:\overline{r-e|}}(1+i)^{r-e}/{}_{r-e}p_e=gs_e(1+j)^{r-e}\ddot{a}_r^{(12)} \tag{9.4}$$

或者：

$$cs_e{}^s\ddot{a}_{e:\overline{r-e|}}=gs_e(1+j)^{r-e}\ddot{a}_r^{(12)}\,{}_{r-e}p_e v^{r-e}$$

如果死亡待遇规定为退还个人账户累积额中个人缴费部分，如果个人账户缴费的50%由个人承担，在 t 年年末个人账户累积额中个人缴费部分为：

$$0.5cs_e(1+i)^{t-e+1}\ddot{a}_{\overline{t-e+1|}\,i'}$$

假设死亡给付在死亡年年末，死亡给付现值为：

$$\sum_{t=e}^{r-1}0.5cs_e(1+i)^{t-e+1}\ddot{a}_{\overline{t-e+1|}\,i'}v^{t+1}\,{}_{t-e}p_e^{\tau}q_t^{d}$$

其中 q_x^d 为在死亡和退出两个减因下的 x 岁的死亡概率。

如果调离给付规定为退还个人账户个人缴费的累积额，假设退出给付在退出年年末，其给付现值为：

$$\sum_{t=e}^{r-1}0.5cs_e(1+i)^{t-e+1}\ddot{a}_{\overline{t-e+1|}\,i'}v^{t+1}\,{}_{t-e}p_e^{\tau}q_t^{w}$$

q_x^w 为在死亡率和退出率两个减因下的 x 岁的退出概率。

因此，在集体账户下，收支平衡关系为：

缴费现值 = 退休给付现值 + 死亡给付现值 + 退出给付现值

$$cs_e\,{}^{s}\ddot{a}^{\tau}_{e:\overline{r-e}|} = gs_e(1+j)^{r-e}\ddot{a}^{(12)}_{r}\ {}_{r-e}p^{\tau}_{e}v^{r-e} + \sum_{t=e}^{r-1} 0.5cs_e(1+i)^{t-e+1}\ddot{a}_{\overline{t-e+1}|\,i'}v^{t+1}\ {}_{t-e}p^{\tau}_{e}q^{d}_{t} + \sum_{t=e}^{r-1} 0.5cs_e(1+i)^{t-e+1}\ddot{a}_{\overline{t-e+1}|\,i'}v^{t+1}\ {}_{t-e}p^{\tau}_{e}q^{w}_{t} \tag{9.5}$$

根据上述平衡关系，可以估计在一定缴费率下能够提供的养老金待遇，或者估计为满足一定水平的养老金待遇所需的缴费水平。

§9.2　DC 养老金计划积累阶段的评估

在 DC 计划收支精算平衡关系下，如果工资增长率、投资回报率、折现利率、死亡率等风险因素在计划执行中一直保持不变，参加计划的年龄和退休年龄保持不变，那么，按照设定的待遇目标所要求的缴费率缴费，就可以实现预期的待遇目标。但实际上，DC 计划面临的风险因素是变动的，加入年龄和退休年龄也会调整，从而，按照一定的缴费率缴费能否实现预设的待遇目标是不确定的，或者说是有风险的。本节讨论 DC 计划积累阶段的评估方法与应用。

9.2.1　评估目标和模型

评价 DC 计划在积累阶段的设计方案，可以以一个特定的基准养老金计划作为目标，评估所设计的计划方案达到基准养老金计划待遇目标的概率，并量化所设计计划的内在风险水平。基准养老金计划可以设定为一个提供确定养老金替代率并且养老金水平保持恒定的 DB 计划，或者是提供确定养老金替代率并且养老金水平与价格指数挂钩的 DB 计划。

设 DB 计划的目标养老金替代率为 g，g 是退休当年领取的养老金占退休当年工资的百分比。在规定的替代率 g 下，依据对未来工资、折现利率和领取者死亡率的假设，可以计算出退休后领取的养老金在退休当年的价值，假设退休后的养老金每年领取一次，设这一价值为目标养老金价值 M，M 正是未来养老金的现值。

$$M = gs_e(1+j)^{r-e}\ddot{a}_r = gs_e(1+j)^{r-e}\sum_{k=0}^{\infty}(1+i)^{-k}\,{}_{k}p_{r} \tag{9.6}$$

设 DC 计划的缴费及其投资收益在退休时积累的价值为 A。如果假设投资回报率恒定为 i，则如公式 9.1：

$$A = cs_e {}^{s}\ddot{a}_{\overline{r-e|}} \quad (1+i)^{r-e}$$

实际中，DC 计划在不同的投资选择下，回报率是变动的，从而使 DC 计划面临较大的投资风险。假设 DC 计划养老基金在第 k 种资产上的投资比例为 $\omega_k(k=1,2,\cdots,n)$，在第 k 种资产上第 t 年的回报率记为 r_{kt}，则：

$$A = \sum_{h=0}^{r-e-1}\left\{cs_e(1+j)^h\left[\sum_{k=1}^{n}\omega_k\prod_{t=h+1}^{r-e}(1+r_{kt})\right]\right\} \tag{9.7}$$

从精算平衡的角度看，如果 $A=M$，则养老金基金在退休时积累的价值正好能够实现预定的养老金替代率目标 g；如果 $A>M$，养老金基金积累的价值可以实现更高的替代率水平；反之，如果 $A<M$，则养老金基金不能实现预定目标。这里引入 A 和 M 的比值 T，$T=A/M$，称为养老金比率。则 $T\geqslant 1$，表明养老金计划实现或超过了预设的待遇目标；$T<1$，表明养老金计划没有实现待遇目标。

9.2.2 DC 计划积累阶段的风险评估

如前所述，DC 计划在设定的缴费率下能否实现预设待遇目标，或者说，能否使养老金比率 $T\geqslant 1$，受工资增长率、资产配置和投资回报率、利率、死亡率、退休年龄等因素变动的影响。在以往运用确定性模型进行的评估中，往往先给出这些影响因素在未来的水平和变动的假设，也就是精算假设，然后运用模型，评估在不同精算假设下的结果。实际上，投资回报往往具有随机性，从而很难得到养老基金在积累阶段的精确价值。这时，可以采用随机模拟方法评估养老金在未来的价值，从而计算养老金比率。

随机模拟是进行评估和压力测试的常用方法，它能在各种不同的假设条件下，产生在未来给定时间上的大量输出结果，从而得到养老金比率的经验分布。随机模拟的优点是方法灵活，能适应各种养老金安排的假设和特点，能使计划设计者了解所设计计划的运行结果，并可以通过改变关键假设，观察由此引起的结果的变化，来进行压力测试。

养老金计划实现预设待遇目标面临的风险水平，可以采用风险价值（*Value at Risk*，*VaR*）和预期短缺（*Expected Shortfall*，*ES*）等常用的风险衡量方法。

风险价值（*VaR*）的含义是“处在风险中的价值”，指的是在一定的概率水平（置信度）下，某种金融资产或其组合在未来的一段时间内的最大可能的损失。可表示为：

$$\Pr(\Delta P > VaR) = 1 - c \tag{9.8}$$

其中，ΔP 为金融资产或其组合在持有期 Δt 内的损失；VaR 为在置信

水平 c 下处于风险中的价值。风险价值是一种常用的风险度量方法，多用于银行和风险管理领域，已经成为巴塞尔委员会推荐的商业银行内部风险管理方法之一。但理论研究认为，VaR 方法在概念上存在不可弥补的缺陷。主要表现在两个方面：一是 VaR 忽略了尾部风险；二是 VaR 不具有次可加性，从而不是一致的风险度量。

预期短缺（ES）可以弥补 VaR 的不足，它不仅有助于加强对尾部风险的认识，而且是一致的风险度量。ES 直观上的解释是损失超过 VaR 的期望值。设 X 是代表金融资产或其组合损益的随机变量，$VaR_{\alpha}(X)$ 表示金融资产或其组合在未来一段时间内置信水平为 α 的 VaR，ES 的数学表达式为：

$$ES_{\alpha}(X) = E[-X \mid -X > VaR_{\alpha}(X)] \tag{9.9}$$

依据上面的公式，对养老金计划所面临的外部风险因素作出假设，并在相关法律法规的范围内，选择不同的资产配置策略和缴费率，通过随机模拟，就能产生在给定时间上的养老金比率的经验分布。根据这些经验分布，就可以计算出给定置信度下的 VaR 和 ES 值。其中，资产配置策略可以是静态的，也可以是动态的。缴费率可以是常数，也可以是与年龄相关的变量。经过模拟和评估，如果没有达到预期目标，可以通过调节缴费率或资产分配策略，重新模拟，直到得到一个与基准养老金计划相当的 DC 计划设计方案。

9.2.3　应用举例

下面给出一个 DC 计划积累阶段设计与风险评估的例子（文献【7】）。

所用的数据和假设如下：

（1）目标替代率：设养老金的目标替代率为 30%。

（2）加入年龄：假设某男性员工在 25 岁时加入养老金计划，并会在退休前持续缴费，不考虑失业和死亡等中断缴费的情况。

（3）退休年龄：假定退休年龄为 60 岁，这也是我国男性法定的退休年龄。

（4）工资增长率：假定实际的平均工资增长率为 3%。

（5）资产配置：为了简化测算，假设养老金计划基金投资于银行定期存款、股票和债券三种资产上，分别代表对基金的流动性、收益性和安全性要求。为了对比分析，这里设养老基金在存款、股票和债券中的分配策略有三种：①50% 的一年期银行定期存款、15% 的股票、35% 的债券；②35% 的一年期银行定期存款、25% 的股票、40% 的债券；③10% 的一年期银行定期存款、60% 的股票、30% 的债券。三种策略分别代表偏向存款的保守投资策略、偏向债券的稳健投资策略和偏向股票的激进投资策略。

（6）投资回报率：对存款、股票和国债回报率的假设依据历史数据，

表 9 – 1 列出了从 1993 年到 2006 年我国上述三种资产的回报率。假设上述三种资产在未来的投资回报率近似服从表 9 – 1 给出的均值和方差的三元正态分布。

表 9 – 1　　　一年期银行定期存款、股票、国债的回报率

年份	一年期银行定期存款	股票	国债
1993	9. 18	6. 84	13. 96
1994	10. 98	– 22. 30	13. 96
1995	10. 98	– 14. 29	14. 50
1996	7. 47	65. 14	10. 96
1997	5. 67	30. 22	9. 18
1998	3. 78	– 3. 97	4. 72
1999	2. 25	19. 18	3. 02
2000	2. 25	51. 73	3. 05
2001	2. 25	– 20. 62	2. 60
2002	1. 98	– 17. 52	2. 53
2003	1. 98	10. 27	2. 84
2004	2. 25	– 15. 40	2. 65
2005	2. 25	– 8. 33	3. 70
2006	2. 52	130. 43	2. 57
回报率均值	4. 70	15. 10	6. 45
回报率标准差	3. 49	42. 9	4. 90

数据来源：一年期银行定期存款利率按中国人民银行历年公布的资料，以当年年底的利率计入；股票回报率以上证综合指数历年年度收盘值计算；国债回报率按财政部当年发行的 10 年期、7 年期国债数据加权平均计算。

（7）死亡率和无风险利率折现：受数据限制，这里死亡率采取中国人寿保险业年金经验生命表（2000—2003）（男表）的数据。无风险折现利率假定为 4%。

（8）缴费率：假定缴费率为个人工资收入的 8%。

在随机回报率的基础上，依据前面给出的养老金比率计算公式，可以得出对应于每一种资产分配策略下的养老金比率。图 9 – 1 给出了 5 000 次蒙特卡洛模拟得到的养老金比率经验分布图，不同的曲线代表不同的资产分配策略，其中 s1、s2、s3 分别表示策略 1、策略 2、策略 3 下的养老金比率经验分布。

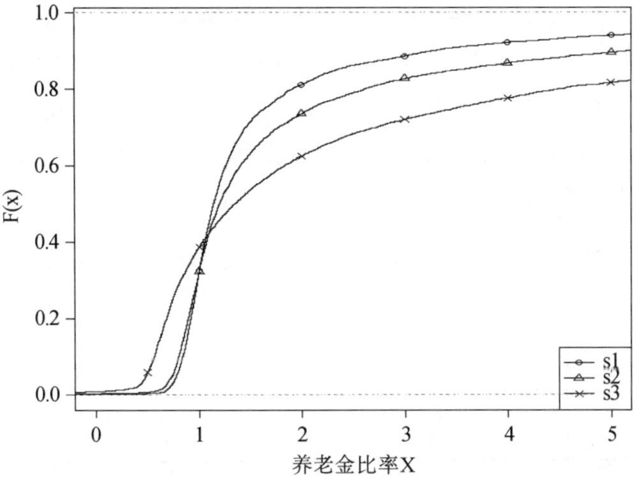

图 9－1 不同资产分配策略下养老金比率经验累积分布

曲线上任一点的横坐标表示养老金比率，纵坐标表示养老金比率小于横坐标水平的概率。例如，对策略 3，养老金比率小于 2 的概率约为 60%，或者说，约有 40% 的可能性养老金比率会超过 2。图 9－1 显示，不同的资产配置策略对养老金比率有显著影响。为了直观比较，进一步计算各种策略下的均值和标准差，列入表 9－2。从表中可见，养老金比率的均值从策略 1 的 2.10 到策略 3 的 5.39，标准差从策略 1 的 6.21 到策略 3 的 19.76。表明偏重股票的激进投资策略相对于偏重存款的保守投资策略，平均实现的替代率更高，但风险也更大。

表 9－2　　三种投资策略下企业年金比率的均值和标准差

	s1	s2	s3
均值	2.10	2.85	5.39
标准差	6.21	12.16	19.76

从图 9－1 也可以看出，无论在哪种投资策略下，养老金比率的分布都有很大的右尾，也呈现出较大的离散度。例如，在策略 1 下，5% 的分位数为 0.78，95% 的分位数为 5.3，表明有 5% 的可能性养老金比率会低于 0.78，有 5% 的可能性养老金比率会高于 5.3。这也从一个角度表明，相对于 DB 计划，DC 计划参加成员要承担更大的风险。

为了比较不同置信水平下养老金计划实现目标替代率的程度，这里采用前面给出的风险价值方法，分别测算在 50%、80% 和 95% 置信水平下，养老金比率的 VaR 值，结果列入表 9－3 中。从表 9－3 中可以看出，在三种策略下，置信水平为 50% 的养老金比率的 VaR 值分别为 1.14、1.18、1.35，表明在三种策略下，养老金比率大于 1.14、1.18、1.35 的概率有

50%。或者说，在50%的概率下，三种投资策略都能保证养老金计划实现目标替代率。但是，在置信水平80%和95%下，三种策略的养老金比率的VaR都小于1，说明养老金计划不能实现目标替代率。特别是在置信水平95%下，三种策略的养老金比率比1小很多，说明在前面给出的各种假设下，三种策略达到预设待遇目标的概率都不高。

表9-3　　置信水平为50%、80%、95%的养老金比率的VaR值

	50%	80%	95%
s1	1.14	0.91	0.77
s2	1.18	0.89	0.74
s3	1.35	0.68	0.48

下面考虑调节退休年龄和缴费率对养老金设计的影响。表9-4给出了在退休年龄调整为65岁后的养老金比率的VaR值。比较表9-3和表9-4，可以看出，将退休年龄调整为65岁，三种策略下各种置信水平的养老金比率的VaR值有显著的提高，说明达到预设待遇目标的概率很高。

表9-4　　缴费率为0.08退休年龄为65岁下的各指标值

	50%	80%	95%
S1	1.62	1.27	1.07
S2	1.67	1.24	1.00
S3	1.81	0.92	0.65

表9-5给出了在退休年龄为60岁、缴费率分别为0.1、0.12下养老金比率的VaR值。显然，从表9-3和表9-5的比较中可以看出，各指标值都有显著提高，并且基本都能达到预设待遇目标。

表9-5　　缴费率分别为0.1、0.12、退休年龄为60岁下的各指标值

策略 \ 缴费率	0.1	0.12	0.1	0.12	0.1	0.12
	50%		80%		95%	
S1	1.43	1.69	1.15	1.37	0.98	1.16
S2	1.51	1.80	1.12	1.35	0.92	1.11
S3	1.64	2.00	0.86	1.02	0.61	0.73

9.2.4　DC计划费用的评估

在前面的分析中，忽略了计划运行中的费用因素。实际上，无论采取信托模式还是采取保险合同的模式，DC计划都必须向投资管理人和账户管理人缴纳费用。这些费用或者直接从DC计划的缴费中扣除，或者直接从投资回报中扣除，或者按照资产规模和转换投资时的买卖次数收费。在实践中，DC 计划的费用结构往往是复杂和隐讳的，不容易被计划参加人理解。那么，如何评估费用对计划的影响，成为 DC 计划精算评估的内容。

1. DC 计划费用的种类

不同国家对 DC 计划费用的种类和征收方式有不同的规定。一般可以按征收基础和征收时间进行分类。按征收基础，可以分为基于缴费的费用和基于养老基金管理的费用两种。按征收的时间，可以分为前扣费（front-loaded）和后扣费（back-loaded）两种。

基于缴费收取的费用按发生时间可以分为初年费用和续年费用。初年费用是开始建立计划的第一年被征收的费用。续年费用是计划建立第二年后被定期征收的费用。初年费用和续年费用可能按缴费额的规定比例征收，也可能与缴费额无关，按规定的固定数额征收，如对每个账户在一年内收取固定的费用。还可能采取缴费分配额度的方式，将缴费分配在单位基金中相应征收费用。例如，95% 的分配额度，意味着缴费有 95% 分配在单位基金中，5% 是被扣减的费用。

基于养老基金收取的费用可以分为两种：一种是基于管理的资产额的定期收费，一种是与参加人退出计划相关的收费。基于管理的资产额的定期收费，一般以资产额为基础，每年按资产额的规定比例收费。例如，5‰ 的基金管理费，意味着每 1 000 元基金资产征收 5 元管理费。与参加人退出计划相关的费用包括转换投资选择时被征收的费用，从一个计划转化为另一个计划被征收的费用，参加人达到退休年龄时转化为生存年金时被征收的费用等。实践中，转化投资时被征收的费用可能采取买卖差价（Bid – offer spread on contribution）的形式，也可能采取赎回费的形式。买卖差价费通常以占当期缴费的比例表示，例如，5% 的买卖差价，意味着每 100 元的缴费中需扣减 5 元的买卖差价费用。赎回费是当转换投资或满期时收取的费用，赎回费通常以基金金额的比例表示。

在基于时间征收的费用中，前扣费是在与之相关的服务提供之前征收的费用，如某 DC 计划在买入某共同基金时被征收的费用，这一费用通常被直接从投资基金中扣减。后扣费是在与之相关的服务提供之后征收的费用，如 DC 计划在卖出某共同基金时征收的费用。一般情况下，为鼓励长期投资，随着投资期的延长，后扣费的数额会逐年递减，超过规定的时期后，不再征收后扣费。

按照我国人力资源和社会保障部第 23 号令的规定，我国的企业年金费用标准是：企业年金的受托人、托管人和投资管理人提取的管理费分别最高可达基金资产净值的 0.2%、0.2% 和 1.2%。账户管理人的管理费按每户每月不超过 5 元人民币的限额，由设立企业年金制度的企业另行缴纳，若将之折算成与企业年金基金财产净值相当的比例，并与前三项相加，则至少在近些年，企业年金管理总费用最高为基金财产净值的2%。

2. 养老基金价值的递推公式

DC计划的累积资产价值因缴费和投资收益而增加，因费用扣减而减少。设t期末养老基金的价值为V_t，计划开始时点为$t=0$，终止时间为$t=T$；t期养老基金投资收益率为i_t；t期的缴费为C_t，假定缴费发生在每期期初，缴费每年增长e；t期的每单费用为E_t，它是在缴费上直接扣减的费用，如果费用扣减在每期期初，并假设费用每年增长率为j，在没有其他费用的情况下，有：

$$V_t = \left\{V_{t-1} + C_{t-1}(1+e_{t-1}) - E_{t-1}(1+j_{t-1})\right\}(1+i_t) \tag{9.10}$$

设每年的基金管理费恒定为基金金额的f比例，缴费的买卖价差占缴费的比例为s，t年的基金赎回费为基金金额的x_t比例，每单位缴费分配比例为a，从而有：

$$V_t = \left\{V_{t-1} + a(1-s)C_{t-1}(1+e_{t-1}) - E_{t-1}(1+j_{t-1})\right\}(1-f)(1+i_t)(1-x_t) \tag{9.11}$$

如果考虑建立计划时需要支出的初始费用，如咨询费等，假设建立计划的初始费用为F_0，那么，在计划建立时，即$t=0$时，初始基金价值等于初始费用支出，即$V_0=-F_0$。当$t=1$时，用$-F_0$代替V_0，代入公式(9.11)有，

$$\begin{aligned} V_t = & -F_0(1-f)^t\prod_{k=1}^{t}[(1+i_k)(1-x_k)] \\ & + \sum_{m=1}^{t}\left\{a(1-s)C\prod_{k=0}^{m-1}(1+e_k) - E\prod_{k=0}^{m-1}(1+j_k)\right\}(1-f)^{t+1-m} \\ & \prod_{k=m}^{t}[(1+i_k)(1-x_k)] \end{aligned} \tag{9.12}$$

其中，C是期初的缴费，E是期初的每单费用，假设缴费每年以e_k比例增长，每单费用每年以j_k比例增长。可以看出，对于一个养老基金而言，由于各种费用的复杂交互性，很难直观看出被征收的总费用，以及对养老基金的总影响。

3. 费用对基金价值的影响

DC计划复杂的费用结构，很难用一个总费用扣减来简单描述费用对养老基金的影响。这里采用收益率折扣（Reduction in yield，RiY）和缴费率折扣（Reduction in contributions，RiC）两种度量方法，来描述费用对养老

基金产生的总体影响。这两种方法简单、直观，容易被参加人理解，可以方便比较不同养老金计划费用扣减的总水平，从而对参加人评价和选择投资具有重要意义。

（1）收益率折扣法。如果将各种费用征收对基金价值的影响转换为对收益率的影响，就可以看出因费用征收使基金收益率打折扣的程度，从而衡量费用征收对基金产生的总影响。收益率折扣法就是通过度量费用扣减对收益率的影响，度量费用对基金影响的方法。收益率折扣定义为基金的规定收益率（assumed yield）与有效收益率（effective yield）之差。规定收益率通常是监管规定的收益率，例如，在英国，1999年前规定的收益率为9%，1999年为7%（文献【4】）。有效收益率是指在无费用的情况下，与原养老金计划有相同的缴费和最终价值时，对应的养老基金收益率。也就是在上述费用计算公式中在满足 $a=1$，$s=0$，$E=0$，$f=0$，$x=0$，$F_0=0$ 时对应的收益率。

假定养老基金的规定收益率为常数 i，则 t 期末基金的价值为：

$$V_t = -F_0[(1-f)(1+i)]^t\prod_{k=1}^{t}(1-x_k) + \sum_{m=1}^{t}\left\{a(1-s)C\prod_{k=0}^{m-1}(1+e_k) - E\prod_{k=0}^{m-1}(1+j_k)\right\} [(1-f)(1+i)]^{t+1-m}\prod_{k=m}^{t}[(1-x_k)] \quad (9.13)$$

根据基金 t 期末的价值，可以由下式计算出有效收益率 i'：

$$V_t = \sum_{m=1}^{t}\left\{C\prod_{k=0}^{m-1}(1+e_k)\right\}(1+i')^{t+1-m} \quad (9.14)$$

则收益率折扣为：

$$\text{RiY} = i - i' \quad (9.15)$$

所征收的总费用越高，纯缴费投入就越低，基金到期价值就越低，收益率折扣也就越大，从而，收益率折扣可以很好地反映费用对养老基金的总影响。

（2）缴费折扣率。缴费折扣率用总缴费 C 与有效缴费 C' 之差在总缴费中的占比来描述总费用扣减对养老基金价值的影响。有效缴费是指在没有费用，且与原养老金计划有相同的收益率和最终价值时，养老基金所需的缴费。

t 期末基金的价值 V_t 可由式（9.13）计算，而有效缴费 C' 是式（9.16）的解：

$$V_t = \sum_{m=1}^{t}\left\{C'\prod_{k=0}^{m-1}(1+e_k)\right\}(1+i)^{t+1-m} \tag{9.16}$$

则可以得到缴费折扣率为：

$$\mathrm{RiC} = (C - C')/C \tag{9.17}$$

由式（9.14）和式（9.16），可以得到缴费折扣率 RiC 与有效收益率 i' 的关系：

$$\mathrm{RiC} = 1 - \frac{\left[\sum_{m=1}^{t}\left\{\prod_{k=0}^{m-1}(1+e_k)\right\}(1+i')^{t+1-m}\right]}{\left[\sum_{m=1}^{t}\left\{\prod_{k=0}^{m-1}(1+e_k)\right\}(1+i)^{t+1-m}\right]} \tag{9.18}$$

值得注意的是，RiC 和 RiY 仅仅是报告和评估费用对基金影响的方法，并没有明确给出被实际征收的费用水平和费用结构。

§9.3 DC 养老金计划领取阶段的评估

传统上，DC 计划的领取阶段主要是通过购买（或转换）生存年金的方式实现终身定期的收入保障。可以购买（或转换为）养老金的数额取决于参加人在退休时个人账户的积累规模、退休年龄、退休后购买年金人群的死亡率和利率等因素。随着经济的发展和医疗保健水平的提高，人们的寿命大幅提高，使年金价格上升，退休后的保障降低，人们需要寻找更有效的领取阶段设计方案，以实现预期的退休后保障水平。

9.3.1 DC 计划的领取方案

DC 计划最基本的领取方式是生存年金，生存年金将计划在积累期的累积额转换为在退休期内的定期收入，有效地分散了个人长寿风险，使参加者得到终身的收入保障。从 DC 计划的积累额转换为生存年金，一般通过购买保险公司的生存年金实现，也有的大型 DC 计划直接提供年金给付。

由保险公司提供的年金产品，一般包括：终身生存年金、定期生存年金、延期生存年金、定期确定的生存年金、最低返还年金（Annuity with capital protection）、连生年金（joint and last survivor annuity）、受益人年金（survivor annuity）等。其中，最低返还年金类似定期确定的年金，是规定最低年金领取额的年金，如果在年金领取人死亡时过去已领取的年金总额低于规定的最低领取额，则由指定的受益人选择按一次性领取或分期领取的方式领取差额。受益人年金是从被保险人死亡开始领取到指定的受益人死亡结束领取的年金。此外，为了满足参保人不同的需要，并体现精算公平，有价格更便宜的健康受损年金（Health-impaired life annuities）；有为高龄老人提供定期护理费用补偿的长期护理年金；有为通货膨胀提供保护的指数连接型年金，这个指数可能是规定的固定指数，也可能是价格指数；为了实现基金的增值并分享投资收益，有投资连接年金、分红投连年金、单位连接年金等。投资连接年金是用一次性缴费购买投资单位，通过定期出售投资单位发放定期收入的年金。与普通年金相比，投连年金的收益与股票收益挂钩，波动性较大，但长期回报也相对高，而普通年金一般与长期政府债券收益挂钩，收益更稳定。分红投连年金是英国的一种投连年金，初始年金额取决于预设的分红利率水平，如果公布的红利率低于预设红利率，将使下年度的年金领取额减少，如果公布的红利率高于预设红利率，将使下年度的年金领取额提高。分红投连年金通常提供一个最低担保的年金额，从而比投连年金的风险更低。单位连接年金，是用一次性投资购买基金，每年通过出售一定数额的基金份额提供定期收入的投连年金。

9.3.2　DC 计划领取阶段的风险评估

在一定的 DC 计划积累额下，领取阶段的风险包括长寿风险、利率风险、通胀风险、费用风险等。如果计划参加人选择购买指数生存年金，年金领取人所面临的各种风险将转移给年金提供方，年金提供方依据对未来利息率、死亡率和价格指数以及费用等变动的预测，为年金产品定价，同时承担着利率和死亡率低于预期值、价格指数高于预期值、费用高于预期值而产生的附加成本。如果在定价中没有充分考虑这些风险因素的影响，将使保险公司面临偿付风险。

对于费用风险，一般通过费用控制实现风险管理。对于提供价格指数化年金带来的担保风险，需要通过评估担保成本，并将担保成本反映在定价中来分散风险。关于担保成本的评估，通常采用金融学的期权定价方法计算担保成本。对于利率风险，通常设定无风险利率，或者采用比无风险利率更低的预定利率，以避免可能的利差损。

对于长寿风险，过去的研究认为，由于生物学因素的影响，人口寿命是有极限的，人口死亡率的降低是有规律的，因此可以用确定性模型预测未来的寿命。但是，国际上一些权威机构过去对死亡率下降的预测结果往往低于实际水平，死亡率的非预期降低，给年金带来非预期的成本增加。一个典型的例子是，在 2000 年，由于没有充分考虑到死亡率的下降趋势，使世界上最早成立的公平人寿保险公司（Equitable Life）因其延期年金的巨大死差损而几近倒闭（文献【8】）。

评估长寿风险对年金价值的影响，首先需要预测未来的死亡率。死亡率模型有确定性模型、离散时间随机模型和连续时间随机模型几种。确定性死亡率模型比较经典的有 1729 年由 De Moivre 提出的生存曲线模型，1825 年的 Benjamin Gompertz 模型，1860 年的 Makeham 模型，1939 年的 Weibull 模型，1980 年的 Heligman 和 Pollard 八参数模型等。确定性死亡率模型从参数假设出发，依据死亡率的经验数据确定参数，没有考虑未来死亡率变动的不确定性，因此一般只用于对死亡率数据的拟合，很少用于外推。对死亡率的预测，实践中大多建立在对年度死亡率数据统计分析的基础上。近 20 年来，随机死亡率预测模型得到较快的发展，并用于实际中对死亡率的预测。最常用的随机死亡率模型是 1992 年由 Lee – Carter 提出的模型，Lee – Carter 模型表达式为：

$$\log[m(x,t)]=\alpha_x+\beta_x\kappa_t+\varepsilon(x,t) \text{ 或 } m(x,t)=\exp[\alpha_x+\beta_x\kappa_t+\varepsilon(x,t)]$$

其中，$m(x,t)$为 x 岁的人在 t 年的中心死亡率，$\{\alpha_x\}$、$\{\beta_x\}$ 为与对象年龄相关的常数，κ_t是随时间变化的指数，误差项 $\varepsilon(x,t)$的均值为 0、方差为 σ_ε^2，反映与年龄相关的其他历史影响。

运用 Lee – Carter 模型，在过去分年龄死亡率经验数据的基础上，可以作出对未来死亡率的预测。在我国，运用 Lee – Carter 模型预测人口死亡率也有一些相关的研究结果。

这里引用 Antolin，P.（2007）（文献【1】）的测算结果，来说明长寿风险对年金现值的影响。Antolin 采用 Lee – Carter 模型，对几个 OECD 国家的死亡率进行了预测，并测算了人口寿命的延长对养老金净现值的影响。文章在测算中假设每人每年的养老金待遇为 1 万欧元，从 65 岁开始支付终身生存年金，如果未来每 10 年寿命延长 1.2 岁，将使 65 岁的年金净现值增长 3.3%，70 岁的年金净现值增长 2.4%。另外，在不同的利率下，长寿风险对年金净现值的影响存在明显差异，表 9 – 6 给出了在不同利率下寿命延长使年金净现值的改善比例。

表 9 – 6　　在不同利率下寿命延长使年金净现值的改善比例（%）

死亡率改善	利率（%）		
	3.5	4.5	5.5
基础生命表	118.6	108.6	100
寿命延长 1.2 岁	122.3	116.6	102.4

以 5.5% 利率为基础，如果利率下降 1 ~ 2 个百分点，将使年金净现值上升 8.6% ~ 18.6%。如果寿命延长 1.2 岁，在利率下降 1 ~ 2 个百分点时，将使年金的净现值上升 16.6% ~ 22.3%。从而，利率和死亡率的综合作用对年金成本产生更大的影响。

对于长寿风险，通常考虑通过再保险实现风险的分摊和转移，但由于长寿风险是一种系统风险，再保险公司一般不愿意接受这一风险。实践中一般通过条款设计控制长寿风险，主要通过提高养老金领取年龄和降低养老金水平的方式来控制成本。另外，长寿风险证券化也是一种风险分担方法，它是指保险人将其承保的长寿风险，通过金融证券的创造和发行，转移给资本市场。风险证券化的实质是通过借助证券工具从资本市场获取大量资金，并通过将风险分散到资本市场上的方式来扩大承保能力。

参考文献

【1】 Antolin, P. , *Longevity Risk and Private Pensions*, OECD Working Papers on Insurance and Private Pensions, No. 3, OECD Publishing, 2007.

【2】 Berin, B. *The Fundamentals of Pension Mathematics*, Schaumburg, IL: Society of Actuaries. 1976.

【3】 Dan M. McGill et al. *Fundamentals of Private Pensions*, University of Pennsylvania Press, Phiadelphia, 1996.

【4】 David Blake, *Pension finance*, John wiley and Sons, Ltd, p125, 2006.

【5】 David Blake, *Pension Schemes and Pension Funds in the United Kingdom*, Oxford, University Press. 2003.

【6】 Donald Ross and Lester Wills, *The Shift from Defined Benefit to Defined Contribution Retirement Plans and the Provisioning of Retirement Savings*, The Pensions Institute, Discussion Paper Pi – 021, UK 2002. http: //www. pensions – institute. org.

【7】 Huangshunlin; Wangxiaojun, *Discussion of occupational pension plan design during the accumulation phase and ES risk assessment*, Conference Proceedings of 2009 International Institute of Applied Statistics Studies, Qingdao, China , July 24 – 29.

【8】 Kevin Dowd, David Blake, Andrew J. G. Cairns, *Longevity Risk and the Grim Reaper's Toxic Tail: The Survivor Fan Charts*, Pension Institute DISCUSSION PAPER PI – 0705 January 2008.

【9】 王晓军：《中国养老金制度及其精算评价》，经济科学出版社 2000 年版。

第 10 章　养老金计划的资产管理

对于基金积累制的养老金计划，资产管理对于养老基金的保值增值和保持养老基金的偿付能力具有重要的意义。养老金计划的偿付能力不仅涉及对资产和负债的评估，也涉及对资产负债的管理，因为养老金计划的负债往往与工资、价格和利率等经济因素挂钩，经济的波动将引起负债的动态波动，只强调养老金资产的投资效率很难保证对负债的及时和安全偿付，也很难保证养老金计划的运行效率和财务安全。另外，养老金计划的会计和财务是资产管理的重要手段。本章将养老金计划资产的几个相关问题放在一起，分别讲述养老基金的投资和资产配置、养老基金的资产评估、养老基金的资产负债管理以及养老金计划的会计处理和会计报告等问题。

主要内容有：

□ 养老基金及其资产配置

□ 养老金计划的资产负债管理

□ 养老金计划的会计报告

§10.1　养老基金与养老基金投资

10.1.1　养老基金及其作用

在基金积累制养老金计划下，为满足未来的养老金待遇支付，由缴费及其投资收益形成的、独立核算的、用于购买投资资产的基金被称为养老基金。养老基金按是否允许新成员的加入可以分为开放式基金和封闭式基金；按雇主个数可以分为单雇主养老基金和多雇主养老基金。单雇主养老基金是由单一雇主建立的养老金计划所形成的养老基金，多雇主养老基金是由多个雇主联合建立的养老金计划所形成的养老基金，多个雇主可能是一个集团下的多个独立核算的子公司，也可能是同一行业的不同公司，或者是若干中小型雇主的集合计划所形成的养老基金。

现收现付制的养老金计划不需要建立与负债对应的基金积累，养老金待遇支付来源于当期的养老金计划税费收入，如果能够保证持续不断的、足够的当期收入，就能够保证持续不断的养老金待遇支付，从而保证计划的偿付能力。但是，在人口结构老化的压力下，现收现付制的养老金计划面临不断上升的缴费压力，当缴费提高到难以承担的程度时计划将面临破产。同时，没有基金积累的养老金计划也面临雇主破产带来的养老金权益损失或完全丧失的风险。因此，由现收现付制逐渐转向基金积累制已经成为世界各国养老金制度改革的潮流。建立养老基金的国家，一般均专门立法规范养老基金的管理，以保障养老基金的安全性及参加者的养老权益。

养老基金的资产累积数额巨大，不仅成为各国资本市场举足轻重的机构投资者，也已成为国民经济的重要组成部分。一些国家的养老基金资产总额已超过当年的国内生产总值（GDP），如瑞士、荷兰、冰岛在 2008 年的养老基金总额占 GDP 的比例超过 100%。美国、英国、加拿大、澳大利亚、芬兰等国家 2008 年的养老基金占 GDP 的比例超过 50%①。养老基金在促进经济发展、提高经济效率方面发挥着重要的作用。同时，养老基金通过金融市场分享经济进步成果，可以有效地应对收入降低和通货膨胀风险，从而为退休员工提供预期水平的生活保障。

养老基金通过投资来实现基金的保值增值，以实现一定水平的退休收入替代。养老基金是长期持续运作的，不断有缴费进入基金，也不断从基金中支出养老金。当基金的价值大于计划未来支付的净现值时，基金会产生盈余，从而可以在不提高缴费的情况下提高未来的待遇，或者在保持一定的待遇水平下降低未来的缴费；当基金的价值小于计划未来支付的净现值时，基金会产生缺口。在 DB 计划下，基金存在缺口时，通常要求主办养老金计划的雇主增加缴费以弥补缺口，从而保证养老金的待遇目标。另外，养老金计划从开始缴费到结束领取，一般长达五六十年的时间，在长期内，养老基金必然受到通货膨胀的影响，养老基金的投资是实现其保值增值、实现一定的养老金替代水平的必然要求。

10.1.2　养老基金投资的基本原则

养老基金的投资运营及其投资效果关系到养老金计划的义务能否正常履行，因此，养老基金的投资必须慎重。世界各国对养老基金的投资运营都制定了严格的规范，以确保养老基金的安全。无论哪种形式的养老基金，其投资都需要遵循安全性原则、收益性原则、流动性原则和社会性原则。

1. 安全性原则

养老基金投资的安全性原则是指养老基金的投资不能承担过高的风险，必须保证本金按时收回，并获得合理的投资回报。养老基金投资必须将安全性原则放在首位，这是由基金本身的性质、承担的社会目标和责任所决

① 资料来源：http：//stats. oecd. org/Index. aspx.

定的。养老基金最终用于支付退休人员的养老金，其实质是对计划参加成员未来养老金给付的负债。如果养老基金投资不注重安全性，预期的投资收益不能获得，甚至由于投资风险过大而无法收回本金，将会使养老金计划陷入偿付困境，从而影响老年人的正常生活。

养老基金是长期性金融资产，必然要面对通货膨胀对基金的侵蚀，保证基金至少能够抵御通货膨胀的影响，也就是使投资收益率不低于通货膨胀率，是基金安全性的最低要求。

2. 收益性原则

养老基金投资的收益性原则是指在符合安全性原则的前提下，尽可能地实现较高的投资收益率。较高的收益率要求投资组合的灵活性和多样性，这里涉及风险与收益的关系。风险和收益一般呈正向关系，风险越大，收益越高；风险越小，收益越低。因此，在符合安全性原则下实现较高的收益率，关键在于投资收益标准的选择。投资收益率的要求受养老保险政策法规的限制，在提供最低担保回报的养老金计划下，投资回报至少不低于担保的回报率，否则风险由提供担保方承担。

3. 流动性原则

养老基金投资的流动性原则即变现性原则，是指养老基金投资所形成的资产在不发生价值损失的前提下，可随时转变为现金，以满足支付的需要。养老金给付有一定的可预测性，在具体措施上，可对养老金计划收支进行预测，留足现金和一定的短期资金以备支付之用，并对中长期投资的期限进行统筹安排，使基金投资在保证日常支出的前提下获得较高的收益。

4. 社会性原则

养老基金的投资应注重追求经济效益与社会效益的统一，除了考虑养老基金本身的投资收益，还要考虑投资对于促进社会发展和增进社会福利的影响。养老金计划形成大量的基金积累，通过合理的规划，将养老基金投资于关系国家长远发展的项目，应成为投资的重要选择。当然，从国内外养老基金投资的法律规范和具体实践看，养老基金的投资更强调以计划参与者和受益人利益最大化为核心原则。

上述四项原则在养老基金投资时往往存在冲突。例如，为了实现养老基金投资的安全性，就必然会损失投资潜在的高收益；为了获得较高的投资收益，基金就必然承担更大的风险，还会以较差的流动性为代价；为了实现基金投资的社会效益，可能会损失一定的投资收益。所以，在养老基金投资中，要根据实际需要，在基金投资的安全性、收益性、流动性和社会性之间寻求一个平衡点，但安全至上应是不可动摇的首要原则。

10.1.3 养老基金的投资风险

养老基金的投资过程中既有系统性风险又有非系统性风险。系统风险是由对整个资本市场都有影响的因素引起的风险，这些因素有国家宏观经济政策、经济周期性变动等，它们来自企业外部，是企业无法控制的因素。系统性风险不可能通过分散投资、建立资产组合降低，因此，系统性风险又被称为不可分散风险。非系统风险由某些特殊因素引起，这种因素通常只对特定的公司或行业有影响，不会影响到其他公司或行业。非系统性风险可以通过分散投资来降低，如果分散充分有效，可以消除非系统性风险。因此，又将非系统性风险称为可分散风险。系统风险包括政策风险、利率风险、汇率风险、通货膨胀风险等，非系统性风险包括集中风险、发起人/计划联合风险、盈余风险、信用风险等。

（1）政策风险。政策风险是指在养老基金管理过程中，由于国家政策、法律和法规等因素而导致损失的可能性。

（2）利率风险。利率风险是期限（期限越长，对利率越敏感）、现金流（现金流越低，对利率越敏感）和现在的利率水平（利率水平越高，对利率越不敏感）的函数。常用的利率风险指标有久期和凸性。久期是各种现金流在时间上的加权平均数，可用来预计养老基金资产组合对利率变化的敏感性和养老金计划资产负债对利率的相对敏感性。价格敏感性的变化速率称为凸性，用来纠正预期的价格变化和实际价格变化之间的差异。常用的管理利率风险的方法有现金流匹配和资产负债匹配等。

（3）汇率风险。当养老金计划发起人的雇员分布在多个国家，或投资者持有以外币计值的证券时，汇率的波动对年金基金投资收益产生的不利影响称为汇率风险，又称货币风险。

（4）通货膨胀风险。通货膨胀的预期变动会改变名义利率，进而影响金融资产的价值和养老金基金的负债，并使 DB 计划的养老金实际购买力下降。

（5）集中风险。当资产过度集中于某一类资产或受某一因素影响时，就会产生集中风险。以下三种情况都会导致风险急剧增加：①过度依赖于养老金计划发起人的缴费而不是投资绩效；②DC 计划过度投资于养老金计划发起人的股票和资产；③出于经济目的的投资使养老基金过度依赖于地方经济。集中风险最著名的例子就是曾位列美国财富 500 强第七名的安然公司的 401(K) 计划。公司要求几乎所有的雇员将年金账户中的资金都投资于公司股票。因此当股价从 2000 年每股 90 美元跌至 2001 年底的 26 美分时，公司的 2 万名员工损失了数十亿美元的退休金。

（6）发起人/计划联合风险。养老金计划发起人的现金流和养老基金资产组合之间存在相互作用。若养老基金大量投资于养老金计划发起人的资产，未来的养老金给付水平将受到企业资产运营情况的较大影响；同时，养老基金的投资绩效也反过来影响缴费，从而影响发起人的现金流，特别是对于 DB 计划。

（7）盈余风险。盈余风险是资产和负债相对价值不成比例的变化而引起盈余变化的风险。养老金投资管理的目的是为养老金负债提供相应的资金，并提高基金的盈余水平（即资产与负债的正的差额）。基金的盈余可以用于减少未来的缴费。资产和负债的相对利率敏感性和资产的市场风险将引起盈余风险。

（8）信用风险。信用风险是指在养老基金投资管理过程中，由于委托人、受托人、账户管理人、托管人和投资管理人等因信息不对称、经营不善或有意欺诈，到期不能履约而导致损失的可能性。

10.1.4 养老基金的投资工具

对养老基金进行有效的投资离不开金融工具和投资渠道，金融工具和投资渠道简称为投资工具。不同投资工具有不同的收益风险特征，养老基金可以在法规允许的范围内选择适当的投资工具。

一般来讲，养老基金的基本投资工具包括货币类、债券、股票、不动产和其他投资工具等。

1. 货币类

货币类投资工具的特点是低风险、低收益，主要包括银行存款、货币市场投资工具及短期债券类等。其主要作用是应付养老基金日常费用支付和增加基金的流动性。

银行存款是最为传统的投资途径，它几乎是所有国家养老基金投资组合的必备部分。银行存款的最大特点是安全性强、收益率低。在养老基金投资中，过高比例的银行存款会影响养老基金的保值增值。

大额协议存款是一种特殊的养老基金银行存款工具，它是商业银行对养老基金长期和大额存款的特殊存款协议。其中，存款利率、存款期限、结息和付息方式、违约处罚标准等均可由协议存款双方协商确定。

货币市场投资工具有短期性、可交易性、流动性、低风险性等特点，货币市场工具有时被称作现金的等价物。主要的投资工具有商业票据、可转让大额定期存单、短期债券、回购协议等。

2. 债券和贷款

债券是发行人依照法定程序发行，并按约定还本付息的一种有价证券，其收益相对稳定，波动性较小。债券用于调整资产组合的期限结构，是养老基金最早使用、最核心的投资工具。按照发行主体来分，债券可分为国家债券、地方债券、金融债券、公司债券和国际债券等。其中，公司债券的票面利率最高，其次是金融债券、地方债券和国家债券。

国家债券又称国家公债，简称国债，它是由一国中央政府或联邦政府依据有借有还的信用原则，为筹措资金而发行的债券。由于有国家财政作担保，几乎不存在信用违约风险，各国一般都免除国债利息所得税，因此被认为是一种风险很小、收益相对较高的投资工具。

企业债券是企业为筹集中长期资金而发行的金融工具，其安全性要低于国债，因为企业债券的还本付息状况受发行公司的经营状况、资信水平的影响较大，企业的坏账风险较大。在缺乏公正权威的评级机制的国家，投资企业债券往往是比较危险的。养老基金投资于企业债券应首先关注发债企业的信用等级。

金融债券是银行等金融机构作为筹资主体为筹措资金而面向个人发行的一种有价证券，债券按法定发行手续、承诺按约定利率定期支付利息并到期偿还本金。在英美等国家，金融机构发行的债券归类于公司债券。在我国和日本，金融机构发行的债券称为金融债券。

贷款是一种不可流通转让的债务工具，是金融机构按一定利率和必须归还等条件出借资金并获得回报的投资方式。养老基金可以通过提供住房抵押贷款和基础设施贷款获得投资收益。

3. 股票

股票是一种有价证券，是指股份有限公司在筹集资本时向出资人公开发行的、用于证明出资人的股本身份和权利、并据以获得股息和红利的凭证。股票是一种潜在的、高收益和高风险的投资工具。按照股东享有权利及承担风险的标准，可以划分为普通股和优先股。

普通股是指在公司的经营管理和盈利及财产的分配上享有普通权利的股份，代表满足所有债权偿付要求及优先股东的收益权与求偿权要求后，对企业盈利和剩余财产的索取权。普通股是股票的一种基本形式。目前，在我国上海和深圳证券交易所中交易的股票都是普通股。

优先股是指相对于普通股股票而言，在分配公司盈余和剩余资产方面比普通股股东享有优先权的股票。从某种意义上看，优先股类似于永久性债券，股票发行者每年都会对投资者支付一笔确定数额的货币；只要发行公司存在，优先股股利支付将始终排在普通股股利支付之前，特别是在发行企业破产时，优先股还享有优先处理权。

4. 不动产

不动产是指土地、住宅、厂房、办公楼等财产。就养老基金而言，最普遍的不动产是房地产。房地产投资的最初目标是通过对房地产产权的拥有而得到一个长期内较稳定的租金收入。作为实物资产，在经济稳定国家，其坏账风险、利率风险和市场风险相对较小；但在经济发展欠稳定的国家，房地产市场供求的不稳定使得投资者较难获得预测长期租金价格的有效信息，往往使该类投资蒙受损失、承受风险。此外，由于房地产的专用性较强，因而一般需要专业管理者进行管理，同时，它作为不动资产的流动性也较差。

5. 组合投资

很多国家的养老基金直接投资于共同基金和保险产品等组合投资工具。共同基金由专门的投资公司集合委托人的资金，并代表委托人的利益，将资金分散化地投资于专业投资公司或其他金融机构管理的股票、债券和其他资产的组合。每个共同基金都有各自的经理、员工、运作方式和目标等。按发行者可以分为国内基金和海外基金两种。国内基金由国内投资信托公司发行，并以国内投资人为销售对象；海外基金由国外投资信托公司发行。

保险基金是保险公司的组合投资工具，养老基金通过购买保险公司的团体年金、两全保险和投连产品等，实现资金的分散化管理。养老基金投资保险产品的优势在于可以享受到政府对保险公司特殊的税收优惠。

6. 其他投资工具

随着金融市场的不断发展，不断涌现出具有独特风险收益特征的产品，如私人股权、对冲基金和其他衍生产品投资。其中，私人股权主要是投资未上市公司的股权，通过长期持有，并参与公司治理来谋求发展壮大公司，在公司上市后谋求更高的价值或择机高价退出。衍生产品投资可以用作套期保值，即通过期权、期货对冲投资风险。

10.1.5 养老基金的资产配置

养老基金的资产配置是确定养老基金在不同类型投资资产中配置比例的过程，也就是确定养老基金投资于货币市场工具、债券、股票、不动产，以及衍生产品中的比例的过程。通过资产配置可以合理分散投资，从而实现控制投资风险的目的。养老基金投资通过事前的资产配置，可以将资产合理分配到不同风险和回报的资产上，从而尽量减少实际风险与期望风险的偏差。

养老基金的资产配置通常先确定资产的大类配置，再确定各资产大类中子类资产的配置，最后选择具体投资产品的配置。大类配置分为无风险资产和风险资产两类：无风险资产主要包括国债、活期存款和可转让存单等期限短且容易变现的货币市场工具；风险资产主要包括债券、股票、不动产和金融衍生品等投资工具。资产配置决策首先要确定养老基金在无风险资产和风险资产中的投资比例，然后确定在不同大类资产中各种具体投资工具的投资比例，如在风险资产中投资于债券、股票和其他工具的比例，最后确定不同类型投资工具中的具体投资选择，如确定购买哪种具体的证券等。

在世界各国，由于金融经济和法律背景的差异，各国对养老基金投资的规定存在较大差异，在投资监管模式上，以美英为代表的国家，奉行“谨慎人”的监管原则，要求基金管理人对待养老基金资产，要像对待自己的资产一样，谨慎的进行资产管理；而以德国等欧洲大陆为代表的国家，则奉行严格限量监管原则，对基金的投资范围、投资比例、集中度、投资收益率等都有严格的规定，对资产管理者的投资行为实施严格的监管。从而形成了各国不同的养老基金资产配置实践。

表 10－1 列出了 2008 年 OECD 国家养老基金的资产配置，从表中可见，债券和股票在不同国家养老基金投资中都占最重要的地位，投资在债券上的比例平均达到 45%，投资在股票上的比例平均达到 16%。其中，爱尔兰投资在股票上的比例超过 50%，美国、荷兰、加拿大、澳大利亚、芬兰等国家养老基金投资股票的比例也较高，平均超过 30%，但德国、意大利、瑞士等欧洲大陆国家则对投资有较为严格的限制，包括规定基金投资工具，限制股票、国外证券、不动产等高风险投资，规定对每种工具的投资限额，规定对一个企业或一只证券的投资比例。这些国家的股票投资比例较低。

表 10－1　　2008 年 OECD 国家养老基金资产配置　　单位:%

国家	现金	债券	贷款	股票	不动产	共同基金	保险合同	私人投资	其他
澳大利亚	10.7	..	4.4	23.3	4.5	54.8	..	..	2.3
奥地利	15.2	49.0	1.4	21.2	2.1	..	..	..	11.1
比利时	4.4	8.3	0.5	6.8	0.9	72.2	1.5	..	5.4
加拿大	3.2	26.7	0.5	25.2	6.2	33.5	..	..	4.8
捷克	8.1	78.9	0.0	3.0	0.9	3.2	..	..	6.0
丹麦	0.6	54.3	1.5	11.6	1.2	6.2	..	..	24.7
芬兰	0.7	46.5	6.9	33.2	12.4	..	..	..	0.2
德国	2.9	26.0	29.3	0.0	2.4	36.1	..	1.0	2.2
希腊	25.6	58.9	..	4.9	..	6.7	..	..	3.9
匈牙利	3.0	62.0	..	12.2	0.3	22.2	..	..	0.3
冰岛	10.4	50.7	11.1	18.0	0.0	9.8	..	..	0.0
爱尔兰	10.9	26.1	..	52.3	8.4	..	..	2.4	0.0
意大利	7.5	39.9	..	8.0	4.8	9.1	23.4	1.2	6.0
韩国	33.0	41.6	2.7	0.2	0.0	7.4	7.4	0.0	7.7
卢森堡	13.5	18.9	0.0	0.2	0.0	64.6	0.2	..	2.6
墨西哥	0.0	82.5	..	11.2	0.0	..	..	0.6	5.6
荷兰	4.8	37.5	3.7	37.3	2.7	..	..	..	14.1
挪威	4.4	56.4	1.3	9.8	4.3	21.9	..	0.4	1.5
波兰	2.5	74.9	0.0	21.5	..	0.5	..	0.0	0.7

续表

国家	现金	债券	贷款	股票	不动产	共同基金	保险合同	私人投资	其他
葡萄牙	13.6	43.4	0.0	12.8	8.8	22.8	0.0	0.0	-1.3
西班牙	22.6	51.7	0.0	9.1	0.2	6.3	9.6	..	0.4
瑞典	3.0	57.9	0.2	13.7	4.7	16.7	..	..	3.8
瑞士	8.8	26.4	5.0	11.7	10.8	31.3	..	5.4	0.7
美国	1.2	22.9	1.1	37.1	1.7	17.0	4.2	..	14.8

资料来源：*OECD. stat Extracts*, http://stats.oecd.org/index.aspx.

注：其中保险合同（Unallocated insurance contracts）指通过储蓄性保险合同方式投资的养老基金，不包括再保险技术准备金；私人投资基金（Private investment funds）包括合伙或其他机构投资安排，包括对冲基金（Hedge funds）、私人股权投资基金（Private equity funds）、其他私人基金（Other private funds）等。

§10.2 养老金计划的资产负债管理

对于DC计划，计划发起人和（或）计划参加人定期向指定账户缴费，缴费及其投资收益积累的资产正是参加人积累的养老金权益，也就是计划对参加人的养老金负债，从而，DC计划下资产与负债是透明的和对等的。DC计划资产组合的目标原则上是在给定的风险水平下，实现回报的最大化。在DB计划下，计划发起人对参加人退休后的养老金待遇做出承诺和担保，为了保证定期养老金的购买力，计划承诺的待遇通常与某经济指数挂钩，这样，计划的资产组合不能简单的要求风险回报最优化，更需要关注计划的负债风险和偿付能力，从而要求对资产与负债的联合管理。本节对养老金计划资产负债管理的讨论只针对DB计划。

10.2.1 养老金计划资产负债管理的意义

北美精算师协会对资产负债管理的定义是：资产负债管理是对业务的管理活动，它使得资产与负债两方面的决策协调一致；它是在给定的风险承受能力和约束条件下，为实现一定的财务目标而进行的有关资产和负债在战略上的计划、执行、监督和修正等一系列连续的过程，对任何利用投资来平衡负债的机构来说，资产负债管理都是一种重要且适用的财务管理手段（文献【14】）。该定义将资产负债管理归结为财务管理的一部分，以帮助实现财务目标，同时也强调了资产负债管理是一个连续的过程，包含了动态的概念。

为了满足监管机构对养老金计划偿付能力的要求，保护参加人的养老金权益，要随时保证计划的资产不少于负债。在DB计划下，计划的负债不仅与参加人的死亡率有关，也与工资增长率、通货膨胀率、利率等经济因素有关，经济的动态变动会使负债发生波动，也会使资产发生波动，仅通过对资产的管理以最小成本获得稳定的投资回报很难保证对负债的兑现。因此需要进行长期的、动态的资产负债的协调管理。在美国和加拿大，财务会计标准委员会新采用的养老金成本会计和信息披露标准已将注意力集中在资产与负债净差额和匹配的问题上，也就是更加关注投资回报与负债的相对变化。

养老金计划的资产负债管理是对养老金计划进行风险调控的一种有效手段，这种方法综合考虑了养老金计划资产、负债以及影响养老金计划财务状况的各种风险因素，为养老金计划管理人制定决策提供依据，为养老金计划到期履行给付义务提供资金保证。运用资产负债管理技术来控制和防范养老金计划风险已经成为养老金计划管理的重要内容。

10.2.2　养老金计划资产负债管理的目标与约束

从前面给出的资产负债管理的基本含义看，资产负债管理的目标是通过对风险与收益的权衡，实现风险与回报的最优均衡。养老金计划资产负债管理的基本目标是以最低的稳定成本保证计划到期负债的及时偿付，也就是以较低的和较稳定的缴费，保证计划承诺的待遇的到期兑现。

养老金计划资产负债管理的约束包括：资产的流动性、资产的投资期限、资产负债对通货膨胀的敏感性、有关税收规定、相关的会计和精算标准、法律法规对资产配置和负债的限制等。这些约束都与养老金计划负债的特性有关。

资产的流动性约束与计划承诺的待遇有关，养老金计划需要定期向退休者支付养老金，同时，计划一般允许参与者因工作调离、死亡、伤残等一次性提取已积累的养老金权利，从而要求资产具有较强的流动性，以应对到期负债的及时支付；资产的投资期限约束指资产的投资期限要与负债的到期日匹配，以保证到期负债能够被到期资产及时偿还；在养老金计划下，一般要求养老金权益的积累要能抵御通货膨胀的影响，退休后的定期养老金待遇也经常会随通货膨胀指数化调整，这就要求在资产投资中有针对性的选择持有相应资产以对冲通货膨胀风险，如持有通货膨胀指数联动债券，或者股票和房地产等；有关缴费、投资收益和待遇领取的税收规定可能会改变资产与回报的均衡；养老金计划相关的会计准则和精算标准，规定了资产和负债的计量方法和计量标准，在资产负债管理中要遵守相关的计量标准；有关养老金的法律法规可能对养老金资产在不同投资资产中的配置比例作出明确规定，有些养老金计划对养老金待遇的指数化增长作出规定，有些计划要求担保最低的投资回报等。另外，国家监管机构会对养老金计划的偿付能力提出要求，这些都约束着养老金计划资产负债的管理。在充分考虑各种约束因素后，养老金计划管理者要根据对资产和负债的评估，制定和实施相关的投资策略以实现资产负债管理的目标。

10.2.3 养老金计划的资产评估和负债评估

从资产和负债管理的角度看，养老金计划面临的风险来自计划的资产、负债和资产与负债的联系，资产负债管理就是对计划的资产、负债以及资产与负债的匹配进行的管理。资产负债管理的一般步骤为：分析养老金计划的各种风险，对风险进行量化，确定资产和负债的约束条件和资产负债管理的目标，依据上面的目标，并在约束条件下，选择资产负债管理的技术或策略。最后，执行和实施资产负债管理。

在资产负债管理上，资产的风险是指资本市场价格的波动引起的资产价值的波动，资本市场价格的波动可能导致资产价值的严重下降，在负债水平不变的情况下，会造成资产与负债严重的偏离，从而导致计划偿付能力的下降。计划的负债风险，指通货膨胀率、工资增长率、人口死亡率等因素的变动引起的负债价值的波动。负债价值的大幅上升，可能导致计划资产无力偿还到期债务。为了保证如期履行养老金给付义务，养老基金管理人要正确认识资产和负债风险，并采取有效的方法合理评估资产与负债的水平和波动。

1. 资产评估

在养老金计划资产的评估方法上，常用的方法有账面价值法、公允价值法和现金流贴现法。

（1）账面价值法。账面价值是指资产负债表上列示的资产价值。账面价值法以交易为基础，主要使用历史成本计量资产。采用账面价值法评估养老金资产具有客观性的优点，相对于其他方法更为规范和稳定，也可以重复验证。但是账面价值法具有一定的滞后性，它没有考虑资产的投资收益，不能准确及时评估资产的实际运营情况。特别是对那些价格比较敏感的资产，如股票，账面价值法很难真实地反映它们的当前价格。可见，账面价值法不利于长期、有效、健全地运营养老金资产，对制定决策的指导意义较差。

（2）公允价值法。公允价值是指资产在交易市场上的价格，它是买卖双方竞价后产生的双方都能接受的价格。与账面价值法相比，公允价值法是一种动态评估方法，而账面价值法是一种静态的评估方法。因此，公允价值法更能真实地反映资产所代表的现有财富。采用公允价值时，对市场价格的选择极为关键，像股票这种价格波动明显的资产，可能在一个交易日内出现若干不同的市场价格，这时如何选取市场价格就显得尤为重要。

（3）现金流贴现法。现金流贴现法是根据折现利率，将未来可能发生的收入现金流折算到评估时点来确定资产的方法。现金流贴现法能够较好地反映资产的真实价值，但是缺点是资产的未来现金流入和折现利率无法准确地预测。未来现金流及折现率都需要精算师运用宏观经济和金融变量的历史数据对资产的未来收益情况进行估算后选择。

2. 负债评估

在养老金计划负债的评估上，需要执行相应的精算标准和会计标准。养老金计划与其他金融机构在资产负债管理上的不同之处主要体现在负债的测算方法上。养老金计划必须向已退休的计划参加者支付养老金，并且对尚未退休的计划参加者负有在将来支付其已积累的养老金权益的责任。养老金计划的负债是计划承诺的所有未来给付的精算现值。在会计实践中，养老金计划的负债常采用累积权益负债 ABO 和预计权益负债 PBO 来计量。在本书的第 8 章中，详细介绍了 DB 计划负债的概念和评估方法，以及在会计上对应的累积权益负债 ABO 和预计权益负债 PBO 的概念和计算。ABO 是以清算为基础衡量的养老金负债，假设养老金计划在评估时点终止，评估时点之后不再有养老金权益积累，未来的养老金待遇只与评估时点以前的历史工资水平有关，不考虑工资的未来变动。PBO 是以持续经营为基础衡量的养老金负债，假设养老金计划持续经营，在确定养老金权益时，不仅要考虑评估时点以前的历史工资水平，也要考虑未来的工资变动，是计划持续经营下参加人未来养老金权益的现值。

10.2.4　养老金计划资产负债管理模型

在养老金领域普遍使用的资产负债管理模型主要有现金流匹配模型、缺口模型、免疫模型、随机规划模型等。

1. 现金流匹配模型

现金流匹配是通过对未来负债现金流的预测，寻找相应的资产，并从时间和数量上使资产与负债相匹配。如果能够实现这种匹配，将能有效地管理利率波动风险。采用现金流匹配模型进行资产负债管理，首先需要对未来负债的现金流做出预测，因此要求未来的负债现金流是可预测的，并且在投资市场上存在相应的资产与之匹配。

最早的古典现金流匹配管理是通过选择若干固定收益债券，将这些债券进行组合投资，使各期的投资产生的现金流能够满足对负债现金流的支付，同时，要保证投资组合的成本最小。古典现金流匹配模型要求每一时期都要有正的净现金流入，这会增加基金运营的成本。为了降低成本，可以对古典现金流匹配模型进行推广，适当放宽模型的约束条件。推广后的现金流匹配模型并不要求每个时期都有正的净现金流入，而是从基金运营的长远利益出发，保证在一段时期内每个时刻的累积净现金流入为正来实现对负债现金流的匹配。推广后的现金流匹配模型在投资组合上更加灵活。

在养老金计划下，由于负债现金流的长期性和资本市场投资品种的有限性，很难实现资产和负债现金流的完全匹配，而且，如果过分强调两者的匹配，也会使基金丧失投资机会而使成本增加。

2. 缺口模型

缺口模型主要是针对利率风险，考察的是资产和负债价值相对于利率变动所产生的变动差异的情况。缺口模型包括到期缺口模型和久期①缺口模型。到期缺口模型通过测量利率敏感性资产和负债差的绝对值或他们的比率来衡量到期缺口情况，其中，利率敏感性资产与负债是指具有浮动利率的资产和负债。久期缺口管理就是通过调整资产和负债的结构，实现一个正的权益净值以降低利率风险。久期缺口定义为资产久期减去负债久期与资产负债率乘积的差。久期缺口分析需要从大量的历史数据中得出利率期限结构和收益率曲线。由久期的定义可知，久期缺口模型在利率变化幅度较小时的使用效果较好。利率波动较大时，可以在久期匹配的基础上考虑凸度②匹配。

3. 免疫模型

免疫理论最早由英国精算师雷廷顿（Redington）(文献【11】)于1952年提出。免疫理论的基本思想是通过资产与负债的现值、久期以及凸度的匹配，使资产和负债的价值免除利率风险的不利影响。也就是说，构造一个投资组合使利率波动对负债的影响正好与其对资产的影响相抵。现金流匹配与缺口模型都属于传统的免疫技术。传统的免疫技术能较为成功地避免利率波动带来的负面影响，但没有利用利率波动可能带来的有利影响，所以传统的免疫技术是一种被动的投资策略。随后人们提出和发展了主动的免疫策略，它是利用积极的投资策略保证资产组合可接受的下限值。主动免疫模型不仅考虑了利率风险，还从投资组合理论等方面来解决基金资产投资优化和偿付能力等问题。

现金流匹配模型、缺口模型与免疫模型都属于静态模型。随着计算机技术的发展，资产负债管理越来越多的运用动态的技术，即基于诸如利率、汇率等经济因素及经济政策等不断变化的外部环境和企业内部战略的调整，对资产、负债的不确定变化进行动态的衡量和控制的技术。该技术具有多阶段性、随机性、全局性的特点，对于养老基金进行持续性的资产负债管

① 久期（Duration）：是考虑了债券产生的所有现金流的现值因素后计算的债券加权到期日，权数为每个现金流现值占所有现金流现值的百分比，它反映了债券价格对利率变动的敏感性。

② 凸度（Convexity）：利率变动所引起的债券价格变动幅度的变动程度，反映了持续期对利率变动的敏感性。

理有着重要的作用。在养老金资产负债管理上有实际应用的动态资产负债管理模型是随机规划模型。

4. 随机规划模型

随机规划是对含有随机变量的优化问题的建模。在资产负债管理理论的发展中，随机规划模型因其能有效地支持不确定性下的决策过程而越来越受到关注。随机规划通常以有限状态的离散型概率分布来近似连续型随机系数的概率分布，这种离散型的概率分布一般以情景树的形式来表达。随机规划的思想就是用情景树来模拟现实中的不确定性，各种情景被假设成对不确定的未来事件发展状况的描述，在不同情景下会产生不同的决策机会，并对应不同的可能结果。

在养老基金的资产负债管理中，随机规划模型主要是通过运用情景树，为养老基金的资产配置提供一个分析框架，用于描述未来资产价格、收益与风险、负债等不确定因素在某种概率条件下的变动趋势。养老基金在处理资产配置中会面临复杂的限制条件，随机规划模型和方法能够设置更接近现实的假设，并采用动态的方法来解决多期资产配置中的问题，它可以在一个框架中同时处理交易成本、多元状态变量、市场不完全性、税收和交易限制、监管限制等多因素问题，从而为养老基金大批量地处理和分析多种不确定因素的影响提供了可能性。

随机规划模型提供了一个较为通用的目标模型框架，可以处理现实中的一般约束及其他考虑的因素。但对于大量的决策变量，特别是多阶段问题，需要高效率的求解算法。此外，在随机规划中采用情景树也会导致决策变量的指数增长，使计算成本过高。

§10.3　养老金计划的会计报告

养老金会计是确认、计量、记录、报告计划财务活动的管理过程。养老金会计通过相关会计处理，为养老金管理机构提供相关的财务信息，为养老金计划管理和决策提供依据。

10.3.1　养老金计划的会计要素和会计处理

养老金计划的会计要素是对会计对象确认、计量、记录和报告的具体表现形式，也是反映会计主体财务状况、确定经营成果的基本单位。会计主体是会计服务的空间范围，也称为会计单位。以养老金计划提供者为主体的会计，主要核算养老金的筹集、负债以及费用的确认。以养老基金为主体的会计，主要核算养老基金的资产、负债、净资产、收入和支出等。

按照我国的《企业会计准则》，企业会计的要素有：资产、负债、所有者权益、收入、费用和利润等六类。以开办养老金计划的企业为主体的养老金会计主要涉及资产、负债和费用三类会计要素，具体的报表内容包括养老金资产、养老金负债和养老金费用。

在国外，DC计划的缴费一般记入企业成本费用。在我国，按照财政部2005年关于职工薪酬企业会计准则的征求意见稿，建立补充养老保险的企业为职工缴纳的补充养老保险费，应当按照国家有关规定，根据职工提供服务的受益对象，计入相关资产的成本或确认为当期费用。在DB计划下，需要精算师完成相应的成本和债务估计。在DB计划下的费用不仅包括按照精算估计的当年正常成本，还要考虑累积的养老金债务的利息、预计养老基金的投资回报、建立养老保险计划时产生的过去服务成本的摊销、修订养老保险计划时产生成本的摊销、精算损益的摊销等。这样，企业当期的养老保险费用可表示为：

当期养老金费用 = 当期正常成本 + 累积的养老金债务的利息 − 预计的养老基金的投资回报 + 建立养老金计划产生的过去服务成本的摊销 + 修订计划产生的成本的摊销 + 精算损益的摊销

以养老基金为主体的会计，会计要素涉及五个分类：资产、负债、净资产、收入和支出。这五个会计要素构成了养老基金会计核算的基本内容。其中，净资产是资产与负债的差额，也就是所有者权益，因为养老基金实质是一种信托基金，基金委托人并不参与基金的日常管理，但需要关注基金净资产的变动。这样，养老基金会计的恒等式变为：资产 = 负债 + 净资产。收入是指基金在日常经济活动中形成的、会导致净资产增加的、与所有者投入资本无关的经济利益的总流入。基金的收入主要来自于投资实现的资本利得以及养老基金的筹资。养老基金的支出包括养老金的给付和日常管理基金的费用。

在我国，养老基金会计处理主要是关于企业年金计划的信托基金会计处理。按照财政部2006年2月15日公布的《企业会计准则第10号——企业年金基金》，企业年金会计处理指对年金的资产、负债、收入、费用和净资产的确认、计量和列报。企业年金资产及年金运营过程中所形成的各项资产包括：货币资金、应收证券清算款、应收利息、买入返售证券、其他应收款、债券投资、基金投资、股票投资、其他投资等。企业年金基金在运营过程中投资取得的国债、金融债、企业债、可转换债、投资性保险产品、证券投资基金、股票等具有良好流动性的金融产品，其估值应该以公允价值计量。企业年金在运营过程中形成的各项负债包括：应付证券清算款、应付受益人待遇、应付受托人管理费、应付托管费、应付投资人管理费、应付投资管理人管理费、应交税金、卖出回购证券款、应付利息、应付佣金和其他应付款。负债应当在实际发生时确认。企业年金在运营过程中形成的各项收入包括：存款利息收入、买入返售证券收入、投资处置收入（包括股票价差收入、债券价差收入、基金价差收入、债券利息收入、股息收入）、投资公允价值变动收入和其他收入。其中，存款利息收入应按照本金和适用的利息确定，买入返售证券收入应在融券期限内按照买入返售证券价款和协议约定的利率确定。收入应在会计期末转入净资产。企业年金在运营过程中发生的各项费用包括：交易费用、受托人管理费、托管费和投资管理人管理费、卖出回购证券支出和其他费用。费用应当在会计期末转入净资产。交易费用和其他费用应按照实际发生的金额确定，各种管理费用应根据相关规定按实际计提的金额确定，卖出回购证券支出在融资期限内按照卖出回购证券的价款和协议利率确定。净资产应当分别按企业和职工设置账户，根据企业年金计划按期将营运收益分配计入各账户。企业年金的财务报表有资产负债表、净资产变动表和附注组成。资产负债表应当反映会计期末年金的财务状况，按照资产、负债和净资产分类列报。其会计恒等式为：

$$
\begin{aligned}
\text{基金资产的期末余额} &= \begin{matrix}\text{养老金负债}\\\text{的期末余额}\end{matrix} + \begin{matrix}\text{基金净资产}\\\text{期末余额}\end{matrix} \\
&= \begin{matrix}\text{养老金负债}\\\text{的期末余额}\end{matrix} + \begin{matrix}\text{基金净资产}\\\text{期初余额}\end{matrix} + \begin{matrix}\text{基金净增}\\\text{（减）额}\end{matrix} \\
&= \begin{matrix}\text{养老金负债}\\\text{的期末余额}\end{matrix} + \begin{matrix}\text{基金净资产}\\\text{期初余额}\end{matrix} + (\text{收入} - \text{支出})
\end{aligned}
$$

10.3.2　养老金计划的会计准则

会计准则是对会计活动纯客观的技术规范。不同的会计准则，对同一交易和事项会产生不同的经济后果，不同的养老金会计准则也会对养老金运营产生不同的经济影响。

国际会计准则 19 号详细规定了 DC 养老金计划和 DB 养老金计划的会计处理和披露要求，DC 计划的会计处理比较简单，DB 计划的会计处理要复杂得多。我国于 2006 年颁布的《企业会计准则第 9 号——职工薪酬》中，对企业基本养老保险的会计处理做出了规范，对养老保险费做了硬性的缴纳规定。在企业补充性养老保险方面，按照 2004 年公布的《企业年金试行办法》，在会计处理上，基本上与国际会计准则相似。但对 DB 计划，我国并没有相应的会计标准。表 10－2 列出了国际会计准则第 19 号与我国会计标准的比较。

表 10－2　　国际会计准则和我国会计标准比较

项目		国际会计准则	中国会计标准
DC 计划	确认原则	权责发生制	一致
	计量基础	非折现基础，不需精算假设	一致
	会计处理	企业在向计划支付约定的金额时，借记费用、成本账户，贷记现金或银行存款账户；将应付未付款项作为一项负债（其他应付款），将提前支付的款项作为一项资产（预付费用）	原理一致，会计处理存在差异
	披露	应披露确认的费用金额	未涉及
DB 计划	确认原则	权责发生制	未涉及
	计量基础	折现基础；运用精算假设	未涉及
	计量属性	公允价值	未涉及
	会计处理	会计核算复杂：（1）运用精算技术对雇员当期和以前期间服务所应得的养老金权益进行可靠的估计；（2）运用预计单位权益法对预期给付进行折现，以确定未来给付的现值和当年分摊的成本；（3）确定资产的公允价值；（4）确定精算利得和损失的总额和应确认的精算利得和损失的金额；（5）当引入或变更一项计划时，确定由此导致的过去服务成本；（6）当缩减或结算一项计划时，确定由此导致的利得或损失	未涉及
	列报	关于抵消事项；不特别要求企业划分离职福利所引起的资产和负债的流动和非流动部分；在收益表中不单独列示离职后福利项目的财务构成	未涉及
	披露	详细	未涉及

在养老基金会计方面，《国际会计准则第 26 号：退休福利计划的会计报告》（简称 IAS26）给出了基本的指引，我国财政部于 2006 年出台了《企业会计准则第 10 号——企业年金基金》，对企业年金基金会计处理做了相应的规定，这一规定在一定程度上借鉴了 IAS26，但两者还是存在一定的差异。表 10－3 列出了 IAS26 和我国的《企业会计准则第 10 号——企业年金基金》的比较。

表 10－3　　国际会计准则 26 号与我国会计标准的比较

项目	国际会计准则 26 号	中国会计标准
养老计划范围	DC 计划和 DB 计划	DC 计划
受托人	不论是否构成信托关系，基金资产管理机构都可以称做“受托人”	一定要构成信托关系
精算估价周期	不超过 3 年一次	未涉及
投资价值	按公允价值处理	一致

续表

项目	国际会计准则 26 号	中国会计标准
报告	列示可用于给付的净资产变动的报表；列示或披露承诺退休给付的精算现值；说明承诺退休给付的精算现值与可用于给付的净资产的关系以及相关的注资政策	一致
披露	资产的估价基础、超过可用于福利的净资产 5% 或超过某类别或类型证券金额 5% 的单项投资的详细信息	企业年金计划的主要内容及重大变化；投资种类、金额及公允价值的确定方法；各类投资占投资总额的比例；可能使投资价值受到重大影响的其他事项

可见，国际会计准则第 26 号（IAS26）规定了 DC 和 DB 两种养老金计划的相关会计处理方法，我国的《企业会计准则第 10 号——企业年金基金》只对 DC 计划的会计处理做出规定，并且规定了更详细的披露内容。在财政部发布的《〈企业会计准则第 10 号——企业年金基金〉解释》中，又增加了一些披露要求，包括：会计年度、记账本位币、会计计量基础，重要会计政策和会计估计变更及差错更正的说明，重要报表项目的说明，或有和承诺事项、资产负债表日后事项、关联业务报表的编制基础等。

10.3.3　养老金计划会计报告的基本内容

对于以企业为主体的养老金会计，按照 2006 年财政部颁布的《企业会计准则第 9 号——职工薪酬》，企业的养老金会计报告中关于基本养老保险的信息应包括：（1）在当期损益表的管理费用下列示当期“养老金费用”净额；（2）在期末的资产负债表流动资产项目下列示“预付养老金”净额；（3）在期末的资产负债表流动负债下列示“应付养老金”净额。

对于企业养老金会计报告中关于企业年金的信息，企业应对当期设定筹集的已确认成本数与当期设定支付的已确认成本数进行分开披露，并对本期影响财务报告的任何重大事项及其影响进行说明，例如企业缴费率的变化、企业合并以及股权的变更等。如果企业拥有一个以上的养老金计划，可能导致同时存在净资产和净负债，在这种情况下，资产和负债不能相互抵消，否则会降低会计信息的价值。

如果企业举办 DB 型企业年金，按照国际经验，会计报告应该包括以下内容：（1）计划的一般状况，包括养老金计划所涉及的职工情况、养老金计划类型、养老金待遇的计算公式、持有基金资产的类别以及其他影响各期会计报告的重大事项及其影响等；（2）计划资产的类别及公允价值；（3）计划资产的实际收益；（4）养老金负债；（5）负债评估的精算假设。

以养老基金为主体的养老金会计主要是涉及企业年金的会计处理。按照《企业会计10号——企业年金基金》，企业年金的财务报表由资产负债表、净资产变动表和附注构成。资产负债表反映会计期末年金的财务状况，按照资产、负债和净资产分类列报。其中，净资产的企业年金项目单列，按照“资产=负债+净资产”的等式编制。净资产变动表反映当期净资产的增减变动情况，养老基金会计报告应该包括：（1）企业年金计划的主要内容及重大变化；（2）投资种类、金额及公允价值的确定方法；（3）各类投资占投资总额的比例；（4）可能使投资价值受到重大影响的其他事项。

此外，在《解释》中，规定了企业年金财务报表附注还应涉及：（1）财务报表的编制基础，包括会计年度、记账本位币、会计计量所运用的计量基础；（2）重要会计政策和会计估计变更及差错更正的说明；（3）重要报表的项目说明，包括货币资金、买入返售证券、债券投资、基金投资、股票投资、其他投资、其他资产、卖出回购证券款、支付受益人待遇、受托人管理费、托管人管理费、投资管理人管理费、其他应付款等；（4）企业年金基金净收入，包括本期收入、本期费用的构成；（5）资产负债表日后事项、关联方关系及其交易的说明等；（6）企业年金的投资组合情况、风险管理政策等。

参考文献

【1】 Boender G. C. E, *A hybrid simulation/optimization scenarion model for asset liability management*, European Journal of Operational Research, 99, 1997, 126 ~ 135.

【2】 Dert, C. L. *Asset Liability Management for Pension Funds—A Multistage Chance Constrained Programing Approach*, Erasmus University Rottendam, Netherlands, 1995.

【3】 D. R. Carino et al, *Concepts, Technical Issues, and Uses of The Russell – Yasuda Kasai Financial Planning Model.* Operations Research, 46: 450 – 462, 1998.

【4】 D. R. Carino and W. T. Ziemba, *Formulation of the Russell – Yasuda Kasai Financial planning model.* Operations Research, 46: 433 – 449. 1998.

【5】 E. Rozinka and W. Tapia, *Survey Of Investment Choice By Pension Fund Members*, OECD Working Paper on Insurance and Private Pensions, No. 7, January 2007.

【6】 Haberman S. et al, *Contribution and solvency risk in a defined benefit pension scheme*, Insurance: Mathematics and Economics, 27 (2), 2000, 234 – 259.

【7】 Howard E. , *Pension Liability and Asset Model.* The Journal of Finance, Vol. 37, No. 2, Papers and Proceedings of the Fortieth Annual Meeting of the American Finance Association, Washington, D. C. , December 28 – 30, 1981. (May, 1982), pp. 585 – 594.

【8】 Merton, R. C. *Continuous – Time Finance*, 1990, Blackwell Publishers.

【9】 Kouwenberg R. , *Scenario Generation and Stochastic Programming Models for Asset Liability Management*, European Journal of Operations Research , 134 (2), 2001, 279 – 292.

【10】 R. Carino et al, *The Russell – Yasuda Kasai model: An asset/liability model for a Japanese insurance company using multistage stochastic programming.* Interfaces, 24 (1): 29 – 49. 1994.

【11】 Redington, F. M. *Review of the Principles of Life Office Valuations.* Journal of the Institute of Actuaries, vol. 78, pp. 286 – 340. 1952.

【12】 Roy Kouwenberg. *Scenario Generation and Stochastic Programming Models for Asset Liability Management.* European Journal of Operational Research 134 (2001) 279 – 292.

【13】 Samuelson, P. *Lifetime Portfolio Selection by Dynamic Stochastic Programming.* Review of Economic and Statistic, 1969, 8, 239 – 246.

【14】 Society of Actuaries, *Asset – Liability Management AA – 1 – 98*, Professional Actuarial Specialty Guide, 1998.

【15】 Zvi Bodie, *On asset – liability matching and federal deposit and pension insurance*, Federal Reserve Bank of St. Louis Review, 88 (4), 2006, 323 – 329.

【16】 安兵："企业年金基金会计：国际比较与未来发展趋势"，《新理财》，第 56 – 59 页，2007 年。

【17】 财政部：《企业会计准则第 10 号——企业年金基金》，财会［2006］3 号。

【18】 李黎："企业年金会计研究"，东北财经大学博士论文，2007 年。

【19】 李秀芳：《中国寿险业资产负债管理研究》，中国社会科学出版社 2002 年版。

【20】 孙建勇等译：《养老金：治理与投资》，中国发展出版社 2007 年版。

【21】 王海燕：《保险企业资产负债管理》，经济科学出版社 2004 年版。

【22】 威廉等编，顾娟等译：《全球资产与负债管理建模：数理金融方法与建模译丛》，经济科学出版社 2003 年版。

【23】 吴祥云："养老金财务与会计问题研究"，厦门大学博士学位论文，2001 年。

【24】 许辞寒：《养老金会计问题研究：兼论我国养老金会计准则的制定》，东北财经大学出版社 2008 年版。

【25】 中华人民共和国劳动和社会保障部令第 20 号——企业年金试行办法，2004 年。

第11章　中国的企业年金

中国的企业年金制度是伴随中国养老保障制度的改革逐渐建立并发展起来的，是中国养老保障体系的第二层次。在试点改革的基础上，借鉴国际养老金计划的发展经验，中国于2004年先后颁布了《企业年金试行办法》及《企业年金基金管理试行办法》，正式确立了企业年金的制度框架及管理规范。在随后的若干年里，企业年金制度进一步完善，企业年金市场逐步形成。本章讲述养老金计划在中国的具体实践，介绍中国企业年金制度的形成与发展，以及企业年金管理的相关内容。

主要内容有：

□ 企业年金产生及发展的历程

□ 企业年金制度框架及其治理结构

□ 企业年金的投资管理

□ 企业年金的账户管理

□ 企业年金监管

§11.1　中国企业年金的产生与发展

20世纪90年代初，中国确立了多层次养老保障体系的发展方向，明确提出要发展企业补充养老保险即企业年金，并作为养老保障体系的第二层次。企业在依法参加基本养老保险并履行缴费义务的基础上，通过集体协商机制自愿建立企业年金计划。企业年金实行完全积累，采取个人账户方式管理，并通过信托管理模式，实行市场化运营，企业年金的缴费由企业和参加职工共同负担，不超过职工工资总额5%的缴费，在计算企业应纳税所得额时准予扣除。经过近20年的发展，中国的企业年金制度得到逐步完善。

11.1.1　企业年金的发展历程

从20世纪90年代初提出发展企业补充养老保险到当前企业年金的市场化运营，中国企业年金的发展历程可以划分为以下四个阶段。

1. 企业补充养老保险的初创和探索阶段（1991～2000年）

1991年发布的《国务院关于企业职工养老保险制度改革的决定》（国发［1991］33号）提出了中国养老保险改革的目标、原则和建立多层次养老保险制度的框架。文中第一次明确提出鼓励企业根据自身经济能力为职工建立企业补充养老保险，国家在政策上给予指导。这标志着作为我国养老保障体系“第二支柱”的企业年金制度正式启动。

1994年颁布的《中华人民共和国劳动法》第七十五条规定：“国家鼓励用人单位根据本单位实际情况为劳动者建立补充保险”，这为建立企业年金制度提供了法律依据。

1995年，《国务院关于深化企业职工养老保险制度改革的通知》（国发［1995］6号）重申了发展自愿性企业补充养老保险和个人储蓄性养老保险的精神，并指出由企业和个人自主选择经办机构。

根据《劳动法》和《关于深化企业职工养老保险制度改革的通知》的精神，1995年12月29日，原劳动部印发了《关于建立企业补充养老保险制度的意见》（劳部发［1995］464号），对企业补充养老保险的实施条件、决策程序、资金来源、计发办法以及经办机构等具体政策做出了规范，并明确提出我国补充养老保险采用DC计划模式。文件首次对企业补充养老保险给予比较明确的政策规定，奠定了建立和发展企业补充养老保险制度的基本政策框架。

1997年，《国务院关于建立统一的企业职工基本养老保险制度的决定》（国发［1997］26号）中明确了企业补充养老保险和基本养老保险的关系，以及发挥商业保险在社会保障体系中的补充作用。按照该决定的政策精神，国内一些发达地区上海和深圳相继推出了一些地方性试点性质的企业补充养老保险的政策文件，对补充养老保险给予程度不同的税收优惠，这些地方性的政策探索推动了各地企业年金市场的发展。例如，上海市1997年颁发了《关于企业补充养老保险的试点方案的通知》（18号文）；同年深圳市也颁发了《关于印发〈深圳市企业补充养老保险方案〉的通知》（182号文）。在基金管理方式上，上海规定企业补充养老保险由上海市社保局统一经办，而深圳市允许用人单位自主选择经办机构。

2. 企业年金试点阶段（2000～2003年）

2000年，国务院《关于完善城镇社会保障体系试点方案》（国发［2000］42号），将企业补充养老保险正式更名为“企业年金”，并指出“有条件的企业可为职工建立企业年金，并实行市场化运营和管理。企业年金实行基金完全积累，采用个人账户方式进行管理，费用由企业和职工个人缴纳，企业缴费在工资总额百分之四以内的部分，可从成本中列支”。该试点方案明确规定企业年金采取DC完全积累模式，实行市场化管理，并且首次明确了对企业年金给予税收优惠政策，税优幅度是工资总额的4%。

但这一试点方案只适用于选定的试点城市，对其他地区没有明确规定。而且，该方案虽然指出企业年金实行市场化运营，但没有制定关于企业年金计划及其基金投资的具体规则。在这一阶段，部分省市政府在社会保障部门下成立了企业年金发展中心，经办企业年金业务，例如，2002 年，上海和深圳都成立了企业年金管理中心，属于劳动和社会保障局下属的事业单位，负责管理本市的企业年金。

2001 年，《国务院关于同意〈辽宁省完善城镇社会保障体系试点实施方案〉的批复》（国函［2001］79 号）提出，建立企业年金的企业需具备 3 个条件：一是依法参加基本养老保险并按时足额缴费；二是生产经营比较稳定，经济效益较好；三是企业内部管理制度健全。同时提出“大型企业、行业可以自办企业年金，鼓励企业委托有关机构经办企业年金”。管理和运营企业年金的机构要经国家劳动保障行政部门会同财政部门的认定和批准。

3. 企业年金制度确立阶段（2004 ~ 2005 年）

2004 年 4 月，原劳动和社会保障部发布《企业年金试行办法》，规定企业年金基金实行完全积累，采用个人账户方式进行管理，企业年金基金可以按照国家规定投资运营，企业年金受托人应选择具有资格的商业银行或专业托管机构，作为企业年金基金托管人。同月，原劳动保障部、银监会、证监会和保监会等四部门联合发布《企业年金基金管理试行办法》，对企业年金基金的受托管理、账户管理、托管以及投资管理进行了规范，该办法自 5 月 1 日起和《企业年金试行办法》同时施行。两个办法的出台初步确立了信托型企业年金制度的基本框架，明确了企业年金市场化运作的大方向和规则。

2004 年 8 月，原劳动和社会保障部发布了《企业年金管理指引》，对各类金融机构从事年金业务操作的全流程和全方位的规范，勾勒出了中国企业年金的制度特点和运作方式。

2004 年 11 月，原劳动和社会保障部和证监会联合发布《关于企业年金基金证券投资有关问题的通知》（劳社部发［2004］25 号）和《企业年金基金证券投资登记结算业务指南》，首次对企业年金基金证券投资的开户、清算模式、备付金账户管理等有关问题进行了具体规定，为企业年金入市奠定了重要的制度基础。

之后，原劳动和社会保障部相继出台了《企业年金管理运营机构资格认定暂行办法》、《企业年金账户管理信息系统试行标准》、《企业年金基金管理运作流程》、《企业年金基金账户管理信息系统规范》、《企业年金基金管理机构资格认定专家评审规则》、《关于企业年金方案和基本管理合同备案有关问题的通知》和《关于企业年金基金银行账户管理等有关问题的通知》等文件，对企业年金运作中的相关问题进行了规定。

4. 企业年金市场化运作阶段（2005 年至今）

随着一系列政策的相继出台，企业年金的市场化运营也逐渐拉开帷幕。主要表现为两个方面：一是评审和公布了两批获得企业年金基金管理资格的市场化运营机构，二是原有企业年金基金的移交和市场化运作。

2005 年 8 月 1 日，劳动部通告公布了第一批认定的 29 家企业年金基金管理机构，共 37 个企业年金基金管理资格。2007 年 11 月 19 日，第二批 20 家企业年金基金管理机构得到认定及公布，共涉及 24 个企业年金基金管理资格。2008 年 7 月，人力资源和社会保障部第 1 号通告延续了第一批认定的 37 个企业年金基金管理机构资格中的 33 家企业年金基金管理机构资格。目前我国具备企业年金基金管理资格的机构已达 47 家，共 61 个企业年金基金管理资格。

在对原有的企业年金进行规范和移交方面，也出台了一系列规章制度。2006 年 9 月 14 日，劳动和社会保障部发布《关于进一步加强社会保险基金管理监督工作的通知》（劳社部发［2006］34 号），规定："社会保险经办机构不再接收新的企业年金计划，新建立的企业年金计划要由具备企业年金基金管理资格的机构管理运营；劳社部令 20 号、23 号颁布前建立的企业年金计划，要在 2007 年底之前移交给具备资格的机构管理运营。"2007 年 4 月 24 日，劳动和社会保障部《关于做好原有企业年金移交工作的意见》（劳社部发［2007］12 号）重新明确了移交要求，规定在 2007 年底之前，各地社保部门管理的补充养老保险存量资金（原有企业年金基金）必须移交给具备企业年金管理资格的机构，按照市场化的信托模式管理运营。

在这些政策推动下，深圳市原企业年金管理中心的 20 多亿元企业年金资产已于 2007 年 1 月底整体移交给平安养老保险公司和招商银行。上海市社保局原企业年金中心管理的存量企业年金基金由长江养老保险公司整体接管并试行市场化管理运作。这笔存量年金数额高达 180 多亿元，涉及 110 多万个人账户，托管银行为浦发银行和交通银行。按照规定，市场上原地方社保经办机构管理的 750 多亿元存量企业年金基金也按要求逐步移交给具备资格的机构管理运营，完成向市场化规范管理的过渡。

2009 年 6 月，财政部和国家税务总局联合发布了《关于补充养老保险费、补充医疗保险费有关企业所得税政策问题的通知》（财税发［2009］27 号），规定为在本企业任职或者受雇的全体员工支付的补充养老保险费在不超过职工工资总额 5% 标准内的部分，在计算应纳税所得额时准予扣除。一方面，税收优惠幅度有所提高，由原来规定的 4% 提高到 5%，另一方面，把税收优惠政策在全国范围内落实下来，填补了我国企业年金发展中税惠政策的缺失，对于企业年金的进一步发展具有重要的现实意义。

2011年2月，人力资源和社会保障部、中国银行业监督管理委员会、中国证券监督管理委员会、中国保险监督管理委员会联合发布《企业年金基金管理办法》（人力资源和社会保障部令第11号令），自2011年5月1日起施行。《企业年金基金管理办法》立足于2004年的《企业年金基金管理试行办法》，在保持企业年金基金管理基本框架不变的基础上对一些项目及内容做了修订及调整，主要包括对企业年金基金运营相关方作了更严格具体的规定，对企业年金基金的投资范围和比例进行了调整及细化等。《企业年金基金管理办法》的修订适应了变化的市场情况，其实施也将进一步促进我国企业年金市场的健康、规范及可持续发展。

11.1.2 企业年金的市场现状

1. 市场规模

在基金规模上，2000年我国企业年金基金规模仅191亿元，到2009年底达到2 533亿元，增长了12倍，基金积累速度很快。但在总量上，企业年金基金规模仍不够大，企业年金基金累积规模占当年GDP的比例仅为0.75%。在覆盖范围上，2000年全国建立企业年金的企业约有1.6万个，参加职工560万人。到2009年底参加企业数为3.35万个，参加职工1 179万人，仅为参加基本养老保险职工数的6.64%。表11－1列出了2000—2009年我国企业年金参保企业数、参加职工人数和累计基金额。

表11－1　　我国企业年金历年发展情况

	2000年	2001年	2003年	2005年	2007年	2008年	2009年
企业数（万家）	1.62	1.76	2.25	2.4	3.1	3.31	3.35
参加职工数（万人）	560	656	703	900	929	1 038	1 179
基金累积额（亿元）	192	260	493	680	1 519	1 911	2 533

2. 市场主体

企业年金基金采取信托管理模式，涉及受托人、账户管理人、托管人和投资管理人。除受托人可以由企业内部成立的企业年金理事会担当以外，法人受托机构和其他当事人均由独立法人机构担当，参与机构包括信托投资公司、保险公司、商业银行、基金公司、证券公司等。到2009年，参与企业年金基金管理的各类金融机构共39家，其中，专业养老保险公司5家，保险资产管理公司4家，人寿保险公司2家，基金公司12家，证券公司2家，信托公司4家，银行10家，这些机构的年金管理人资格累计共60个（见表11－2）。

表 11－2　　2009 年企业年金市场的供给主体

法人受托机构	账户管理人	托管人	投资管理人
华宝信托	工商银行	工商银行	海富通基金管理
中信信托	交通银行	建设银行	华夏基金管理
中诚信托	上海浦东发展银行	中国银行	南方基金管理
上海国际信托	招商银行	交通银行	易方达基金
建设银行	光大银行	招商银行	嘉实基金
工商银行	中国建设银行	中国光大银行	招商基金
招商银行	中国民生银行	中信银行	富国基金
平安养老	中国银行	上海浦东发展银行	博时基金
太平养老	中信信托投资	农业银行	银华基金
长江养老	华宝信托投资	民生银行	国泰基金
中国人寿养老	新华人寿		工银瑞信基金
泰康养老	中国人寿资产管理		广发基金
	太平洋人寿		中国国际金融
	泰康人寿		中信证券
	中国人寿养老		中国人寿资产管理
	泰康养老		泰康资产管理
	平安养老		平安养老
	长江养老		太平养老
			中国人保资产管理
			长江养老

§11.2 企业年金的治理结构

从广义上讲，企业年金治理可以看做一系列制度结构、程序安排和对相关主体在企业年金管理中的权力和责任的界定。企业年金治理结构要以企业年金计划成员及受益人的最大利益为目标。基于企业年金计划参与主体的多元化和复杂多样的管理制度安排，建立合理有效的治理结构尤为重要。

参照国际经验，一个合理有效的企业年金治理结构应当包括一系列要素，如：管理责任的界定；治理主体及其职责、独立性、问责机制及成员资格；专业化管理的制度安排及程序；其他监督保障机制，如审计、精算师、托管人的地位和作用等；同时，有效的治理结构还需要建立一系列内部和外部治理相互制衡的治理机制，包括内部控制、报告义务、信息披露和补救机制等（文献【1】）。

我国2004年颁布的《企业年金试行办法》规定了企业年金采取信托管理的运营模式，《企业年金基金管理试行办法》进一步明确了企业年金基金信托管理的实现方式。信托法律关系强调委托人与受益人的权益，使受托人的权利与义务充分对等，清晰界定了信托关系中相关角色的职能。

11.2.1 企业年金的信托管理模式

《企业年金基金管理办法》规定："建立企业年金计划的企业及其职工作为委托人，与企业年金理事会或者法人受托机构（以下简称受托人）签订受托管理合同。受托人与企业年金基金账户管理机构（以下简称账户管理人）、企业年金基金托管机构（以下简称托管人）和企业年金基金投资管理机构（以下简称投资管理人）分别签订委托管理合同。"这一规定确定了我国企业年金的信托管理模式。在信托管理模式中，包含两层法律关系：第一层是委托人与受托人之间的信托关系；第二层是受托人对信托事项的再委托，从而与各相关管理人形成委托代理关系。

1. 委托人与受托人之间的信托关系

企业年金基金中的委托人包括企业和职工，他们基于对受托人的信任，并作为缴费者将基金资产委托给受托人，由受托人按照委托人的意愿为受益人的利益管理企业年金基金。在我国，受托人是指受托管理企业年金基金的企业年金理事会或符合国家规定的养老金管理公司等法人受托机构。信托关系的明确，为年金基金财产独立管理提供了法律保证，从而为年金的受益人提供了权益的保障。另外，受托人的专业化管理也有利于受益人的利益最大化，即借助受托人的专业理财能力，通过投资或委托投资，实现资金的保值增值。

2. 受托管理中的委托代理关系

我国的《信托法》规定："受托人应当自己处理信托事务，但信托文件另有规定或者有不得已事由的，可以委托他人代理。"受托人将信托事务委托给第三方后，形成的是委托代理关系。企业年金涉及的管理事项较为复杂，为提高规模效益，企业年金实行专业化管理，包括成立专业化的管理公司，或者将不同管理事项委托给不同的专业管理人运作管理。为确保资金安全，《企业年金基金管理办法》规定"受托人与托管人不得为同一人"，受托资金必须委托给商业银行或专业托管机构，从而将资金托管与受托管理分离，受托人不直接"管钱"。对账户管理和投资管理事项，受托人可以兼任账户管理人和投资管理人，也可以将之委托给第三方。受托人与托管人、账户管理人及投资管理人之间分别签订委托代理合同。

3. 受托人处于企业年金法律关系的核心地位

受托人是企业年金方案的执行者，是企业年金基金运作的主体。受托人按照与委托人签订的信托管理合同的约定和企业年金管理方案，对企业年金计划实施全面的管理和运作。另外，受托人对企业年金计划承担全部信托责任。按照我国《信托法》的规定，受托人将信托事务委托其他人管理的，无论受托人是否已经审慎行事，受托人都要对“他人”的全部行为承担责任。因此，即使受托人将账户管理、托管、投资管理等业务外包给第三方法人机构，受托人的“分权行为”也不存在对信托权的“转委托”，受托人还必须对其他当事人的行为进行监督并承担信托财产的全部责任。再者，受托人是企业年金信息流管理的中心。在企业年金的管理运作流程中，受托人对计划的管理与运作发布指令，并监管账户管理人、投资管理人和托管人等对企业年金的执行情况，形成完整的信息交流与反馈机制。

11.2.2　企业年金各方当事人及其职责

企业年金基金管理各方当事人包括：委托人、受托人、账户管理人、托管人、投资管理人和中介服务机构等。

1. 企业年金基金委托人

企业年金基金委托人，是指设立企业年金计划的企业及其职工。企业是企业年金计划的发起人和资助者，企业职工是企业年金计划的参与者，也是个人账户的缴费者及养老金领取者。从治理理论的角度看，他们是对企业年金拥有剩余索取权的人。治理结构的目标是为了保护委托人的利益最大化，也就是保护企业职工的退休收入安全及收益。

2. 企业年金基金受托人

企业年金基金受托人，是指受托管理企业年金基金的符合国家规定的养老金管理公司等法人受托机构或者企业年金理事会。受托人是企业年金治理结构的治理主体，是企业年金信托管理的核心。受托人职责主要体现在：（1）选择、监督和更换账户管理人、托管人、投资管理人以及其他中介服务机构，并承担最终责任；（2）制定企业年金基金战略资产配置策略；（3）向委托人或受益人提供各种服务，包括缴费收取、支付待遇以及信息披露等；（4）向监管机构提供企业年金基金管理和财务会计报告；（5）保存与企业年金基金管理有关的记录等。

3. 企业年金基金账户管理人

企业年金基金账户管理人，是指接受受托人委托管理企业年金基金账户的专业机构。账户管理表现为大量的日常行政事务，其特点是操作性强，信息处理量大。账户管理人的主要职责为：（1）建立企业年金基金账户，记录缴费及投资收益，计算企业年金待遇；（2）与托管人核对缴费数据以及企业年金基金账户财产变化状况，及时将核对结果提交受托人；（3）向企业和受益人提供企业年金基金账户信息查询服务及年度权益报告；（4）向受托人和有关监管部门提交账户管理数据等信息以及企业年金基金账户管理报告；（5）保存企业年金基金账户管理档案等。

账户管理也是联结其他管理的枢纽，托管和投资管理的所有信息最后都要汇集到账户管理人处。因此，账户管理是企业年金管理的基础，账户管理信息系统是企业年金管理的基础平台。对账户管理的最大要求是要做到钱与账的统一，账户管理人必须根据托管人和受托人的指令准确记账，核算权益和待遇，核对资产，保证企业账户和个人账户记账与资产的对应。

4. 企业年金基金托管人

企业年金基金托管人，是指接受受托人委托保管企业年金基金财产的商业银行。托管人的主要职责有：（1）安全保管企业年金基金财产，以企业年金基金名义开设基金财产的资金账户和证券账户等；（2）根据受托人指令，向投资管理人分配基金财产；（3）办理年金基金的资金清算和交割；（4）负责企业年金基金会计核算和估值，复核、审查和确认投资管理人计算的基金财产净值；（5）根据受托人指令，向受益人发放企业年金待遇；（6）监督投资管理人的投资运作，并定期向受托人报告投资监督情况；（7）定期向年金基金受托人和有关监管部门提交企业年金基金托管相关报告；（8）保存企业年金基金托管业务活动记录、账册、报表和其他相关资料等。

5. 投资管理人

投资管理人是指接受受托人委托投资管理企业年金基金财产的专业机构。投资管理人的职责为：（1）对企业年金基金财产进行投资；（2）与托管人核对企业年金基金会计核算和估值结果；（3）建立企业年金基金投资管理风险准备金；（4）定期向受托人和有关监管部门提交投资管理相关报告。（5）保存企业年金基金财产会计凭证、会计账簿、年度财务会计报告和投资记录等。

11.2.3 企业年金受托模式的选择

企业和职工关于受托人有两个选择：一是可以选择成立本企业的企业年金理事会作为受托人，二是可以选择外部法人受托机构作为受托人。

1. 理事会受托模式

企业年金理事会由企业代表和职工代表等人员组成，也可以聘请企业以外的专业人员参加，其中职工代表不少于1/3。职工代表和企业以外的专业人员由职工大会、职工代表大会或者其他形式民主选举产生。企业代表由企业方聘任。理事会应当配备一定数量的专职工作人员。

企业年金理事会为特定信托目的存在，依法独立管理本企业的企业年金基金事务，不受企业方的干预。企业年金理事会不得从事任何形式的营业性活动，也不得从企业年金基金财产中提取管理费用。

企业年金理事会没有承担企业年金基金账户管理、托管和投资管理的能力和资格，只能将企业年金基金账户管理、托管和投资管理等职能全部委托给外部法人机构来承担，从而形成企业年金信托管理的全分拆模式。在实际运作中，还可能出现行业性理事会模式和中小企业联合性理事会模式。

2. 法人受托模式

法人受托机构可以是信托机构形式的法人，即通常意义的信托投资公司，也可以是非信托机构形式的法人，如养老金管理公司等。

与企业年金理事会相比，法人受托机构的管理资格和能力要强很多。按照规定，除了托管人职能必须外包之外，法人受托机构只要具备账户管理和投资管理业务资格，就可以兼任账户管理人或投资管理人。因此，法人受托模式可以细分为四种模式：法人受托全分拆模式，即将账户管理、托管和投资管理等职能全部外包；法人受托机构与账户管理人捆绑的部分分拆模式；法人受托机构与投资管理人捆绑的部分分拆模式；法人受托机构与账户管理人、投资管理人捆绑的部分分拆模式。法人受托全捆绑模式是法人受托分拆模式的一种特殊形式，是指由同属一个金融集团的不同企业为建立企业年金计划的企业和员工提供受托管理、托管、账户管理和投资管理全部服务的模式，又称“金融控股集团全捆绑模式”。但在我国企业年金业务发展的初期，基于企业年金的安全审慎考虑，全捆绑模式不是企业年金监管机构提倡和鼓励的模式（见表 11 - 3）。

表 11 - 3　　受托模式细分

受托分拆模式		受托人	账户管理人	托管人	投资管理人
法人受托	全分拆模式	√			
	部分分拆模式 1	√	√		
	部分分拆模式 2	√			√
	部分分拆模式 3	√		√	√
	全捆绑模式	√	√	√	√
理事会受托	全分拆模式	√			

注：“√”表示受托人可以同时担当的角色。

3. 法人受托模式与理事会受托模式的比较

法人受托模式和理事会受托模式在治理结构、专业化程度、信息沟通、管理成本及监管等各方面存在着差别（见表 11 - 4）。

表 11－4　法人受托模式与理事会受托模式的比较

	理事会受托模式	法人受托模式
治理结构	委托人与受托人重叠，存在委托人缺位或越位的可能	受托人独立于企业，不存在委托人缺位或越位问题
	利益一致，从事受托管理的动力较强	利益不同
	承担责任能力不足，企业年金损失可能仍由企业职工承担	损害赔偿能力较强
专业性	成员的专业技能与企业年金专业化管理不匹配；成员为企业员工，知识结构相对单一；专业性不强	法人受托机构拥有具备法律、金融、信息技术等多种管理技能的专门从业人员；专业性较强
信息沟通	信息沟通环节较少	信息沟通环节较多
成本	成员是企业内部管理层以及企业职工，履行职责影响企业正常工作；耗费财力、人力	需要支付给法人受托机构一定的管理费用，但具有规模效应
监督	不需要经过认定，自然人集合，不利于监管部门监管，运作不透明。容易滋生寻租现象	须经资格认定，经营透明化、公开化程度更高，便于监督；各市场主体之间的关系易受政府监督

可见，两种受托模式各有优劣，但总的来说，理事会模式存在一些难以避免的缺陷。主要表现在转化程度低、无损害赔偿能力、成本较大、不易监督等问题。而法人受托模式能够实现专业化分工和服务，实现规模效益，同时较为完善的治理结构及外部监管也有利于保护企业年金受益人的利益。因此，企业选择外部独立法人机构作为受托人，可以更好地实现企业年金基金管理的专业化，提高其收益性和安全性；此外，还有利于专业化法人受托机构的健康成长；同时也能推动企业年金市场的规范化发展。

在 2005 年 8 月第一批企业年金基金管理机构审批结果公布之前，由于市场中不存在获得资格的法人受托机构，我国企业年金管理模式只能为理事会受托。即使是在审批结果公布之后，多数大型国有企业、行业仍选择建立年金理事会作为受托人管理企业年金。这种以电力、电信、铁道、石油、石化等垄断行业为代表的“理事会受托模式”相当于国外的“行业年金”。从 2008 年开始，以中国交通建设集团选择平安养老保险担任受托人为起始，很多中央企业开始告别传统的理事会受托模式，步入法人受托模式的新时期。随着法人受托机构和企业年金市场的进一步发展，法人受托模式的优势将日益突出。

11.2.4　企业年金治理机制

1. 企业年金基金资产隔离制度

信托法律关系强调信托财产的独立性，即信托财产与委托人的自有财产和受托人的固有财产相区别，不受委托人或受托人的财务状况的恶化甚至破产的影响。按照规定，企业年金基金必须存入企业年金专户，企业年金基金财产独立于委托人、受托人、账户管理人、托管人、投资管理人等组织的固有财产及其管理的其他财产；企业年金基金财产不属于各管理组织的清算财产；企业年金基金财产的债权，不得与委托人、受托人、账户管理人、托管人、投资管理人等组织固有财产的债务相抵消；不同企业的企业年金基金的债权债务，不得相互抵消；非因企业年金基金财产本身承担的债务，不得对基金财产强制执行。

资产隔离原则保护了企业年金基金资产的独立性，是保护计划参与者既得权利、控制制度风险和代理风险的关键性制度安排。

2. 独立托管人制度

受托人选择具有资格的商业银行作为托管人，负责托管企业年金基金。同时，托管人与投资管理人不得为同一人，不得相互出资或相互持有股份。并且，受托人与托管人、托管人与投资管理人的总经理和企业年金从业人员，不得相互兼任。这一独立托管人的制度安排，使受托人和投资管理人不能直接占有企业年金基金资产，而是由一个具备资格的独立法人机构保管企业年金基金财产，并办理资金清算、划拨等相关事宜。一方面，企业年金资金必须进入托管机构开设的专门的计划账户，以此做到与企业、受托人等管理机构的自有资产严格分离；另一方面，托管人要监督投资管理人操作的合规性，对于违规、违法的投资行为，托管人应当拒绝执行，并向受托人及有关监管部门报告。因此，独立托管人制度为企业年金基金的安全性竖起另一道屏障。首先，托管人的法律责任是确保企业年金资产的“物质形态安全性”和“法律意义上的安全性”，这是托管人的第一责任；其次，即使托管人将部分资产委托给第三方，托管人也不能免除其对资产安全性所负有的全部责任；再次，托管人的资产与企业年金资产在法律上必须完全分离；最后，托管人负有一定的外部“告密者”的责任。

3. 内控机制

内部控制制度是企业年金运营机构治理结构必不可少的组成部分。由于企业年金运营机构治理结构在设计上是以受益人利益最大化为根本目标，所以不仅需要保证年金资产的赢利性，还需要强调其安全性。严格的内部控制制度为企业年金运作中的风险防范提供了依据，能够满足安全性的需要，有利于实现有效治理结构的目标。

内部控制机制的作用在于防范和规避风险，实现稳健与审慎经营。企业年金运营过程涉及多方“当事人”，其内控机制包括两方面：一是建立相互间的约束与制衡，确保所有“当事人”都能按照企业年金的有关章程确定的目标行事，确保所有“当事人”都依法行事；二是各“当事人”机构，特别是治理主体也就是受托人内部也要建立内控机制，实行“自我约束”。

完善的内控机制能够有效管理和控制企业年金基金投资风险，防范关联交易和“内部人”控制。《OECD养老金计划治理准则》从五个方面对养老金计划的内控机制做出指导：一是定期对养老金计划营运和监督过程中所涉及的各“当事人”和实体的业绩进行评估；二是定期对薪酬机制进行评价，以确保为各方“当事人”提供正确的激励；三是对利益冲突状况进行识别和监视并进行纠正；四是建立对滥用特权信息和机密信息进行制裁的惩罚机制；五是对投资风险和长寿风险等建立风险测量和风险管理机制。

对于承担企业年金基金管理职责的法人机构来说，其内部控制机制的内容包括风险控制体系的建立、风险控制机构的运作程序、风险控制的范围、风险控制技术以及风险管理人员的设置等。

4. 信息披露制度

企业年金受托投资运营机构必须定期将基金资产组合、投资的成本、效益及其他重大事项及时向公众披露。社会保险机构作为监管机构则应着重审查信息披露的真实性。企业年金基金管理的信息披露要求有两方面：一是建立和执行有效的、可实施的、有助于确保企业年金委托人决策和管理机制健全的信息披露标准，确保企业年金管理运作的透明度；二是健全相关信息披露的程序和流程，确保准确、完整、及时地对委托人披露可能影响其决策的本机构公司治理状况信息。2009年人力资源和劳动保障部发布了《关于企业年金基金管理信息报告有关问题的通知》，对于企业年金基金的信息披露和报告制度做出了规范要求。

§11.3 企业年金的投资管理

企业年金基金投资管理是企业年金运作管理过程的核心，企业年金基金的投资绩效直接影响着企业年金账户资金的价值，投资管理不仅是受托人和投资管理人的重要职责，也是委托人和受益人最为关注的内容。

11.3.1 企业年金投资管理的内容

企业年金基金投资管理应当遵循谨慎、分散风险的原则，充分考虑企业年金基金财产的安全性、收益性和流动性，实行专业化管理。

企业年金投资管理的基本内容有：

1. 制定投资策略

制定投资策略是企业年金投资管理的首要环节。具体内容包括：分析和明确企业年金基金的内部投资目标和外部市场约束，并以此为基础撰写投资政策书。

（1）确定风险投资目标和投资约束。企业年金的投资目标包括风险目标和收益目标。风险目标与企业年金基金的风险承受能力有关，包括承担风险的意愿和能力。衡量风险目标的手段包括绝对指标和相对指标。绝对指标可以采取非量化的形式，例如可以将风险承受能力分为高于平均水平、平均水平和低于平均水平；也可以采取量化指标，如要求企业年金组合资产的波动率在任何年度都小于15%。相对指标一般以跟踪误差（组合收益与参照指数收益之间的差异）等形式表现，例如年金基金要求投资组合收益与某个基准指数收益的偏差小于2%。收益目标以期望收益表示，期望收益是希望达到的投资收益水平。收益目标的确定不能脱离市场的约束，并应与风险目标相一致。收益目标应表现为总收益的形式，即包含投资的已实现和未实现的资本利得、利息及红利收入等。投资约束包括流动性要求、投资期限、法律法规和特殊要求等。

（2）撰写投资政策书。在明确企业年金基金的投资目标和约束后，受托人需要撰写投资政策书。投资策略政策书是企业年金基金投资的纲领性文件，应包括但不限于以下内容：年金计划参加者（委托人）和受益人的简单描述；投资的指导性原则；陈述投资目标、基准和限制；对投资政策书和投资业绩进行复审（一般为每年）的程序；在进行战略性资产配置时需要考虑的问题；在反馈的基础上对战略资产配置进行调整的指导性原则。

（3）确定投资策略。投资策略是投资管理人进行投资分析和证券选择的基本方法，是投资管理人在进行投资决策的过程中应遵守的投资纪律，从属于整体投资政策。投资策略应由受托人确定，有关投资咨询机构或投资管理人可以协助受托人完成这一职责。通常广义上的投资策略可分为被动投资策略、主动投资策略和半主动投资策略。

在被动投资策略下，投资组合的组成不因市场预期的变化而进行调整。指数化投资是一种较常见的被动投资策略，指数化组合的证券组成及比例与某个指数的相一致，从而达到复制该指数收益的目的。例如，跟踪某个股票指数的指数化投资组合，当指数化组成发生变化，增加或剔除了某个证券时，投资组合会相应增加或剔除该证券，但是当该证券投资价值的预期发生变化时，投资组合不做任何调整。严格的买入持有策略也是一种被动投资策略，例如有些企业年金基金可能要求持有固定比例但非指数化的债券投资组合。

主动投资策略需要根据市场预期的变化调整投资组合。受托人应为采取主动策略的投资管理人选择一个投资基准作为评估其业绩的依据。投资基准可以是单个指数或几个指数的组合。通常组合中证券权重会与基准中证券权重不同，反应出投资管理人的预期与市场一致性预期的不同，投资管理人通过调整证券权重获取超过基准的经过风险调整的回报。

企业年金基金对市场预期变化可以采取不同的主动投资策略，包括组合保险策略和固定组成策略。组合保险策略在市场下跌时卖出股票，在市场上涨时买入股票。该策略有很好的组合下跌保护作用，同时比买入持有策略有更好的上升潜力，但在趋势不明显、波动较大的市场中表现不佳。这类策略的代表有固定比例组合保险策略和期权组合保险策略。固定组成策略在组合中持有固定比例的股票资产，在市场下跌时买入股票，在市场上升时卖出股票，与组合保险策略正好相反。该策略下跌保护作用小于组合保险策略，上升潜力低于买入持有策略，但是在趋势不明显、波动较大的市场中表现出色。

半主动投资策略又称为风险控制下的主动投资策略或增强指数化投资策略。该策略对预期数据的变化仅进行有限的使用。例如，增强指数化投资策略是在对某个指数跟踪的基础上，适度改变组合中证券的权重以获取超额的投资收益。

2. 制定资产配置政策

制定投资政策之后，受托人需要在宏观经济、行业和公司分析的基础上，对资本市场和货币市场上不同类别的投资资产的长期风险收益特征做出预测，在此基础上进行资产配置决策。资产配置是指投资者根据自身的风险厌恶程度和资产的风险收益特征，确定各类资产的投资比例，从而达到降低投资风险和增加投资回报的目的。通常将资产配置分为战略性资产配置与战术性资产配置两个层面。前者反映投资者的长期投资目标和政策，主要确定各大类资产，如现金、股票、债券、商品等的投资比例，以建立最佳长期资产组合结构。战略性资产配置结构一旦确定，在较长时期内（如一年以上）不再调节各类资产的配置比例。而战术性资产配置更多地关注市场的短期波动，强调根据市场的变化，运用金融工具，通过择时和证券选择，通过调节各大类资产之间的分配比例以及各大类资产内部的具体构成来管理短期的投资收益和风险。

（1）战略资产配置及其调整。通常意义上，战略资产配置包含两个步骤：一是明确并列出构成投资组合的资产类别；二是确定每类资产在组合中的比例。在第一步中，受托人需要考虑企业年金基金所有的内外部约束条件；在第二步中，受托人需要明确每类资产目标比例和比例变动的范围。

战略资产配置可以采用量化的优化模型，也可运用经验和判断，对每类资产进行甄选。

进行战略资产配置时通常需要参照的标准包括：资产配置是否能达到预期收益，有时需要明确某种资产配置达到预期收益的概率有多大，或至少应达到多大的概率；资产配置是否与企业年金基金的风险承受力相一致；经过风险调整的资产配置的收益是否符合要求，如夏普比率等；资产配置对通货膨胀是否具有防范作用。

在日常投资管理过程中，受托人一方面需要定期（至少每季度一次）对经济和市场因素的变化进行回顾，从而保证企业年金基金当前的投资目标和限制能够持续得到满足；另一方面需要定期（至少每年一次）对企业年金基金自身目标和约束进行回顾，相应调整资产配置以满足企业年金基金新的投资目标和限制。在监控和调整的过程中，受托人还需要考虑调整的成本，在资产配置调整和成本最小化之间进行平衡。当受托人确定了战略资产配置调整方案后，应立即通知有关的投资管理人和托管人，若资产配置调整需要在多个投资管理人之间进行时，需要依照有关合同规定的方式进行，并通知托管人进行不同投资账户之间的资金划转。

通常受托人进行资产配置调整的依据包括企业年金基金内部约束条件的变化、外部市场环境的变化和交易成本等。企业年金基金内部约束条件的变化包括投资期限的变化、流动性需求的改变、税收制度的变化、法律法规的变化以及企业年金基金特殊要求的变化等，受托人需要及时了解这些变化，对战略资产配置做出相应的调整。外部市场环境的变化包括：投资资产的风险收益特征变化、牛市和熊市中的价值评估变化、出现了新的资产类别、政策环境和金融市场的变化、通货膨胀的变化等。

战略资产配置调整的成本包括交易成本和其他成本。交易成本包括显性成本和隐性成本。显性成本包括交易佣金、做市商的买卖价差等；隐性成本包括交易对资产价格的影响，或由于交易成本过高造成无法交易带来的机会成本等。当战略资产配置调整需要在多个投资管理人之间进行时，可能会造成某个投资管理人受托管理年金基金资产金额的减少或合同的提前终止，这时如果在合同中约定了受托人对投资管理人的补偿方式，就产生了战略资产配置调整的其他成本。

（2）战术资产配置。战略资产配置是长期配置计划，由于投资期限较长、不确定程度很高，对未来的资产状态难以把握，因此，对资产的长期收益和风险的预测主要参考了资产在均衡状态的收益和风险，所包含的具体资产状态的信息较少。在投资过程中，资产在短期内的状态往往是偏离均衡状态的，这样就导致资产在短期内的收益和风险特征与战略资产配置中预计的收益和风险特征有明显不符，也就是说，投资组合的长期最优配置比例在短期内并不是最优的。要弥补战略资产配置的这些不足，投资组合有必要针对短期内资产状态与长期均衡状态的不一致进行战术资产配置，通过预测分析短期内资产的收益和风险特征，重新调整短期的资产配置比例，使资产配置计划更好地符合未来一段时间的资产状态。因此，战术资产配置是实施战略资产配置的有效路径。

企业年金基金战术资产配置的基本方法是投资管理人根据实际情况的变化，如宏观经济变化、利率变动等，通过历史数据法或情景分析法，对不同资产类别的预期收益和风险状况进行重新预测和评估，并根据评估结果对受托人制定的战略资产配置进行动态调整和修正。

3. 选择投资组合策略

确定资产配置政策后，需要选择与投资目标和资产配置政策相一致的投资组合策略。一般情况下，投资组合策略可以分为积极的投资组合策略和消极的投资组合策略两种。积极的投资组合策略更多地依靠主观判断，采取复杂的规则，在证券种类选择、权重确定和证券交易上，均表现出灵活性和主动性；消极的投资组合策略采取客观的立场，运用比较简单的规则，以精确的权重、多种证券来构造投资组合，并按照程序化交易证券。但在投资组合监测上，积极的管理者一般不会投入太多精力，而消极的管理者一般会不间断地进行详尽的监测活动。

在积极与消极投资组合策略间的选择主要取决于两个因素：投资者的风险承受能力和投资者对证券市场有效性的看法。风险承受能力较强，认为证券市场缺乏效率的投资者倾向于支持积极的策略；风险承受能力较低，认为证券市场有效率的投资者倾向于支持消极投资组合策略。

4. 资产选择

选择投资组合策略后就要构建投资组合，即选择投资组合中的具体资产。在积极的投资组合策略中，要识别出被错误定价的证券，挑选出内在价值高于市场价值的证券。在消极的投资组合策略中，重点是基准指数的选择和调整。对于权益类资产的选择，应根据战略资产配置和行业配置，在股票池中挑选股票，并根据实际情况，对投资组合进行调整。对于固定收益类资产，要在利率预测的基础上，根据债券收益率曲线的变动方向，制定债券的期限结构，并依照债券资产配置比例，进行证券的选择并构造组合。

5. 投资绩效评估

投资绩效的评估是企业年金基金运作反馈阶段的重要环节，也是衡量企业年金基金运作是否达到预期目标的重要依据。投资绩效评估的内容和指标可以包括以下内容：

（1）风险—收益分析：经风险调整后的收益，主要指标包括：决定系数、夏普比例、詹森系数、特雷诺指数等。期间收益率与投资收益目标的比较；期间收益率与投资基准的比较，包括跟踪误差、标准差、信息比率等；不同投资管理人之间的经风险调整的收益率比较等。

（2）归因分析：通过归因分析，判断投资收益（亏损）的原因，可以通过业绩分布方法将业绩分解为市场基准部分、资产配置部分、品种选择部分以及一级市场时机把握部分等，从而对投资管理人的运作效果进行评估。

11.3.2　投资运营流程及职能分担

1. 投资运营流程

企业年金基金投资运营虽然主要是受托人和投资管理人的职责，但运营过程涉及受托人、托管人、投资管理人和账户管理人。企业年金基金投资运营环节的运作流程为：（1）受托人通知托管人和投资管理人企业年金基金的投资额度；（2）托管人根据受托人指令，向投资管理人分配基金资产，并将资金到账情况通知投资管理人；（3）投资管理人进行投资运作，并将交易数据发送给托管人，并对企业年金基金进行会计核算和估值；（4）托管人将投资管理人发送的数据和交易所及中国证券登记结算公司发送的数据核对无误后，进行清算、会计核算、估值和投资运作监督，并将清算及估值结果反馈投资管理人，托管人将交易数据、账务数据和估值数据发送给受托人。如果发现投资管理人的违规行为，立即告知投资管理人，并及时向受托人和有关监管部门报告；（5）托管人复核投资管理人的估值结果，以书面形式通知投资管理人复核结果；（6）托管人将估值结果，即企业年金基金财产净值和净值增长率等通知受托人和账户管理人；（7）账户管理人根据企业年金基金财产净值和净值增长率，将基金投资运营收益按周或按日足额记入企业年金基金企业账户和个人账户。图 11－1 列出了企业年金投资运营的流程。

2. 投资管理中各当事人的职责

（1）受托人。受托人是整个企业年金基金市场运作流程的核心，并对企业年金基金的投资和运作结果承担最终责任，是企业年金投资管理的决策者和监督者。受托人在企业年金投资管理中的主要职责包括以下方面：①制定投资政策和进行战略资产配置；②选择、监督和更换投资管理人、账户管理人和托管人。投资管理人是投资运作的执行者，账户管理人和托管人也对企业年金基金投资的安全性和投资收益有重要影响。受托人在选择有关当事人的过程中应参照公开招标和协商议标等方式，设立评标委员会以保证中标结果的专业性和公证性。在对各当事人进行监督检查上，应建立完备的监督管理体制，采用现场监督和非现场监督相结合的方式。对

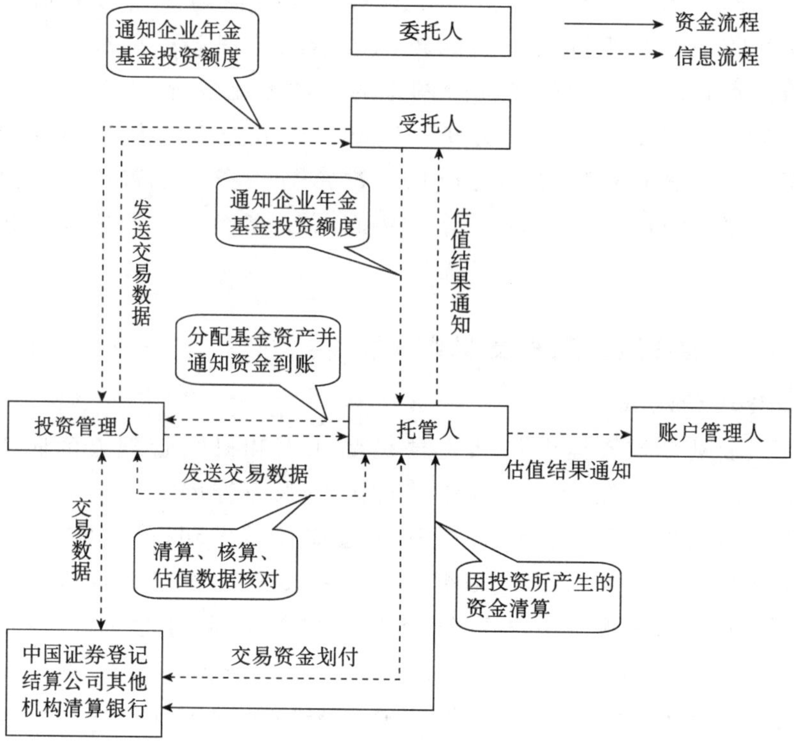

图 11－1　企业年金投资运营流程

于违反和约的，损害受益人利益的，依法解散、撤销、破产和被接管的当事人，受托人应按照规定对其进行更换；③战略资产配置的调整。根据企业年金基金内部约束条件的变化、外部市场环境的变化和交易成本的变化等，受托人要对资产配置做出调整，以满足企业年金基金新的投资目标和限制；④投资绩效的评估。受托人制定投资绩效评估的方法、内容、指标及计算公式等，并建立投资绩效评估系统，或使用投资管理人或托管人的投资绩效评估系统进行投资绩效评估；⑤企业年金基金运作报告。受托人对不同投资管理人的投资组合报告和投资管理报告进行合并，并与其他当事人提交的有关报告进行汇总，对这些报告进行分析、研究及核对，在此基础上形成企业年金基金的整体运作和投资情况的阶段性总结和未来运作的计划，并结合绩效评估报告，向委托人和有关监管部门定期提供企业年金基金的财务会计报告和基金管理报告。

（2）投资管理人。根据《企业年金基金管理试行办法》的规定，可以担任投资管理人的机构主要有经有关监管部门认定的证券公司、基金管理公司、保险资产管理公司、信托投资公司以及养老金管理公司等专业投资管理机构。投资管理人是企业年金投资策略的执行者，根据受托人制定的战略资产配置选择资产组合，对企业年金基金财产进行专业化投资。投资管理人的主要职责为：①根据投资管理合同和战略资产配置进行企业年金资产的战术配置；②构建投资组合。投资管理人依据投资管理合同和资产配置决策，选择投资组合包括的具体资产；③提取风险准备金。投资管理人从当期收取的管理费中，提取企业年金基金投资管理风险准备金，专项用于弥补企业年金基金投资亏损；④撰写并提交投资管理报告。投资管理人应按照《企业年金基金管理试行办法》及合同的有关规定，定期编制投资管理报告，并向受托人和有关监管机构提交。投资管理报告包括季度投资组合报告和年度基金投资管理报告。投资管理报告的内容应包括但不限于资产配置状况、资产价值明细、资产总值及收益率、业绩评估及标准等。季度投资组合报告应当在季度结束后 10 天内提交，年度基金投资管理报告应当在年度结束后 30 天内提交；⑤配合托管人进行企业年金基金财产的会计核算及估值。

（3）托管人。托管人在企业年金基金管理中的作用是安全保管企业年金基金财产，从而有效保护受益人的利益。托管人贯穿于企业年金投资管理的整个过程，其具体职责包括：①企业年金基金财产保管及投资额度分配。依照企业年金基金财产形态的不同，托管人开设资金账户、证券账户和实物资产账户，受托人下达企业年金基金投资指令后，托管人根据指令将受托财产分配给投资管理人进行投资运作；②企业年金基金的资金收付与清算。托管人通过投资管理人租用专门的交易席位，负责与证券登记结算公司之间进行资金清算。投资管理人管理的多个企业年金基金或多个企业年金基金的证券组合，如果由同一个托管人托管，这些多个企业年金基金或证券组合的交易可以共用一个席位。在将受托财产分配给投资管理人进行投资运作时，受托人通知托管人将受托财产托管专户的资金划入一个或多个委托投资资产托管专户。在发生买入场内证券时，在 T+1 日托管人将委托投资资产托管专户的资金划入清算备付金中，通过清算备付金账户先与证券登记结算公司进行一级清算，再与企业年金基金或企业年金基金证券组合进行二级清算。在发生卖出场内证券时，T+1 日托管人先与证券登记结算公司进行一级清算，托管人再与企业年金基金进行二级清算，将清算备付金账户中的资金划入委托投资资产托管专户中。在发生买入或卖出全国银行间市场和场外投资品种时，由托管人根据投资管理人的指令和交易成交单从委托投资资产托管专户划入指定的银行账户；③企业年金基金财产的会计核算。企业年金基金的会计核算由企业年金基金投资管理人和企业年金基金托管人同时进行，托管人充当会计核算的责任主体，并负责对投资管理人的会计核算结果进行复核。企业年金基金会计核算的内容主要包括五类业务：证券交易及其清算、权益事项、长期手工凭证、估值结果、本期收益及收益分配的核算；④企业年金基金财产的估值。托管人根据相关规定对企业年金基金财产和负债按一定的价格进行评估与计算，进而确定企业年金基金财产净值。企业年金基金日常估值由企业年金基金投资管理人和托管人同时进行。投资管理人完成委托投资资产净值的估值后，将估值结果以书面形式报给托管人，托管人按规定的估值方法、时间和程序进行复核，复核无误后返回给企业年金基金投资管理人。托管人将各委托投资资产估值数据汇总，并加上受托财产专户的资金余额和应计利息形成企业年金基金财产净资产总值等数据并通过加密传真等方式通知受托人和账户管理人；⑤监督投资运作及投资管理人。托管人依据《企业年金基金管理办法》、《企业年金基金托管合同》及有关规定，对企业年金基金投资范围、投资比例、会计核算与估值、投资管理人报酬等进行监督和核查。托管人对企业年金基金投资管理人的投资运作监督主要采取非现场监督的方式，包括日常监督、定期报告和临时报告等，并将监督结果向企业年金基金受托人和监管部门报告。如果受托人违规动用企业年金基金财产，由托管人直接向监管部门报告。

11.3.3 企业年金的投资监管

在企业年金投资工具及其比例上，我国当前对企业年金的投资组合监管实行“数量限制原则”，即对投资的资产类别和投资比例等进行直接的数量限制。根据《企业年金基金管理办法》，企业年金基金财产限于境内投资，投资范围包括银行存款、国债、中央银行票据、债券回购、万能保险产品、投资连结保险产品、证券投资基金、股票，以及信用等级在投资级以上的金融债、企业（公司）债、可转换债（含分离交易可转换债）、短期融资券和中期票据等金融产品。同时，《企业年金基金试行办法》对各类资产的投资比例做了限制性规定（见表11－5）。

表11－5 我国企业年金投资比例限制（%）

资产类别		上限	下限
流动性产品或资产	银行活期存款、中央银行票据、短期债券回购等流动性产品及货币市场基金 其中：债券回购	40	5
固定收益类产品或资产	银行定期存款、协议存款、国债、金融债、企业（公司）债、短期融资券、中期票据、万能保险产品、可转换债（含分离交易可转换债）、债券基金、投资连结保险产品（股票投资比例不高于30%）	95	
权益类产品	股票等权益类产品以及股票基金、混合基金、投资连结保险产品（股票投资比例高于或者等于30%）	30	

专栏11－1

比较《企业年金基金管理办法》与《企业年金基金管理试行办法》关于投资范围及投资比例的相关规定

1. 投资范围

《企业年金基金管理试行办法》第四十六条规定：企业年金基金财产的投资范围，限于银行存款、国债和其他具有良好流动性的金融产品，包括短期债券回购、信用等级在投资级以上的金融债和企业债、可转换债、投资性保险产品、证券投资基金、股票等。

《企业年金基金管理办法》对企业年金基金财产的投资范围进行了细化和拓宽，除了原规定的银行存款、国债、中央银行票据、债券回购、万能保险产品、投资连结保险产品、证券投资基金和股票，还把信用等级在投资级以上的金融债、企业（公司）债、可转换债（含分离交易可转换债）和短期融资券和中期票据等近年新增的金融产品，纳入其中。

2. 投资比例

《企业年金基金管理试行办法》第四十七条规定：企业年金基金投资银行活期存款、中央银行票据、短期债券回购等流动性产品及货币市场基金的比例，不低于基金净资产的20%；投资银行定期存款、协议存款、国债、金融债、企业债等固定收益类产品及可转换债、债券基金的比例，不高于基金净资产的50%。其中，投资国债的比例不低于基金净资产的20%；投资股票等权益类产品及投资性保险产品、股票基金的比例，不高于基金净资产的30%。其中，投资股票的比例不高于基金净资产的20%。

《企业年金基金管理办法》提高了固定收益类投资比例上限规定，由原来不高于50%修改为不高于95%；降低了流动性投资比例的下限规定，由原来不低于20%修改为不低于5%，并且取消了对股票投资20%的上限规定（具体内容见表11－5）。

在所有权集中度限制及最低分散化投资方面，要求单个投资组合的企业年金基金财产，投资于一家企业所发行的股票，单期发行的同一品种短期融资券、中期票据、金融债、企业（公司）债、可转换债（含分离交易可转换债），单只证券投资基金，单个万能保险产品或者投资连结保险产品，分别不得超过该企业上述证券发行量、该基金份额或者该保险产品资产管理规模的5%，也不得超过该投资组合企业年金基金财产净值的10%（按公允价值计算）；不过，单个投资组合的企业年金基金财产，投资于经备案的符合投资比例规定的单只养老金产品，不得超过该投资组合企业年金基金财产净值的30%，不受上述10%规定的限制。在自我投资及关联交易的限制上，要求投资管理人管理的企业年金基金财产投资于自己管理的金融产品须经受托人同意。

§11.4 企业年金的账户管理

企业年金账户是专门用来记录企业和职工的缴费、企业年金基金投资收益、企业年金待遇支付以及计划参加者退出等有关信息的载体。账户管理是企业年金基金管理流程中不可或缺的一环，它连接着其他各个管理环节，是企业年金管理中的信息中心，并且构成整个企业年金计划运行的基础平台。同时，账户管理向企业和职工提供大量的日常服务，是企业及职工与企业年金管理机构的主要连接点。

11.4.1 企业年金账户的设立

账户管理人与受托人签订账户管理协议后，根据企业年金计划方案的规定，将计划的主要内容纳入账户管理系统，并在系统中建立企业账户和员工个人账户。

1. 设置计划的规则

账户管理的第一个环节就是录入企业年金计划的企业和员工的基本信息，并设置计划规则。计划规则包括企业年金计划的重要规定以及受托人和账户管理人双方的重要约定，通过参数设置和数据处理，将这些规则导入企业年金基金账户管理系统，实现企业年金计划的数据化、流程化和规范化管理。计划规则的具体内容包括：（1）计划类别；（2）缴费规则，包括缴费标准及方式、缴费周期、缴费类别等；（3）归属标准，指员工离职时，确定该员工个人账户中企业缴费及其投资收益归属个人的标准；（4）退出计划的类别和员工退出计划时享有的权益及个人账户的处理方法。退出计划的类别包括因退休、死亡、高度残疾、离职和转移等原因的退出；（5）支付方式，指退休员工养老金待遇的领取标准、领取周期和方式，可以一次性领取，也可以等额分期领取和变额分期领取等。

2. 设立账户

在企业年金基金账户管理系统中，一个计划所属的账户可分为企业账户和个人账户两类：

（1）企业账户：企业账户信息记录企业基本信息及企业年金计划权益信息。企业基本信息至少应当包括企业编码、企业名称、组织机构代码、通讯地址、联系人姓名及电话。企业年金计划权益信息至少应当包括缴费基数、缴费、支付、投资收益、权益余额等总括信息及未归属权益信息。

（2）个人账户：个人账户信息主要包括个人基本信息，缴费、支付、投资收益和权益余额等信息。个人账户下又设两个子账户——企业子账户和员工子账户，分别记录企业为该员工的缴费和员工个人的缴费、投资收益、账户余额等信息。分设两个子账户的目的是为了区别企业和个人缴费及其投资收益，在归属权上，个人子账户的权益全部归属个人，企业子账户的权益受归属标准的限制，通常根据员工退出计划的原因和工作年限的长短设定归属比例，以体现企业的激励机制和约束机制。

11.4.2　企业年金账户资金变动管理

企业年金账户资金的变动主要有三个方面：即缴费、收益分配及养老金权益的支付或转移，这三个方面也是账户信息和账户管理的主要内容。

1. 缴费

缴费管理包括两项内容：（1）设定缴费规则，即对企业年金计划中企业及员工缴费水平、分配方案、缴费方式、缴费周期等方面做出规定。（2）账户管理系统根据缴费规则测算每位员工的各期缴费额，并交受托人确认。如果发生缴费调整，须及时根据受托人提供的信息重新测算缴费额。

企业年金缴费管理不仅是账户管理人的重要职责，同时也涉及委托人、受托人、托管人。日常缴费管理的流程为：（1）计划开始时，受托人设计缴费规则，依据缴费规则确定企业和职工的缴费，委托人将缴费总额以及明细情况通知受托人，受托人将这些信息提供给账户管理人进行系统设置和录入。如发生缴费信息变更，委托人应及时通知受托人；（2）在缴费日前，账户管理人计算缴费总额及明细，生成企业和个人缴费账单，报受托人确认；（3）受托人收到账户管理人提供的账单后，与委托人核对确认无误后，将签字确认的企业缴费账单反馈账户管理人；（4）在缴费日，受托人向委托人下达缴费指令，委托人向托管人支付账单所列缴费总额，并通知受托人；（5）受托人向托管人送达收账通知及企业缴费总额账单。托管人收到款项后，核对实收金额与受托人提供的缴费总额账单，核对无误后的资金正式入账，并向受托人和账户管理人送达到账通知；（6）受托人核对数据后，通知账户管理人进行缴费的账户处理。账户管理人将缴款明细数据和托管人通知的缴款总额核对无误后，根据企业年金计划的规定在已建立的个人账户之间进行分配。

2. 收益分配

按照账户管理合同约定，账户管理人应按日或按周进行收益分配，在收益计入日，托管人应在交易完成后计算基金财产净值及净值增长率，经受托人核实后提供给账户管理人。账户管理人根据企业年金基金财产净值和净值增长率，并根据企业账户和个人账户前期余额，计算本期各账户应计入的投资收益。收益计入公式为：

企业账户本期余额 = 企业账户前期余额 ×(1 + 基金财产净值增长率)

个人账户本期余额 = 个人账户前期余额 ×(1 + 基金财产净值增长率)

如果收益按日分配，逢缴费计入日时，应在计入投资收益后及时将新缴费额一并计入，作为下一收益计入日的“前期余额”。如果收益按周计算，会有缴费计入日和收益计入日不在同一天的情形，这时，应在缴费当日调整账户余额，首先计入上周收益计入日到缴费当日的收益，然后计入新缴费额，到下周收益计入日时，此金额作为“前期余额”。

3. 支付或转移

当员工退出企业年金计划时，将结算员工权益并进行支付或转移。

（1）计算归属权益。归属权益指企业和个人缴费及其投资收益归属个人的部分。个人账户中员工子账户余额全部归属个人，企业子账户余额根据规定的归属比例归属个人。

员工归属权益 = 员工子账户余额 + 企业子账户余额 × 归属比例

（2）支付或转移的方式。个人账户在不同退出类型下，有不同的支付或转移的方式（见表 11 –6）。

表 11 –6　　个人账户的支付或转移方式及对应的账户处理

退出计划类型	支付或转移方式	个人账户处理方式
退休	一次性支付	注销
	分期支付	转入退休账户
	转入商业保险年金产品	注销
离职	一次性支付	注销
	转移至新的企业年金计划	注销
	保留	保留或转入个人保留账户
死亡	一次性支付	注销
高度残疾	根据约定确定支取比例和方式	根据受托人指令进行处理

（3）待遇支付流程

企业年金待遇支付环节主要涉及委托人、受托人、托管人、账户管理人和受益人。其运作流程为：①委托人向受托人发送企业年金支付或转移的通知；②受托人通知账户管理人计算支付待遇；③账户管理人将计算支付待遇结果反馈受托人，并与受托人核对；④受托人通知托管人支付或转移金额，托管人将相应资金划入受托人指定账户，并向受托人和账户管理人报告；⑤受托人指定账户管理人进行待遇支付的账户处理，账户管理人与托管人提供的支付结果核对，扣减个人账户资产，并向受益人提供年金基金的最终账户数据或向新年金计划移交账户资料。

11.4.3　查询及信息披露

查询及信息服务是保证企业及员工的知情权，并对账户管理人进行监督的必要措施，也是账户管理的重要服务内容。

1. 查询

账户管理人建立查询平台，提供电话查询和互联网查询方式。查询内容可以包括账户管理系统中有关企业年金计划的各方面信息，主要有：(1) 企业基本资料、员工基本资料、计划规则、系统基本参数、投资组合设置、各期收益率等计划相关信息；(2) 企业账单收支情况、企业未归属权益账户余额等企业账户信息；(3) 各期企业缴费额及个人缴费额，个人账户收、支、余额，个人账户各期投资运营收益等个人账户信息。

查询服务应符合简洁、快速和及时的基本要求，同时，应进行严格的权限控制，保护个人信息的安全。除查询外，账户管理人还可以主动向企业和员工提供各种报表和报告等信息服务。

2. 信息披露

信息披露一般包括企业年金权益年度报告、账户管理定期报告和业务报告。

(1) 企业年金权益年度报告。账户管理人在年度结束后 50 个工作日内向受益人提交企业年金权益年度报告。企业年金权益年度报告内容包括：参加计划成员的基本信息、个人缴费及权益归属信息、个人权益资产信息、其他需要说明的情况等。

(2) 账户管理定期报告。账户管理人应当在每季度结束后 10 个工作日内向受托人提交企业年金计划账户管理季度报告；在年度结束后 30 个工作日内向受托人提交企业年金计划账户管理年度报告。账户管理定期报告的内容包括：账户管理人基本信息、计划账户信息、计划资产信息、计划账户管理情况、账户管理合同约定其他需要报告的内容、其他需要说明的情况。

(3) 业务报告。账户管理人应当在年度结束后 60 个工作日内向人力资源和社会保障部提交企业年金基金账户管理业务报告。企业年金基金账户管理业务报告内容包括：账户管理人基本信息、账户管理业务总体情况、账户管理业务统计信息、重大事项说明、其他需要说明的情况等。

11.4.4　账户管理信息系统

由于参与企业年金计划的职工人数众多，具体计划设计灵活多样，不同企业年金基金的投资运作情况各不相同，因此账户建立、维护、查询等相关业务工作量很大，要满足企业年金基金账户管理相关职责的要求，账户管理人必须开发相应的账户管理信息系统。

2004年底原劳动和社会保障部印发了《企业年金基金账户信息管理系统规范》，规定了企业年金基金账户管理信息系统必须具备的基本功能、运行环境以及风险控制能力。同时，制定了账户管理人与委托人、受托人、托管人等其他相关当事人之间的数据接口规范，以提升当事人业务处理的标准化和自动化水平。

账户信息管理系统的建立除了要符合《企业年金基金账户信息管理系统规范》的基本要求，还应在此基础上开发一些个性化设计，以提供更具特色和针对性的账户管理服务。

§11.5 企业年金监管

11.5.1 企业年金监管的组织体系

我国企业年金基金及其运营模式的特点决定了企业年金监管涉及众多主体，各主体形成企业年金的协同监管组织体系。首先，企业年金基金的双重属性——老年经济保障属性和金融属性，决定了企业年金的法定监管机构和金融监管机构之间的合作；其次，企业年金的市场化运营涉及众多类型的金融机构，在当前我国分业经营、分业监管的金融体系下，必然涉及各类金融监管部门；最后，企业年金基金运营可能涉及跨金融部门的业务，因此也需要各金融监管部门之间的合作。

1. 监管体系的三个层次

第一个层次是人力资源和社会保障部的监管。人力资源和社会保障部是企业年金监管的主体，负责制定企业年金基金管理的有关政策，并由人力资源和社会保障行政部门对各市场运营机构的企业年金基金管理业务进行具体的监管。

第二个层次是各金融监管部门的监管。保监会、证监会、银监会和税务部门负责规范基金市场，对进行企业年金基金营运的金融机构进行宏观监管；制定企业年金基金管理的财务、会计、审计和统计制度，并监管、检查企业年金的法律、法规制度的执行情况。

第三个层次是中介服务机构和行业协会的社会监管。

其中第一和第二个层次构成企业年金基金管理的政府监管机制，第三层次为非政府监管机制。除此之外，计划参加者及受益人的申诉机制也对企业年金基金运行起到监督作用。

2. 政府监管机构

中国企业年金运行的政府监管机构主要有：人力资源和社会保障部、财政部、保监会、银监会、证监会、审计署等部门。

政府监管机构的职能主要包括：制定和调整企业年金的有关政策、立法建议与应用法律解释特殊问题、有关企业年金运行机构与管理人员的资格认定、各种形式的现场检查、管理信息系统的技术要求与系统开发、对上交报告与投诉的处理以及相关咨询事务等。其中，人力资源和社会保障部负责企业年金立法和执法监督，负责基金的监督、审计和投诉处理，负责企业年金经办机构的资格确认；财政部负责税收政策的制定、税务工作的检查，防止税收的流失；中国银行业监督管理委员会对参与企业年金基金运营的银行机构进行监管；中国保险监督管理委员会对参与企业年金基金运营的人寿保险公司、养老保险公司进行监管；中国证券监督管理委员会对参与企业年金基金运营的基金公司、信托公司进行监管；国家审计署对参与企业年金运行的相关机构进行财务审计。

3. 非政府监管机构

（1）中介机构。中介服务机构是指为企业年金管理提供服务的投资咨询公司、信用评估公司、精算咨询公司、律师事务所、会计师事务所等专业机构。通过这些外部中介机构独立的审计、会计、精算和信用评级等服务，其他监管主体及企业、员工等可以获得客观准确的财务资料，更为全面客观地了解基金管理人的经营状况。可见，中介机构的社会监管是整个监管机制中不可或缺的组成部分。

（2）行业协会。企业年金基金运营所涉及的各金融行业的行业协会通过制定协会章程及有关规定约束企业年金基金经营各主体的行为，通过行业自律、行业习俗或行业道德等施行监督，是企业年金非政府监管机制的另一个重要方面。

（3）媒体监督。报纸、广播、电视等传媒也起到一定的监督作用。

11.5.2　企业年金监管的法律体系

1. 法律层面

在法律层面上，我国目前尚没有专门规范企业年金的法律。《劳动法》是企业设立企业年金的依据，其第七十五条规定："国家鼓励用人单位根据实际情况为劳动者建立补充保险。"《信托法》是明确企业年金基金基本法律关系的依据，并以此实现企业年金基金财产的独立性，明确了企业年金基金受托人的法律地位和作用。《合同法》是建立受托人与账户管理人、托管人、投资管理人及其他当事人法律关系的依据，明确了企业年金基金当事人之间的权利与责任。《证券投资基金法》是基金管理公司开展企业年金基金财产委托业务的依据。

2. 法规规章

《企业年金试行办法》和《企业年金基金管理办法》（在 2011 年 5 月 1

日生效以前为《企业年金基金管理试行办法》)，是我国企业年金及其基金管理的主要法律依据。原劳动和社会保障部及人力资源和社会保障部2004年后所发布的一系列规章制度，也是对企业年金市场化运作的进一步规范。除此之外，其他政府部门发布的有关规章也对企业年金市场运作及其管理机构起到约束监督作用。表11－7总结了2004年以来的企业年金监管方面的规章制度。

表11－7　　2004年以来企业年金政策规章及相关配套措施

颁布时间	施行时间	名称	发文号
2004年1月6日	2004年5月1日	《企业年金试行办法》	劳社部发［2004］20号
2004年2月23日	2004年5月1日	《企业年金基金管理试行办法》	劳社部发［2004］23号
2004年9月29日		《关于企业年金基金证券投资有关问题的通知》	劳社部发［2004］25号
2004年12月31日	2005年3月1日	《企业年金基金管理机构资格认定暂行办法》	劳社部发［2004］24号
2004年12月31日		《关于〈印发企业年金基金管理运作流程〉、〈企业年金基金账户管理信息系统规范〉和〈企业年金基金管理机构资格认定专家评审规则〉的通知》	劳社部发［2004］32号
2005年8月8日		《关于中央企业试行企业年金制度的指导意见》	国资发分配［2005］135号
2005年12月19日		《关于企业年金方案和基金管理合同备案有关问题的通知》	劳社部发［2005］35号
2006年3月29日		《财政部关于国有金融企业试行企业年金制度有关问题的有关通知》	财金［2006］18号
2006年2月15日	2007年1月1日	《企业会计准则第10号——企业年金基金》	财会［2006］3号
2006年11月1日		《关于企业年金基金银行账户管理等有关问题的通知》	劳社部发［2006］40号
2007年1月31日		《关于企业年金基金进入全国银行间债券市场有关事项的通知》	银发［2007］56号
2007年3月26日		《企业年金基金债券账户开销户细则》	中债字［2007］22号

续表

颁布时间	施行时间	名称	发文号
2007 年 9 月 12 日		《关于中央企业试行企业年金制度有关问题的通知》	国资发分配［2007］152 号
2008 年 4 月 14 日		《关于对原有企业年金移交有关问题补充意见的函》	人社厅发［2008］9 号
2009 年 6 月 2 日	2008 年 1 月 1 日	《关于补充养老保险费、补充医疗保险费有关企业所得税政策问题的通知》	财税［2009］27 号
2009 年 12 月 10 日		《关于企业年金个人所得税征收管理有关问题的通知》	国税函［2009］694 号
2011 年 2 月 23 日	2011 年 5 月 1 日	《企业年金基金管理办法》	人社部发［2011］11 号

11.5.3　企业年金监管的内容

企业年金监管的主要内容包括准入和退出机制、投资监管、信息披露与报告制度、佣金限制机制以及投资管理风险准备金制度等。其中，投资监管的内容已在 11.3.3 节中介绍。

1. 准入和退出机制

（1）准入机制。企业年金基金监管的准入机制是指企业年金基金监管机构依据相关法律、法规，对从事企业年金基金管理服务的机构所应具备的条件和资格的限制与认定。准入监管是保护企业年金基金安全的第一道防范性措施。我国企业年金的准入制度包括三个方面：实行二次准入机制、设置准入标准以及实行专家评审委员会制度。二次准入机制是指申请从事企业年金管理业务的各机构，首先根据其机构类型由中国银监会、证监会和保监会等金融监管部门进行资格审查或报备，然后由人力资源和社会保障部对经过相应金融监管部门认可的企业年金基金管理业务申请机构进行第二次准入审查。在准入标准上，《企业年金基金管理办法》对法人受托机构、账户管理人、托管人和投资管理人的准入资格作出了规定，如表 11－8 所示。

表 11－8　　企业年金基金管理机构准入标准

准入限制项目	法人受托机构	账户管理人	托管人	投资管理人
法人资格	经金融监管部门批准，在境内注册的独立法人	经有关部门批准，在境内注册的独立法人	经国家金融监管部门批准，在境内注册的独立法人	经国家金融监管部门批准，在中国境内注册，具有受托投资管理、基金管理或者资产管理资格的独立法人

续表

准入限制项目	法人受托机构	账户管理人	托管人	投资管理人
注册资本及净资产	注册资本不少于5亿元人民币，且在任何时候都维持不少于5亿元人民币的净资产	注册资本不少于5亿元人民币，且在任何时候都维持不少于5亿元人民币的净资产	注册资本不少于50亿元人民币，且在任何时候都维持不少于50亿元人民币的净资产	证券公司注册资本不少于10亿元人民币，维持不少于10亿元人民币的净资产；养老金管理公司注册资本不少于5亿元人民币，维持不少于5亿元人民币的净资产；信托公司注册资本不少于3亿元人民币，维持不少于3亿元人民币的净资产；基金管理公司、保险资产管理公司、证券资产管理公司或者其他专业投资机构注册资本不少于1亿元人民币，维持不少于1亿元人民币的净资产
法人治理结构	具有完善的法人治理结构			
专业资格人数	取得企业年金基金从业资格的专职人员达到规定人数			
营业场所	具有符合要求的营业场所、安全防范设施和与所承担企业年金基金管理业务类别有关的其他设施			
内控制度	具有完善的内部稽核监控制度和风险控制制度			
违法违规行为记录	近3年没有重大违法违规行为			
其他		具有相应的企业年金基金账户信息管理系统	设有专门的资产托管部门；具有保管企业年金基金财产的条件；具有安全高效的清算、交割系统	

人力资源和社会保障部收到法人受托机构、账户管理人、托管人、投资管理人的申请后，应当组织专家评审委员会，按照规定进行审慎评审。经评审符合条件的，由人力资源和劳动保障部会同有关部门确认公告；经评审不符合条件的，应当书面通知申请人。人力资源和社会保障部门制定《企业年金基金管理服务机构资格认定暂行办法》，对评审程序和规则等作出了详细要求和具体规定。

为保证评审过程的权威性、科学性、专业性、独立性和公平性，专家评审委员会由有关监管部门代表和经人力资源和社会保障部门选定认定的社会专业人士组成。

（2）退出机制。企业年金基金监管的退出机制是指企业年金基金监管机构对于不能依照法律和相关协议履行义务，并且使得企业年金基金的利益和安全受到威胁的基金管理服务机构，有权采取措施，限制其运营企业年金基金的部分活动，直至取消其企业年金基金运营资格的一系列规定。

企业年金基金管理的市场退出应当在人力资源和社会保障部等监管机关的指导下，在审计、财税、证监会、保监会、银监会等其他部门的共同参与下进行，通过合理有序的退出机制，保障企业年金计划委托人和受益人的权益，维护企业年金基金管理市场的正常秩序和整个金融市场的运行秩序。

《企业年金基金管理办法》对各运营机构的职责终止作了一般性的规定，职责终止的情形包括：①违反与受托人合同约定；②利用企业年金基金财产为其谋取利益，或为他人谋取不正当利益；③依法解散、被依法撤销、被依法宣告破产或被依法接管；④被依法取消企业年金基金业务资格的；⑤受托人有证据认为更换业务机构符合受益人利益；⑥有关监管部门有充分理由和依据认为更换业务机构符合受益人利益。

2. 信息披露与报告机制

《企业年金基金管理办法》对企业年金基金的信息披露制度内容作了明确规定。

(1) 受托人应当在每季度结束后30日内向委托人提交企业年金基金管理季度报告；并应当在年度结束后60日内向委托人提交企业年金基金管理和财务会计年度报告。其中，年度企业年金基金财务会计报告须经会计师事务所审计。

(2) 账户管理人应当在每季度结束后15日内向受托人提交企业年金基金账户管理季度报告；并应当在年度结束后45日内向受托人提交企业年金基金账户管理年度报告。

(3) 托管人应当在每季度结束后15日内向受托人提交企业年金基金托管和财务会计季度报告；并应当在年度结束后45日内向受托人提交企业年金基金托管和财务会计年度报告。其中，年度财务会计报告须经会计师事务所审计。

(4) 投资管理人应当在每季度结束后15日内向受托人提交经托管人确认财务管理数据的企业年金基金投资组合季度报告；并应当在年度结束后45日内向受托人提交经托管人确认财务管理数据的企业年金基金投资管理年度报告。

(5) 法人受托机构、账户管理人、托管人和投资管理人发生下列情形之一的，应当及时向人力资源和社会保障部报告，账户管理人、托管人和投资管理人应当同时抄报受托人：①减资、合并、分立、依法解散、被依法撤销、决定申请破产或者被申请破产的；②涉及重大诉讼或者仲裁的；③董事长、总经理、直接负责企业年金业务的高级管理人员发生变动的；④国家规定的其他情形。

(6) 受托人、账户管理人、托管人和投资管理人应当按照规定报告企业年金基金管理情况，并对所报告内容的真实性、完整性负责。

3. 佣金限制机制

企业年金基金佣金限制是指由企业年金基金的监管机构对于企业年金

基金运行中发生的佣金进行限制，规定最高的佣金水平。作为企业年金基金监管的一部分，企业年金基金佣金限制的根本作用在于通过控制费用的方式来增加企业年金基金的净收益。特别是在企业年金基金发展的初级阶段，由于企业年金基金管理服务机构有限，竞争不充分，甚至出现垄断的情况，有可能导致佣金过高，这就需要政府监管机构加强企业年金基金的佣金限制。

按照《企业年金基金管理办法》的规定，受托人、账户管理人、托管人和投资管理人可以收取相应的管理费。受托管理费、托管管理费和投资管理费从受托管理的企业年金基金财产中扣除。这三项管理费的提取均采用逐日计提，按照合同规定定期支取的方式，受托管理费及托管管理费的提取不得高于计提日前日受托管理企业年金基金财产净值的0.2%，投资管理费的提取不得高于计提日前日投资管理企业基金财产净值的1.2%。账户管理费不从企业年金基金财产中计提，而由设立企业年金计划的企业另行缴纳，按每户每月不超过5元人民币的标准提取，提取的时间依照有关合同的约定。

4. 投资管理风险准备金制度

企业年金基金风险准备金是指由监管机构规定提取比例，由企业年金基金管理服务机构从基金净收益或手续费或自有资本中提取一定比例的资金，用于弥补基金投资亏损的一系列制度安排。风险准备金制度是企业年金基金担保机制的一个方面①，对于保持企业年金基金稳定和健康发展具有重要意义。

按照《企业年金基金管理办法》规定，投资管理人从当期收取的管理费中提取20%作为企业年金基金投资管理风险准备金，专项用于弥补合同终止时所管理投资组合的企业年金基金当期委托投资资产的投资亏损；企业年金基金投资管理风险准备金应当存放于投资管理人在托管人处开立的专用存款账户，余额达到投资管理人所管理投资组合基金财产净值的10%时可以不再提取。托管人不得对投资管理风险准备金账户收取费用。风险准备金由投资管理人进行管理，可以投资于银行存款、国债等高流动性、低风险金融产品。风险准备金产生的投资收益，应当纳入风险准备金管理。

参考文献

【1】 OECD, Guidelines for Pension Fund Governance, 2002.

① 按照企业年金制度较为成熟国家的通行做法，企业年金基金担保的顺序主要为：盈余准备金——→风险准备金——→自有资本——→清算——→担保基金。我国目前尚没有关于对企业年金基金再保险安排方面的规定，没有相应的担保基金。

【2】 崔少敏:《企业年金发展研究》,中国财政经济出版社 2007 年版。

【3】 邓大松、刘昌平:《中国企业年金制度研究》,人民出版社 2004 年版。

【4】 经济合作与发展组织(OECD),孙建勇等译:《养老金治理与投资》,中国发展出版社 2007 年版。

【5】 经济合作与发展组织(OECD),孙建勇等译:《养老金规范与监管》,中国发展出版社 2007 年版。

【6】 经济合作与发展组织(OECD),孙建勇等译:《养老金趋势与挑战》,中国发展出版社 2007 年版。

【7】 经济合作与发展组织(OECD),孙建勇等译:《养老金发展与改革》,中国发展出版社 2007 年版。

【8】 孙建勇等著:《企业年金管理指引》,中国财政经济出版社 2004 年版。

【9】 杨老金、邹照洪:《企业年金政策法规问答》,中国财政经济出版社 2006 年版。

【10】 杨老金、邹照洪:《企业年金方案设计与管理》,中国财政经济出版社 2006 年版。

附录

企业年金市场中的保险公司

企业年金信托管理模式的确立以及市场化运作的要求,在我国开辟了一个新兴的金融市场——企业年金市场。这一新兴市场的建立和发展,对我国的保险市场来说,也是一次新的发展契机。企业年金与商业养老保险产品具有较高的同质性,因此,寿险公司提供企业年金产品及服务具有天然的优势。保险行业依托专有优势积极参与企业年金基金管理,不仅是我国企业年金市场健康、快速发展的需要,也是保险行业做大做强的必然要求。

企业年金基金的市场化运营涉及四类角色:受托人、账户管理人、托管人和投资管理人,保险公司除了在托管人角色方面不具备优势以外,在企业年金基金管理的其他角色担当上均有相对优势和劣势。正如保监会主席吴定富表示的:“保险业在企业年金市场发挥优势,关键是要提高专业化经营水平,建立专业养老金公司,形成企业年金市场的专业化经营主体,特别是积极探索如何在集团模式下提高集团化管理能力和专业化运作能力。保险公司在企业年金市场上的优势体现在产品服务、网络销售、投资管理等方面,保险公司应提高这方面的竞争能力,提供个性化服务和高质量管理。保险业要进一步转变观念,积极参与、勇作贡献、规范经营,主动与外部开展合作，共同做大企业年金市场。”

从我国当前的企业年金市场主体来看，保险业共获得了18个企业年金管理人资格，取得管理资格的有专业养老保险公司5家，保险资产管理公司4家，人寿保险公司2家，在除托管人之外的其他职能角色上都有积极的表现。第一批受托人资格中有平安和太平两家养老保险公司，2006年受托了295家公司的企业年金计划，受托资产16.3亿元，占全部法人受托业务的65%以上。第二批增加了长江养老、中国人寿养老和泰康养老三家养老保险公司，到2009年底受托企业年金资产708亿元，占全部法人受托业务总量的78%。同时，保险业投资管理企业年金基金660亿元，占投资管理业务总量的45%。可以说，保险业在企业年金市场中的主导地位已经显现。附录表1显示了养老保险公司的企业年金业务情况。

附录表1　养老保险公司企业年金业务（2009年1—12月）　单位：百万元

公司名称	企业年金缴费	受托管理资产	投资管理资产
太平养老	357 916.61	1 045 732.71	1 367 159.4
平安养老	957 875.19	2 037 238.93	2 610 695.27
国寿养老	940 843.94	1 377 511.59	0
长江养老	258 315.51	2 468 833.03	883 322.25
泰康养老	121 029.96	150 668.14	0
合计	2 635 981.2	7 079 984.4	4 861 176.92

注：长江养老的统计数据为企业年金过渡计划数据。

从时间上来看，保险公司的企业年金业务也不断增长，附录图1显示了养老保险公司企业年金业务的增长情况。

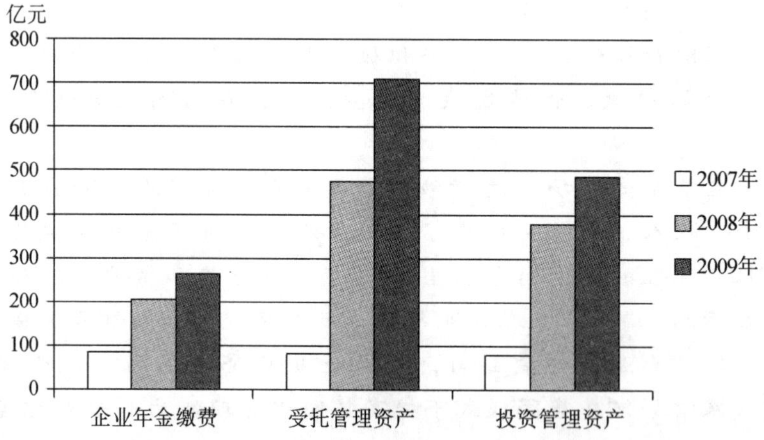

附录图1　养老保险公司企业年金业务增长情况

第四部分　团体保险

第12章　团体保险概述

团体保险是员工福利计划的重要途径之一，也是社会保障体系的重要组成部分。雇主为员工购买团体保险，能够以相对低的价格为员工提供疾病、意外伤害、死亡以及养老等方面的保障。本章概要介绍团体保险的基本概念和我国团体保险的基本状况。

主要内容有：

□ 团体保险及其特点

□ 团体保险合同

□ 团体保险市场的发展

§12.1　团体与团体保险

团体是由若干个人组成的群体。团体可以是具有法人资格的法人团体，也可以是不具有法人资格的非法人团体。法人团体是依法成立的，享有民事权利和承担民事义务的国家机关、社会团体、企业和事业单位等。非法人团体是没有取得法人资格的团体性组织。

团体保险是用一张保单为团体中的可保成员及其相关依赖者提供保险保障的保险。团体保险的投保人是“团体组织”，被保险人是团体中的成员。在我国，根据中国保监会的规定，团体保险是指投保人为5人以上特定团体成员（可包括成员配偶、子女和父母）投保，由保险人用一份保险合同提供保险保障的一种人身保险（文献【8】）。团体保险是人身保险的一种，依照人身保险的分类，可以将团体保险分为四大类，分别是团体寿险、团体健康保险、团体意外伤害保险和团体年金保险。其中，团体寿险和团体健康险是最常见的团体保险。

团体保险对风险的选择基于对团体的选择。在保险实务中，保险公司对团体的组成、人数、参保率、投保团体的被保险人资格、流动性及稳定性等方面都有相关规定。团体保险对团体的选择可以归纳为以下四个方面：

第一，团体保险中的团体是已经存在的正式的法人团体，有自己特定的业务活动，并且独立核算。团体保险的核保一般不需要对其成员进行体检或者提供其他可保证明，为了避免逆选择，团体保险不允许专门为购买保险而组成的团体投保。例如，美国的保险法特别规定了有资格购买团体保险的团体种类，包括单一雇主团体、工会团体、多雇主团体、协会团体、债权债务人团体、特许团体等。其中，单一雇主团体是由受雇于同一个雇主的雇员组成的团体，可能是独资、合伙人或者公司形式的团体。在单一雇主团体保险中，保单持有人是雇主或者雇主委托的受托人，雇员则是被保险人。工会团体是由工会会员组成的团体，工会团体的投保人是工会或者其他雇员组织，被保险人是工会成员。在美国，工会团体保险通常先建立一个信托基金，再由信托基金为员工购买保险。多雇主团体是由受雇于相互联系的多个雇主的雇员组成的团体，在美国，先由两个或两个以上同行业雇主建立信托基金，然后由信托基金购买多雇主团体保险。协会团体是由协会成员组成的团体，例如，同业公会、职业协会等，但成立协会的目的不是为获得保险。债权债务人团体是由债权人和债务人组成的团体，在这类团体中，投保人和受益人一般都是债权人，被保险人是债务人，保费可以由双方单独缴纳或者共同负担，一旦发生赔付，保险提供的给付金将用来偿还债务，只有债务偿清后，债务人指定的受益人才有可能领取剩余的保险金。特许团体是指不属于前面任一种团体，但满足一系列特定条件，并得到特许权来购买团体保险的团体。特定条件包括签发团体保单是否符合公众利益、保额与所收取的保费是否合理、成本和费用是否能降低等。

第二，团体保险往往对一个团体中的参保人数和参保比率作出规定，目的是防止逆选择和降低管理费用。一般来说，团体的规模越大，团体的经验损失率就越接近预计损失率。团体保险对参保人员比例的要求取决于团体规模和费用分担类型。国际上，不少国家的团体保险对团体规模和参保比例有明确规定，如果团体人数较少，要求团体成员的参保率为100%；如果团体人数较多，一般要求参保率达到75%～80%。如果是由雇主完全承担保费的团体保险，要求团体保险的参保率为100%。如果是由雇主和雇员共同缴费的分担型团体保险，则一般要求参保率大于或等于75%。在我国保监会的相关规定中，团体保险的参保人数为5人以上，并且要求参保成员至少占团体中符合参保条件成员总数的75%。

第三，团体保险对参保人资格有明确规定，大多数团体保险只针对全职人员或者兼职人员，而已退职、离休和退休人员一般不属于团体的成员对象。临时工和合同工虽然不是单位的正式职工，但如果投保单位要求投保，也可以接受承保。另外，团体保险的被保险人应该是正常在职的员工，也就是要求参保成员在保险生效日正常工作，因为这样的参保人被认为身体状况较好，从而能避免不必要的逆选择。新加入的员工必须工作一段时间后才能参加团体保险，以排除带病应征者或为获得保障而暂时隐瞒疾病者。

第四，团体保险要求团体要有一定的流动性，以保持团体规模和团体构成的相对稳定性，并使团体能长期存在。新的年轻成员的不断加入，可以替换不断退休离职的老成员，从而保持团体规模的稳定性，并改善团体的年龄结构，防止团体年龄结构老化，避免损失率的增加。当然，成员的流动性过大也会带来管理成本的增加，因此，保险人在核保时也要同时注意两方面的问题。

§12.2　团体保险的特点

与个人保险相比，团体保险有以下几方面的特点：第一，团体保险的风险选择基于团体，尽管被保险对象是团体中的个体，但一般不需要对团体中的成员进行体检或者要求其提供可保证明，而是对整个团体的可保性进行判断，通过控制团体的规模和参保率来规避风险。第二，团体保险的保费并不是按照每个被保险人的风险水平来计算，而是依照团体的不同性质，采用经验费率的方法来制定。一般根据投保团体所从事的工作性质、职业特点和相关行业经验，确定初年保费，以后根据上年的赔付经验，在初年保费的基础上调整确定下年的保费水平。第三，团体保险用一张保单对团体成员提供保障，在保单中详细规定了保险条款的内容，包括每一被保险人的姓名、年龄、性别、保险金额、受益人姓名等。投保团体是保单持有人，而每个被保险人仅仅持有一张保险凭证，保险凭证上并不包括全部保险条款，仅包括被保险人姓名、受益人姓名、保险金额、生日、领取保险金日期、保险公司服务电话等内容（文献【4】）。另外，团体保单下的每个被保险的团体成员都有权指定受益人。在个人保险下，则由保单持有人来指定领取保险金的受益人。第四，相对个人保险，团体保险的成本较低。一是由于团体保险的核保过程简单，不要求对每个团员进行体检，可以节约大量的核保成本。二是采用一张保单承保整个团体的形式，也节省了大量的单证印刷成本，简化了财务手续，使收费、会计等费用降低。三是团体保险的营销并不像个人保险那样通过代理人并需要支付大量的佣金，团体保险一般通过与团体代表洽谈销售，并可以由团体代替保险人进行一些管理工作，因此减少了营销和管理费用支出。四是团体保险对投保团体的限定也减少了逆选择风险，降低了风险和损失。这些原因使得团体保险的成本更低。第五，团体保险的计划相对灵活，团体保险的保单一般不像普通个人保险那样，预先进行标准化的产品设计，并统一印制标准化的保单。团体保险可以根据团体的不同要求，灵活设计保单条款，从而更好地满足不同团体的员工福利计划要求。第六，团体保险的投保人是团体，其对保险的要求和谈判能力往往高于个人，从而对团体保险的营销、管理和客服人员的专业化要求更高。在激烈的市场竞争中，要获得更多的客户，要求团险专业人员具有相关的社会保险、法律、税收、医疗、金融、管理等方面的知识，有前瞻性和创造性的思维优势，能够为投保团体提供各种保险建议，成为投保团体的员工福利顾问。

团体保险与社会保险相比，两者都能够提供养老、医疗、工伤、死亡等保险，保险费大多由雇主承担，但是两者存在本质的区别。第一，团体保险是商业保险公司运用经济补偿手段经营的一种保险，是由保险人与投保人共同按照自愿原则签订合同来实现的，商业保险公司可从中营利。社会保险是由政府通过立法来强制执行的，不取决于个人意志，是一种非营利的社会福利事业。第二，团体保险以团体为投保对象，其作用在于当被保险人因意外伤害或疾病而支出医疗费用时，可获得一定的经济补偿以减轻经济损失，或者当被保险人随年龄的增长失去收入来源或者收入来源降低后获得定期收入。社会保险主要以劳动者为保险对象，当劳动者因患病就医而支出医疗费用时，由社会保险部门给予基本补偿，或在退休失去收入来源后获得养老金。在社会保障体系中，团体保险是社会保险的有力补充，在待遇上一般考虑与社会保险待遇的整合，也就是在社会保险提供的待遇不足时提供相应的保障。第三，团体保险和社会保险两者的权利与义务对等关系不同。团体保险的权利与义务建立在合同关系之上，只要与保险公司自愿签订保险合同并按合同规定缴纳了保险费，其成员就能获得相应的保险金给付的请求权，保险金额的多少取决于所缴保险费数额的多少，即保险公司与投保人之间的权利与义务关系是一种等价交换的对等关系，表现为多投多保、少投少保、不投不保。社会保险的权利与义务关系建立在劳动关系之上，雇主或者雇主和雇员按照国家规定的缴费水平缴费，按照规定的待遇标准领取。在现收现付的社会统筹社会保险下，保险缴费与所领取的待遇可能并不成正比例关系。第四，两者的保障程度不同。团体保险的保险金给付水平一般只受投保人缴纳保险费的影响，而不考虑其他因素，因此，保障程度可高可低，主要由投保人根据自己的需要和能力确定。社会保险从保障基本生活来确定，既要考虑劳动者的基本需要，又要结合国家财政补贴的承受能力，还要随着社会福利保障水平的发展而提高。

§12.3 团体保险合同

团体保险合同是团体与保险人约定权利义务关系的协议，保险所体现的经济补偿关系必须通过订立保险合同才能得以实现。因此，作为团体保险的载体，团体保险合同在构成和条款上都有其相应的特点。

团体保险合同的要素包括合同的主体、客体和内容三个方面。

12.3.1　团体保险合同的主体

团体保险合同的主体是在团体保险中享有权利与承担义务的人，包括当事人、关系人和辅助人。在团体保险中，当事人包括保险人和投保人，关系人指被保险人和受益人。辅助人是保险代理人、经纪人和公估人。团体保险合同的当事人和一般人身保险并无太大区别。但与个人保险不同的是，团体保险的投保人没有指定受益人的权利，而是将其赋予每一个被保险的团体成员。在义务方面，投保团体有负责处理团体保险计划的某些日常工作的义务，例如负责为团体保险计划增加新的团体成员；在个人保险中，投保人并没有这样的义务。

12.3.2　团体保险合同的客体

团体保险合同的客体是权利和义务所指的对象，团体保险合同的客体是可保利益。可保利益也称做保险利益，是指投保人或被保险人对于投保标的所具有的法律上承认的利益。保险利益体现的是投保人或者被保险人与保险标的之间存在经济利益。只有当投保人对被保险人的生命或者身体具有某种利益关系时，投保人才能够对保险人具有保险利益。

在团体保险中，被保险人同意投保人为其订立合同，就视为投保人对被保险人具有可保利益。因此，在团体保险中，只要团体在投保时征得其团员同意，就认为团体保险具有可保利益，团体保险合同有效。保险人需要向被保险人提供团体保险计划的书面说明书，称为保险凭证。保险凭证记录了保险合同的保障范围以及团体被保险人的各项权利。

12.3.3　团体保险合同的内容

保险合同的内容与保险合同的主体、客体一样，是建立合同关系不可少的要素之一。团体保险合同的内容通常由保险人和团体依法约定，以条文的形式表现，所以，团体保险合同的内容也就是团体保险合同的条款。与个人保险不同，每个团体保险合同都包含某些特定条款以满足团体员工福利计划的需求。团体保险合同的主要内容包括对团体成员的资格要求、保单的宽限期、不可抗辩条款、保单终止条款、其他特有条款等。

（1）资格要求。为了控制逆选择风险，保险公司不仅要从参保人数和参保率上对团体作出规定，还在保单上规定了团体成员的参保资格。比如，大多数团体保单规定，全职雇员才能获得保险资格，兼职雇员不属于保障范围之内。某些团体保险既承保团体成员，也承保被保险团体成员的相关依赖者。但相关依赖者通常无权指定受益人，受益人一般指定为被保险人本人。

团体保单中的在职工作条款是团体成员获得资格的必备条件，在职工作条款规定：被保险个人在保单生效日必须在职工作，如果在职患病或者休假，则没有资格成为保障对象。

对于新团体成员，观察期条款规定：新团体成员必须等待一段时间，才能有资格进入团体保险计划，观察期一般为1～6个月。对新成员的观察期规定可以避免带病应征的情况，也降低了因雇员频繁跳槽终止雇佣关系而给团体保险带来的管理成本。

（2）宽限期条款。团体保单通常包含一个宽限期，一般为31天。和个人保险一样，在宽限期内，团体保单继续有效，如果在宽限期内未缴纳保费，团体保单将终止。与个人保险不同的是，如果团体保单因在宽限期内未缴纳保费而终止，投保人（团体）有责任为被保险人在宽限期内获得的保障缴纳保费。

（3）不可抗辩条款。一般的不可抗辩条款是指在被保险人生存期间，从保险合同订立之日起满两年后，除非投保人停止缴纳续期保险费，保险人将不得以投保人在投保时的误告、漏告和隐瞒事实为由，主张合同无效或者拒绝给付保险金。合同订立的头两年为可抗辩期。不可抗辩期是为了保证投保人的利益。

与个人保险不同，如果团体保单中包含蓄意不实告知，保险公司可以在任何时候对团体保险合同的有效期提出抗辩。此外，因为团体保险一般不需被保险人提供可保证明，因此，团体合同的不可抗辩条款还允许保险公司对单个被保险人的保险保障提出抗辩，而不对整个团体保单的有效性提出抗辩。

（4）保险终止条款。对于个人保险，导致合同终止的原因主要有合同期满、合同解除、合同违约或者合同已履行赔付义务等。只要合同不终止，保单提供的保障就有效。与个人保险相比，团体保险除了前几个终止原因外，在合同有效期内，团体保险的保障也可能终止。大多数团体保险保单规定，投保团体可以在任何时候书面通知保险人终止保单和保险合同。比如，当投保团体能以更低的价格从另一家保险公司获得等价的保障时，就有可能终止现有的保险合同，转而投向另一家公司。

保险公司也可以在保单有效期内终止合同。如果因为人员流动，团体的参与比例或者参保规模在合同约定的最低水平之下，保险公司有权终止该保单，保险公司必须提前书面通知团体投保人，告知保单将在下一个续保期终止。

团体保险合同也规定了被保险人保险的终止条款。如果被保险人存在以下三种情况之一：①不再是有资格享有保险保障的成员；②已经被终止雇佣关系或不再是团体成员；③不能缴纳保费分担额等，那么保险人有权终止团体保险合同。特别地，有些团体寿险保单含有一项条款，规定如果团体被保险人的保障被终止，其有权将团体保险转化为个人保险。美国的团体医疗费用保险规定，团体被保险人有权将其团体保险持续至一个约定时期。

（5）其他特有条款。除了上述条款，团体保险还包括对给付金额、受益人、转换权以及危险变更通知等的特有条款。

关于给付金额，团体保险通常附有一张给付表，用于明确每位团体被保险人的保险金额。对于不同工龄、年收入水平、职务和工作性质的团体成员，给付水平可能不同，给付表反映了不同团体成员的给付水平。但是，团体保险不能以个人为基础确定保险金额。如果团体保单还为团体成员的受抚养者提供保障，那么必须包含一个独立的给付表，而受抚养者的保险金额应低于团体成员的保险金额。

关于受益人的指定，团体被保险的个人有权指定自己的受益人。如果团体保单同时也保障受抚养者，团体被保险人自动就是受抚养者的保险受益人。但是，被保险人不能将投保团体指定为受益人，除非该计划是债权债务人团体保险。

关于转换权条款，团体保险提供了在特定情况下转换为个人保险的选择。转换权条款规定，如果团体被保险人因特定原因而终止团体保险保障，那么团体被保险人可以将团体保险转化为个人保险，无需提供可保证明（文献【2】）。

关于危险变更的通知义务，是指团体在确定被保险的危险增加时，有及时通知保险公司的义务。危险变更通知义务规定，被保险人由于工作场所、设备、业务种类或其他变更，致使被保险的危险有显著增加时，团体应于知晓后两周内通知保险公司，如果投保团体并未及时通知保险公司，使保险公司蒙受损失，团体将负有赔偿责任。

§12.4　团体保险的发展

团体保险起源于 20 世纪初，虽然历史不长，但作为一种员工福利计划，因其有效地改善了企业雇主与雇员的关系，并且凭借较低的成本取得保费价格的优势，在西方发达国家有了很大的发展。在美国，团体人寿保险大约占有效寿险保额的 44%，大约 80% 的健康保险的保费收入来自团体健康保险。在加拿大，有 50% 以上的有效人寿保险属于团体保险。

我国寿险发展的早期以团体保险为主。团体保险最初于 1951 年由中国人民保险公司开办。当时保险公司的产品和承保方式比较简单，主要险种是定期人身保险，这一险种一经开办就受到企事业单位的广泛欢迎，团体保险业务增长十分迅速。之后，团体保险的发展受整个保险业的影响，于1953年停办，1954年恢复，1958年又再次停办。直至1979年，国务院批转中国人民银行关于恢复国内保险业务的报告，决定恢复办理国内保险业务后，团体保险才成为人身保险恢复发展后最先启动的业务（文献【1】）。

20世纪80年代以来，中国保险业务随着市场经济体制的建立有了长足的发展，特别是人身保险业务，一直保持着快速增长的趋势。在营销渠道上，从美国友邦公司于1992年在上海开设分公司并成功引入个人营销制度后，个人保险营销业务得到快速发展，具有团体营销性质的团体保险业务开始呈下滑趋势。1996年，中国人民银行公布的《保险管理暂行规定》第六条规定："保险公司应根据保费收入的增加数额申请设立分支机构。"也就是说，保险公司在保费达到一定规模后才能设立分支机构。这使保险公司开设分公司受到限制。为了达到保费规模，保险公司大多忽略利润，业务大多是短期粗放规模型业务，团体保险业务也受到影响（文献【3】）。2000年以来，银行业与保险业紧密合作，银行代理业务迅速发展，团体保险业务的发展相对滞后。

图12－1描述了1993—2008年我国团体保险保费收入在寿险行业中的占比。从图12－1中可见，在人身保险业平稳增长的格局下，团体保险却出现了大幅度的下滑。1993年以来，团体保险在人身保险所占的比例从1996年的88%下降到2006年的21.8%。2007年劳动和社会保障部发布《关于做好原有企业年金移交工作的意见通知》，要求由社会保险经办机构、原行业管理及企业自行管理的原企业补充养老保险，均移交给具备资格的机构管理运营。因此，2007年之后，养老保险从团险业务中被剥离，造成团体保险的保费较大幅度地下降，在人身保险保费中所占的比例下降到10%以下，团体保险这种低成本和低风险业务的优势远远没有得到充分发展。

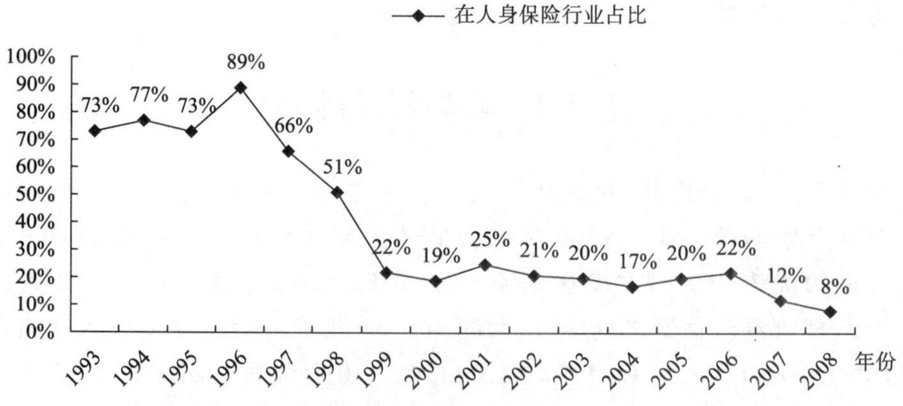

图12－1 团体保险在人身保险保费收入中的百分比

中国团体保险市场面临的问题主要表现在以下几个方面：

1. 团体保险发展相对滞后

从人身保险的保费收入看，1993—2008 年，我国保费收入一直持续增长。1993 年人身保险的保费收入（包括团体业务）只有 144 亿元，到 2008 年增加为 7445 亿元，平均年度增幅高达 30.09%。团体保险的保费收入从 1993 年的 105 亿元增加到 2008 年的 584 亿元，年均增长 12.12%，增长幅度远远低于人身保险业务。图 12－2 描述了 1993—2008 年个人人身保险和团体人身保险保费收入的变化。

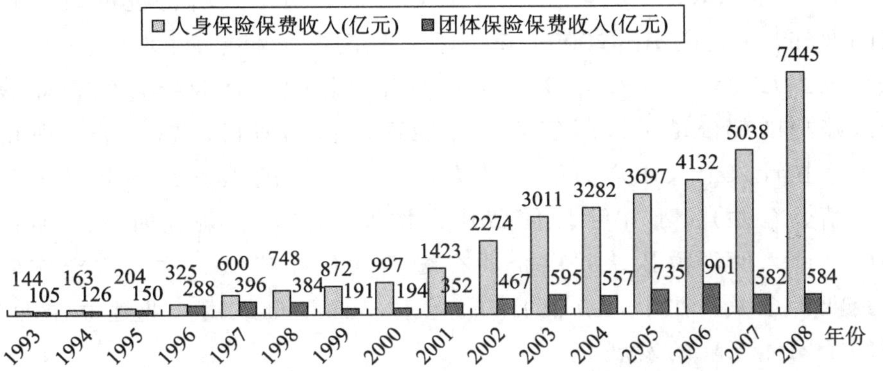

图 12－2　1993—2008 年个人人身保险保费收入和团体保险保费收入

2. 团体保险市场发展不均衡

目前，国内团体保险市场上的经营主体主要有中国人寿、太平洋寿险、平安寿险、新华人寿、泰康人寿、太平人寿和民生人寿等，但团体保险的市场份额过度集中在更少数的几家公司。例如，到目前为止，中国人寿保险公司的市场份额大约都在 50% 以上，中国人寿、太平洋人寿和平安人寿三家公司的市场份额约在 90%，这种过度集中的市场状况，使其他中小保险公司的发展空间十分有限。另外，团体保险业务主要集中在沿海及东部较发达的大中城市，地区差异也十分明显。

3. 法规和制度尚不健全约束了对团体保险的需求

中国经济正处于高速发展阶段，市场经济体制也正在改革和建立完善之中。企事业单位作为市场经济的主角，正在经历着各种转变和改革，对团体保险的需求也在不断的变化。另外，各种相应的法律法规也处于调整、健全和完善之中，社会保险的覆盖面不断扩大，保障水平不断提高，这些都使团体保险的发展空间受到限制。

4. 团体保险的发展缺乏税收优惠的鼓励

在国际上，很多国家采取税收优惠政策，鼓励雇主为员工购买团体保险，特别是为员工建立养老金计划和医疗保险计划。在我国，团体保险并没有相应的税收优惠。以企业年金为例，我国的企业年金要由具备企业年金运营资格的机构管理，保险公司为此成立了专业养老金公司，开展相关的企业年金业务。有关企业年金的税收优惠一直没有取得实质进展。国务院在2000年颁布的《关于完善城镇社会保障体系的试点方案》中规定，试点地区的企业可将补充养老保险缴费按工资的4%进行税前扣除。2008年，《财政部关于企业新旧财务制度衔接有关问题的通知》（财企［2008］34号）中对能够在成本（费用）中列支的比例作了明确："补充养老保险的企业缴费总额在工资总额4%以内的部分，从成本（费用）中列支。企业缴费总额超出规定比例的部分，不得由企业负担，企业应当从职工个人工资中扣缴。"但2009年底国税局《关于企业年金个人所得税征收管理有关问题的通知》（国税函［2009］694号）规定，企业年金的个人缴费部分不得在个人当月工资、薪金计算个人所得税时扣除。企业年金的企业缴费计入个人账户的部分是个人因任职或受雇而取得的所得，属于个人所得税应税收入，在计入个人账户时，应视为个人一个月的工资、薪金（不与正常工资、薪金合并），不扣除任何费用，按照"工资、薪金所得"项目计算当期应纳个人所得税款，并由企业在缴费时代扣代缴。这一规定实质上取消了企业年金缴费在个人税收上的优惠，从而很难鼓励企业建立企业年金，也制约了团体保险的发展。

5. 保险公司内部管理存在的问题

保险公司为了提高市场份额，片面追求业务的扩张，过多迎合客户的需求，较少关注承保的质量、险种的创新、风险的防范以及经济效益的提高，导致保险公司团体保险的展业成本居高不下，制约了团体保险业务的发展。另外，保险公司在团体保险业务上的投入较少，忽视产品的创新和人才队伍的建设，忽视专业营销队伍的培养，也影响了团体保险的业务发展。

参考文献

【1】 陈文辉：《团体保险发展研究》，中央编译出版社2005年版。

【2】 哈利特·E. 琼斯、达尼·L. 朗：《保险原理：人寿、健康和年金》，中国财政经济出版社2004年版。

【3】 江生忠：《中国保险业发展报告2005年》，中国财政经济出版社2005年版。

【4】 李秀芳：《寿险精算实务》，南开大学出版社2000年版。

【5】 王绪谨：《团体保险》，广州信平市场策划顾问有限公司，2004年。

【6】 *William F. Bluhm* 等著，傅安平等译：《团体保险》，南开大学出版社2003年版。

【7】 劳动和社会保障部：《关于做好原有企业年金移交工作的意见》，劳社部发［2007］12 号。

【8】 中国保险监督管理委员会：《关于规范团体保险经营行为有关问题的通知》，［2005］62 号。

【9】 钟煦和：《团体保险基础》，中国保险行业协会精算工作委员会组编，第 38～40 页。

第 13 章　团体保险产品

作为人身保险，团体保险与个人保险类似，可以分为团体人寿保险、团体健康保险、团体意外伤害保险和团体年金保险四大类别，每个类别又包含不同的险种。另外，我国的健康保障委托管理业务作为团体保险的新兴业务，有其独特的方面。本章讲述团体保险的产品种类和各类产品的特点。

主要内容有：

☐ 团体人寿保险产品及其特点

☐ 团体健康保险产品及其特点

☐ 团体意外伤害保险产品及其特点

☐ 团体年金保险产品及其特点

☐ 健康保障委托管理业务

§13.1　团体人寿保险

团体人寿保险简称团体寿险，是对团体被保险人的死亡，包括因意外伤害或者重大疾病引起的死亡进行赔付的保险。通常团体寿险的赔付也包括被保险人失踪和全残发生时的赔付。

13.1.1　团体人寿保险产品

与个人寿险类似，团体人寿保险可以分成团体定期寿险、团体终身寿险、团体万能寿险、团体信用寿险等四种。

1. 团体定期寿险

团体定期寿险在指定的保险期内为被保险人的死亡提供保险金。与个人定期寿险不同的是，团体定期寿险的投保人通常是雇主或者团体代表，被保险人是符合条件的团体中的员工。团体定期寿险的保险期间一般为一年，当被保险人在保险期间内死亡时，保险公司支付死亡保险金，投保人续保时也无需提供可保证明，保单也不累积现金价值。

团体定期寿险有时也用于为雇员提供其他福利，比如团体遗属收入保险。团体遗属收入保险的投保人是团体，被保险人是团体中符合条件的员工，受益人是被保险人指定的亲属。当被保险人死亡时，保险人按照约定向死亡员工的遗属提供死亡保险金，死亡保险金通常按月给付。大多数遗属给付的金额是根据被保险人的过去薪金和遗属的个数确定的。比如在美国，如果遗属只有配偶或者只有受抚养的子女，给付金额为死者月工资的25%；如果遗属除了配偶外还有受抚养的子女，给付的最高限额一般是死者月工资的40%。遗属给付的期限一般约定为配偶再婚后一段指定的时期，或者配偶年龄达到65岁，或者子女年满19岁，或者子女已不是全日制学生等。

2. 团体终身寿险

团体终身寿险的保险期从投保开始一直到被保险人死亡为止，可以为被保险人提供包括退休后的终身人身保障。与团体定期寿险相比，团体终身寿险有现金价值，保费较高，一般会要求被保险人自行承担部分保费，从而参保率一般会低于定期寿险。

实践中比较常见的团体终身保险有团体缴清寿险和团体均衡保费终身寿险两种。

团体缴清寿险是缴清终身寿险和保额递减定期寿险的结合，保险总金额由团体与其成员预先约定，不同成员的保险金额可以有所差别。其中，缴清终身寿险的保费由团体成员负担，每年按趸缴保费方式支付，每年的保费相同。由于死亡风险随年龄的增长而增大，加上利率的波动，每年购买的终身寿险的保额不同，但随着缴费的积累，累计保险金额逐年增加；团体每年为成员投保一年定期寿险，保险金额为约定的总金额与终身寿险累积保险金额的差额；随着终身寿险累积保险金额的增加，一年定期寿险的保险金额逐年下降，直到降低为零后，团体缴清寿险转变为个人缴清寿险。一年定期寿险采取自然保费方式，保单没有现金价值。终身寿险保单具有现金价值。在团体缴清寿险下，参加成员无论何时死亡，都可以获得约定的保险总金额，当成员年老退休或离开团体时，可以继续享受保险保障，或申请退保，领取退保金，以供退休或离职后使用。

团体均衡保费终身寿险是采用均衡缴费方式的团体终身寿险，在实践中，这种团体寿险不仅可以为员工提供在职期间的死亡和遗属收入给付，也可以积累现金价值，为员工退休后提供一次性的养老收入。

3. 团体万能寿险

严格意义上讲，团体万能寿险并不是团体保险产品，它在很多功能上更类似于个人万能寿险，因为实践中大多数的团体万能寿险保单都由团体被保险人自行缴纳保费，团体并不支付保费。如果团体万能寿险的保额较高，保险人会在核保过程中要求被保险人提供可保证明。与个人万能寿险不同的是，如果团体的规模足够大，死亡保险费可以按照团体的经验数据拟定，其他附加费用也低于相应的个人万能寿险。如果被保险人离开团体，可以继续享有团体万能寿险的保障。

4. 团体信用寿险

团体信用寿险也称为团体债权人寿险，是由债权人作为投保人和受益人，当前和将来与债权人发生借贷关系的债务人为被保险人的一种团体保险。在被保险人死亡后，由债权人领取保险金，用于偿还债务，保险金额是债务人未清偿的债务额。随着债务的分期偿还，保额将越来越小，因此，可以看成是递减保额寿险。

团体信用寿险的保费可以由债务人或债权人独自承担，或者两方共同分担，更多的情况是由债务人承担保费。作为一般规则，贷款合同一般会要求债务人为贷款寻求保险保障，但不能以附加条件的形式强求债务人购买保险。

13.1.2 团体人寿保险的特点

团体人寿保险作为团体保险，具备团体保险的特点；作为人寿保险，具备寿险的特点，同时在保费分担、给付标准和费率厘定方面具有特殊性。

1. 团体对保费的分担

团体寿险的投保团体必须分担全部或部分保费，这是由于团体寿险采用的是平均费率，不论年龄、性别和健康状况，相同保额的费率并没有差异。但实际上，死亡率随着年龄的增长而提高，同一年龄男性死亡率高于女性，吸烟者的死亡率高于非吸烟者，从而在团体人寿保险下，投保人为年轻人、女性以及身体健康者负担了高于他们风险的保费，如果保费由个人承担，平均费率是精算不公平的，但由团体投保人（一般是雇主）承担全部或部分保费，则能够起到员工福利的作用。

表 13－1 根据年收入确定的给付表

单位：美元

年收入	人寿保险金额
20 000 及以下	20 000
20 001～30 000	30 000
30 001～40 000	50 000
40 001～50 000	75 000
50 001 及以上	100 000

表 13－2 根据职务分类确定的给付表

职务分类	人寿保险金额（美元）
总经理	200 000
经理	100 000
部门经理	50 000
普通职员	30 000

2. 预先规定给付标准

团体寿险通常对不同收入和不同职位人群规定不同的保险金标准，并以给付表的方式表述。表 13－1 和表 13－2 是美国的一份团体寿险保单的给付表（文献【6】）。

3. 团体经验费率

团体寿险的保费每年重新计算一次，初年费率按照表定费率确定，续年费率根据赔付经验进行调整。表定费率是在不考虑特定团体经验数据的情况下，保险公司利用自己的经验数据或者其他公司的经验数据，按照预先设定的经验费率表制定的费率。一般先按照经验费率表制定初始费率，再根据参保团体的特定风险因素进行调整。如果一个大型团体之前已经被其他保险公司所承保，也可以直接通过已有的先验信息确定经验费率。

团体寿险初年费率的调整主要考虑死亡率和费用率两个因素。对于死亡率，一般考虑团体的平均年龄、团体规模、团体性别比、团体的行业性质等四个因素。第一，团体的平均年龄越高，死亡率越高，保费就越高。一般先将年龄按区间分组（文献【4】)。考虑到死亡率在低年龄段相邻年龄的死亡率差距较小，在高年龄段相邻年龄的死亡率差距较大，将年龄按区间分组时，低年龄段的区间较大，高年龄段的区间较小。划分死亡率区间后，忽略区间内的死亡率差异，按不同年龄区间平均死亡率计算保费。第二，团体规模的大小决定了团体死亡率的波动。根据大数定律，团体中的参保人数越多，死亡率的波动越小，从而理赔的稳定性越强。在团体寿险中，一般根据团体规模的大小确定折扣率，团体规模越大，折扣率就越大，小团体的折扣率较小，甚至还要乘以一个大于 100% 的安全附加系数。第三，对于团体中的性别比，在相同的年龄结构下，女性越多的团体，死亡率越低，如果团体寿险采取不分性别的单一费率，则需要根据男女性别比调整费率。如果团体寿险按不同性别计算保费，则不需要考虑性别因素。第四，团体的行业和团体成员从事的工作性质不同，损失率就会有差异。如果团体成员从事的工作性质导致他们的死亡率高于平均水平，保险公司就会根据团体工作的危险程度来附加不同水平的风险系数，如煤炭、钢铁、化工、建筑等行业的附加系数较大。如果一个团体从事的活动过于危险，保险公司也会拒保。

对于费用率，一般考虑团体的规模、团体参与管理的程度、保险金额等因素。团体规模越大，分担到各个被保险人的费用就越少，费用率就越低。团体在团体寿险日常管理中的作用越大，团体代替保险人完成的日常管理工作越多，费用就越节省，费用率就越低。保险金额越大，费用就越高。

团体寿险续期保费按照经验费率法确定。通过对比初年经验赔付数据和预先设定的表定费率来确定。如果经验赔付率比上年预期赔付率低，续期保费会适当降低；如果经验赔付率比上年预期赔付率更高，保险公司会根据实际情况调高次年的保费。有时，如果团体的规模太小，保险公司无法采用经验费率法预测下年的保费，这时可以采用混合费率法进行估计，也就是运用信度理论，将经验费率和表定费率结合起来得到续期保费。

§13.2 团体健康保险

普通人寿保险一般只是就被保险人的死亡、全残或者失踪进行给付，在生活和工作中，人们发生重大疾病的概率比死亡和伤残的概率更大，同时，在很多情况下，人们患有严重疾病后往往无力承担全额医疗费用，无力负担因疾病造成丧失工作能力带来的损失，团体健康保险正是防范团体成员健康风险的保险产品。

13.2.1 团体健康保险产品

团体健康保险是保险公司与购买健康保险的团体之间的合同。按照中国保监会的相关规定，我国的团体健康保险包括团体疾病保险、团体医疗费用保险、团体失能收入保险等几种。其中，依据保障范围的不同，团体医疗费用保险又分为团体基本医疗费用保险、团体补充医疗费用保险、团体长期护理医疗保险等三种。考虑到长期护理医疗保险在给付期间及医疗费用方面的特殊性，这里将其单独归为一类进行讨论。

1. 团体疾病保险

疾病保险指以疾病发生为给付条件的保险。疾病保险不考虑因疾病造成的医疗费用支出，而是以疾病的发生为约定保险金的给付条件。员工福利计划中的团体疾病保险通常涵盖全残、死亡、重大疾病三种保障。在保险有效期内，如果被保险人发生全残、死亡、重大疾病中的一种，保险公司将按约定的保险金额给付全残保险金、死亡保险金和重大疾病保险金，并终止保险合同。其中，关于全残的界定，根据中国人民银行下发的《人身保险残疾程度保险金给付比例表》的相关规定（中国人民银行，1998），给付比例为100%的，通常明确规定为下面的几种情况之一（文献【11】）：（1）双目永久完全失明的；（2）两上肢腕关节以上或两下肢踝关节以上缺失的；（3）一上肢腕关节以上及一下肢踝关节以上缺失的；（4）一目永久完全失明及一上肢腕关节以上缺失的；（5）一目永久完全失明及一下肢踝关节以上缺失的；（6）四肢关节机能永久完全丧失的；（7）咀嚼、吞咽机能永久完全丧失的；（8）中枢神经系统机能或胸、腹部脏器机能极度障碍，终身不能从事任何工作，为维持生命必要的日常生活活动，全需他人扶助的。发生重大疾病指初次发生患病或者初次实施保险合同规定的手术。发生重大疾病必须强调三个条件：第一，内部原因疾病。指疾病是由人体内部原因引起的，以区别与因意外伤害导致的疾病；第二，非先天性疾病。指在保险期间发生的重大疾病，而不是先天性缺陷或因先天性原因导致的疾病；第三，偶然性疾病。假设健康是人们的常态，疾病的发生是偶然的，是不能预料到的，但疾病可以通过医疗手段得以治疗和解除。偶然性这一条件可以排除必然发生的有损人身健康的各种危险，如年老体衰等（文献【10】第 189－190 页）。

由于团体保险一般不需要核保，因此为了降低逆选择风险，团体疾病保险通常包含一个等待期。在等待期内发生的重大疾病、全残或死亡，保险公司不负赔偿责任，以此防止团体被保险人带病投保的情况。例如，某团体疾病保险规定，“投保人为被保险人首次投保本保险或非连续投保本保险时，自合同生效日起 30 日为等待期”。

在团体疾病保险合同中，保险人会对除外责任作出特别规定，一般由以下原因所致的被保险人发生的疾病并不在保险责任内：（1）被保险人自杀；（2）被保险人或其受益人的故意欺骗行为；（3）战争或军事行动；（4）先天性疾病及其手术；（5）意外伤害引起的疾病或者手术；（6）既往症；（7）凡保险责任内未列明的疾病等。

2. 团体医疗费用保险

团体医疗费用保险以约定的医疗费用为给付条件，分为基本医疗费用保险和补充医疗费用保险。

（1）团体基本医疗费用保险。团体基本医疗费用保险对被保险人因疾病发生的各种特定的、被保障的医疗费用进行给付。主要包括住院费用、治疗费用、门诊外科手术费用、出诊费用等。住院费用还包括住院期间的食宿、药品、化验以及其他相关费用。

团体基本医疗费用保险根据被保险人实际发生的医疗费用支出，按照约定的标准确定保险金的数额，但给付不能超出实际发生的医疗费用。通常，每一保单年度内，保险公司只对发生在约定的医疗费用限额以下的合理医疗费用承担保险责任。

对于各类医疗费用，包括治疗费用、手术费用和住院产生的伙食费、床位费、护理费、药品费、化验费等，给付限额和给付期限都在合同中有明确规定。比如，伙食费、床位费、药品费按平均每日限额规定，其他费用一般按照总限额规定，超出部分由被保险人自行承担。给付期限通常是 21 天、70 天或 120 天。一般保险合同规定的一次因疾病住院治疗的赔付天数最多为 70 天。每一保单年度累计给付天数不超过约定的天数（如规定为 90 天或 180 天）。目前，随着医疗费用的不断升高，保险人通常规定一个免赔额以降低成本。免赔额可以是一个固定的金额，也可以规定在住院第一天、第二天或第三天扣除其病房伙食费等。通常，保险公司分析团体所在地区医疗机构收费情况，得出医疗必须的、常规的、合理的费用，称为惯常合理费用，再根据惯常合理费用规定团体医疗费用保险的免赔额和限额等。

（2）团体补充医疗费用保险。团体基本医疗费用保险提供的保障通常很有限，因此，保险公司为团体提供补充医疗费用保险对那些不包括在基本医疗费用保险范围内的医疗服务提供保障。由于团体工作性质的差异，对补充医疗费用保险的需求也不同，因此，团体补充医疗费用保险保障范围、保障金额、免赔额、限额通常由团体和保险公司共同协商确定。

团体补充医疗费用保险和基本医疗费用保险是相辅相成的，解决了团体被保险人超过基本医疗费用保险最高支付限额以上部分的医疗费用问题，几乎覆盖了所有的医疗费用。一般包括：为享受额外待遇而提高的床位及食宿费用、医院收取的多项服务费用、外科手术费用及治疗费用、医疗供应品服务、X光透视费及物理治疗费用、手术室使用费、麻醉费、输氧费、体检费、外科医生和内科医生费用、护士服务费、血及血浆、石膏、夹板、撑木、拐杖、假肢假牙费用、处方药物费等。不同的团体保险提供的补充医疗费用的保障范围会有所不同。

团体补充医疗费用保险的保障范围广泛。为了控制成本，保险公司一般会设定一个免赔额或赔付限额，或者采取比例分担费用的方式。医疗费用保险的免赔额一般是一个绝对免赔额，通常规定每保单年度内，一定额度以下的医疗费用由团体被保险人自己支付，超过免赔额的部分由保险公司支付。规定绝对免赔额，可以降低小额理赔的成本与费用，同时，如果被保险人还购买了其他健康保险，免赔额可以防止领取双份赔付。限额是对保单年度累计总赔付额的限定，如果被保险人在保单年度发生的总理赔额超过了限额，将自行承担超过部分。比例分担费用是由保险人和被保险人按规定比例分担费用的办法。通常由被保险人自付的比例为20%－30%。在实践中，医疗费用保险的比例分担和绝对免赔额经常结合在一起，一般是在决定免赔额的基础上再按比例分担费用，由保险公司承担的赔付是超过免赔额后医疗费用的一定比例。这样的限定，有效地限制了医疗资源的过度使用，避免奢侈医疗，控制了保险公司承担的赔付成本，进而也有利于降低医疗费用保险的价格。有时，保险公司在产品设计上，也将医疗费用的比例分担和限额结合起来，在限额以下的医疗费用按规定的比例由保险人和被保险人分担，在限额以上的医疗费用则由保险人承担，这样，可以真正保障被保险人的病有所医，使被保险人不因高额医疗费用而陷入困境。

3. 团体失能收入保险

团体失能收入保险是指因团体保险合同约定的疾病或者意外伤害导致被保险人在一定时期内的收入中断或者收入减少而提供保障的保险。随着医疗技术的发展，人口的死亡率持续降低，但疾病和意外伤害往往造成人们在一定时期内全部或部分丧失劳动能力。据统计（文献【6】第266

页），在美国，22 岁到 55 岁人群至少发生一次 90 天或者 90 天以上的劳动能力丧失的机率为 43%，因此，员工福利计划往往将团体失能收入保险包含在内，以避免因失能导致的收入降低和中断。

团体失能收入保险按保障的时期长短，可以分为团体短期失能保险和团体长期失能保险。团体短期失能保险规定的最大给付期少于一年，在实践中以不少于六个月的最高给付期最为常见。团体长期失能保险，规定的给付期间大于一年，有时甚至会延长至团体被保险人正常退休年龄或者终身。

在保障水平上，团体失能收入保险提供的待遇标准是保障被保险人的正常生活，并不一定是为完全补偿被保险人因失能或意外伤害导致的收入损失。一般来说，失能收入保险的给付有一个限额，限额不会超过被保险人之前的正常收入，从而有利于鼓励被保险人在失能恢复后重返工作岗位。

失能收入保险的保额一般有两种规定，一种是定额给付，一种是比例给付。定额给付是团体和保险公司签订保险合同时约定的一个具体额度，规定的定额一般不超过失能前的正常收入。当发生赔付事件时，保险公司按照约定的金额赔付，而不论被保险人是否还会在残疾期间有其他的收入。比例给付按被保险人失能前正常收入的一定比例规定失能补偿金，通常短期团体失能收入保险规定的比例为 90% ~100%，长期团体失能收入保险规定的比例为 60% ~70%。

为了控制成本，减少短期和小额赔付，团体失能收入保险会规定一个免赔期间，又称作等待期，指被保险人从失能开始到领取失能收入保险金所需等待的时间。通常，短期失能收入保险金的等待期为 1 –7 天，长期失能收入保险的等待期为 30 天至 6 个月。另外，如果团体被保险人的失能由某些特定原因引起，保险公司可以拒绝赔付，这些除外责任一般包括：（1）任何战争引起的伤残或疾病；（2）故意自残；（3）主动参与暴乱引起的伤残等。

4. 团体长期护理保险

团体长期护理保险指因被保险人年老、意外伤害、疾病等失去自理能力导致需要看护为给付保险金条件的团体保险，保险金主要用于补偿被保险人因雇人照看、护理导致的费用支出。

团体长期护理保险的保障范围是长期护理所产生的费用，主要包括：养老院的护理费用、家庭护理费用、康复金、住宿、膳食、其他护理费等。其中，康复金一般包括理疗费、义肢、义眼、助听器、辅助器械等辅助性生活措施等。长期护理保险的给付期限一般是到被保险人身故或者到特定的年龄，如 85 岁。

团体长期护理保险在美国保险市场较为普遍，在中国才刚刚起步，太平人寿保险公司于2008年5月推出了中国首款团体长期护理保险，这款保险将保险给付分为长期护理保险金和老年护理保险金两部分。长期护理保险金主要针对退休前因意外伤害或疾病造成失去自理能力的情况，给付额通常为保额的100%，给付期截止日是被保险人身故，或者年满规定的年龄（如85周岁），或者在退休前恢复自理能力的日期。老年护理保险金针对年老失去自理能力的情况，当参保人退休后且未处于领取长期护理保险金的状态，将根据实际报销的情况给予不超过保额80%的给付（文献【7】）。由于团体长期护理保险的给付期较长，成本很高，一般会采用团体和个人分担保费的方法。

13.2.2 团体健康保险的特点

团体健康保险即具备团体保险和健康保险的共有特点，在保单条款、核保和费率厘定方面又具有一定的特殊性。

1. 特殊保单条款

在团体健康保险合同中，除了适用于一般团体保险的投保资格要求、宽限期条款、不可抗辩条款、保单终止条款等之外，还包括一些特殊的条款，这些特殊条款有既存状况条款、转换条款和协调给付条款。

既存状况条款规定（文献【10】第184页），除非被保险人享受保障已达到约定的期限，否则保险公司不对被保险人的既存状况给付保险金。既存状况是指被保险人在保障生效前3个月就医的情况。但如果被保险人已经连续3个月未因为此状况接受治疗，或者参加团体保险已经超过12个月，保险公司将对既存状况进行保障，并在理赔状况发生时给付保险金。如果投保团体以前受另一家保险公司的团体健康保单的保障，那么，目前保单的既存状况条款将不适用于以前团体健康保单保障下的成员。在我国，既存状况通常被称为既往症。

转换权条款规定（文献【10】第184页），团体被保险成员有权在脱离团体时将其团体医疗费用保险转换为个人医疗费用保险，且无需提供可保证明，但不允许其重复投保以致出现超额保险。比如，某一个团体保险的被保险人将转换工作，且有资格加入新雇主下的团体医疗费用保险，如果他将现有的团体险转换成个人险，将有可能出现超额保险。当然，如果将团体险转换成个人险，保费将会提高，保额也会有一定限制。转换条款在国外较为普遍，在我国很少出现。

协调给付条款在美国和加拿大的健康保险中较为常见。在这些国家，有资格享受多种团体医疗保险的被保险人较普遍，如双职工家庭可能享受双重团体医疗费用保险。该条款主要是为解决享有双重团体医疗费用保险的团体被保险人获得双重保险金给付的问题，而将两份保单分别规定为优先给付计划和第二给付计划，优先给付计划必须给付它所承诺的全额保险金；若其给付保险金额不足以支付被保险人所花费的全部合理医疗费用，被保险人就可以要求第二给付计划赔付差额保险金的部分，同时告知保险人优先给付计划的给付金额，第二给付计划根据协调给付条款支付保险金（文献【10】第 184 页）。

2. 依据预期发病率进行风险分类

团体健康保险依据团体的预期发病率进行风险分类。影响预期发病率的主要因素包括团体成员所属行业的性质和团体成员的年龄和性别结构。比如，从事高强度脑力劳动的团体，如教师、职业经理等团体，其患有心脏病、高血压等慢性疾病的概率比较大；而从事体力劳动的团体，比如建筑工人、装修工人，遭到意外事故的可能性比较大。在年龄结构上，团体成员的年龄越大，发病率越高。另外，一般情况下女性发病率高于男性。因此，在核保上需要分别考虑各项因素的影响，综合确定风险分类。

3. 依据表定费率和经验费率确定保费

与团体寿险类似，团体健康保险的保费厘定也有表定费率、经验费率和混合费率三种方法。在确定表定费率时，保险公司按照具有正常发病率的所有经验数据来推算年度理赔成本。在计算经验费率时，要根据团体前一年的经验发病率厘定，如果团体过小，可以将若干个性质相似的小团体合并起来确定经验费率。

§13.3　团体意外伤害保险

团体意外伤害保险是指当团体被保险人遭受意外事故导致死亡或者残疾时，由保险人负责给付死亡或残疾保险金的团体保险，其主要目的是补偿被保险人因遭遇意外伤害导致伤残或死亡而丧失的收入。在保险合同中，对于意外事故的定义是：来自外界因素、突发的、非本意的、非疾病的客观事件。因此，由疾病引发的死亡或者残疾并不在意外伤害保险的保障范围之内。在实践中，团体意外伤害保险大多作为附加险存在。

13.3.1　团体意外伤害保险的可保利益

团体意外伤害保险承保标的是意外事故导致的伤害，但并非所有被保险人所发生的意外伤害都能被保险公司保障。意外伤害保险的可保利益有以下几个特点：

第一，必须是被保险人身体上的伤害。团体意外伤害保险只承保团体被保险人身体所受到的损伤，并不保障精神上的创伤，也不保障被保险人的财产安全。

第二，必须是外界因素引起的伤害。外界是相对与内部疾病而言的，有些时候，内部疾病也会导致伤害，如果团体被保险人受到的伤害是由内部疾病引发的，那么保险公司将不负责赔偿。实际上，外部因素和内部因素很难得到规范的界定，许多内部疾病是由外界因素引发造成的，例如工作环境污染导致的呼吸道感染，因此，在签订保单时，应该对容易混淆的方面作出单独的规定，以免理赔时造成争议。

第三，必须是意外事故。这里意外是指被保险人不可预见的事情，例如车祸、中毒、飞机失事等；或者是即使已经预见到了伤害，却无法根据主观意愿避免伤害。因此，意外事故一般具有偶然性和突然性两种性质，否则，被保险人就可预见伤害或者可以防止伤害。

第四，必须是非本意诱发的伤害。如果被保险人故意诱发意外事故，或者可以避免意外事故的发生而不躲避，保险人有权不对意外事故产生的伤害进行赔付。这一规定是为了防止被保险人借意外伤害骗取保险金，杜绝道德风险的发生。

有些时候，由于团体的特殊性，在团体意外伤害保险合同中还规定了特约承保的意外伤害。通常，保险公司在赔付条件和偿付能力的限制下，并不承保这些意外伤害，因此需要团体与保险公司进行协商，必要的时候需要另加保费，而保险公司则会将这些特殊意外伤害从除外责任中剔除。例如，一个登山运动员团体会在协定保单时将登山时可能发生的意外伤害当作可保利益，当然保费也会比一般的团体高。

一般承保的意外伤害和特约承保的意外伤害是根据每个团体的性质不同而区分的，一个团体险的一般承保意外伤害可能是另一个团体险的特约承保意外伤害。比如，对于一个货车司机团体来说，车祸造成的意外伤害是特约意外伤害，而对于别的团体来说，车祸则是一般承保的意外伤害。

此外，团体意外伤害保险的除外责任包括被保险人在过失或者故意犯罪活动中遭受的伤害、在寻衅斗殴事件中造成的伤害、被保险人因醉酒或吸毒后发生的意外伤害等。

13.3.2 团体意外伤害保险的特点

团体意外伤害保险在给付条件上与团体寿险类似，都以被保险人的死亡和残疾为保险金给付条件；在投保人和投保手续上，又与雇主责任险类似。但团体意外伤害保险有自身的特点。

第一，团体意外伤害保险的可保危险是被保险人由于外来的、突发的、非本意的、非疾病的客观事件造成的身体上的伤害。而雇主责任险的保障对象是雇主，承保的是雇主对雇员在法律上应负的责任，即代替雇主承担对雇员因工受伤、身故或患有关职业病的经济偿付责任。因此，团体意外伤害保险是只要发生意外伤害就能使被保险人（雇员）得到赔偿，而雇主责任险则要看雇主是否应承担赔付责任，如果雇主不需承担责任，那么即使员工发生了意外伤害，保险公司也不会给予赔付。团体寿险为团体被保险人在保险期内死亡提供给付，赔付率与被保险人的年龄相关，年龄越大，死亡率越高，赔付率也越高。团体寿险的可保利益是被保险人期满生存或者普通的自然规律死亡。团体意外险的可保利益和年龄没有关系。

第二，团体意外伤害保险的伤残给付是按照伤残的程度，按约定的合同保险金额的一定比例给付。当保险金尚未达到保单赔偿限额时，合同不会终止。而团体寿险则是依照团体与保险公司事先约定的定额进行给付，一旦给付，合同就终止。雇主责任险的给付也是按照事先约定的给定金额支付的。

第三，团体意外伤害保险的费率厘定依据是团体员工所从事的职业性质和行业类别。而雇主责任险的依据是雇员的工资额、职务、工龄等。团体寿险的费率厘定因素是团体成员的年龄、性别和健康状况。

第四，团体意外险的保险期限较短，一般是一年，甚至更短，但团体寿险的期限比较长，有的甚至包括团体被保险人的一生。雇主责任险的保障期限一般是正常工作期间。

团体意外伤害保险与团体寿险和雇主责任险的区别列入表 13 －3。

表 13 －3　　团体意外伤害保险与团体寿险和雇主责任险的区别

	团体意外伤害保险	团体寿险	雇主责任险
可保危险	被保险人由于意外事故造成的身体上的伤害	被保险人期满生存或者普通的自然规律死亡	雇主对雇员在法律上应负的责任
保险给付	存在比例给付	定额给付	定额给付
费率厘定因素	职业种类、性质	年龄、性别健康状况	工龄、职务、工资
保险期限	较短，一般不超过一年	较长，有时甚至终身	正常工作期间

13.3.3　团体意外伤害保险的核保与理赔

团体意外伤害保险在核保和理赔上与团体保险和个人意外伤害保险类似，但在风险分类、保费厘定、给付标准和给付期限上有特别的规定。

1. 团体意外伤害保险的参保资格

和其他的团体保险一样，团体意外伤害保险的参保人必须是团体中符合条件的成员，这些成员必须是团体的全职或者兼职员工，并且要正常在职，如果是新员工，必须符合三个月或者更长的试用期。由于团体意外伤害保险的风险与职业类别、职业环境有关，因此，临时雇员或者工作时间少于规定标准的雇员通常不符合参保资格。

2. 团体意外伤害保险的风险分类

由于团体意外伤害保险的保障期限较短，而且意外事故是突发的、不由内部疾病诱发，因此，团体意外保险的风险分类较多地考虑投保团体的职业性质和职业环境，并不关注团体成员的年龄和性别结构。如果一个团体属于风险较高的行业，比如建筑、化工、机械等行业，那么这个团体的意外伤害风险就要高于其他的一般风险行业，即使从事这些行业的团体成员都比较年轻，但相应的保费也会较高。

3. 团体意外伤害保险给付

当团体意外伤害保险的被保险人因发生意外事故而造成身体上的伤害时，保险公司负责给付残疾金或者死亡保险金。团体意外保险的残疾保险金给付一般是按比例给付。中国人民银行 1998 年制定的《人身保险残疾程度与保险金给付比例表》，定义了残疾程度和保险给付比例，虽然该表存在许多不足，残疾程度定义的跨度较大，但是，在一定程度上规范了意外伤害保险的残疾给付。团体意外伤害保险的给付依照该表，可以将残疾分为七个等级，每个等级都有相应的最高残疾给付比例。其中第一等级给付比例最高为100%，第二等级最高给付比例 75%，第三等级为 50%，第四等级为30%，第五等级为20%，第六等级为15%，第七等级为10%。残疾等级需要在临床症状稳定情况下鉴定，但如果被保险人经过 180 天的临床治疗仍未稳定，则可以直接推定为残疾，进行残疾等级鉴定。

一般情况下，残疾保险金的给付等于约定的保险金额乘以残疾程度对应的给付比例。但团体意外伤害保险的给付还需要考虑以下特殊情况：

第一，一次意外事故导致团体被保险人多个部位或器官残疾。在这种情况下，保险人将根据各处残疾程度的评级，把相应的给付比例累加，如果不超过100%，按实际比例赔付，合同的保险金余额部分继续有效。如果累加的比例超过100%，只给付保额的100%，余下的部分不赔付，同时保险合同终止。

第二，团体被保险人在保险有效期内多次因意外事故致残。在这种情况下，保险人应该根据每次伤残程度进行给付，并不受过去已经获得的给付金额的影响，但同一部位或者器官的伤残程度不能累加。例如，某个团体被保险人在一次事故中失去左眼，保险人进行赔付，在保险有效期内该被保险人又发生一次意外伤害，导致右眼失明，那么进行伤残评级时，应该按一眼失明进行赔付，而不是双目失明进行赔付。

第三，团体被保险人因意外伤害获得其他保障。如果一个团体被保险人受其他保险保障，团体意外伤害保险的保险人在赔付时会考虑其他保障来源，以免被保险人得到高于实际损失的保险金。

第四，特别约定的残疾给付。不同部位的残疾对于不同职业人的劳动能力的影响是不同的。例如一个建筑工人永久丧失言语能力并不根本影响劳动能力，但是对于一名教师则会结束教书生涯。因此，特定团体可能会对特别部位的残疾进行特别约定。

团体意外伤害保险的死亡保险金给付是一次性给付，一旦团体被保险人因意外事故死亡时，保险公司将根据合同约定的死亡保险金进行给付，同时保险合同终止。

4. 团体意外伤害保险的给付期限

团体意外伤害保险合同一般会规定一个等待期间，即残疾保险金给付的日期和意外事故发生日之间的一段时间。等待期一般为一天、四天或者七天。设定等待期是为了更好地在临床症状稳定状态（结束医疗或者医疗依赖）下评定伤残等级，因此可以排除很多不需要给付的轻微残疾，减少保险成本。伤残保险给付也有期限，当保险人进行残疾给付时，只要团体被保险人仍然残疾，那么就一直持续给付到最高给付期限为止。最高给付期限是团体和保险人商议得出的，通常为 13 周或者 26 周。

§13.4　团体年金保险

年金是在被保险人生存的条件下，在一定期间提供一系列定期给付的保险。目的是帮助被保险人为晚年生活进行储蓄。团体年金是年金保险的一种，一般情况，投保人为雇主，被保险人为员工，保费是由雇主和员工共同分担，也有一些由雇主完全负担，当被保险员工达到约定的年龄或法定退休年龄时，保险公司会依照团体年金保单的规定，一次性或者分期给付年金。与个人年金相比，团体年金的管理费用较低，逆选择机会较少，而且不少国家对团体年金还有税收优惠，因此团体年金的保费比个人年金要低。

13.4.1　团体年金产品

为了满足团体在年金需要上的特殊要求，在法律法规允许的范围内，团体年金可以采取灵活的设计方案。在产品分类上，团体年金一般分为团体延期年金、团体遗属年金、团体即期参与保证年金、预存管理团体年金等。

1. 团体延期年金

团体延期年金是由团体（一般是雇主）为在职员工投保的、从员工退休起开始领取的终身生存年金。团体延期年金的保费可能由雇主负担，也可能由雇主和员工共同负担，定期交付。一般情况下，员工的工作年限越长，退休后领取的年金数额越高。如果采取雇主和员工共同分担保费的方式，保险公司一般要求有75%的最低参保率。对于投保期限，大部分公司要求至少25年，也会有少数公司规定最低缴费年限为10年或者8年。

在一定的待遇水平下，团体延期年金的缴费水平取决于预定利率、预定死亡率和预定费用率水平，如果实际经验利率比预定利率高，实际经验死亡率比预期的高，实际费用率比预定的水平低，就会相应产生利差益、死差益和费差益。这些差益一般会以分红的方式退还给雇主。

2. 团体遗属年金

团体遗属年金是团体延期年金的一种特殊形式，一般与团体延期年金组合在一起。团体延期年金的给付时间从被保险人退休时开始，到被保险人死亡时结束；团体遗属年金的给付时间从被保险人死亡时开始，到遗属死亡或者存活到一定年龄后结束给付。团体遗属年金的主要目的是保障被保险人死亡后遗属的基本生活。

团体遗属年金的领取金额与团体被保险人死亡的时间有关，如果团体被保险人在领取年金之前死亡，那么遗属取得的给付根据被保险人投保时间、薪酬水平和事先约定的替代率计算。如果团体被保险人在领取年金期间死亡，那么遗属给付是团体被保险人原年金的一个比例，一般为50%。由于团体遗属年金有相应的给付顺序，第一顺位是配偶及子女，第二顺位是父母，其他顺位为祖父母、受抚养的孙子女、受抚养的兄弟姐妹等。如果前一顺位有人继承，后面顺位就没有资格领取遗属年金。由于团体遗属年金保障的是遗属的基本生活，因此对遗属的年龄和收入能力也有要求，配偶的年龄超过55岁，子女没有工作能力才有资格领取遗属年金，如果配偶再婚或者子女不符合给付条件，将停止给付。

3. 预存管理团体年金

在美国，预存管理团体年金（*deposit administration contract*）从20世纪50年代开始流行，团体（一般是雇主）作为投保人每年向保险人缴纳相应的保费，但保费却不记在每个团体被保险人名下，而是存放于保险人的一般账户中，称为预存管理基金。当员工达到退休年龄时，再从预存管理基金中提出资金，为被保险人购买即期年金。在预存管理基金的积累期，保险公司收取管理费，通常要保证基金的最低投资收益。在购买即期年金时，保险公司要保证年金价格。在被保险人达到退休年龄前，保险公司没有必要提存责任准备金，但需承担最低担保回报的成本。与团体延期年金相比，预存管理团体年金在缴费时间上更为灵活，在缴费数额上与团体年金覆盖成员的死亡率和离职率等经验有关。

4. 即期参与保证团体年金

在美国，即期参与保证年金（*immediate participation guarantee contract*，简称IPG）最早出现于1950年，是一种可变的预存管理团体年金（文献

【6】第233页)。团体缴费存入保险公司的一个相对独立的投资账户，账户的价值与缴费、团体被保险人的死亡率经验、基金的实际投资回报率、以及退休后转换为养老年金的价格等直接相关。当参加人退休时，如果预存管理基金足以提供预先承诺的养老金水平，则按预存管理基金的实际价值转换为年金发放，在这种情况下，相当于团体的自我年金保险，团体承担退休后的死亡率和利率风险。如果预存管理基金在员工退休时的价值低于购买承诺的养老金水平的价值时，计划则成为一个标准的延期年金，保险公司用账户价值购买担保的个人年金，这时，保险公司承担退休后的利率和死亡风险。

13.4.2 团体年金的特点

与个人年金相比，团体年金在费率厘定、缴费方式和给付方式上有自身的特点。

1. 团体年金的费率厘定

团体年金为团体中的被保险人提供养老年金待遇，保障期一般超过二三十年。年金的成本受未来利率、死亡率和费用率的影响。团体年金的死亡率通常以年金生命表为基础，并考虑不同投保团体的特殊性，再加以调整。例如承保一个女性团体，因女性的平均死亡率小于男性，生存率高于男性，因此年金的保费应高于平均保费。在利率设定上，要考虑累积资金可能的投资组合及其回报，对于提供担保回报的预存管理团体年金，需要考虑担保的形式和担保的成本。另外，团体年金在积累阶段和领取阶段的投资策略与资产配置存在差异，在领取阶段的投资更多地选择长期政府债券，在利率假设上一般采取无风险回报率；在积累阶段，资金投资更为激进，投资于股票的比例会更高，在利率假设上会更高。

2. 团体年金的缴费

团体年金的缴费方式有两种：一种是趸缴保费，另一种是期缴保费。在团体年金中，趸缴保费一般是已退休或将要退休员工的缴费方式。预存管理团体年金和即期参与保证团体年金可以看做是一种特殊的趸缴保费方式，因为尽管在保费积累阶段采取分期缴费，但当员工退休时，过去的保费积累将一次性购买即期年金，即采取了趸缴保费的方式购买年金。期缴保费主要用于团体延期年金和团体遗属年金，保险公司在估算每位员工退休给付金的基础上，制定相应的均衡保费。

3. 团体年金给付

团体年金的给付一般从员工退休开始按月领取，退休年龄的规定通常与社会基本养老保险的规定相同。如果员工在领取年金之前死亡，那么其指定的受益人可以得到死亡给付金，死亡给付金一般规定为过去缴费的累积额。对于年金给付期限，考虑到长寿风险对偿付能力的影响，保险公司经常采取控制年金最高领取年龄的办法，如规定最高可领取年金的年龄为80岁，从而使年金成为定期的年金，这种定期年金并不能给参加人带来终身的收入保障。

§13.5 健康保障委托管理业务

健康保障委托管理业务是一种新型的团体保险。根据中国保监会的规定，健康保障委托业务是指保险公司接受政府部门、企事业单位等团体客户的委托，为其提供方案设计、咨询建议、委托基金管理、医疗服务调查、医疗费用审核、医疗费用报销支付等的经办管理服务。

开展健康保障委托管理业务的保险公司，必须具备健康保险的经营条件，比如具有单独的健康保险核算、精算、核保、理赔、数据管理制度等，还必须有专业的相关从业人员（文献【2】）。

在开展健康保障委托管理业务时，保险公司应根据实际成本情况，收取委托管理费用。管理费用可按比例或约定金额从委托基金中提取，或由委托人另行支付。委托管理费用也可以根据管理成本进行浮动。相应地，保险公司不承担委托基金亏损和盈余的担保责任，理赔限额是委托基金及其增值额。如果结算年度内委托基金出现节余，节余部分滚存下一年度。如果结算年度内委托基金出现不足，应由委托人予以弥补，保险公司不得垫付基金。对于委托基金，保险公司应该单独建立一个账户进行管理。当委托人在下一保单年度不再进行委托管理或合同履行期间委托人要求终止合作的情况下，保险公司应以转账或支票方式将余额转入委托人账户。

保险公司在开展健康保障委托管理业务的同时，可以为委托人提供承担风险保障的健康保险产品，产品名称应包含“健康保障委托管理产品”字样，并且应分别签订委托管理合同和保险合同，也可以开展健康保障委托管理与健康保险相结合的业务。须拆分管理的，分别按照有关健康保障委托管理业务和健康保险的规定进行产品管理；不应拆分的，则按健康保险产品进行管理（文献【3】）。其中，健康保障委托管理业务和健康保险共同的分类为：（1）新型农村合作医疗；（2）新农合补充，即与新农合保障责任相衔接的补充医疗业务；（3）城镇职工基本医疗；（4）城镇职工补充医疗，即政府机构投保或委托的、与城镇职工基本医疗保障责任相衔接的补充医疗业务；（5）城镇居民基本医疗；（6）城镇居民补充医疗，即政府机构投保或委托的、与城镇居民基本医疗保障责任相衔接的补充医疗业务；（7）医疗救助，即在政府支持下，依靠社会力量建立的旨在向困难群体提供医疗服务的制度；（8）企事业团体补充医疗，即企事业团体投保的与城镇职工基本医疗保障责任相衔接的费用补偿型补充医疗业务。

虽然健康保障委托管理业务起步较晚，但是随着医疗制度的不断改革，健康保障委托管理业务将不断发展。2009 年国家卫生部发布的《医药卫生体制改革近期重点实施方案（2009－2011 年）》提出，为提高基本医疗保障管理服务水平，在确保基金安全和有效监管的前提下，积极提倡以政府购买医疗保障服务的方式，探索委托具有资质的商业保险机构经办各类医疗保障管理服务。在新医改的推动下，保险业积极参与医药卫生改革，服务医疗保障体系的建立，取得了明显的成效，保险业积极参与了各类医疗保障经办管理（文献【5】）。

参考文献

【1】 中国保险监督管理委员会，《关于继续使用〈人身保险残疾程度与保险金给付比例表〉的通知》，保监发［1999］237 号。

【2】 中国保险监督管理委员会，健康保险管理办法，保监发［2006］8 号。

【3】 中国保险监督管理委员会，《中国保险监督管理委员会关于健康保障委托管理业务有关事项的通知》，保监发［2008］42 号。

【4】 陈文辉：《团体保险发展研究》，中央编译出版社 2005 年版。

【5】 丁冰，保监会：保险业参与医改成效明显，《中国证券报》，2009 年 12 月 21 日。

【6】 哈利特等著：《保险原理：人寿、健康和年金》，中国财政经济出版社 2004 年版。

【7】 太平人寿保险有限公司："太平乐享人生团体长期护理保险保单"，2008 年。

【8】 王绪谨：《团体保险》，广州信平市场策划顾问有限公司 2004 年。

【9】 *William F. Bluhm* 等著，傅安平等译：《团体保险》，南开大学出版社 2003 年版。

【10】 庄洪涛、庄作瑾：《人身保险》，中国人民大学出版社 2004 年版。

【11】 中国人民银行："人身保险残疾程度与保险金给付比例表"，1998 年。

【12】 钟煦和：《团体保险基础》，中国保险行业协会精算工作委员会组编。

第 14 章　团体保险经营

团体保险的经营主要包括团体保险营销、核保和理赔等环节。团体保险营销首先要对目标市场进行细分，明确市场定位，并依据公司自身的特点，设计和选择不同的分销渠道，建立科学有效的销售管理制度。团体保险的核保需要重点考察投保团体的合规性和团体的整体风险水平，需要分别对新业务和续保业务进行核保。不同种类团体保险的理赔程序和风险管理也有其特殊性。本章讲述团体保险的营销、核保和理赔的基本理论和实务。

主要内容有：

□ 团体保险的市场细分与定位

□ 团体保险的分销渠道与销售管理

□ 团体保险新业务的核保

□ 团体保险续保业务的核保

□ 团体保险的理赔程序和风险管理

§14.1　团体保险的营销

团体保险产品通过市场营销，将产品销售给顾客，从而实现产品的价值交换。按照美国市场营销协会的定义："市场营销（文献【3】）是创造、沟通与传送价值给顾客，及经营顾客关系以便让组织与其利益关系人受益的一种组织功能与程序。"团体保险市场营销是实现团体保险产品和服务的销售，并经营客户关系，实现保险公司价值增值的一种组织功能。

团体保险市场营销最重要的目标是准确及时地把握目标市场的需求，并且比竞争对手更有效地满足这一需求。在竞争激烈的市场上，要实现有效的市场营销，需要制定一个整体营销战略。整体营销战略通常需要考虑团体保险业务在公司整个业务中的地位，需要考虑团体保险业务的分销渠道和佣金方案，需要在不同的市场目标下选择团体保险的业务组合。

14.1.1　市场细分与定位

市场细分是企业根据消费者需求的不同，把整个市场划分成不同的消费者群的过程，其客观基础是消费者需求的异质性。进行市场细分的主要依据是异质市场中需求一致的顾客群，实质就是在异质市场中求同质（文献【8】）。因此，细分市场的目标是在需求不同的市场中把需求相同的消费者聚合到一起，从而有利于选择目标市场和制定市场营销策略，有利于发掘市场机会，开拓新的市场，有利于集中人力、物力投入目标市场，有利于企业提高经济效益。

人身保险市场细分的标准包括：人口统计因素，如参保人年龄、性别和生命周期等；社会因素，如社会阶层分类等；心理统计因素，如态度、认知和教育等。团体保险作为人身保险的一种，这些细分标准同样适用。此外，在团体保险市场细分中还要考虑团体的需求、团体的规模、团体的性质和行业，团体的投保渠道等特殊性。

（1）团体的需求。团体保险市场应该按照不同团体的需求细分保险市场，如细分为团体人寿保险市场、团体健康保险市场、团体意外保险市场等。保险公司应当在研究团体需求的基础上，寻找适合的目标市场，从而更好地在目标市场上实行专业化经营。

（2）团体的规模。团体规模是团体保险市场细分的一个常用标准。团体规模的大小决定了其对保险需求的不同，也决定了分销渠道的差异。例如，依据公司人员规模，可以将团体分为小型团体、中型团体和大型团体等。并且，针对不同规模的团体保险客户，保险公司可以采取“差异化”的服务策略，从而有效地控制和占领市场。

（3）团体的性质。不同性质的企业，其经济实力和文化背景不同，它们的风险意识和保险需求也不尽相同。在我国，国有企业、国有控股企业、集体企业、个体企业、外商独资企业、合资企业等多种所有制企业共存，营销人员应根据企业性质的不同进行市场细分，并有针对性地制定营销策略。

（4）团体的行业。团体保险可以依据团体所在行业进行市场细分，因为不同行业团体的工作性质、工作环境有不同之处，从而其员工的死亡率、疾病率、意外事故发生率等呈现不同的特点。保险公司可以根据自身的核心优势确定目标市场。

（5）团体的投保渠道。不同团体有不同的渠道偏好，有的企业通过其母公司统一招标和竞标的方式选择保险公司进行投保，有的企业选择保险经纪人提供保险中介服务。根据不同的投保渠道偏好对团体保险市场进行细分，有助于保险公司对目标客户的选择，从而在市场竞争中占据优势。

在市场细分的基础上，保险公司根据自身特点和专长，确定市场定位，一般可以考虑以下几种目标市场模式：

（1）单目标市场。团体业务集中在确定的单个目标市场上，团体业务的营销以这个目标市场为中心，在该市场建立稳固的市场地位。

（2）多目标市场。保险公司选择若干目标市场，每个市场都有较好的发展前景，保险公司为每个市场分别制定产品开发和营销策略。多目标市场有助于风险的分散。

（3）产品专业化。保险公司集中于某一类团体保险产品，树立在某个产品领域的良好声誉与竞争优势。当然，考虑到产品的生命周期，公司不可能只依赖一种产品而获得成功，必须要针对客户需求的改变做相应地调整，提供一系列满足需求的保险产品。

（4）市场专业化。保险公司集中满足特定目标市场上消费者的多种需求，努力在该特定目标市场上树立良好的声誉，成为该目标市场上提供团体保险产品和服务的专家。单个目标市场定位通过集中消费者人群，满足消费者的多种需求，实现市场专业化。

（5）覆盖整个市场。对于大型保险公司，可以通过无差异市场营销和差异市场营销两种方式，达到覆盖整个市场的目的。无差异市场营销建立在节约成本的基础上，不考虑细分市场的区别，用一套市场营销办法争取尽量多的消费者；差异市场营销需要根据细分市场的特点，制定不同的营销计划，适应不同客户的需求，同时使公司在细分市场上占有优势。差异市场营销一般会比无差异市场营销创造更多的销量，但它同时会增加在产品开发、管理与促销等方面的成本。

14.1.2 分销渠道

团体业务的分销渠道主要有直销渠道、中介渠道和交叉销售渠道三种。保险公司根据自身特点，设计和选择不同的分销渠道，有利于在市场竞争中获得优势地位。

1. 直销渠道

直销是由保险公司招聘的团体保险业务员直接销售公司产品的销售方式，它是最传统和最常用的销售渠道。由于团体保险面对的客户是团体，他们对产品和服务的要求以及谈判能力都高于个人客户，从而对团体保险的营销团队提出了更高的要求。另外，在团体保险的营销中，需要对团体的行业类型和风险水平进行分析，需要进行初步的核保，并对以往的理赔经验进行分析，从而要求营销队伍具备相应的法律、税收、医疗、金融、管理等方面的知识。这就要求团险营销队伍有一定的教育背景，并且经过专业化的培训和持续的后续教育。这样的营销队伍有利于长期客户关系的建立和维持，有利于团险业务的发展。

在直销渠道下保险公司聘用的团险营销员是公司的正式员工，享有固定的工资和福利，一般来说工作的稳定性较强，对业务的熟悉程度高。这使营销人员对公司的归属感和使命感增强，在营销业务中能够更好地代表公司利益，并努力维护公司形象，努力使其工作目标与公司的发展战略保持一致。在营销活动中，直销渠道有利于降低道德风险和承保风险，有利于提高客户的忠诚度。但是，直销渠道的建立需要较大的前期投资，日常管理成本较高。另外，营销人员作为公司员工，其绩效工资的激励作用也不如中介代理人的佣金。

2. 中介渠道

中介渠道通过保险经纪人和保险代理人销售团险产品。由于团体保险产品与服务的复杂性，以及客户分布的广泛性和差异性，为了满足不同客户的需求，专业化的保险中介成为团体保险销售中的重要渠道。

保险经纪人代表投保客户的利益，依据客户的需求，帮助客户找寻市场上最具有竞争力的保险公司，为客户提供全方位的服务。对于大型的团险计划，团体投保人一般通过经纪人与保险公司签订购买合同，保险公司通过与团险经纪人建立合作关系，有助于在短期内迅速获得市场份额。保险代理人受保险公司的委托，在保险公司授权范围内代为办理保险业务。一般来说，保险公司面对中小型客户推出的标准化团体产品或团体计划，往往通过代理人销售。

保险公司选择专业化的保险中介销售团险产品，有利于管理成本的节约和业务领域的扩展，但中介渠道也容易通过佣金的竞争加剧保险产品价格的竞争。另外，中介往往专营某类产品，其销售范围和客户分布比较集中，容易导致保险公司的风险集中，不利于保险公司的风险管理。

3. 交叉销售渠道

在市场营销中，交叉销售是借助客户关系管理，发现客户的多种需求，并通过满足客户需求而销售多种相关服务或产品的营销方式。团险产品的交叉销售是指不同类型保险产品的交叉销售，如个险与团险的交叉销售，产险与团险的交叉销售等。交叉销售有利于不同类型业务的客户共享，有利于展业成本的节约，有利于业务量的扩展，有利于增强客户的满意度和忠诚度。

4. 销售渠道的组合

销售团体保险业务的保险公司可以综合运用各种渠道，采取多层次的分销模式。通过不同渠道的组合达到最小化成本和最大化收益的目的。分销渠道的组合一般考虑市场的状况和产品的生命周期。例如，保险公司可以尽可能多的选择不同分销渠道来销售团险产品，从而实现市场份额的增长，但由于一定时期内客户的有限性，同时存在的不同分销渠道之间会因竞争的加剧而付出更多的成本。为了避免过度竞争带来的成本增加，保险公司也可以为不同类型的产品选择专门的分销渠道。考虑产品的生命周期，出于扩大市场份额和控制成本的目的，对于处于投入期、增长期、成熟期和衰退期等的产品，分别采取不同的营销组合策略。

14.1.3 销售管理

销售管理是营销管理的一部分，按照科特勒对营销管理（*Marketing Management*）的定义："营销管理是为了实现各种组织目标，对创造、建立和保持与目标市场之间的有益交换和联系而设计的方案的分析、计划、执行和控制"。可见，营销管理是企业管理的重要环节。营销管理工作是在企业的经营目标、战略经营计划之下，根据对经营环境的分析，对市场进行细分，选定希望进入的目标市场，然后据此制订市场营销计划和营销组合，并推动计划的落实执行和对执行计划的过程进行监督控制、评估、检讨和修订。销售管理（*Sales Management*）是计划、执行及控制企业的销售活动，以达到企业销售目标。销售管理过程包括制订销售计划及相应的销售策略，建立销售组织并对销售人员进行培训，制订销售人员的销售指标，将销售计划转化为销售业绩，对销售计划的成效及销售人员的工作表现进行评估。

与一般企业的销售管理过程类似，保险公司的团体保险销售管理包括销售业务目标和销售策略的制定，销售人员培训与销售协助，销售人员业绩评估等过程。在业绩评估中，如果采用中介渠道销售产品和服务，保险公司需要进行展业权管理。展业权是确认展业权利的管理，当多人对一个目标客户展业时，展业权管理可以避免业务人员的内部竞争，减少展业成本，提高展业效率。

对展业权的管理程序一般为：业务人员首先登记展业申请，核保人员经审核确认展业权，当多人申请展业权时，优先考虑最可能成功的展业人员。一般的优先顺序为：第一，已经取得投保书和保险费的业务人员；第二，取得了准保户的有效授权书，授权代理准保户团体保险的业务人员；第三，取得准保户员工姓名、年龄、职位、名册的业务人员；第四，登记取得展业权的业务人员。为了提高展业效率，也可以对一定时期内拥有展业权的数量进行限制。

§14.2 团体保险的核保

核保是评估保险标的或被保险人风险水平及确定是否承保和以怎样的费率承保的保险营销环节。由于不同类型保险业务的风险水平和外部影响因素的差异，他们在核保因素、核保标准和核保程序上存在差异。

14.2.1 团体保险核保的特点

团体保险核保是对团体被保险人风险评估、风险分类和风险选择的过程。通过核保，对不同风险程度的团体赋予不同的承保条件，以达成公平收费。团体保险核保以整个团体为对象，重点评估被保险团体的平均风险程度，而不是单个被保险人的风险，从而团体保险核保更注重考察投保团体的合规性以及投保团体的规模、行业性质和工作环境等。另外，团体保险一般是一年期的短期保险，续保时仍需核保，从而，团险核保是一项连续性的工作。

团体保险通过核保，将被保险人分成风险同质的若干组，并针对不同组对应的风险水平确定适当的费率，以实现定价的公平性。另外，通过核保，保险公司可以针对不同类型投保团体设计不同的保险保障和条款，从而实现在控制风险的基础上扩大承保范围的目标，有利于扩大业务规模和分散风险，并增强公司的市场竞争力。再者，通过核保，可以有效的控制逆选择，从而有利于降低成本，提高获利能力。

14.2.2　新业务的核保

新业务的核保是指以首次投保团体保险的团体为对象的核保。对于不同规模的团体，其核保因素和核保标准存在差异。

1. 大型团体核保

大型团体是指团体中被保险人数超过 50 人的团体。一般来说，由于大型团体的被保险人数较多，其团体的出险率和赔付率相对稳定，同时，大型团体具备健全的管理制度，一般可以承担团体保险的部分管理工作，从而大型团体投保需要附加的风险保费和管理费较低，使保费也较低。

大型团体的核保因素包括以下内容：

（1）团体的性质。投保团体必须为合格团体，即通过对团体成立原因和动机的考察，明确团体成立是出于某些特定目的，团体有其自身的专业活动，购买保险为其从属性活动。通过审核团体的合规性，可以减少逆选择风险。

（2）团体成员的性别年龄结构。团体成员的性别和年龄结构是影响团体出险率和赔付率的重要因素。对于被保险人来说，疾病和死亡风险随着年龄的提高而增大，因此，平均年龄较低的团体，其出险率和赔付率相对较低。平均年龄较高的团体，出险率和赔付率也相对较高。而死亡率、事故率和发病率等存在明显的性别差异，因此，核保时应该考虑性别结构对不同类型保险成本的影响。

（3）团体成员的参保率。为了降低核保成本，团体保险不对单个被保险人进行核保，而是通过控制团体成员中的参保比例控制逆选择。一般来说，对于由雇主负担全部保费的团体保险，要求的参保比例为 100%，如果由雇主和雇员分担保费，则一般要求的参保比例最低限为 75%。

（4）团体的地域分布。由于不同地区在经济发展水平、医疗卫生条件、环境资源状况等方面存在差异，使不同地区的人口死亡率、发病率、事故率等存在差异，因此，团体的地域分布成为核保的重要因素。

（5）团体所属行业。由于不同行业的收入水平、职业环境和工作强度等存在差异，使不同行业的投保团体在出险率和赔付率上存在差异，在核保中应该对不同行业采取差别费率。

2. 小型团体的核保

对于参保人数小于50人的小型投保团体，其出险率的波动性较大，逆选择的可能性更高，从而团体保险需要附加的风险保费也较高。另外，小型投保团体承担的团险管理工作较少，使团险附加的费用增加，从而小型团体投保的价格优势较弱。

为了控制逆选择，对小型团体的核保要求更高，一般包括对团体的核保和对参保成员个人的核保。对团体的核保，除了在大型团体核保中指出的团体性质外，还包括以下要素：

（1）团体规模。小型团体参保人数规模直接影响未来出险率和赔付率的稳定性，团体规模越大，团体人口的死亡率、事故率和发病率等出险率越稳定，个人因素就越微小；另外，团体规模越大，其人均管理成本越低，从而，小型团体投保的费率一般随着团体参保人数的增加而减少。

（2）团体成员的参保率和缴费分担。与大型团体核保类似，对于小型团体的核保也要求一定的参保率，例如，至少75%的成员参保等。为了控制逆选择，小型团体的核保往往要求参保成员是全职的正式员工。在缴费分担上，小型团体受其财务实力的制约，基本上由雇主和雇员平均分担缴费，或者由雇员承担大部分缴费，雇员可以选择是否参保。这就增加了个人逆选择的机会，为了控制逆选择，保险公司根据不同行业的特点和企业经济实力提出不同的保费分担比例要求，以在扩大市场规模的同时保证业务质量。

对团体成员个体的核保包括对参保个人可保资格的审查和参保个人健康状况的审核。由于小型团体员工的稳定性较低，流动性较大，工作时间以周或月工作小时数计算，从而在核保中要严格审核参保资格。对于允许家属参保的小型团体保险，也要对家属的范围作出专门限定。例如，年龄在一定范围内，并且是团体成员的子女或者配偶等。另外，为了控制逆选择，需要对小型团体参保个人的身体健康状况进行审核，一般通过审查参保人过去半年或一年的健康状况以及医疗费用状况，审核参保人的资格。有时，对于年龄较大的或者保额较高的参保人，也要求提供必要的健康证明。为控制承保风险，对于小型团体，在保险赔付上，一般会规定一定的等待期，例如，参保一年后才有资格领取保险金等。

下面是一个新业务核保的案例：

某大型企业，主要从事多个地区的数字电视网络的销售和维护工作，员工人数约为 2000 人，平均年龄 30 岁左右。该公司较重视员工福利，为所有员工投保了团体保险，保障内容包括意外身故和残疾、疾病身故、重大疾病、门诊和急诊医疗、住院医疗等。其中，门诊和急诊医疗和住院医疗都要求 100% 的赔付。

核保分析如下：就被保险人年龄结构看，该企业的平均年龄在 30 岁左右，整体较为年轻，疾病和死亡风险相对较低。从地域分布上看，该企业员工分布在多个地区，经济发达、医疗条件更好的地区，其员工的疾病和死亡风险可能相对较低；经济不发达、医疗条件较差的地区，其员工的疾病和死亡风险可能相对较高。因此，可以将投保人群按地区分类，分别制订费率，再按照人群的分布计算平均费率。另外，100% 的医疗保险赔付比例会带来较大的逆选择风险，可以考虑降低门诊和急诊医疗、住院医疗的赔付比例，或者提高门诊和急诊医疗、住院医疗的免赔额。

14.2.3　续保业务的核保

续保业务的核保是对一年期续约的方式承保的团体在续约时所进行的核保。对续保业务，在上年承保数据基础之上，需要审核以下因素的变动及其产生的影响：（1）团体参保人数及其结构的变动，是否有新增和退出的被保险人，新增和退出对参保人年龄和性别结构产生了怎样的影响？（2）续保团体的参保率是否发生变动，是否仍然满足在参保率上的核保要求？（3）续保团体的地理位置和工作环境是否发生改变，这种改变是否影响未来的出险率？（4）上年的赔付经验怎样？是否存在明显的逆选择迹象而没有相应的检验和控制手段？是否发生了大额预期外的赔付及其发生的原因？上年计提的已发生未报案赔款准备金是否充足？（5）上年的费用支出是否超出预期？原因何在？以往采取的成本控制措施是否有效，是否需要对承保管理程序进行调整等。

在以上审核和分析基础之上，续保业务需要依据以往赔付经验数据，特别是上年经验数据，对续保团体的风险特征进行调整，对续保团体的适应费率进行修订，以使续保保费公平合理，并有竞争力。

续保业务的核保要素与新业务核保类似，对续保年度被保险人的调整，参保率的变动，雇主缴费比例的变动，保险保障范围的调整等要进行重点审核。在雇主与雇员共同缴费的情况下，重点审核团体中参保的比例，如果参保率降低，可能预示着逆选择的增加，从而未来的赔付风险增加，这时需要增加保费，必要时也可以拒绝续约。对于过去一年发生了超出预期的大量理赔的续保团体，应对影响理赔的因素进行深入分析，必要时需要修订保险保障的范围及其水平。对于要求在续保中调整保额或保障范围的团体保险，核保中需要重新审核各项风险因素及可能的变动，选择调整后的适应费率。另外，对于首年赔付低于同类业务平均水平的团体，应充分了解各种可能的影响因素，排除投保人因不熟悉新投保的保险，导致的实际已发生并没有报案的情况，以正确评价投保人的风险水平。

下面是一个续保业务核保的例子：

投保团体是一家综合性的跨国能源公司，核心业务包括石油的开发与炼制、天然气的开发与销售、石油精细化工的加工与销售等石油相关产业。2008 年首次投保了某保险公司的团体保险，保障范围涵盖意外伤害、一年定期寿险、门/急诊医疗、住院医疗等。投保时被保险人数约为 1 000 人，平均年龄为 26 岁。第一年的赔付率为 40%。2009 年，该团体续保，续保时由于新员工的加入，被保险人数增加到 1600 人，平均年龄降低到 25 岁。

2009 年续保时的核保分析如下：上年该客户的赔付经验较好，但主要原因是由于该客户上年有大量新员工入职，并且入职后进行了封闭性培训，他们对于公司的各项福利政策并不熟悉，使对这些人的赔付基本为零。考虑到 2009 年续保后他们的封闭性培训已经结束，也更熟悉保险的保障范围，这可能使相应的赔付率有所上升，使续保风险增加。另一方面，2009 年续保新加入员工的年龄较低，使投保团体的平均年龄降低 1 岁，这会使续保风险相应降低。在续保时要综合考虑各种影响因素对续保风险的影响，合理评估续保的风险水平。

§14.3 团体保险的理赔

保险理赔是发生保单约定的保险赔付或给付事件后，保险公司依据合同规定，履行赔偿或给付责任的保险经营环节。保险理赔从接到投保人理赔申请开始，经过审核和调查程序，到履行赔付或给付后结束。

14.3.1 团体保险的理赔程序和风险管理

团体保险的理赔从接到出险通知、投保人提出理赔或保险金给付申请开始，保险公司首先核对保险单，了解被保险人死亡、疾病、伤残、生存等基本状况，接着需要审核投保人、被保险人或者受益人提供的有关证明和资料，以确定保险合同是否有效，保险期限是否届满，是否属于保险赔付责任范围等。如果认定是保险赔付或给付的范围，应做出赔付或给付金额的核定，通知被保险人或受益人，并在规定的时间内履行赔偿或者给付保险金的义务。

在核定保险责任，确定赔付或给付金额时，首先需要对保单持有人和索赔人进行认定，包括确定团体被保险人以及被保险人与受益人的关系证明，关于被保险人的身份证明，索赔人需要提供包括被保险人姓名、年龄、性别、婚姻状况等的信息，以及索赔人与被保险人的关系等；其次，保险事项证明审核，包括被保险人发生死亡、疾病、门诊和住院医疗及其他保险事故的证明，以及被保险人的保险项目证明；因被保险人的人身伤残、死亡而索赔的，应由医院出具死亡证明或伤残证明。如果被保险人依据保险合同要求保险人给付医疗、医药费用时，还须向保险人提供有关部门的事故证明，医院的治疗诊断证明及医疗、医药费用原始凭证等。

团体保险的理赔风险管理是全面风险管理的重要环节。首先，要建立完善的理赔制度和严格的理赔流程；其次，要注重提高理赔人员的素质，建立对理赔人员的定期培训制度；第三，加强对理赔案件文件资料的审核管理，特别对可能的伪造证明文件进行鉴定，核对出险时间和原因、相关的医院记录、相关的法院报告和警察记录，核对投保资料和核保资料等；第四，建立理赔准备金制度，包括正常索赔和可能的非正常索赔，以应对理赔失误、额外的核查、法律纠纷诉讼费或客户欺诈行为等造成的损失。另外，利用风险管理信息系统记录历史损失事故，协助索赔和理赔的安全监督，也是风险管理的重要手段。

14.3.2　团体人寿保险的理赔

团体人寿保险的理赔相对简单，一般通过审核被保险人资格，确认保险责任范围，检查和确认被保险人属于保险责任范围内的死亡后，就可以按合同约定的金额赔付。在理赔过程中，需要有被保险人死亡认定，死者合法身份认定，死亡时间认定，死亡原因认定等。对于由于自杀等免赔责任导致的死亡，保险公司不负责赔付。

14.3.3　团体健康保险的理赔

团体健康保险的理赔首先需要确认被保险人资格，包括被保险人是否在团体健康保险的被保险人名单中，被保险人的保险保障范围等。其次，需要审核疾病或意外事故是否在保障范围之内。在审核中通常需要提供医院和医生的医疗证明及详细医疗消费账单，并核对每笔医疗费用的发生时间和就医原因等，如果是属于非保险责任范围内的先天性疾病导致的医疗消费，则不属于赔付的范围。

在确认被保险人和赔付责任后，需要对照保险合同，对不同类型医疗消费可以补偿的比例和范围进行确定，然后，依据合同的定额分摊、免赔额、共保比例、个人自负限额、最高补偿金额等计算和确定总补偿水平。

对于有保险赔付整合要求的健康保险，即规定了投保不同类型健康保险的累计赔付最高限额时，需要先确定主要保险和次要保险的顺序，在主要保险赔付之后再确定次要保险的赔付金额。例如，某人同时参加了社会医疗保险和商业医疗保险，一般规定从不同医疗保险中获得的赔付不能超过实际医疗消费金额，商业医疗保险的赔付位于次要保险地位，被保险人首先应从社会医疗保险中获得补偿，再按合同规定，从商业健康保险中获得社会保险没有补偿部分的一定比例。

在团体健康保险理赔中，计算机和网络系统的建设和发展对理赔数据的更新和维护、提高管理效率、节约管理成本具有重要的作用。对历史理赔数据的定期更新和维护，可以避免同一索赔的重复支付，同时也为下年度定价提供依据。现代计算机和网络技术为理赔提供了技术支持，可以大大提高理赔管理的有效性和及时性。通过网络管理，也可以将不同地区的医疗服务提供者连接起来，从而有利于降低管理成本。当然，在计算机系统管理中需要控制人为操纵带来的成本增加。

另外，随着医疗技术的进步，新的诊疗方法的出现，会给健康保险理赔管理带来问题。新的医疗手段可能以更低的成本带来更好的治疗效果，但可能被限定在医疗保险理赔范围之外。这时，涉及对医疗保险支付范围之外费用支出的授权。

14.3.4 团体失能保险的理赔

团体失能保险理赔的关键是对失能的界定，尽管保险合同中对失能有明确的规定，但仍难涵盖实际中各种失能的情形。

对于长期的团体失能保险，失能通常被限定为：（1）被保险人必须在一定时期内无法履行自身工作的实质性的重要职责，以及以后的任何工作；（2）由于无法履行职责直接导致被保险人遭受至少20%的收入损失。

失能保险通常对免责期间和给付期间有明确规定。免责期间是指被保险人在其满足领取失能保险金的条件前必须处于失能状态的一段时间。免责期间一般规定为3－6个月。给付期间是给付失能保险金的期间。一般情况下，只要被保险人符合失能的定义且满足免责期间的要求，即可按合同规定领取按月给付的保险金，最常见的给付期间为规定的一定年数，或者到某一年龄为止，如60岁。

为了鼓励失能者尽早返回工作岗位，一般按月领取的失能金是失能前收入的一个比例，如60%，同时在数额上有最高领取限额。与医疗保险类似，对于有保险金整合要求的情形，需要确定主要保险和次要保险的顺序。一般同时投保社会保险和商业失能保险时，首先由社会保险进行赔付，从而商业失能保险金会相应减少，一般要求各种来源的失能保险金总和不能超出失能前的正常收入。

在国外，短期团体失能保险的理赔时间一般为 1—2 年，失能津贴按周支付。短期失能给付的免责期一般为 7－8 天，由于免责期短，相应的赔付率更高。由于保险给付的短期性，短期失能保险的除外责任很少。

参考文献

【1】 陈文辉：《团体保险发展研究》，中央编译出版社 2005 年版。

【2】 菲利普（*Philip kotler*）等著，卢泰宏等译：《营销管理》（第 13 版），中国人民大学出版社 2009 年版。

【3】（美）科特勒（*Kotler*，*P.*）等著，郭国庆等译：《市场营销原理》，清华大学出版社 2007 年版。

【4】 哈利特 · E. 琼斯（*Harriet E.*）等著：《保险原理：人寿、健康和年金》中译本，中国财政经济出版社 2004 年版。

【5】 万晓等著：《销售管理》，清华大学出版社 2009 年版。

【6】 王绪谨：《团体保险》，广州信平市场策划顾问有限公司 2004 年。

【7】 William F. Bluhm 等著，傅安平等译：《团体保险》，南开大学出版社 2003 年版。

【8】（美）詹姆斯 · H. 迈尔斯（*James · H. Myers*），王祎译：《市场细分与定位：高效的战略营销决策方法》，电子工业出版社 2005 年版。

【9】 钟煦和：《团体保险基础》，中国保险行业协会精算工作委员会组编。

第 15 章　团体保险的定价与评估

团体保险的定价和准备金评估是团体保险精算的核心内容，也是团体保险产品设计和风险管理的重要内容。团体保险定价和评估有区别于个人保险的不同特点。本章讲述团体保险费率厘定的基本原理、经验费率表的制订与修正方法、团体保险准备金的种类和评估方法等。

主要内容有：

☐ 团体保险费率厘定原理

☐ 团体保险经验费率的制订与修正方法

☐ 团体保险准备金的种类和评估方法

§15.1　团体保险的定价

在充分竞争的市场上，任何产品的定价均以产品的成本为基础，以获取合理利润为目标。除此以外，保险产品的定价还要以精算公平为基本原则。理论上，保险产品的保费应该包括补偿赔付成本的净保费和补偿费用并获取合理利润的附加保费两部分。

15.1.1　团体保险费率厘定原理

与个人寿险类似，团体保险的保费水平通常用费率表示，费率是单位保额的保费。团体保险的费率通常依据过去的经验数据，预先制订经验费率表，并依据以往赔付经验，对经验费率表进行修正和调整。对经验费率表的修正和调整，依据贝叶斯基本理论，对于大型的和稳定的投保团体，可以依据经验数据使用信度理论进行费率调整。在对经验数据的分析中，需要考虑不同团体的风险特征以及可能的极端风险对成本的影响。

经验费率通常是经验赔付率，也就是经验净风险费率，或者称经验净保费费率。经验净风险费率加上反映费用、风险和利润的附加费率，就是总保费费率。依据贝叶斯理论，预先对经验净风险费率的估计被称为净风险费率的先验估计，依据经验数据对先验净风险费率的修正和调整称为净风险费率的后验调整。对团体保险的费率厘定包括对净风险费率的先验估计和后验调整，以及对附加费率和总保费的估计。

1. 净风险费率的先验估计

净风险费率的先验估计，又称先验净风险费率估计，它建立在团体保险以往经验数据基础之上。

以 q_t 表示第 t 个团体保险成员在承保年度的净风险费率，它受参保成员年龄、性别、地区、职业、行业等因素的影响。由于风险费率是单位保额的风险保费，q_t 也是第 t 个团体保险成员在承保年度的净风险率。

对团体保险的所有成员，其平均先验净风险费率为所有成员先验净风险费率的平均数。以 $\bar{q}$ 表示平均先验净风险费率，有：

$$\bar{q} = \frac{\sum_{t=1}^{n} q_t}{n} \tag{15.1}$$

n 为团体保险的参保人数。

2. 净风险费率的后验调整

在先验净风险费率的基础上，依据投保团体的特征和历史经验数据，对先验净风险费率进行调整，计算后验净风险费率。

后验调整依据经验数据，可能是前一年的经验数据，也可能是前几年的经验数据。一般情况下，采用不超过 36 个月的经验数据，以减少被保险人在不同年份出险率变化的影响。经验数据期间可称为调查期，设经验数据期初的团体保险成员数为 N_{start}，期末的团体保险成员数为 N_{end}，经验数据期为 m 个月，这样，调查期的期望单位保额赔付额 E 为：

$$E = \bar{q} \times \frac{N_{start} + N_{end}}{2} \times \frac{m}{12} \tag{15.2}$$

在调查期期望赔付额的基础上，根据信度理论，可以计算信度因子 Z：

$$Z = \sqrt{\frac{E}{n^*}} \tag{15.3}$$

其中，n^* 是达到完全信度要求的风险单位数。在寿险中，通常为人年数，如果死亡率的平均水平下降，完全信度所要求风险单位数会上升。

经过信度因子调整的经验因子乘以先验净风险费率，就可以计算出经过经验调整的后验净风险费率。

设经验因子为 α：

$$\alpha = Z \times \frac{A}{E} + (1 - Z) \tag{15.4}$$

其中，A 为调查期内实际的单位保额赔付额，应包含已发生未报案（IBNR）的索赔估计数。

这样，经过调整的后验净风险费率 q_t' 为：

$$q_t' = \alpha \times q_t \tag{15.5}$$

3. 经过附加的后验净风险费率

前面计算的后验净风险费率是在先验净风险费率基础上经过经验调整计算的，没有考虑对次标准体风险的调整问题。实际上，对于通过核保认定为次标准体的人群，需要附加一个风险因子，如果次标准体的附加调整因子为 l_t，这时的后验净风险费率为：

$$q_t'' = (1 + l_t) \times q_t' \tag{15.6}$$

4. 被保险成员总保费率

在经过附加的后验净风险费率的基础上，可以计算出团体保险中参保个体 t 的总保费率 q_t^G。

$$q_t^G = q_t'' / (1 - e - l) \tag{15.7}$$

其中，e 表示费用附加，是用于补偿保险公司的营业费用和支付给中介的佣金而附加的费用比例，l 是除费用外的其他附加的比例，包括利润附加、选择权附加等。

如果是分红型团体保险，总保费率的计算中需要考虑分红因子，设分红因子为 β，这时，总保费率成为：

$$q_t^G = (1 + \beta) \times q_t'' / (1 - e - l) \tag{15.8}$$

5. 团体保险总保费率

一般来说，团体保险对每个参保人的费率是相同的，如果参保成员 t 的保额为 SA_t，团体平均总保费率为：

$$\bar{q}_t^G = \frac{\sum_{t=1}^{n} q_t^G \times SA_t}{\sum_{t=1}^{n} SA_t} \tag{15.9}$$

15.1.2 经验数据与数据集合处理

1. 经验数据

对经验费率的制订和修正依据过去的经验数据。一般来说，制订和修正经验费率的数据包括：（1）每年按团体特征和被保险人特征分类的保费收入和各项赔付支出记录；（2）每年按索赔和费率因子分类的年末索赔额以及与索赔相关的费用；（3）每年年初与年末按给付类型与费率因子分类的有效总保额；（4）每年年初与年末按给付类型与费率因子分类的有效参保成员数；（5）每年已发生未报案（IBNR）的索赔数与索赔额，以及其他可能的延迟索赔等。依据上述经验数据，可以计算出不同类型团体保险的经验费率。对经验数据进行时间序列分析，还可以发现经验费率的变动趋势及其影响因素。

由于随机波动因素的存在，即使风险因素完全相同的两个团体，其历史经验数据也可能存在差异，从而在制订和修正经验费率表时，要求历史数据必须达到一定的规模。但实际中，要得到一定规模的历史经验数据是比较困难的，这是因为团体保险很少记录团体中每一个体的详细信息，保险公司得到的数据大多是加总后的总体经验数据。一般认为，积累过去 3 - 5 年的历史数据，基本能够满足对经验数据规模的要求。当然，经验数据的可信程度与团体的规模有关，规模越大的团体数据，可信度越高。另外，不同风险保障类型的团体保险，达到一定数据可信度要求的数据规模也有差异，索赔频率越低的险种，要求的经验数据越多；相反，像团体医疗保险这样的高出险率的险种则不要求更多的经验数据就能达到对数据规模的要求。

在综合不同类型团体的经验数据时，需要分析数据的可比性，剔除不能综合的因素。例如，有些团体在招募员工时需要进行较严格的体检，有些则没有相应的体检，从而经过体检的团体成员，其在死亡率和发病率上会相应降低。再如，如果团体鼓励患病成员提前退休，在职参保者的死亡率和发病率就会相应降低。这时，就需要对不同风险水平的团体数据进行分类汇总，再对分类数据进行相应的调整，使其能够汇总分析团体的整体经验。

2. 数据的集合处理（Pooling Method）

制订经验费率，需要对数据进行集合处理。集合处理是指将多个团体或一个团体的个人经验数据放在一起，通过各种平均算法消除数据中的异常值，得到“平滑”的赔付经验数据的过程。理论上，经集合处理后，可能剔除了异常的高赔付值，从而导致对团体赔付成本的低估，尤其是在赔付的分布是厚尾的情况下，按集合处理后的数据制订的保费可能小于赔付的成本，因此，制订保费时需增加一定的附加，这一附加被称为集合成本。

实践中，由于各个团体的保单年度不会完全相同，很难找到保单年度完全一致的团体保单进行集合处理，因此，一般假定预先设定的经验费率代表了经集合处理的总体赔付经验。如果经验费率是基于相似保单集合的综合经验制订的，这时的费率也被称为集合费率。

集合处理涉及两个分布：一个是个人索赔分布；一个是团体预期索赔总和分布。个人索赔分布根据以往个人索赔数据得到，团体预期索赔总和分布反映团体总索赔的分布，该团体中每个人服从个人索赔分布。集合处理就是将个人索赔分布集合成团体预期索赔分布的过程，团体预期索赔总和分布是经验费率厘定和修正的基础。

实践中，常见的集合处理有下面几种：

（1）特定的止损集合处理（Specific Stop - Loss）。特定的止损集合处理又称为超大额赔付集合处理。在这种集合处理下，需要定义超大额赔付限额（The Catastrophic Claim Limit），在不同险种下，超大额赔付限额的定义可能存在差异。例如，在长期失能团体保险中，定义为连续失能给付年数超过某规定的年数；在医疗保险中，定义为超过一定金额的医疗赔付。对多个团体数据进行集合处理时，需要先剔除个体赔付中符合超大额赔付限额的赔付数据，再综合各团体的数据，得到团体预期的索赔总和分布。因此，经过特定止损集合处理后，因剔除了部分个人赔付超过限额的异常高赔付值，使集合后的平均赔付率降低。

图 15 -1 是对 50 人的团体用蒙特卡罗模拟重复 1 000 次得到的实际赔款与预期赔款比率的分布，代表将 1 000 个 50 人团体的赔付数据集合在一起，产生的集合效果。

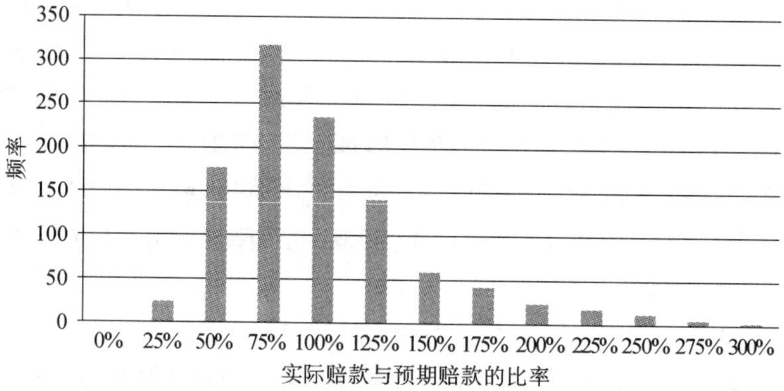

图 15 -1　蒙特卡罗模拟索赔分布下实际赔款与预期赔款的比率

如果将个人特定止损限额应用于集合处理，也就是剔除超过规定限额的赔付数据，这时，1 000 次模拟结果的实际赔款与预期赔款比率的分布的对称性增大，方差缩小。图 15 -2 显示了经特定止损中止集合处理后的实际赔款与预期赔款比率的分布，并与没有经过止损处理的结果对比，从图中可以明显看出，经集合处理后的实际赔款与预期赔款比率的分布更为集中。

（2）总体止损集合处理（Aggregate Stop - Loss）。总体止损集合处理又称损失率或费率限额处理，是对未来的损失率设置上限，并在集合中对超过上限的数据按上限数据处理。可以对费率增长百分比设置上限，也可以对总赔付金额设置上限。在图 15 -2 的数据中，如果将损失率上限设定为 12.5%，实际赔款与预期赔款的比率分布如图15 -3所示。

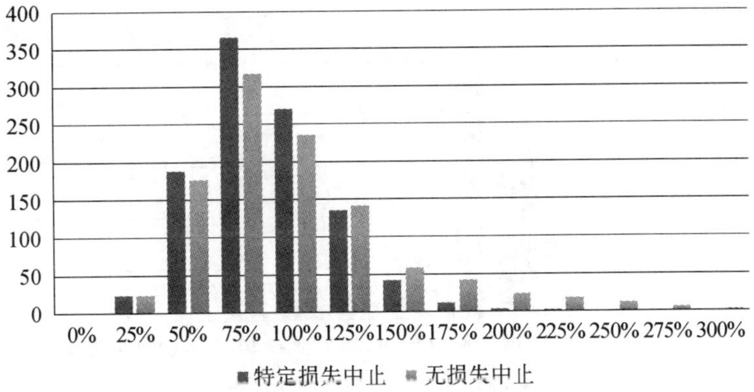

图 15－2 特定损失中止与无损失中止下实际赔款与预期赔款的比率

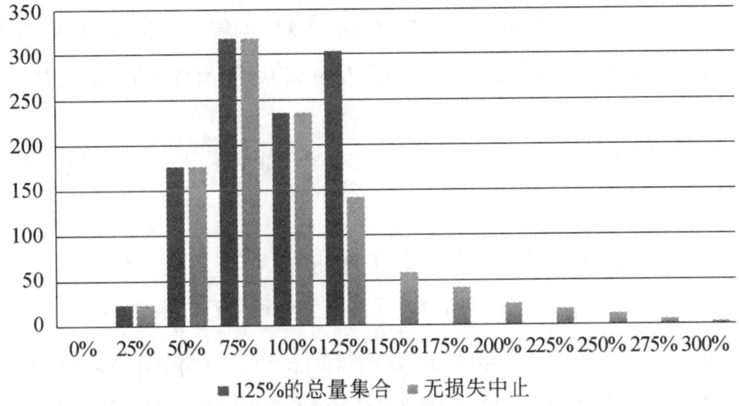

图 15－3 总体止损集合处理与无损失中止下实际赔款与预期赔款的比率

（3）可信度加权集合处理。可信度加权处理是依据集合数据的规模给定一个可信度系数，用可信度系数对过去的经验赔付数据和预期赔付数据进行加权求和，计算经过集合后的赔付。可信度系数设为 C，C 的取值在 0 与 1 之间。可信度为 0，表示团体自身经验数据没有可信度；可信度为 1，表示团体自身经验数据完全可信，不需要集合处理。一般情况下，大型团体的经验数据可信度较高，小规模团体经验数据的可信度较低。

集合后的赔付 = C × 集合前的已发生赔付 +（1 － C）× 预期赔付

其中，预期赔付指在集合下的平均赔付水平。上式两边用相同的已赚保费相除可得：

集合后的损失率 = C × 集合前的损失率 +（1 － C）× 集合的损失率

图 15－4 显示了经 50% 可信度因子集合处理的实际赔款与预期赔款比例的分布，可以明显看出经过集合处理的效果。

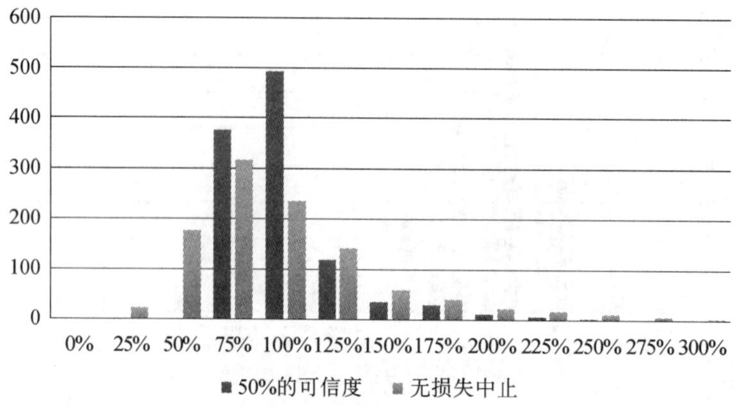

图 15－4　50%可信度集合处理与无损失中止下实际赔款与预期赔款的比率

（4）多年平均集合处理。多年平均是对多年经验数据进行加权平均，以消除单年经验数据波动的方法，这种方法可用于修正其他集合方法，也可以单独使用。

例如，分别用 5、3 和 1 为权数，对 Z 到 Z－2 年的损失率进行加权，计算经过集合处理的 Z 年损失率。

Z 年的集合损失率＝[5×Z 年的损失率＋3×(Z－1)年的损失率＋1×(Z－2)年的损失率]/9

上述几种集合处理方法并不是互相排斥的，实践中往往同时使用不同的方法，或者对不同类型数据采用不同的集合处理，然后再进行新的集合。

15.1.3　经验费率的制订与修正

1. 经验费率表

经验费率表是依据过去的经验数据编制的、表示不同风险等级对应的保险费率的表格。在实践中，团体保险的经验费率依据过去已有的经验数据预先编制。对于大型团体的投保，考虑到其团体成员及赔付风险的稳定性，一般直接依据团体自身的经验数据，编制经验费率表，并考虑投保年团体人口结构的变动和上年的赔付经验，对经验费率进行修正，确定续年的费率；对于中小型团体的投保，保险公司一般采用集合计划，将类似的中小型团体集合在一起，并依据经过集合处理的经验数据，编制和修正经验费率表，并推出标准化的产品类型，或者依据权威机构发布的经验费率表，并考虑投保团体的规模和风险特征，调整费用和利润的附加额度，确定总保费率。在美国，团体保险经验费率表的编制大多参考北美精算学会以及美国保险监督官协会等机构公布的研究结果或统计资料。

表 15－1 是一个团体寿险经验赔付率表的例子。

从表中数据可见，男性和女性被保险人每 1 000 元保额每月的赔付率随

表 15－1　　团体寿险每 1 000 元保额的月赔付率

年龄	男	女	年龄	男	女
15—19	0.16	0.09	40—44	0.16	0.09
20—24	0.13	0.04	45—49	0.28	0.12
25—29	0.10	0.03	50—54	0.46	0.24
30—34	0.09	0.04	55—59	0.84	0.34
35—39	0.11	0.06	60—64	1.18	0.52

数据来源：钟煦和：《团体保险基础》，中国保险行业协会精算工作委员会组编。

着年龄的增加呈增加趋势，同一年龄组男性的赔付率高于女性，但 15－30 岁组的月赔付率经验呈下降趋势。男性 30 岁组、女性 25 岁组的赔付率最低。这与年轻人可能从事更多的危险活动有关。

2. 经验费率的制订与修正方法

经验费率的制订与修正有两种方法：一种是未来法；另一种是过去法。未来法在团体过去理赔经验数据的基础上，对未来保单年度的预期索赔数据进行估计，进而确定费率。如果没有过去的经验数据，可以采用相似保单的经验费率表，并考虑投保团体规模和其他特点来确定费率；过去法不是与未来法相对的费率估计方法，而是未来法的必要补充。过去法依据上一保单年度的经验赔付数据对下一保单年度的保费采取优惠性（调低）或惩罚性（调高）的调整。

（1）未来法。未来法依据的经验数据主要是经验年度的赔付额，假设经验年度从 Z 年 1 月 1 日到 Z 年 12 月 31 日。由于出险和赔付存在时间差，在 Z 年度发生的赔付，不一定是在 Z 年度出险的赔付。同样地，在 Z 年度出险的赔案，也不一定都在 Z 年度内赔付，可能推迟到以后一年或几年内才能完成赔付。因此，计算 Z 年度已发生赔案的赔付支出需要在 Z 年度实际支出的基础上扣减之前年度出险但在 Z 年度赔付部分，增加在 Z 年度出险但没有赔付的部分。

设出险事件发生在 Z 年前却在 Z 年度支出的赔付为 A，出险事件发生在 Z 年度并且支出也发生在 Z 年度的赔付为 B，Z 年的出险事件在 Z 年后支付，包括已报告和未报告的赔付为 C，这样，

$$\text{Z 年度的已发赔案的赔付支出} = \text{Z 年度支付的赔付额} - A + C \tag{15.10}$$

实践中，由于保费率需要在续保日前确定，通常可使用的经验数据是续保日或者重新确定保费日之前几个月的数据，从而，可能没有上面提及的经验数据 A，这时，Z 年度已发赔案的赔款支出用 Z 年度支付的赔款和期末与期初准备金的差额的和计算。

$$\begin{matrix}\text{Z 年度的已发赔}\\\text{案的赔款支出}\end{matrix} = \text{Z 年度支付的赔款} + \text{期末准备金} - \text{期初准备金}$$

$$=Z\text{ 年度支付的赔款}+\text{准备金增加值} \quad (15.11)$$

在这种方法下，需要先估计准备金的数值。

（2）过去法经验费率。过去法是用上年度赔付经验数据调整下年度保费的方法，如果某团体的实际赔付经验好于用未来法计算的结果，则对下年度的保费给予奖励性的减少。保费的奖励性减少往往采取红利返还的方式。如果实际赔付经验比用未来法计算的预期经验差，则对下年度的保费给予惩罚性的增加。

对于实际赔付经验好于预期结果的情况，会产生剩余保费，剩余保费可以在投保人账户中积累，并以保费稳定准备金、赔付波动准备金或者意外准备金的形式存在。当未来出现实际经验比预期结果差的情况下，这些准备金用于对保费不足进行补偿。盈余也可以以红利的方式返还，或者直接以经验费率退还方式返还。

剩余保费取决于上年转入的剩余保费、本年交付的保费、投资收入、赔付支出、费用支出、保费稳定准备金增加等的变动。计算公式如下：

$$\begin{aligned}\text{剩余保费}=&\text{上年转入的剩余保费}+\text{本年保费}+\text{投资收入}-\text{赔付}\\&-\text{费用}-\text{风险费用}-\text{保费稳定准备金增加}-\text{利润}\end{aligned} \quad (15.12)$$

剩余保费为正值时，投保人的下年度保费会得到相应的优惠，或者以分红或现金方式返还，或者存入保险公司的自由准备金账户。如果剩余保费为负值时，保险人可收取罚金，或运用未来法制订的新保费弥补这一缺口。一般情况下，保险公司不会选择收取罚金的方式，负的剩余保费往往会转入下年，并通过来年的盈余来弥补。如果上年的剩余保费没有通过上面的方式处理，也可以将剩余保费转入下年中。

在公式（15.12）中，本年保费是指投保人在合同年度支付的保险费，这一项也可能根据保费支付的时间进行利息调整；投资收入指保单运营资金的投资收入，包括对赔款准备金的投资收入；赔付指保险公司在保单年度实际支付的赔款或给付支出，在过去法下，赔付指已发生的赔款支出，相应的赔款准备金体现的是未发生赔款的数额；费用通常按不同业务类型分摊，费用通常以保费的百分比、已付或已发生赔付的百分比、每一已处理赔案索赔、每一保单等方式衡量，费用可以细分为佣金、代理费用、税金、转换费用、公司一般管理费、服务费、赔付费、风险费用、集合费用等。其中，风险费用是指处理可能的意外支付需要的支出，例如，投保人取消合同或不再续保造成账户亏损的费用，以及准备金不足引起的支出增加等。保费稳定准备金增加是指为保证未来年度的保费稳定提存的准备金，如果保费稳定准备金被不良的赔付经验耗尽，则会采取增加保费的方式弥补保费不足；利润项一般不在提供给投保人的经验报告中显示，而是以隐含的方式通过更有利于保险公司的精算假设的设定来体现。

过去法基于过去的经验，确定和调整未来的保费，从而要求过去的经验具有可靠性，这就要求团体规模足够大，过去的经验比较稳定，并且与未来的相关政策一致。团体规模是保证过去经验数据可信度的基本要求，规模较小的团体其经验数据稳定性差、波动性大，从而经验数据的可信度较低。另外，不同类型的公司和不同类型的业务，在剩余保费返还政策上也有明显差异，因此，过去法对不同类型公司的适用性也有差异。再者，在保险实务中，除了合同对保费返还有明确的规定外，一般情况下，是否返还保费取决于保险人的整体财务状况，对于盈余较少的保险公司，在决定返还上应该持谨慎的态度。

3. 团体寿险赔付成本估计

团体寿险的赔付成本受被保险人死亡率和保险金额的影响。团体被保险人的死亡规律用生命表表示，由于团体保险并不对个人进行核保，团体被保险人死亡率不需要用选择—终极生命表描述死亡规律。在实践中，对于非危险性行业的团体寿险，其成员的死亡率一般直接采用标准普通人寿生命表数据。

在计算团体保费时，需要将团体成员按性别年龄分组，分别计算不同性别年龄组的净保费，再用对应组的保额加权平均，计算平均净保费。如果有经验赔付率表，可以直接计算单位保额的平均净保费，即净保费率。在此基础上，考虑投保团体在规模、行业和地区分布、保险金额、保单选择权以及其他风险因素等方面的特点，对所计算的平均净保费进行调整，得到修正后的净保费。最后，考虑费用和利润附加，计算调整后的总保费。

【例 15－1】 某团体寿险的被保险人数为 180 人，其中男性 90 人，女性 90 人，人均保额为 20 万元，但不同被保险人的保额有所差异，如果经验赔付率如表 15－1 所示，已知被保险人的性别、年龄和保额，试计算该团体的预期平均净保费。

解：

首先将投保团体成员按性别年龄和保额分组，为了与经验赔付率表的分组对应，被保险人按 5 岁分组，分组结果列入表 15－2 中。

表 15－2

团体成员组	性别	年龄	人数	保额（元）
A	男	25—29	20	1 000
B	女	30—34	30	1 200
C	男	35—39	30	1 500
D	女	40—44	40	1 800
E	男	45—49	40	2 200
F	女	45—49	20	2 000

其次，计算团体平均月赔付率。计算过程列入表 15－3 中。

表 15－3　　某投保团体平均月赔付率的计算表

团体成员组	人数	每人保额（元）	总保额（元）	月赔付率	预期赔付金额（元）
A	20	1 000	20 000	0.10	2 000
B	30	1 200	36 000	0.04	1 440
C	30	1 500	45 000	0.11	4 950
D	40	1 800	72 000	0.09	6 480
E	40	2 200	88 000	0.28	24 640
F	20	2 000	40 000	0.12	4 800
合计	180	—	301 000	0.147	44 310

团体平均预期赔付率＝44 310/301 000＝0.147

即，按照经验赔付率计算的团体预期净保费率为每 1 000 元保额 0.147 元

【例 15－2】 在例 15－1 中，如果该投保团体上年的实际赔付率为每月每千元保额 0.1 元，依据以往经验，认为上年实际赔付率的可信度为 40%，计算经过调整的团体月赔付率和预期月赔付支出。

解：

经过调整的团体月赔付率＝0.1×40%＋0.147×60%＝0.128

预期月赔付成本＝301 000×0.128＝38 528（元）

对预期净保费率的调整，还要考虑团体所在的行业、地区、被保险人职业分布等因素的差异，并通过相应的风险调整因子对预期净保费率进行调整。

团体所在行业是影响出险率的重要因素。例如，采矿业的团体死亡率比银行业的高。在美国，行业风险因子按标准行业代码（Standard Industry Code，SIC）分类，表 15－4 是美国采煤业和银行业的标准行业代码和风险因子的一个示例。

表 15－4　　采煤业和银行业的行业代码和风险因子

SIC	行　业	因　子
1230～1239	采煤业	1.50
6011～6059	银行业	0.75

在计算团体净保费时，如果投保团体的成员来自不同行业，需要按保险金额加权平均计算团体的行业风险因子，再用于调整团体保费。

除了行业差异，团体成员中的职业差异和职业结构，也会影响团体的出险率。职业是个人在某行业中的具体岗位。例如，同是采矿行业，如果团体的参保成员中矿下作业者的比例高，则风险也高。定价时需要加权考虑被保险人职业差异的影响，进行加权平均处理。

人口死亡率有明显的地域差异，参保成员在不同地域的分布对出险率会有显著的影响。但实践中，死亡率的地域差异往往被行业差异所覆盖。保险公司依据以往经验，可以根据投保团体所在地区，对经验费率进行调整。表 15 - 5 给出了一个美国地区调整因子的一个例子。

表 15 - 5　　美国地区调整因子示例

州	中心区域	市镇	每月赔付率降低额
堪萨斯	堪萨斯城	约翰逊，怀恩多特	0.03
堪萨斯	其他城区		0.09
路易斯安那			无

数据来源：William F · Bluhm 等著，傅安平等译：《团体保险》，南开大学出版社 2003 年版。

4. 团体医疗保险赔付成本估计

团体医疗保险的赔付成本取决于被保险人的疾病发生率和医疗费用的分布。与团体寿险类似，对于大型团体，团体医疗保险的费率根据团体自身经验制订和修正。对于小型团体，往往直接采用经验赔付率表。在传统补偿型医疗保险中，经验赔付率往往用赔付概率分布表示。

表 15 - 6 是一个医疗保险的赔付概率分布表。表中第（1）栏是对赔付额的分组，第（2）栏是与赔付额分组对应的赔付概率，所有组赔付概率之和等于 1。第（3）栏是每组的平均索赔金额；第（2）和（3）栏的数据通过汇总各年每一团体成员的赔付数据得到。第（4）栏是第（2）和（3）栏的乘积，表示每组期望的赔付成本。第（5）栏是第（2）栏的逆向累加和，表示赔付额大于分组下限的概率。第（6）栏是第（4）栏的逆向累加和，表示大于赔付额分组下限的累计赔付成本，所有累计赔付成本就是团体保险的总赔付成本。

表 15 - 6　　赔 付 概 率 分 布　　单位：元，%

(1) 赔付额分组	(2) 概率	(3) 平均索赔额	(4) 期望赔付成本	(5) 累计概率	(6) 累计赔付成本
0	20	0	0	100	1 542.1
(0, 50]	5	40	2	80	1 542.1
(50, 150]	10	100	10	75	1 540.1
(150, 250]	5	205	10.25	65	1 530.1
…	…	…	…	…	…
(4 000, 5 100]	1	4 500	45	10	982
(5 100, 6 000]	1	5 400	54	9	937
…	…	…	…	…	…
(750 000, 1 000 000]	0.0001	850 000	0.85	0.0001	1.95

注：表 15 - 6、表 15 - 7、表 15 - 8 来源于 William F · Bluhm 等著，傅安平等译：《团体保险》，南开大学出版社 2003 年版。

如果团体医疗保险有免赔额、自付比例和最高赔付限额规定，在计算赔付成本时要做相应的扣除。

在赔付概率分布的基础上，可以计算出不同免赔额规定下对应的赔款额，也就是保险公司扣减免赔部分实际支付的赔付金额。以表 15－6 为基础，如果免赔额设为 0、100、200…等，对应的超过免赔额的赔款金额及保险公司相应减少的赔款额列入表 15－7 中。

表 15－7　　不同免赔额下的赔款额　　单位：元

免赔额	赔款金额	减少的赔款额
0	1 542.10	0.00
100	1 542.10－0.75×100＝1 467.10	75.00
200	1 530.10－0.65×200＝1 400.10	142.10
…	…	…
5 100	937.00－0.09×5 100＝478.00	1 064.10
…	…	…
750 000	1.95－0.000002×750 000＝0.45	1 541.65
1 000 000	1.10－0.00001×1 000 000＝0.10	1 542.00

【例 15－3】 某团体医疗保险规定的免赔额为 200 元，最高赔付限额为 100 万元，在免赔额和最高限额之间，按 80% 赔付医疗费用。试以表 15－6和 15－7 为依据，计算预期赔付成本。

解：按保单规定，该团体保险负担 200 元以上、100 万元以下赔付的 80%，因此，预期赔付成本为：

$$(1\ 542-142.1)\times 80\% = 1\ 119.92\text{（元）}$$

5. 团体失能收入保险赔付成本估计

团体失能收入保险的赔付成本由被保险人失能发生率、失能金领取期和失能金的水平决定。如果失能金按被保险人工资的比例规定，赔付成本与工资水平相关。对于长期失能收入保险，赔付成本还与失能金领取期的利率和被保险人死亡率有关。

$$\text{长期失能收入保险赔付成本} = \text{失能发生率} \times \sum_{\text{给付期间}} v^t \cdot {}_t p_x \cdot \text{失能金}_t$$

其中，v^t 和 ${}_t p_x$ 分别是 t 年利率折现系数和 x 岁的失能金领取人存活 t 年的概率。

与其他类型团体保险类似，对于大型团体的失能保险，一般依据投保团体的赔付经验数据制订和修正经验费率。对于小型团体，一般依靠权威机构公布的失能发生率，并考虑投保团体的风险特征，对公布的失能率进行修正后使用。

对经验失能发生率的调整需要考虑以下几个方面：

第一，失能金实际领取人数与失能金的水平有关。失能金相对过去工资收入越高，失能索赔越多，失能金的实际给付越多。反之，则失能金终止领取的概率越高，实际领取失能金的人数越少，失能金支出越少。在估计失能赔付成本时，可以通过赔付成本系数来调整失能金的实际给付。例如，设标准的失能金为过去工资的 60%，即失能金替代率为 60%，与之对应的赔付成本系数取值为 1，那么，失能金替代率低于 60% 时，其赔付成本系数应小于 1；失能金替代率高于 60% 时，其赔付成本系数应该大于 1。

第二，失能保险团体成员的参与率与赔付成本相关。一个团体的参与率越高，其逆选择的可能性越小，相应的赔付成本就越低；反之则相反。例如，设团体 90% 以上的成员参加团体失能保险，对应的赔付成本系数取值为 1，那么，参与率小于 90% 时，对应的成本系数应高于 1。表 15 – 8 给出了一个雇员参与率与成本系数关系的示例。

表 15 – 8　　雇员参与率与成本系数

雇员参与率（%）	成本系数	雇员参与率（%）	成本系数
90 ~ 100	1.00	50 ~ 59	1.44
80 ~ 89	1.07	40 ~ 49	1.67
70 ~ 79	1.17	30 ~ 39	2.00
60 ~ 69	1.29		

第三，失能率与团体的规模、团体成员的性别年龄结构、职业结构、收入分布、行业和地区分布等有关，也与保险条款对失能金的给付水平、给付上限、等待期等的规定有关，这些因素对失能赔付成本的影响，也可以通过设置类似的调整系数，对预期的失能支出做出调整。

对于团体短期失能保险，经验费率可能按不同的团体规模和失能计划类别分类，但一般不按年龄、性别和行业分类。经验费率往往基于权威机构的相关研究，并依据自身营销系统、核保、理赔等经验进行调整。

§15.2　团体保险的评估

团体保险的评估是对团体保险各项准备金的评估。与个人保险类似，由于保费的收取与保单承诺的各种赔付（或给付）和费用的支出存在时间差，从而需要提存各种准备金，用于应对未来的保费收入不足赔付（或给付）和费用支出的部分，保证保险公司的充足偿付能力，并控制保险公司利润的合理释放。

15.2.1 团体保险准备金的种类和意义

与团体保险的风险和责任对应，团体保险的准备金包括精算准备金、未到期责任准备金、未决赔款责任准备金、选择权责任准备金、应急准备金等几种。

1. 精算准备金

精算准备金（Actuarial Reserve）是用精算方法估计的负债值，它等于不确定事件未来预期净现金流的现值。在寿险中，精算准备金是保单未来现金流的现值，表示保单的未来赔付责任，保险公司必须至少积存等于精算准备金的资产以应对未来的负债。

在团体保险中，大部分合同是每年定期更新的，每年的保费依据预先设定的经验费率并按上年的赔付经验进行调整，从而，每年的保费正好补偿每年的赔付和费用成本，并获得合理利润。这样，未来一年内所有支出与所有保费的价值相等，不需要提存精算准备金。但是，有的团体保险合同会在一定时期内采取定期调整保费（Step – Rate Premium）或均衡保费的方式，这时，就需要建立精算准备金。

精算准备金等于未来所有支出的现值与未来收入现值之差。未来支出包括保险合同承诺的所有可能赔付或给付支出以及费用支出，未来收入为保费收入，现值需要用精算假设的折现率计算。

2. 未到期责任准备金

未到期责任准备金又称未满期责任准备金（Unearned Premium Reserve），是指在会计年度决算时，对未满期保单的保险费所提存的准备金。大部分团体保险是一年期合同，这时的未到期责任准备金是当年承保业务在下年度仍然有效的保费部分。例如，对于12月31日为结算日，每月15日为缴费日的团体保险，其未满期保费为12月份所缴保费的一半。可见，缴费方式、缴费日期和结算日期等，决定了保费中应该归属结算日前后所负责任的部分，结算日后所付责任的保费部分等于为未满期责任提存的准备金数额。

如果长期团体保险按定期调整保费或均衡保费的方式收费，这时，精算准备金中已经包含了保障未到期责任的部分，从而无需提取未到期责任准备金。

3. 未决赔款准备金

未决赔款准备金（Outstanding Claims Reserve）也称赔款准备金，是指为在会计年度决算日前已发生保险事故但尚未决定赔付或者应付而未付的赔款而从当年的保险费收入中提存的准备金。它是保险公司在会计年度决算时，为该会计年度已发生保险事故应付而未付赔款所提存的一种资金准备。未决赔款准备金主要包括已发生已报案赔款准备金及已发生未报案赔款准备金两种。

（1）已发生已报案赔款准备金。已发生已报案未决赔款准备金是指为保险事故已经发生、并已向保险公司提出索赔但保险公司尚未结案的赔案而提取的准备金。团体保险的已发生已报案赔款准备金的提取额为评估日所有已报告未赔付的索赔总和。

（2）已发生未报案赔款准备金。已发生未报案未决赔款准备金（Incurred But Not Reported Reserve，IBNR）是指为保险事故已经发生但尚未向保险公司提出索赔的赔案而提取的准备金。已发生未报案是由于索赔延迟造成的，一般依据经验数据，在估计索赔延迟分布的基础上提取。为了简化，实践中往往根据当年实际赔款额的一定比例提存。

4. 选择权准备金

团体保险往往提供转换为个人保险的选择权，这种选择权会使保险公司产生转换成本，选择权准备金是为应付成员未来执行选择权的成本而提存的。通常按保费的一定比例计提，随着选择权有效日期的临近，选择权准备金逐步减小，直到为零。

5. 应急准备金

应急准备金（Contingency Reserves）是为应付死亡率、发病率、伤残率等不可预见的不利波动对保险公司偿付能力造成的影响而提存的准备金。应急准备金不属于负债，是从公司自由盈余中提转的准备金。

15.2.2　团体保险准备金的评估方法

准备金的数额取决于准备金的评估目的、评估方法和精算假设。在不同的评估目的下，准备金的评估方法和精算假设存在差异，评估中遵循的会计准则和精算标准存在差异。另外，对于不同类型的团体保险，由于保险责任和所承保事故的差异，其风险发生率和损失分布存在较大的差异，保费的缴付方式和赔付的支付方式也可能存在差异，从而准备金的评估方法会有所不同。对于长期团体保险，往往采取与寿险类似的责任准备金评估方法。对于每年续保更新的团体保单，其未决赔款准备金是最大的准备金项目，未决赔款准备金的评估方法与非寿险未决赔款准备金的方法类似。

准备金的评估受保险监管、税务监管和会计准则的限制，同时准备金的提取对保险公司的当年利润和投保人的经验返还产生影响，更保守的准备金提取会推迟利润的实现，并导致经验返还的减少。

1. 团体长期险精算准备金的评估

长期团体保险采取与个人保险相同的精算准备金评估方法。在我国，非年金业务的团体长期保险采用一年期完全初年定期修正制评估精算准备金，当续年评估均衡纯保费大于毛保费时，需要计提保费不足准备金。

终身年金采用修正均衡纯保费法评估准备金，设修正后的初年净保费为α，修正后的续年净保费为β，其中：

$$\alpha = \{1 - \min(\text{首年预定费用率}, r)\} \times \text{首年毛保费}$$

通常情况下，$r=0.15$。

当续年度评估均衡纯保费β大于毛保费时，需要计提保费不足准备金。

2. 未决赔款准备金的评估

对已发生已报案的保险事故，通常按估计保险赔款额的100%提取未决赔款准备金，并且按照已发生已报告未决赔款金额的一定预估比例提取理赔费用准备金。对已发生未报案赔款准备金，依据经验数据按本年度实际赔款额的一定比例计提，或者按同类业务保费的一定比例计提，但一般不超过按已报案未决赔款的金额。

例如，某团体保险的评估日为12月31日，历史经验数据显示，在评估日前出险，但在评估日后报案的索赔比例为a，这时，已发生未报案准备金的计算公式如下：

$$\text{IBNR} = \left(\frac{1}{1-a} - 1\right) \times 12\text{月}31\text{日前所有已报案的索赔}$$

再如，某团体保险业务在评估日12月31日有100万元的有效保费，如果经验数据表明，在12月31日之后支付发生于12月31日前的索赔金额为10万元，那么，对下一年赔款准备金的合理估计是评估日保费的10%。这样，如果评估日的有效保费为150万，相应的赔款准备金应为15万。

对于团体医疗保险，已发生未报案赔款准备金往往采取索赔进展表来预测。索赔进展表预测法是指假设保险事故发生后，索赔将按照未报告—已报告但未赔付—已赔付的顺序发展，并且这一过程在一定时期内是平稳的。从而可以基于历史索赔数据的统计分析，对未来的损失进展情况和最终赔款进行预测。将赔款按事故发生年和进展年进行排列就形成一个索赔进展表，表示在某年发生的事故将在未来年赔付的分布。根据索赔进展表，就可以计算未决赔款准备金。

例如，依据经验数据，某医疗保险事故发生后在事故当月和以后3个月的累积报案百分比如表15－9所示。

表15－9　　索赔报案情况

观察月份	0	1	2	3
已报告索赔（%）	30	75	95	100

如果 1 月份发生的保险事故，在当月有 30% 报案，在 2 月份有 45% 报案，在 3 月份有 20% 报案，在 4 月份有 5% 报案，按这一规律，年底 12 月 31 日评估的已发生未报案赔款准备金 IBNR 的计算公式如下：

$$\text{IBNR} = \left(\frac{1}{0.3} - 1\right) \times RC_{12} + \left(\frac{1}{0.75} - 1\right) \times RC_{11} + \left(\frac{1}{0.95} - 1\right) \times RC_{10}$$

其中，RC_{10}、RC_{11}、RC_{12}分别是在 10 月到 12 月发生事故并在 12 月已经报案的索赔。

从上面的计算公式可见，用该方法估计已发生未报案准备金的精确性依赖于所假设的索赔报案模式。团体医疗费用保险的索赔次数比较稳定、数据量大，其过去的索赔经验数据能较精确的估计索赔报案情况。但使用该方法时要关注经营管理方式的变动，经营管理方式的变化可能会改变未来的报案情况，例如，如果允许保险公司的分公司报案，就会使报案速度加快，从而影响索赔报案模式。

在我国，健康保险已发生已报案未决赔款准备金，按逐案估计法估计，已发生未报案未决赔款准备金，可以采用非寿险中常用的链梯法、案均赔款法、准备金进展法、B－F 法中的两种方法来评估，并且选其中结果的大者。也可以按照比例法计算，但比例不低于该会计年度实际赔款支出的 10%。

参考文献

【1】 陈文辉：《团体保险发展研究》，中央编译出版社 2004 年版。

【2】 王绪谨：《团体保险》，广州信平市场策划顾问有限公司 2004 年版。

【3】 William F. Bluhm 等著，傅安平等译：《团体保险》，南开大学出版社 2003 年版。

【4】 钟煦和：《团体保险基础》，中国保险行业协会精算工作委员会组编。

附　录

附表 1　　　　　　　　**多减因表的一个示例**

x	l_x^{τ}	q_x^{d}	q_x^{i}	q_x^{w}	$_{65-x}p_x^{\tau}$
20	10 000	0. 0005	0. 0013	0. 1494	0. 0887
21	8 488	0. 0006	0. 0013	0. 1394	0. 1045
22	7 289	0. 0006	0. 0013	0. 1294	0. 1217
23	6 332	0. 0006	0. 0014	0. 1194	0. 1401
24	5 563	0. 0007	0. 0015	0. 1093	0. 1594
25	4 943	0. 0007	0. 0016	0. 0993	0. 1795
26	4 441	0. 0007	0. 0017	0. 0933	0. 1997
27	4 016	0. 0008	0. 0017	0. 0872	0. 2209
28	3 655	0. 0008	0. 0019	0. 0812	0. 2427
29	3 349	0. 0008	0. 0020	0. 0751	0. 2649
30	3 088	0. 0009	0. 0021	0. 0691	0. 2873
31	2 865	0. 0009	0. 0022	0. 0650	0. 3096
32	2 670	0. 0009	0. 0023	0. 0610	0. 3322
33	2 499	0. 0009	0. 0025	0. 0569	0. 3550
34	2 348	0. 0009	0. 0027	0. 0528	0. 3778
35	2 216	0. 0009	0. 0029	0. 0487	0. 4003
36	2 099	0. 0009	0. 0031	0. 0446	0. 4225
37	1 997	0. 0010	0. 0033	0. 0405	0. 4441
38	1 908	0. 0010	0. 0037	0. 0364	0. 4649
39	1 829	0. 0011	0. 0040	0. 0323	0. 4849
40	1 761	0. 0012	0. 0043	0. 0281	0. 5037

续表

x	l_x^{τ}	q_x^d	q_x^i	q_x^w	${}_{65-x}p_x^{\tau}$
41	1 702	0.0012	0.0046	0.0260	0.5212
42	1 648	0.0013	0.0049	0.0237	0.5383
43	1 598	0.0015	0.0054	0.0214	0.5549
44	1 553	0.0016	0.0060	0.0191	0.5711
45	1 512	0.0017	0.0065	0.0167	0.5868
46	1 474	0.0019	0.0070	0.0142	0.6017
47	1 440	0.0020	0.0075	0.0117	0.6160
48	1 409	0.0023	0.0085	0.0092	0.6293
49	1 381	0.0025	0.0096	0.0066	0.6422
50	1 355	0.0028	0.0106	0.0040	0.6544
51	1 332	0.0031	0.0116	0.0013	0.6660
52	1 311	0.0035	0.0126	0.0000	0.6768
53	1 289	0.0039	0.0144	0.0000	0.6879
54	1 266	0.0043	0.0163	0.0000	0.7007
55	1 240	0.0048	0.0181	0.0000	0.7155
56	1 211	0.0053	0.0199	0.0000	0.7322
57	1 181	0.0060	0.0218	0.0000	0.7511
58	1 148	0.0068	0.0230	0.0000	0.7726
59	1 114	0.0076	0.0242	0.0000	0.7964
60	1 078	0.0086	0.0255	0.0000	0.8225
61	1 042	0.0097	0.0267	0.0000	0.8516
62	1 004	0.0109	0.0280	0.0000	0.8837
63	965	0.0123	0.0280	0.0000	0.9195
64	926	0.0139	0.0280	0.0000	0.9581
65	887	0.0156	0.0000	0.0000	1.0000

数据来源：表中 3－5 栏数据来源于 Dan M. McGill et al. *Fundamentals of Private Pensions*, University of Pennsylvaniz Press, Phiadelphia, 1996. PP788, Table A－1，其余数据由作者重新计算。

附表 2　　全国市镇从业人口生命表（男女混合）

（1989—1990）

x	l_x	q_x	d_x	L_x	T_x	$\mathring{e}_x$
15	1 000 000	0. 002679	2 679	998 660	55 290 221	55. 290
16	997 321	0. 002187	2 181	996 230	54 291 561	54. 437
17	995 140	0. 001959	1 949	994 165	53 295 331	53. 556
18	993 191	0. 001938	1 925	992 228	52 301 165	52. 660
19	991 266	0. 001843	1 827	990 353	51 308 937	51. 761
20	989 439	0. 001753	1 735	988 572	50 318 584	50. 856
21	987 705	0. 001837	1 815	986 797	49 330 012	49. 944
22	985 890	0. 001743	1 719	985 031	48 343 214	49. 035
23	984 172	0. 001844	1 815	983 264	47 358 184	48. 120
24	982 357	0. 001789	1 757	981 478	463 74 920	47. 208
25	980 599	0. 001599	1 568	979 816	45 393 442	46. 292
26	979 032	0. 001541	1 509	978 277	44 413 626	45. 365
27	977 523	0. 001562	1 527	976 760	43 435 348	44. 434
28	975 996	0. 001461	1 426	975 283	42 458 589	43. 503
29	974 570	0. 008030	7 825	970 657	41 483 306	42. 566
30	966 745	0. 001661	1 606	965 942	40 512 648	41. 906
31	965 139	0. 001795	1 733	964 272	39 546 707	40. 975
32	963 406	0. 001877	1 808	962 502	38 582 435	40. 048
33	961 598	0. 001865	1 794	960 701	37 6199 33	39. 122
34	959 804	0. 001966	1 887	958 861	36 659 232	38. 194
35	957 918	0. 002190	2 098	956 869	35 700 371	37. 269
36	955 820	0. 002206	2 109	954 765	34 743 502	36. 349
37	953 711	0. 002448	2 335	952 544	33 788 737	35. 429
38	951 376	0. 002461	2 341	950 206	32 836 193	34. 514
39	949 035	0. 002739	2 600	947 735	31 885 988	33. 598
40	946 435	0. 003078	2 914	944 979	30 938 253	32. 689

续表

x	l_x	q_x	d_x	L_x	T_x	$\mathring{e}_x$
41	943 522	0. 003266	3 082	941 981	29 993 274	31. 789
42	940 440	0. 003546	3 335	938 773	29 051 293	30. 891
43	937 105	0. 003722	3 488	935 361	28 112 520	29. 999
44	933 617	0. 004276	3 992	931 621	27 177 159	29. 110
45	929 625	0. 004721	4 389	927 431	26 245 538	28. 232
46	925 236	0. 004967	4 596	922 938	25 318 107	27. 364
47	920 640	0. 005582	5 139	918 071	24 395 169	26. 498
48	915 501	0. 006101	5 586	912 708	23 477 098	25. 644
49	909 916	0. 007010	6 378	906 726	22 564 390	24. 798
50	903 537	0. 005364	4 846	901 114	21 657 664	23. 970
51	898 691	0. 004828	4 339	896 522	20 756 549	23. 096
52	894 352	0. 005006	4 477	892 113	19 860 028	22. 206
53	889 875	0. 005803	5 164	887 293	18 967 914	21. 315
54	884 711	0. 006476	5 729	881 846	18 080 622	20. 437
55	878 981	0. 007300	6 416	875 773	17 198 776	19. 567
56	872 565	0. 008255	7 203	868 963	16 323 002	18. 707
57	865 362	0. 008962	7 755	861 484	15 454 039	17. 858
58	857 606	0. 010387	8 908	853 152	14 592 555	17. 015
59	848 698	0. 013021	11 051	843 173	13 739 403	16. 189
60	837 647	0. 014173	11 872	831 711	12 896 230	15. 396
61	825 775	0. 016589	13 699	818 926	12 064 519	14. 610
62	812 077	0. 018930	15 373	804 390	11 245 593	13. 848
63	796 704	0. 021170	16 866	788 271	10 441 202	13. 105
64	779 838	0. 025225	19 671	770 002	9 652 931	12. 378
65	760 167	0. 027267	20 728	749 803	8 882 929	11. 686
66	739 439	0. 030635	22 653	728 112	8 133 126	10. 999
67	716 786	0. 034629	24 821	704 375	7 405 014	10. 331

续表

x	l_x	q_x	d_x	L_x	T_x	$\mathring{e}_x$
68	691 964	0. 039509	27 339	678 295	6 700 639	9. 684
69	664 626	0. 046928	31 190	649 031	6 022 344	9. 061
70	633 436	0. 054485	34 513	616 179	5 373 314	8. 483
71	598 923	0. 060517	36 245	580 801	4 757 134	7. 943
72	562 678	0. 068757	38 688	543 334	4 176 334	7. 422
73	523 990	0. 075124	39 364	504 308	3 632 999	6. 933
74	484 626	0. 084768	41 081	464 086	3 128 691	6. 456
75	443 545	0. 096761	42 918	422 086	2 664 605	6. 008
76	400 627	0. 102353	41 006	380 125	2 242 519	5. 598
77	359 622	0. 115765	41 631	338 806	1 862 394	5. 179
78	317 990	0. 132968	42 282	296 849	1 523 588	4. 791
79	275 708	0. 148119	40 838	255 289	1 226 739	4. 449
80	234 870	0. 166071	39 005	215 368	971 450	4. 136
81	195 865	0. 176572	34 584	178 573	756 082	3. 860
82	161 281	0. 190182	30 673	145 945	577 509	3. 581
83	130 608	0. 217008	28 343	116 437	431 565	3. 304
84	102 265	0. 224988	23 008	90 761	315 128	3. 081
85	79 257	0. 234010	18 547	69 983	224 367	2. 831
86	60 710	0. 250532	15 210	53 105	154 384	2. 543
87	45 500	0. 249236	11 340	39 830	101 279	2. 226
88	34 160	0. 280516	9 582	29 369	61 449	1. 799
89	24 577	0. 194330	4 786	22 184	32 080	1. 305
90	19 791	1. 000000	19 791	9 896	9 896	0. 500

附表 3　　中国人寿保险业经验生命表

（1990—1993）（混合表）

年龄 x	死亡率 q_x	生存人数 l_x	死亡人数 d_x	生存人年数 L_x	生存人年数 T_x	平均余命 $\mathring{e}_x$
0	0.002909	1 000 000	2 909	998 546	75 673 158	75.67
1	0.002016	997 091	2 010	996 086	74 674 612	74.89
2	0.001470	995 081	1 463	994 349	73 678 526	74.04
3	0.001114	993 618	1 107	993 065	72 684 177	73.15
4	0.000872	992 511	865	992 078	71 691 112	72.23
5	0.000702	991 646	696	991 298	70 699 034	71.29
6	0.000579	990 950	574	990 663	69 707 736	70.34
7	0.000489	990 376	484	990 134	68 717 074	69.38
8	0.000421	989 892	417	989 683	67 726 940	68.42
9	0.000374	989 475	370	989 290	66 737 257	67.45
10	0.000346	989 105	342	988 934	65 747 967	66.47
11	0.000339	988 763	335	988 595	64 759 033	65.50
12	0.000356	988 427	352	988 251	63 770 438	64.52
13	0.000396	988 075	391	987 880	62 782 187	63.54
14	0.000457	987 684	451	987 458	61 794 307	62.56
15	0.000529	987 233	522	986 972	60 806 849	61.59
16	0.000602	986 711	594	986 414	59 819 877	60.63
17	0.000670	986 117	661	985 786	58 833 463	59.66
18	0.000724	985 456	713	985 099	57 847 677	58.70
19	0.000762	984 742	750	984 367	56 862 578	57.74
20	0.000778	983 992	766	983 609	55 878 211	56.79
21	0.000784	983 226	771	982 841	54 894 602	55.83
22	0.000780	982 456	766	982 072	53 911 761	54.87
23	0.000767	981 689	753	981 313	52 929 688	53.92
24	0.000752	980 936	738	980 568	51 948 375	52.96
25	0.000738	980 199	723	979 837	50 967 808	52.00
26	0.000728	979 475	713	979 119	49 987 971	51.04
27	0.000727	978 762	712	978 406	49 008 852	50.07
28	0.000730	978 051	714	977 694	48 030 446	49.11

续表

年龄	死亡率	生存人数	死亡人数	生存人年数		平均余命
x	q_x	l_x	d_x	L_x	T_x	$\mathring{e}_x$
29	0.000743	977 337	726	976 974	47 052 752	48.14
30	0.000773	976 611	755	976 233	46 075 779	47.18
31	0.000809	975 856	789	975 461	45 099 545	46.22
32	0.000855	975 066	834	974 649	44 124 085	45.25
33	0.000910	974 232	887	973 789	43 149 435	44.29
34	0.000976	973 346	950	972 871	42 175 646	43.33
35	0.001057	972 396	1 028	971 882	41 202 775	42.37
36	0.001146	971 368	1 113	970 812	40 230 893	41.42
37	0.001249	970 255	1 212	969 649	39 260 082	40.46
38	0.001366	969 043	1 324	968 381	38 290 433	39.51
39	0.001497	967 719	1 449	966 995	37 322 051	38.57
40	0.001650	966 271	1 594	965 474	36 355 056	37.62
41	0.001812	964 676	1 748	963 802	35 389 583	36.69
42	0.001993	962 928	1 919	961 969	34 425 781	35.75
43	0.002193	961 009	2 107	959 955	33 463 812	34.82
44	0.002409	958 902	2 310	957 747	32 503 856	33.90
45	0.002658	956 592	2 543	955 320	31 546 110	32.98
46	0.002933	954 049	2 798	952 650	30 590 789	32.06
47	0.003231	951 251	3 073	949 714	29 638 139	31.16
48	0.003558	948 177	3 374	946 491	28 688 425	30.26
49	0.003925	944 804	3 708	942 950	27 741 935	29.36
50	0.004322	941 095	4 067	939 062	26 798 985	28.48
51	0.004770	937 028	4 470	934 793	25 859 923	27.60
52	0.005263	932 558	4 908	930 104	24 925 130	26.73
53	0.005790	927 650	5 371	924 965	23 995 026	25.87
54	0.006367	922 279	5 872	919 343	23 070 061	25.01
55	0.007005	916 407	6 419	913 197	22 150 718	24.17
56	0.007735	909 988	7 039	906 468	21 237 520	23.34
57	0.008524	902 949	7 697	899 101	20 331 052	22.52
58	0.009386	895 252	8 403	891 051	19 431 952	21.71

续表

年龄	死亡率	生存人数	死亡人数	生存人年数		平均余命
x	q_x	l_x	d_x	L_x	T_x	$\mathring{e}_x$
59	0. 010349	886 849	9 178	882 260	18 540 901	20. 91
60	0. 011378	877 671	9 986	872 678	17 658 640	20. 12
61	0. 012508	867 685	10 853	862 259	16 785 962	19. 35
62	0. 013779	856 832	11 806	850 929	15 923 704	18. 58
63	0. 015167	845 026	12 817	838 618	15 072 775	17. 84
64	0. 016672	832 209	13 875	825 272	14 234 157	17. 10
65	0. 018275	818 335	14 955	810 857	13 408 885	16. 39
66	0. 020107	803 380	16 154	795 303	12 598 028	15. 68
67	0. 022111	787 226	17 406	778 523	11 802 725	14. 99
68	0. 024315	769 820	18 718	760 461	11 024 202	14. 32
69	0. 026701	751 102	20 055	741 074	10 263 741	13. 66
70	0. 029296	731 046	21 417	720 338	9 522 667	13. 03
71	0. 032152	709 630	22 816	698 222	8 802 329	12. 40
72	0. 035305	686 814	24 248	674 690	8 104 107	11. 80
73	0. 038746	662 566	25 672	649 730	7 429 417	11. 21
74	0. 042465	636 894	27 046	623 371	6 779 688	10. 64
75	0. 046582	609 848	28 408	595 644	6 156 316	10. 09
76	0. 051078	581 440	29 699	566 591	5 560 672	9. 56
77	0. 055926	551 742	30 857	536 313	4 994 081	9. 05
78	0. 061236	520 885	31 897	504 936	4 457 768	8. 56
79	0. 066958	488 988	32 742	472 617	3 952 832	8. 08
80	0. 073092	456 246	33 348	439 572	3 480 215	7. 63
81	0. 079823	422 898	33 757	406 020	3 040 642	7. 19
82	0. 087192	389 141	33 930	372 176	2 634 622	6. 77
83	0. 095102	355 211	33 781	338 321	2 262 446	6. 37
84	0. 103653	321 430	33 317	304 771	1 924 126	5. 99
85	0. 112976	288 113	32 550	271 838	1 619 354	5. 62
86	0. 123047	255 563	31 446	239 840	1 347 516	5. 27
87	0. 133927	224 117	30 015	209 109	1 107 676	4. 94
88	0. 145631	194 101	28 267	179 968	898 567	4. 63

续表

年龄 x	死亡率 q_x	生存人数 l_x	死亡人数 d_x	生存人年数		平均余命 $\mathring{e}_x$
				L_x	T_x	
89	0. 158079	165 834	26 215	152 727	718 599	4. 33
90	0. 171599	139 619	23 959	127 640	565 873	4. 05
91	0. 185702	115 661	21 478	104 922	438 233	3. 79
92	0. 200967	94 182	18 928	84 719	333 311	3. 54
93	0. 217252	75 255	16 349	67 080	248 592	3. 30
94	0. 234450	58 906	13 810	52 000	181 512	3. 08
95	0. 253233	45 095	11 420	39 385	129 512	2. 87
96	0. 272344	33 676	9 171	29 090	90 127	2. 68
97	0. 292664	24 504	7 172	20 918	61 037	2. 49
98	0. 314651	17 333	5 454	14 606	40 118	2. 31
99	0. 336441	11 879	3 997	9 881	25 512	2. 15
100	0. 358080	7 882	2 823	6 471	15 632	1. 98
101	0. 381455	5 060	1 930	4 095	9 161	1. 81
102	0. 405397	3 130	1 269	2 495	5 066	1. 62
103	0. 429801	1 861	800	1 461	2 570	1. 38
104	0. 454556	1 061	482	820	1 109	1. 05
105	1. 000000	579	579	289	289	0. 50

特别鸣谢

中国精算师资格考试用书《员工福利计划》得以顺利出版，得到了部分保险公司、高等院校及精算咨询机构的鼎力相助，在此特别鸣谢以下单位与个人（排名不分先后）为本书所作出的贡献。

单位名称：太平人寿保险有限公司

个人名单：谭伟民　胡　敏　王玉红　汪淑慧　霍　瑞　赵海宁